Disney World

4e édition
Stacy Ritz

Guides de voyage

ULYSSE

Le plaisir de **mieux voyager**

Auteure	Correcteurs	Illustratrices
Stacy Ritz	Pierre Daveluy	Lorette Pierson
	Richard Ouellette	Myriam Gagné
Éditeur		Marie-Annick Viatour
Claude Morneau	Metteures en pages	
	Caroline Béliveau	Photographe
Directeur de	Alexandra Gilbert	Page couverture
production		Larry Prosar
André Duchesne	Cartographes	
	Patrick Thivierge	Directeur artistique
Traduction	Yanik Landreville	Patrick Farei (Atoll)
Pierre Corbeil		
	Infographe	
	Stéphanie Routhier	

Édition originale : *Disney World,* Stacy Ritz, Ulysses Press, Berkeley, California, U.S.A.

Distribution

Canada : Distribution Ulysse, 4176, St-Denis, Montréal (Québec) H2W 2M5, ☎(514) 843-9882, poste 2232, ☎800-748-9171, fax : (514) 843-9448, www.ulysse.ca, info@ulysse.ca

États-Unis : Distribooks, 8120 N. Ridgeway, Skokie, IL 60076-2911, ☎(847) 676-1596, fax : (847) 676-1195

Belgique-Luxembourg : Vander, 321, avenue des Volontaires, B-1150 Bruxelles, ☎(02) 762 98 04, fax :(02) 762 06 62

France : Inter Forum, 3, allée de la Seine, 94854 Ivry-sur-Seine Cedex, ☎ 01 49 59 11 89, fax : 01 49 59 11 96

Espagne : Altaïr, Balmes 69, E-08007 Barcelona, ☎ (3) 323-3062, fax : (3) 451-2559

Italie : Centro cartografico Del Riccio, Via di Soffiano 164/A, 50143 Firenze, ☎(055) 71 33 33, fax : (055) 71 63 50

Suisse : Diffusion Payot SA, p.a. OLF S.A., Case postale 1061, CH-1701 Fribourg, ☎(26) 467 51 11, fax : (26) 467 54 66

Pour tout autre pays, contactez Distribution Ulysse (Montréal).
Données de catalogage avant publication (Canada) (voir p 7).

© Éditions Ulysse
Tous droits réservés
Bibliothèque nationale du Québec
Dépôt légal - Premier trimestre 2000
ISBN 2-89464-231-8

«Le monde qui se compose ainsi dans la tête des
enfants est si riche et si beau qu'on ne sait s'il est le
résultat exagéré d'idées apprises, ou si c'est un res-
souvenir d'une existence antérieure et la géographie
magique d'une planète inconnue.»

Gérard de Nerval

Sommaire

LISTE DES CARTES

SYMBOLES

≡	Air conditionné
⊛	Baignoire à remous
☺	Centre de conditionnement physique
ℂ	Cuisinette
pdj	Petit déjeuner inclus dans le prix de la chambre
≈	Piscine
ℝ	Réfrigérateur
ℛ	Restaurant
△	Sauna
≈	Télécopieur
tv	Téléviseur
tvc	Téléviseur par câble opieur
☎	Téléphone
tlj	Tous les jours
⊗	Ventilateur

CLASSIFICATION DES ATTRAITS

★	minable
★★	inférieur à la moyenne
★★★	moyen
★★★★	supérieur à la moyenne
★★★★★	à ne pas manquer

CLASSIFICATION DES HÔTELS

$	50 $US ou moins
$$	50 à 90 $US
$$$	90 à 130 $US
$$$$	130 $US et plus

Les tarifs s'appliquent, sauf indication contraire, à une chambre pour quatre personnes (deux adultes et deux enfants).

CLASSIFICATION DES RESTAURANTS

$	10 $US ou moins
$$	10 à 20 $US
$$$	20 à 30 $US
$$$$	30 à 60 $US

Les tarifs mentionnés dans ce guide s'appliquent,
sauf indication contraire, à un repas pour une personne,
avant les boissons et le service, mais incluant les taxes.

Tous les prix mentionnés dans ce guide sont en dollars américains

ÉCRIVEZ-NOUS

Tous les moyens possibles ont été pris pour que les renseignements contenus dans ce guide soient exacts au moment de mettre sous presse. Toutefois, des erreurs peuvent toujours se glisser, des omissions sont toujours possibles, des adresses peuvent disparaître, etc.; la responsabilité de l'éditeur ou des auteurs ne pourrait s'engager en cas de perte ou de dommage qui serait causé par une erreur ou une omission.

Nous apprécions au plus haut point vos commentaires, précisions et suggestions, qui permettent l'amélioration constante de nos publications. Il nous fera plaisir d'offrir un de nos guides aux auteurs des meilleures contributions. Écrivez-nous à l'adresse qui suit, et indiquez le titre qu'il vous plairait de recevoir (voir la liste à la fin du présent ouvrage).

Éditions Ulysse
4176, rue Saint-Denis
Montréal (Québec)
Canada H2W 2M5
www.ulysse.ca
info@ulysse.ca

CATALOGAGE

Stacy Ritz
     Disney World

     (Guide de voyage Ulysse)
     Triennal.
     Traduction de Disney World.
     Comprend un index.

     ISSN 1486-3510
     ISBN 2-89464-231-8

1. Walt Disney World (Flor.) - Guides. 2. Parcs d'attractions - Floride - Guides. II. Collection.

GV1853.3.F62W34   791'.06'875924   C99-301821-1

«Les éditions Ulysse reconnaissent l'aide financière du gouvernement du Canada par l'entremise du Programme d'Aide au Développement de l'Industrie de l'Édition (PADIÉ) pour ses activités d'édition.»

Les éditions Ulysse tiennent également à remercier la SODEC pour son soutien financier.

Longitude 0°
(méridien Greenwich)

É.-U.

États-Unis

Floride

Latitude 0°
(équateur)

Situation géographique dans le monde

Tallahassee
(30°N 84°O)

Floride

La Floride	
Population :	13 000 000 hab.
Capitale :	Tallahassee
Superficie :	151 940 km²
Monnaie :	dollar américain

©ULYSSE

Baie
d'Hudson

C A N A D A

É T A T S - U N I S

Océan
Atlantique

Océan
Pacifique

Disney World

Floride

Golfe du
Mexique

MEXIQUE

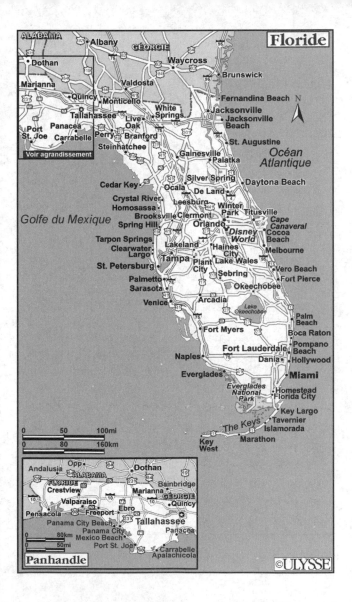

Floride

ALABAMA
GÉORGIE

Albany
Dothan
Waycross
Marianna
Valdosta
Brunswick
Quincy • Monticello
Tallahassee
White
Springs
Fernandina Beach N
Panacea
Live
Oak
Jacksonville
Jacksonville
Beach
Port
St. Joe
Carrabelle
Perry
Branford
Steinhatchee
St. Augustine
Gainesville
Palatka
Océan
Atlantique

Cedar Key
Silver Spring
Ocala
De Land
Daytona Beach
Crystal River
Leesburg
Homosassa
Winter
Park
Titusville
Brooksville Clermont
Cape
Canaveral
Spring Hill
Orlando
Disney
World
Cocoa
Beach

Golfe du Mexique

Tarpon Springs
Clearwater
Largo
Lakeland
Haines
City
Melbourne
St. Petersburg
Tampa Plant
City
Lake Wales
Vero Beach
Palmetto
Sebring
Fort Pierce
Sarasota
Okeechobee
Venice
Arcadia
*Lake
Okeechobee*
Palm
Beach
Fort Myers
Boca Raton
Naples
Fort Lauderdale
Pompano
Beach
Dania • Hollywood
Everglades
Miami
*Everglades
National
Park*
Homestead
Florida City
Key Largo
Tavernier
The Keys
Islamorada
Key
West
Marathon

| 0 | 50 | 100mi |
| 0 | 80 | 160km |

Panhandle

Andalusia
Opp
Dothan
ALABAMA
FLORIDE
Bainbridge
Crestview
Marianna
GÉORGIE
Valparaiso
Ebro
Quincy
Pensacola
Freeport
Tallahassee
Panama City Beach
Panama City
Panacea
Mexico Beach
Port St. Joe
Carrabelle
Apalachicola

| 0 | 80km |
| 0 | 50mi |

©ULYSSE

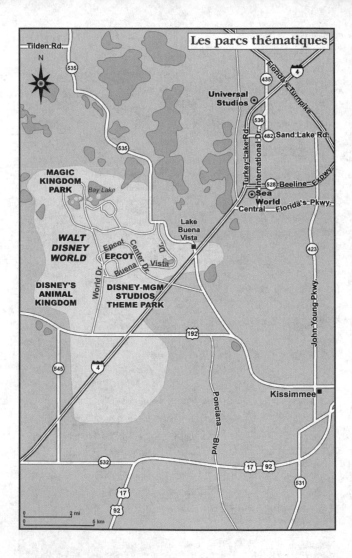

LE RÊVE
DE DISNEY

Walt Disney World, c'est l'évasion suprême! Un voyage dans la réalité quotidienne au royaume de l'imaginaire! Walt Disney World (qui a lancé la mode des barbes à papa), c'est aussi une entreprise qui produit des films merveilleux. Destination voyage la plus courue au monde, Disney World attire chaque année des millions de gens qui franchissent ses tourniquets pour s'abandonner dans la fontaine de l'imaginaire, et s'y abreuver de rêves.

Il ne fait aucun doute que ce complexe touristique constitue un univers en soi : à n'importe quel moment, ses 122 km^2 accueillent en effet plus de gens et de circulation, et contiennent plus d'hôtels et de restaurants que la plupart des villes. Mais par-dessus tout, Disney World, c'est un état d'esprit. En une seule génération, il a su marquer la psyché américaine en faisant partager les rêves d'un seul homme à un pays tout entier. Car c'est ici qu'en 1971, Walt Disney a offert au monde le plus grand terrain de jeu qui soit; et le monde s'est empressé de le faire sien.

Mais les vacances de rêve dans ce coin de pays sont loin de s'arrêter à Disney World. Pour tous ceux qui désirent découvrir les mille et une facettes de la Floride centrale, le voyage ne fait que commencer. Ainsi y trouve-t-on deux autres grands parcs thématiques : les studios Universal et Sea World; le premier, gigantesque, présente un montage surréaliste de fantaisies ludiques et d'illusions hollywoodiennes, tandis que le second, plus petit, offre à ses visiteurs un regard sur la mer dans un cadre de détente. Et autour de ces pôles majeurs gravitent d'autres lieux de divertissement plus inusités les uns que les autres, comme l'Alligatorland, le Shell World ou les musées Tupperware et Elvis Presley.

Puis, il y a Orlando, qui pourrait bien se révéler le secret le mieux gardé de la région, avec son nouveau centre-ville, son architecture du début du siècle, ses beaux musées, ses boutiques rénovées, ses restaurants colorés et sa vie nocturne d'avant-garde. Et il ne faudrait pas oublier la nature environnante, qu'il s'agisse des plantations d'agrumes s'étendant jusqu'à l'horizon, des lacs transparents jalousement protégés par des forêts de cyprès ou des pâturages sans fin où broutent paisiblement les troupeaux.

Le lecteur désireux de parcourir plus à fond cette région voudra sans doute se procurer le guide complet de la Floride aux Éditions Ulysse, car le présent ouvrage se concentre essentiellement sur le monde fantaisiste de Disney et sur les deux autres grands parcs thématiques qui lui font pendant. L'accent est mis sur la qualité, les prix, l'exemplaire et l'exceptionnel, mais sans pour autant perdre de vue notre public cible : la famille. Pourquoi la famille? Pour la simple et bonne raison que, chaque jour, de plus en plus de voyageurs choisissent de se rendre à Disney World en famille pour partager l'expérience unique qu'on y offre.

En parcourant ce guide, vous découvrirez les meilleurs hôtels et restaurants, de même que les attractions de la Floride centrale destinées spécialement aux familles. De plus, vous y trouverez une foule de conseils qui vous permettront d'économiser temps et argent. Les besoins spécifiques des familles y sont aussi abordés, qu'il s'agisse de gardiennes d'enfants, de lieux appropriés à l'allaitement des nourrissons ou de la location d'une poussette. Vous apprécierez aussi nos encadrés, soulignant des faits intéressants, des statistiques peu connues et des anecdotes variées.

Chacun des grands parcs thématiques fait l'objet d'un chapitre distinct. Il y a bien sûr le **Magic Kingdom** (Royaume magique), qui représente la genèse de Disney World et le creuset par excellence de l'imaginaire; c'est d'ailleurs celui que les enfants préfèrent, avec ses manèges extravagants et son ambiance joyeuse. Pour les amateurs de haute technologie et de culture, l'**Epcot Center** allie pour sa part une atmosphère de foire mondiale permanente à des attractions futuristes qui enflamment l'imagination. Quant aux **studios Disney-MGM**, ils proposent des spectacles remplis de vedettes et des visites palpitantes recréant la magie cinématographique de Hollywood.

Les six parcs secondaires de Disney World sont décrits dans le chapitre «Le reste du Monde». Souvent considérés comme les joyaux de la couronne de Disney, ces mondes enchanteurs comprennent le **Fort Wilderness** (Fort Sauvage), un vaste terrain de camping boisé où les familles peuvent tranquillement se retirer; le **River Country** (Pays des Rivières), un lieu de baignade paisible doté de toboggans; le **Typhoon Lagoon** (Lagon des Typhons), véritable paradis tropical du rafting et des toboggans nautiques; **Pleasure Island** (l'île des Plaisirs), regroupant boutiques, restaurants et boîtes de nuit, tous plus rutilants les uns que les autres; enfin, le **Downtown**

Disney Marketplace (Marché du Village), où l'on peut magasiner et dîner en toute quiétude.

Mais la liste ne s'arrête pas là. On retrouve encore les **studios Universal**, les plus grands studios de cinéma et de télévision à l'extérieur de Hollywood. Ouvert en 1989, ce parc présente des scènes de films renversantes, des balades époustouflantes et des effets spéciaux fabuleux. Et non loin de là, **Sea World** dévoile les mystères cachés de l'océan. Parc marin le plus couru au monde, il fait connaître à ses visiteurs 8 000 espèces de toutes tailles.

Pour terminer, les chapitres intitulés «Hébergement», «Restaurants», «Sorties» et «Achats» vous suggèrent différents hôtels et terrains de camping, restaurants, mais traitent également du magasinage et de la vie nocturne, aussi bien à l'intérieur qu'à l'extérieur des parcs thématiques.

UN PEU D'HISTOIRE

Naturellement, tout commença par un rêve. Il y a à peine trois décennies, Disney World n'existait en effet que dans l'esprit d'un visionnaire californien. Walt Disney avait certes donné le jour à son Disneyland sur la Côte Ouest, mais il voyait plus grand encore, tellement plus qu'il chercha carrément à l'autre extrémité du pays un espace assez vaste pour contenir son rêve. Mais bien avant qu'il ne choisisse la Floride, cette péninsule parsemée de palmiers avait déjà inspiré les esprits romanesques. Ainsi, dès 1513, Ponce de León avait tenté d'y dénicher la légendaire fontaine de Jouvence ainsi que les fabuleuses cachettes d'or qui attendaient, croyait-on, les ambitieux chasseurs de trésors. Il n'y trouva ni l'or ni la jeunesse, mais découvrit plutôt un territoire aux brises embaumées, aux plages bordées de palmiers et aux fleurs épanouies à longueur d'année. Il l'appela «Floride» (de l'espagnol *florida*, c'est-à-dire «la fleurie»).

Ponce de León s'en retourna après avoir exploré le littoral est de la péninsule, mais il revint quelques années plus tard, en 1521, cette fois dans l'espoir d'y implanter une petite colonie du côté sud-ouest. Les autochtones, hostiles à ce projet, sabotèrent ses efforts; mais nombreux étaient déjà ceux qui avaient compris que la Floride valait bien des batailles.

Au début des années 1700, des colons anglais commencèrent à donner du fil à retordre aux Espagnols. Ils ravagèrent les missions du nord de la Floride, réduisirent à néant la «première colonie» et exterminèrent beaucoup d'Amérindiens. Plus l'emprise de l'Espagne s'effritait, plus la convoitise de l'Angleterre pour ce territoire se consolidait. Finalement, en 1763, après les ravages de la guerre de Sept Ans, l'Espagne échangea la Floride contre Cuba, renonçant ainsi à ses rêves glorieux de jeunesse éternelle et de richesses étincelantes.

Les Anglais nourrissaient de grands projets pour la Floride, dont bien peu se réalisèrent cependant, car leur attention se tourna bientôt des palmiers et des plages ensoleillées vers les sombres champs de bataille de la Révolution américaine. Même les Espagnols, qui profitèrent de la confusion pour reprendre la colonie aux Tuniques rouges, se virent incapables de la maintenir, et durent la revendre aux États-Unis en 1821.

En 1845, la Floride était devenue un État, et l'âge d'or du bateau à vapeur commençait déjà à promouvoir le tourisme et l'agriculture. Des rumeurs, voulant qu'il y eût réellement une fontaine de Jouvence à DeLeon Springs, près de DeLand, et qu'une eau étonnamment chaude et colorée coulat à Silver Springs, contribuèrent par la suite à intensifier la circulation maritime. De superbes bateaux à vapeur, transportant denrées et marchandises dans leurs cales, entraînaient désormais les riches et les puissants vers l'intérieur des terres.

Vers la fin des années 1880, deux millionnaires aux rêves aussi grandioses que ceux de Ponce de León voulurent rendre accessible ce paradis entouré par la mer, et donnèrent le coup d'envoi à un développement territorial qui se poursuivit jusqu'au XXᵉ siècle. Tout commença lorsque Henry B. Plant et Henry Flagler construisirent des chemins de fer le long de chaque côte, les ponctuant de somptueux centres de villégiature qui conviaient le pays tout entier à venir jouir de ce paradis. Et au cours des décennies qui suivirent, c'est effectivement par milliers que des gens envoûtés par le rêve accoururent vers cette terre promise. Certains y cherchaient un meilleur emploi, ou l'éternelle chance de «commencer une nouvelle vie», alors que d'autres voulaient tout simplement se dorer au soleil et profiter de ses eaux on ne peut plus invitantes.

Pendant ce temps, la région d'Orlando accueillait une autre espèce de rêveurs : les cow-boys floridiens. Ces colons, travailleurs et terre-à-terre, tirèrent leur subsistance des étendues broussailleuses (*ocali*), qui s'avérèrent d'ailleurs idéales pour l'élevage. Ayant l'habitude de faire claquer leur fouet alors qu'ils conduisaient leurs troupeaux, ils se furent bientôt surnommés de *crackers*. Mais ils établirent également de vastes plantations d'oranges et de pamplemousses, donnant ainsi naissance à l'empire agrumicole de Floride.

Toutefois, les agrumiculteurs ne connurent pas tous la réussite. Vers la fin du XIXᵉ siècle, une gelée dévastatrice fit perdre à un Canadien du nom d'Elias Disney les oranges de sa plantation de 32 ha. Elias était parti du Kansas pour venir en Floride centrale afin de profiter de cette terre promise. Il tint tout d'abord un hôtel à

Daytona Beach (un des premiers de cette région), et acheta ensuite une plantation dans la localité voisine de Paisley. L'hôtel n'attirant pas autant de touristes que prévu, il fit faillite et perdit du même coup sa ferme. Puis, en 1889, Elias s'installa à Chicago et devint un ouvrier de la construction. Il mourut en 1930 sans jamais avoir remis les pieds en Floride.

Quelle ironie du sort que le fils d'Elias, Walt Disney, vienne 30 ans plus tard ouvrir ses propres hôtels non loin de Daytona Beach. D'autant plus que si l'hôtel de son père a été un échec, ceux de Walt constituent un héritage sans pareil.

Lorsque Walt Disney vint à Orlando au début des années soixante, la région, un «territoire vierge» au dire des *crackers*, ne demandait qu'à s'ouvrir au tourisme et au développement. Dans son petit centre-ville, des rangées d'édifices peu élevés s'étendaient bien sur plusieurs rues, prolongées par des banlieues sur quelques kilomètres, mais pour bientôt céder la place à de grands espaces où le ciel rencontrait directement la brousse. Et même si 90 000 personnes y avaient déjà élu domicile, Orlando ne possédait alors que deux «grandes» attractions : Gatorland et le musée Tupperware.

Avant même que Walt Disney ne pose la première pierre de son monde fantaisiste, la région était déjà un paradis pour les puristes avec ses grandes pinèdes, ses lacs sans fond d'une limpidité cristalline et ses kilomètres de terres silencieuses. C'est exactement ce qu'il fallait à Disney, à la recherche d'espaces vastes et inviolés. Car c'est précisément l'absence de telles terres qui l'avait poussé à quitter la Californie, où son Disneyland de 41 ha était cerné par les développements environnants.

En 1964, Disney acheta donc 11 138 ha à environ 32 km au sud-ouest d'Orlando, et entreprit d'y bâtir son royaume. Le personnage mourut en 1966, mais son Magic Kingdom vit le jour cinq ans plus tard, ouvrant ses portes le 1er octobre 1971; et un an plus tard, il avait déjà attiré 10,7 millions de visiteurs, soit plus de monde que n'en comptait alors l'État tout entier de la Floride. L'avènement de Disney World eut l'effet d'une onde de choc sur Orlando, et entraîna une métamorphose physique et culturelle qui s'étendit à tout le centre de la Floride. D'un seul coup, ce petit patelin d'arrière-pays devint une ville champignon. L'ouverture du Magic Kingdom devait en outre décider de la destination vacances de millions d'Américains pour le reste du siècle.

Le Magic Kingdom n'était pourtant qu'un début, une infime partie du plan dressé par Disney pour son projet floridien. Son rêve véritable était celui d'une ville où des gens vivraient et travailleraient, d'une communauté climatisée et régie par ordinateur, avec des appartements, des boutiques, des terrains de golf, des églises et un hôpital. Elle serait couronnée d'un dôme de verre, pour la protéger, disait Disney, de la chaleur et de l'humidité. Et elle s'appellerait **Epcot** (*Experimental Prototype Community of Tomorrow*, ou «prototype expérimental de communauté futuriste»).

L'Epcot Center ouvrit bien en 1982, mais non tel que l'avait projeté Disney. Sa «ville» d'un milliard de dollars prit plutôt la forme d'un parc thématique abritant une foire mondiale permanente ainsi qu'un éventail d'attractions scientifiques. Sa construction stimula encore davantage l'économie déjà florissante de la Floride centrale. Au cours des 10 années qui avaient suivi l'ouverture du Magic Kingdom, la population de l'agglomération d'Orlando avait presque doublé; Sea World avait créé un parc marin concurrençant Disney World, et des douzaines de motels, de grandes chaînes hôtelières, des comptoirs de restauration rapide et des attractions touristiques tentaculaires s'étaient implantés tout autour de Disney World, attirés par l'assiette au beurre du mégaprojet. Partout en Floride, on appelait Orlando la ville de Mickey Mouse, tandis que le reste des États-Unis continuait à investir des millions de dollars dans cette terre de vacances sans précédent.

> Dans le monde entier, 600 000 personnes prennent chaque jour un monorail. De ces gens, 150 000 le font à Disney World, et le reste, pour la plupart, au Japon.

Ce développement effréné se poursuit encore de nos jours. Tout comme elle avait séduit Elias et Walt Disney, la Floride centrale demeure un pôle d'attraction pour d'innombrables visionnaires caressant rêves et projets divers, avec tout l'espace nécessaire pour les réaliser. Le Disney World d'aujourd'hui s'enorgueillit de deux parcs thématiques sur l'eau, d'un gigantesque terrain de camping, d'un parc naturel, de 19 complexes hôteliers, de plus de 150 restaurants, de centres commerciaux et de boîtes de nuit. Et le parc de stationnement du Magic Kingdom à lui seul pourrait contenir la totalité du Disneyland de Californie, le précurseur du Walt Disney World.

L'offre ne suffit tout simplement pas à la demande. Chaque semaine, la région d'Orlando reçoit plus de 700 000 visiteurs, soit le quart de sa population totale! On évalue que 25 millions de personnes arrivent à l'aéroport d'Orlando chaque année, soit 3 fois plus qu'il y a 10 ans, et la région métropolitaine grossit au rythme de 58 000 nouveaux résidants par année.

Depuis quelque temps, c'est Hollywood qui est à l'avant-scène du décor de rêve d'Orlando. Disney World et les studios Universal ont mis sur pied des centres de production télévisuels et cinématographiques qui font en même temps office de parcs thématiques à part entière.

C'est ainsi qu'on surnomme présentement Orlando la Hollywood de l'Est.

Mais Hollywood ne contribue qu'en partie à la frénésie qui jaillit de cette fontaine de plaisir. Disney World continue à se développer, multipliant les nouvelles attractions et s'employant à créer une demi-douzaine de complexes d'hébergement majeurs de même qu'une communauté du nom de «Celebration», qui comprendra des maisons, des condominiums (appartements), des écoles, des églises et un centre commercial d'une superficie de 93 000 m².

D'autres mondes gravitent également autour de Disney World. Splendid China, un parc thématique à ciel ouvert, mettra bientôt en valeur l'histoire et la culture de la Chine. Ce nouveau site, réalisé au coût de 100 millions de dollars, promet «d'entraîner les visiteurs dans un voyage de 16 000 km et de 5 000 ans à travers l'histoire, l'héritage et la culture remarquables de la Chine». Parmi les attraits marquants de ce parc thématique, on remarquera 60 reproductions des plus célèbres monuments du pays de Confucius, y compris une «Grande Muraille» de 800 m et une reconstitution de la Cité Interdite.

Et pendant que ces tisserands de l'imaginaire continuent à étendre les frontières de leur monde, Orlando ne cesse de redéfinir son identité. Certains prétendent que la région s'est développée trop rapidement et trop tôt, et qu'elle a voulu plaire à trop de gens. Aujourd'hui, elle est envahie par la circulation, barbouillée de tableaux d'affichage et teintée d'un tourisme «quétaine» (ringard), à tel point qu'on se demande si l'on doit se réjouir de cette croissance ou au contraire s'en affliger. Mais ce n'est là que la moitié de l'histoire d'Orlando. L'autre moitié est celle d'un endroit qui s'accroche aux idéaux sans prétention, aux beautés intrinsèques et à la tranquillité d'esprit. Somme toute, il s'agit d'un lieu à cheval sur l'imaginaire et la réalité.

SAISONS TOURISTIQUES

La clé pour réussir son voyage à Disney World, c'est de s'y rendre au bon moment. Si vous y allez en saison, vous passerez une grande partie de vos vacances dans les files d'attente et les embouteillages. De plus, vous paierez le plein tarif sur tout. Une famille qui s'est rendue au Magic Kingdom un dimanche de Pâques (jour de grande affluence) calcula qu'elle y avait passé six heures dans les queues et seulement 35 min dans les manèges. Par contre, si vous y allez en base saison, vous aurez une expérience tout autre, celle de vraies vacances.

Malheureusement pour les familles, l'été (lors des grandes vacances scolaires) est la haute saison. La période des Fêtes n'est pas non plus un bon moment pour le visiter, puisque Disney World connaît ses pires engorgements entre Noël et le jour de l'An. La fin de semaine de l'Action de grâces américaine (Thanksgiving), un congé férié à l'échelle nationale, suit, bonne deuxième, devant les semaines entourant Pâques. Durant ces jours fous, Disney World et les studios Universal atteignent souvent leur point de saturation (80 000 visiteurs par site) au beau milieu de l'avant-midi, et doivent alors fermer leurs portes. Bonne chance à ceux qui peuvent y entrer!

La meilleure période de toutes pour visiter Disney World se situe entre la fin de semaine de la Thanksgiving (fin novembre) et la semaine précédant Noël. D'autres périodes moins frénétiques sont septembre, octobre et de la deuxième semaine de janvier à la fin de mai (en excluant les jours fériés).

Si vous devez visiter Disney World en période d'affluence, projetez de vous rendre aux parcs thématiques le vendredi ou le dimanche. Aussi incroyable que cela puisse paraître, beaucoup de gens profitent en effet des fins de semaine pour faire route vers leur destination vacances ou s'en retourner chez eux, de sorte que ce sont là les jours les moins engorgés. Naturellement, l'inverse est aussi vrai : le lundi, le mardi et le mercredi sont les journées les plus folles. Les seules exceptions à cette règle sont le **Typhoon Lagoon** et le **River Country**, très courus des gens de la région durant les fins de semaine.

CLIMAT

L'été n'est pas seulement synonyme de foules, c'est aussi l'époque des journées de chaleur accablante, avec des averses en après-midi qui tombent avec la ponctualité d'une horloge. La pluie fait alors chuter la chaleur, suivie de nuits fraîches aux éclairs silencieux qui traversent le ciel noir. L'automne et le printemps apportent pour leur part des températures idéales, à l'air vif et au ciel bleu, sans le moindre nuage, faisant monter en flèche votre niveau d'énergie. En hiver, on peut passer, en l'espace de quelques heures, du chaud au froid le plus glacial, bien que la plupart des journées soient tout simplement fraîches. Les habitants de la Floride centrale, vous l'aurez compris, n'ont pas souvent l'occasion de porter des manteaux!

Afin de vous aider à planifier vos vacances, voici un tableau des moyennes saisonnières et des précipitations mensuelles.

Le rêve de Disney

	Temp. max. moyenne (°C)	Temp. min. moyenne (°C)	Préc. (cm)
Jan	22	9	3,3
Fév	23	10	7,6
Mars	26	13	8,1
Avr	28	15	4,6
Mai	31	19	9,1
Juin	33	22	18,5
Juil	33	23	18,5
Août	33	23	17,3
Sept	32	22	15,2
Oct	29	19	6,1
Nov	26	14	5,8
Déc	23	11	5,6

CALENDRIER DES ÉVÉNEMENTS ANNUELS

Janvier

Orlando : Le Premier de l'an, le **Citrus Bowl Parade** (défilé à grand déploiement) donne le coup d'envoi à la partie de football décisive qu'est le **Florida Citrus Bowl**.

Orlando : Jeux, concours et ensembles de cornemuses soulignent le **Scottish Highland Festival**.

Février

Daytona Beach : Le **Daytona 500** est le point culminant de la semaine de la vitesse (Speed Week), avec sa course de stock-cars de 200 tours de piste, tenue au Daytona International Speedway.

Tampa : Le pirate légendaire José Gaspar vous fait revivre la prise de Tampa, avec danses, festins et un somptueux défilé, lors du **Gasparilla Day**.

Mars

Kissimmee : Le **Kissimmee Bluegrass Festival** accueille plusieurs musiciens de renom.

DeLand : Les adeptes de la montgolfière s'envolent pour le **Central Florida Balloon Classic**.

Floride centrale : Les professionnels du baseball s'entraînent à l'occasion du **Spring Training**. Voyez les Astros de Houston à Kissimmee, les Royals de Kansas City à Davenport et les Red Sox de Boston à Fort Myers.

Winter Park : Des artisans venus des quatre coins de l'Amérique du Nord convergent en ce lieu à l'occasion du **Winter Park Sidewalk Art Festival**, l'un des événements artistiques les plus saillants du sud des États-Unis.

Avril

Walt Disney World : Mickey Mouse et le Lapin de Pâques (Easter Bunny) descendent Main Street USA pour l'**Easter Parade** du Magic Kingdom (a parfois lieu en mars).

The International Flower & Garden Festival tapisse Epcot de plus de 30 millions de fleurs.

Orlando : On présente du Shakespeare au bord de l'eau dans le cadre du **Shakespeare Festival**, qui dure jusqu'à la mi-avril. Les représentations ont lieu à l'amphithéâtre Walt Disney du lac Eola.

Sea World : L'**Easter Sunrise Service** (célébration liturgique) présente des orateurs et des chanteurs connus aux États-Unis (a parfois lieu en mars).

Mount Dora : Plus de 100 goélettes multicolores traversent toutes voiles dehors le lac Dora dans le cadre de la **Sailboat Regatta** (régate annuelle).

Le rêve de Disney

Mai

Orlando : Joignez-vous aux quelque 26 000 personnes qui prennent part au **Zellwood Sweet Corn Festival** (festival du maïs), qui présente entre autres des manèges de foire, des jeux ainsi que des créations artistiques et artisanales.

Juin

Orlando : Le **Florida Film Festival** présente plus de 100 films, documentaires et courts métrages du monde entier.

Walt Disney World : Le **Gay and Lesbian Day**, qui célèbre annuellement la fierté gay et lesbienne, invite des milliers de personnes à participer à ses festivités et à ses événements spéciaux.

Juillet

Walt Disney World : Le 4 juillet, l'**Independence Day** (fête de l'Indépendance américaine) se termine par un feu d'artifice majestueux au-dessus du Magic Kingdom et du Seven Seas Lagoon.

Kissimmee : Pour du rodéo à son meilleur, rendez-vous à Kissimmee à l'occasion du **Silver Spurs Rodeo**, le plus ancien événement du genre en Floride.

Août

Bartow : L'**Annual Bartow Youth Villa Classic** organise, entre autres, un tournoi de golf, une danse et un défilé de mode dont les bénéfices servent à financer des projets pour les jeunes.

Septembre

Daytona Beach : Soyez de la fête à l'**International Daytona Beach Fall Festival** (festival d'automne), célébré au parc Oceanfront.

Kissimmee : Artisanat, nourriture et jeux agrémentent l'**Osceola Art Festival**, sur les rives du lac Tohopekaliga.

Octobre

Walt Disney World : Les golfeurs professionnels s'affrontent dans le cadre du **Oldsmobile/Walt Disney World Golf Classic**, présenté au complexe de villégiature de Walt Disney World.

Orlando : Des costumes extravagants ainsi qu'une chaude animation vous attendent au **Halloween Street Party**, à la gare de Church Street.

Studios Universal : Ne manquez pas les **Halloween Horror Nights** du Back Lot, transformé pour une période de deux semaines en un dédale de maisons hantées. On y présente des spectacles à faire peur, et des centaines de monstres et de mutants envahissent le site pour l'occasion.

Winter Park : Le **Winter Park Autumn Art Festival** présente des exposants locaux et nationaux.

Novembre

Walt Disney World : À l'occasion d'une des meilleures manifestations artistiques de l'État, le **Festival of Masters at Downtown Disney**, on expose de superbes œuvres d'art du pays tout entier.

Orlando : Le père Noël arrive tôt pour mener le bal lors de la **Christmas Parade**, un défilé qui traverse le centre-ville.

Décembre

Walt Disney World : La souris préférée de Disney vous invite à la fête pour son **Mickey's Very Merry Christmas Party** sur Main Street USA. Quant aux célébrations de la **veille du jour de l'An**, elles comportent de grandes festivités, des feux d'artifice somptueux, ainsi que des orchestres dans tous les parcs thématiques et dans plusieurs complexes hôteliers de Disney. La plus grande de ces fêtes a lieu au salon ultrachic du Contemporary Resort Hotel.

Floride centrale : Plusieurs villes soulignent la saison par des **défilés de Noël**, des coupes de sapins et d'autres festivités appropriées.

Le rêve de Disney

AVANT LE DÉPART

Un minimum de planification rendra votre voyage beaucoup plus agréable, et cette consigne s'applique à tous les membres de la famille. Les parents peuvent prendre connaissance du plan d'aménagement et des attraits de chaque parc thématique, de façon à se prémunir contre la confusion et les décisions précipitées après l'arrivée sur le site. Les préadolescents et les adolescents qui veulent faire bande à part doivent nécessairement apprendre à s'orienter sur les lieux, et les jeunes enfants peuvent, quant à eux, se préparer (et s'enflammer) en lisant les contes de Disney et en visionnant ses plus importants films d'animation, cela afin de les familiariser avec les personnages et les manèges qu'ils trouveront sur place. Certaines familles louent même des vidéos de Disney et organisent des soirées de projection à domicile pour mieux se mettre dans le bain. Parmi les plus grands classiques d'animation, retenons **Cendrillon**, **Peter Pan**, **Alice au pays des merveilles** et **Dumbo**.

Les enfants devraient aussi savoir qu'ils se verront refuser l'accès à certains manèges s'ils n'ont pas encore atteint la taille réglementaire. En voici quelques exemples : le **Space Mountain** (1,12 m), le **Splash Mountain** (1,12 m) et le **Big Thunder Mountain** (1,02 m) du Magic Kingdom, et **Back to the Future** des studios Universal (1,17 m). Les parcs thématiques font respecter ces normes à la lettre; si vos enfants ne sont pas assez grands pour certains manèges, il vaut mieux les en informer **avant** votre départ.

Bagages

Souvenez-vous d'une chose lorsque vous préparerez vos bagages en vue de vos vacances à Disney World : prévoyez des vêtements légers et confortables. À moins que vous ne projetiez de dîner dans les restaurants les plus chic, tout ce dont vous aurez besoin en fait de vêtements peut s'énumérer comme suit : des shorts, des chemises légères ou des polos, des pantalons d'été, un maillot de bain et de quoi vous couvrir en sortant de l'eau, ainsi qu'une tenue moyennement décontractée en prévision de tout événement qui demanderait un look plus habillé.

Consacrez le reste de l'espace disponible à quelques articles essentiels, comme un bon chapeau, des verres fumés de bonne qualité et un insectifuge quelconque. Faites aussi ample provision de crème solaire (sans huile autant que possible), car même les journées d'hiver les plus ennuagées peuvent vous brûler la peau et vous donner cette apparence rougeaude si caractéristique des touristes mal avisés. Une veste légère et un imperméable sont aussi indispensables, les impers les plus pratiques étant ceux qui possèdent un capuchon et qui, une fois pliés dans leur enveloppe, tiennent aisément dans la main; on en trouve dans les pharmacies (*drugstores*) au coût d'un dollar environ, tandis qu'à Disney World et à l'intérieur d'autres parcs thématiques ils vous coûteront plusieurs fois ce prix.

De bonnes chaussures flexibles, légères et confortables sont nécessaires à la «survie» de vos pieds. Un visiteur moyen marche environ 6,5 km par jour dans un parc thématique (et plus souvent qu'autrement sur le béton brûlant!), de sorte que vous aurez besoin d'un bon support à ce niveau. Les chaussures omnisports conviennent parfaitement au tourisme; gardez les sandales et les tongs pour la piscine.

Les familles avec des enfants en bas âge qui se rendent à Disney World en voiture devraient faire ample provision de nourriture pour bébé et de couches jetables. On peut bien sûr acheter ces produits dans les parcs thématiques, mais les prix en sont alors très élevés. Pour les fringales en après-midi, emballez à l'avance des collations dans des sacs à glissière; des craquelins, du maïs soufflé et les céréales préférées des enfants les aideront à tenir le coup jusqu'au prochain repas. Les berlingots de jus constituent par ailleurs de bons substituts aux boissons gazeuses vendues dans les parcs thématiques.

Des problèmes de voiture?

Si vous tombez en panne à Disney World, aux studios Universal ou à Sea World, un agent de sécurité se portera à votre aide. Les véhicules de sécurité arpentent les parcs de stationnement toutes les 5 ou 10 minutes. Hélez simplement une de ces voitures, qui ressemblent à celles des patrouilles motorisées de la police, et les agents verront à faire démarrer votre voiture ou, le cas échéant, à faire venir sur les lieux quelqu'un de plus compétent en la matière.

Disney World possède en outre un **Car Care Centre** (atelier de réparation), tout près du Magic Kingdom (*☎407-824-4813*), et les studios Universal exploitent une station-service des années quarante (**Texaco Station**), adjacente à leur stationnement (*☎407-345-4860*).

Le rêve de Disney

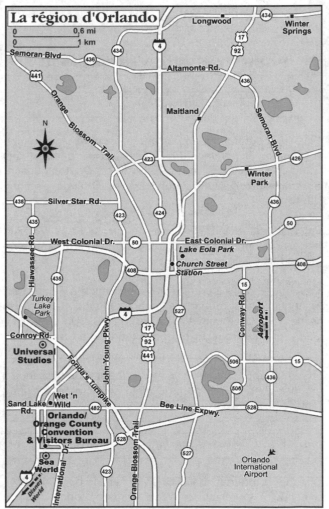

La région d'Orlando

POUR S'Y RETROUVER SANS MAL

En voiture

Plusieurs autoroutes importantes mènent à la région d'Orlando. En arrivant du Québec ou du nord-est des États-Unis, prenez la **route 95** Sud vers Daytona Beach, puis la **route 4** Ouest, qui traverse Orlando en ligne droite.

Du Midwest des États-Unis, prenez la **route 75** Sud jusqu'au **Florida's Turnpike**, que vous emprunterez vers le sud jusqu'à la route 4.

La route 4, qui s'étend de Daytona Beach à Tampa, est le principal axe routier traversant Orlando. Les sorties menant à Walt Disney World, aux studios Universal et à Sea World se trouvent toutes le long de la route 4.

> Plus on approche de Disney World, et plus l'essence coûte cher. Faites donc le plein avant d'arriver sur place.

En avion

L'aéroport international d'Orlando sert de porte d'entrée aérienne à la région de Walt Disney World. Du tout dernier cri, il est situé à 39 km au nord-est de Disney World et à 21 km au sud-est du centre-ville d'Orlando. Il est desservi par plus de 20 lignes aériennes, nationales et étrangères, dont Air Canada, Air Jamaica, American Airlines, British Airways, Canadian, Continental Airlines,

Delta Air Lines, Icelandair, Martinair, Northwest Airlines, Trans World Airlines, United Airlines, USAir et Virgin Atlantic.

À l'arrivée, le comptoir de renseignements de Walt Disney World (dans l'édifice principal) peut vous aider à vous organiser. Un service de navette bon marché vers la région de Disney World est offert par **Mears Motorshuttle** *(☎407-423-5566 ou 800-759-5219)* et **Transtar Transportation** *(☎407-856-7777 ou 800-543-6681)*. Ces deux entreprises proposent également diverses liaisons par voie de terre aux environs d'Orlando.

En train

Dans le centre de la Floride, **Amtrak** *(☎800-872-7245)* effectue les arrêts suivants : Orlando *(1400 Sligh Boulevard)*, Kissimmee *(416 Pleasant Street)*, DeLand *(2491 Old New York Avenue)* et Palatka *(angle Reid et 11th Street)*. Si vous vous rendez dans la région d'Orlando en partant des alentours de New York, songez à prendre l'**Auto Train** d'Amtrak; vous pourrez mettre votre voiture sur le train à Lorton (Virginie), à quatre heures de route de New York, et repartir de Sanford *(600 Persimmon Avenue)*, à environ 37 km au nord-est d'Orlando.

En autocar

L'autocar ne constitue pas le moyen le plus rapide pour se rendre à Orlando, mais c'est habituellement le meilleur marché. **Greyhound Bus Lines** possède une gare routière à Orlando *(555 North Magruder Boulevard, ☎800-231-2222)* ainsi qu'à Kissimmee, près de Walt Disney World *(16 North Orlando Avenue, ☎407-847-3911)*. La gare de Kissimmee offre également un service de navette jusqu'au Magic Kingdom et à l'Epcot Center.

Location de voitures

Les agences de location de voitures ayant un comptoir à l'aéroport d'Orlando incluent **Avis Rent-A-Car** *(☎407-825-3700)*, **Budget Rent-A-Car** *(☎407-850-6700)*, **Dollar Rent-A-Car** *(☎407-825-3265)*, **Hertz Rent-A-Car** *(☎407-859-8400)* et **National Interrent** *(☎407-855-4170)*. Les agences qui peuvent venir vous chercher à l'aéroport sont : **Alamo Rent-A-Car** *(☎407-855-0210)*, **Enterprise Rent-A-Car** *(☎407-859-2296)* et **Thrifty Car Rental** *(☎407-380-1002)*.

Pour louer une voiture à Walt Disney World, appelez **Alamo Rent-A-Car** *(☎407-396-0991)*, **Avis Rent-A-Car** *(☎407-827-2847)*, **Budget Rent-A-Car** *(☎407-827-6088)* ou **National Interrent** *(☎407-824-3470)*. Parmi les agences de location des environs, mentionnons **Hertz Rent-A-Car** *(☎407-239-6565)* et **Superior Rent-A-Car** *(☎407-396-4446)*.

Déplacements sur le site

Walt Disney World est si étendu et urbanisé qu'on peut en être intimidé à prime abord. Mais ne vous en faites pas car le personnel de Disney se montre particulièrement habile à guider les visiteurs. De plus, les sorties qui mènent aux parcs thématiques sont très bien indiquées sur toutes les routes importantes, et une fois à Disney World, vous n'aurez plus qu'à suivre les panneaux indicateurs.

Disney possède son propre réseau de transports en commun, qui n'a rien à envier à ceux de bien des grandes villes. Malgré son importance et sa conception des plus modernes, il n'offre cependant pas toujours le moyen le plus facile et le plus rapide de se déplacer. D'une manière générale, c'est le monorail qui vous permettra de vous transporter le plus rapidement d'un point à un autre, alors que les bus assurent le service le plus lent.

Aux premières loges

Savez-vous qu'il y a aussi des places à l'avant du monorail de Disney World? Il s'agit en fait des meilleures, et de loin, car les fenêtres incurvées vous permettront de profiter de vues magnifiques lors de votre balade au-dessus du site. Vous pouvez même accroître votre plaisir en vous assoyant près du conducteur pour le voir manipuler les manettes du tableau de bord. Tous les conducteurs sont d'ailleurs on ne peut plus amicaux; ils vous raconteront des anecdotes sur Disney, et vous fourniront des détails sur leurs manèges favoris. Pour prendre place à l'avant, adressez-vous à un préposé; il vous conduira à un poste d'attente spécialement prévu à cet effet. Bonne randonnée!

Toutefois, le monorail ne dessert que quelques points précis, dont le Magic Kingdom, l'Epcot Center, le Grand Floridian Resort, le Polynesian Resort, le Contemporary Resort et le Ticket and Transportation Center, tandis que les bus peuvent vous emmener partout.

Le rêve de Disney

Le Ticket and Transportation Center fait office de grande gare centrale à Disney.

Si vous logez dans un des complexes hôteliers de Disney, on vous fournira des plans et des indications détaillées qui vous aideront dans vos déplacements. Sinon, vous pouvez vous procurer les plans du réseau de transport au Ticket and Transportation Center et aux guichets des parcs thématiques. De toute façon, où que vous désiriez aller, un préposé de Disney saura toujours vous indiquer le plus court chemin.

Vous devez être muni d'une carte d'identité spéciale pour emprunter le monorail, les bus ou les bateaux de Disney. Cette carte est émise aux hôtes des complexes hôteliers de Disney et aux détenteurs d'un laissez-passer de quatre ou cinq jours pour les parcs thématiques.

Il est interdit de prendre des photos avec un flash dans la plupart des salles de spectacle des parcs thématiques, ainsi que dans plusieurs attractions intérieures.

RENSEIGNEMENTS PRATIQUES

Walt Disney World

Renseignements généraux
P.O. Box 10400
Lake Buena Vista
FL 32830
USA
☎407-824-4321

Réservations de chambres
P.O. Box 10100
Lake Buena Vista
FL 32830
USA
☎407-934-7639

Réservations de restaurants (seulement pour les hôtes des complexes hôteliers de Disney)
☎407-828-8800

Bureau des objets trouvés
Le jour même :
Magic Kingdom : ☎407-824-4521
Epcot Center : ☎407-560-6105
Studios Disney-MGM : ☎407-560-4668

Le lendemain :
Pour les trois parcs : ☎407-824-4245

Le rêve de Disney

Studios Universal

Renseignements généraux
1000 Universal Studios Plaza
Orlando
FL 32819
USA
☎407-363-8000

Sea World

Renseignements généraux
7007 Sea World Drive
Orlando
FL 32821
USA
☎407-351-3600

Heures d'ouverture

Les heures d'ouverture des parcs thématiques semblent plus changeantes que les marées floridiennes, mais n'y voyez là aucun inconvénient, bien au contraire. Walt Disney World, les studios Universal et Sea World ajustent leurs heures d'ouverture et de fermeture selon l'affluence. Ainsi, lorsqu'on attend une foule nombreuse, on ouvre plus tôt et l'on ferme plus tard, et vice versa. Vous disposez cependant d'un certain nombre de points de repère :

en été et durant les jours fériés, les parcs thématiques ferment plus tard (22h, 23h ou minuit);

en hiver, ils ferment vers 18h ou 19h;

enfin, il importe de savoir qu'à Disney World, les heures affichées ne correspondent pas toujours aux vraies heures d'ouverture. Si le personnel de Disney attend une foule nombreuse, il se peut qu'on ouvre les parcs de 30 min à 60 min plus tôt que prévu. Vous ne saurez jamais ce qu'il en sera exactement, mais il vaut toujours mieux arriver tôt, au cas où.... Il est d'ailleurs recommandé de toujours se présenter au moins une heure à l'avance au Magic Kingdom et à l'Epcot Center, et 30 min à l'avance aux studios Disney-MGM.

Types de billets et prix

Walt Disney World

Vous avez le choix entre cinq genres de billets : (1) le **billet d'une journée**, donnant accès à l'un des quatre grands parcs thématiques (le Magic Kingdom OU l'Epcot Center OU les studios Disney-MGM OU le Disney's Animal Kingdom); (2) le **super laissez-passer de quatre** jours (*Park-Hopper Pass*), donnant accès aux quatre grands parcs le même jour; (3) le **super laissez-passer de cinq (six ou sept) jours** (*Park-Hopper Plus*), donnant accès aux quatre parcs ainsi qu'à deux visites au Typhoon Lagoon, à la Blizzard Beach, au River Country, à Downtown Disney Pleasure Island ou à Disney's Wide World of Sports; (4) le **passeport annuel / parcs thématiques** (*Annual Passport*), offrant un accès illimité au Magic Kingdom, à l'Epcot Center, au Disney's Animal Kingdom et aux studios Disney-MGM; et (5) le **super passeport annuel** (*Premium Annual Pass*), offrant un accès illimité aux trois grands parcs ainsi qu'au Typhoon Lagoon, à la Blizzard Beach, au River Country et à Downtown Disney Pleasure Island.

Les super laissez-passer de quatre et cinq jours vous permettent d'aller et venir à votre guise entre les différents parcs thématiques, et ce, à l'intérieur d'une même journée. De plus, ces laissez-passer n'ont pas à être utilisés sur une période de quatre ou cinq jours consécutifs; ils demeurent en effet valides jusqu'à ce que leur durée soit épuisée. À titre d'exemple, en achetant un super laissez-passer bon pour quatre jours, vous pourriez aller au Magic Kingdom le 5 août 2000, puis utiliser le second jour de votre laissez-passer pour visiter l'Epcot Center le 10 novembre 2000, ou à toute autre date qui vous convient. Dans le cas du super laissez-passer de cinq jours, cette règle ne s'applique qu'aux grands parcs thématiques; la visite des parcs thématiques secondaires (Typhoon Lagoon, Blizzard Beach, River Country et Downtown Disney Pleasure Island) doit alors se faire dans les sept jours suivant l'oblitération du billet.

Maintenant, passons aux nouvelles plus douloureuses : les prix. En tenant compte du fait que Disney World a augmenté ses prix plus d'une douzaine de fois depuis 1984, ne vous étonnez pas si les prix donnés ici augmentent dès la publication de ce guide. Cependant,

Le rêve de Disney

afin de vous donner un aperçu de ce qu'il vous en coûtera (tenez-vous bien!), voici les tarifs (en dollars américains) en vigueur au moment de mettre sous presse (taxes non incluses) :

Billet d'une journée / un parc
Adultes 44$
Enfants (3-9 ans) 35$

Super laissez-passer de quatre jours *(Park-Hopper Pass)*
Adultes 167$
Enfants (3-9 ans) 134$

Super laissez-passer de cinq jours *(Park-Hopper Plus)*
Adultes 229$
Enfants (3-9 ans) 183$

Passeport annuel/parcs thématiques *(Theme Park Annual Pass)*
Adultes 309$
Enfants (3-9 ans) 259 $

Super passeport annuel *(Premium Annual Pass)*
Adultes 415$
Enfants (3-9 ans) 355 $

Enfants de moins de trois ans : gratuit.

Studios Universal

Trois types de billets s'offrent à vous : le billet d'une journée, le billet de deux jours et le passeport annuel. Encore une fois, tous les prix sont sujets à augmentation.

Billet d'une journée
Adultes 39,75 $
Enfants (3-9 ans) 32 $

Billet de deux jours
Adultes 55 $
Enfants (3-9 ans) 44 $

Passeport annuel
Adultes 95 $
Enfants (3-9 ans) 59 $

Enfants de moins de trois ans : gratuit.

Le rêve de Disney

Sea World

Trois types de billets s'offrent à vous : le billet d'une journée, le billet de deux jours et le passeport annuel.

Billet d'une journée
Adultes 38,63 $
Enfants (3-9 ans) 31,98 $

Billet de deux jours
Adultes 43,54 $
Enfants (3-9 ans) 36,69 $

Passeport annuel
Adultes 74,15 $
Enfants (3-9 ans) 63,55 $

Enfants de moins de trois ans : gratuit.

Quel que soit le parc thématique que vous comptez visiter, le meilleur conseil que nous puissions vous donner consiste à vous procurer vos billets à l'avance. En vous présentant billet en main, vous éviterez en effet de longues files d'attente; or, en toute honnêteté, qui voudrait commencer sa journée par une attente de 20 min ou plus?

La plupart des hôtels de la région vendent des billets donnant accès aux différents parcs thématiques, et vous aideront même à tracer votre itinéraire. On peut en outre commander ses billets par la poste ou par téléphone : **Disney World** (☎*407-824-4321*); **studios Universal** (☎*407-363-8000*); **Sea World** (☎*407-351-3600*).

Les dollars Disney

Devant l'ampleur de cet univers imaginaire, il n'est guère étonnant que Disney ait songé à y faire circuler des dollars fantaisistes. Ainsi, comme si votre argent ne suffisait pas, Disney World vous offre des «dollars Disney». Voici comment cela fonctionne : lorsque vous pénétrez à l'intérieur des parcs thématiques, vous avez la possibilité d'échanger au pair vos billets américains contre des dollars Disney, honorés dans tous les restaurants et boutiques de Disney World.

Il va sans dire qu'aucune raison logique ne justifie l'achat de ces dollars à l'effigie de Mickey. Ils ne présentent aucun avantage sur les billets courants, et ne permettent d'obtenir aucun rabais. Ils peuvent, par contre, vous inciter à acheter davantage! Ainsi que le fait remarquer une mère de famille : *«Les dollars Disney ressemblent à de l'argent de Monopoly. Je pouvais les dépenser sans compter, ce que je n'aurais jamais osé faire avec mon propre argent.»*

Rabais

Tout le monde peut obtenir des rabais à Disney World. Si vous savez où chercher et à qui vous adresser, vous trouverez une foule de réductions applicables aux restaurants, aux hôtels, aux boîtes de nuit, aux boutiques et même aux parcs thématiques. Disney World en tant que tel n'offre que des rabais limités aux groupes suivants :

Les membres du **Magic Kingdom Club**. Bon nombre d'employeurs, y compris divers niveaux de gouvernement, souscrivent à ce club. Si votre employeur en est membre, il vous fera parvenir, sur demande, une carte de membre du Magic Kingdom Club. En tant que membre, vous bénéficierez d'une légère réduction sur l'entrée à Disney World ainsi que sur vos achats dans les boutiques de Disney. La remise la plus importante est celle de 40 % consentie par quelques complexes d'hébergement Disney durant certains jours d'août, de septembre, de janvier et de février (les établissements et les jours varient chaque année). Être membre du Club vous permet aussi de bénéficier de certains rabais chez National Interrent (location de voitures) et chez Delta Air Lines (billets d'avion à destination d'Orlando). Cependant, les réductions ne sont pas toujours appliquées sur les tarifs les plus bas, de sorte qu'il vaut toujours mieux prendre tous les renseignements nécessaires auprès de chaque entreprise concernée. Elles varient en outre fréquemment; adressez-vous donc directement au siège social du Club en composant le ☎714-490-3200.

Si votre employeur n'est pas membre du Club, vous pouvez vous y inscrire en tant que particulier grâce au **Magic Kingdom Club Gold Card Program**, qui offre des rabais similaires. Pour plus de détails, composez le ☎800-759-4539.

Les résidants de la Floride. Durant certains mois (généralement janvier, mai et septembre), ceux-ci se voient offrir jusqu'à 30 % de rabais sur l'accès aux parcs thématiques de Disney World. Un permis de conduire de la Floride fera foi du lieu de résidence.

Les 55 ans et plus. La carte or du Magic Kingdom Club à l'intention des aînés permet à ses détenteurs d'obtenir des rabais sur les droits d'entrée, des tarifs réduits dans certains complexes hôteliers choisis de Disney, une remise de 10 % dans certains restaurants et boutiques de Disney, jusqu'à 30 % de rabais sur la location d'une voiture auprès de National Interrent et 10 % de réduction sur l'abonnement de base de l'American Automobile Association (AAA). Les frais d'adhésion au club sont de 50 $ pour deux ans.

Les **studios Universal** et **Sea World** offrent des rabais identiques aux personnes âgées et aux résidants de la Floride. Pour plus de détails, informez-vous auprès de chaque parc.

Sea World, les **studios Universal** et **Wet 'n Wild** ont uni leurs efforts pour offrir l'Orlando FlexTicket, valable dans les trois parcs pour une période de sept jours consécutifs. Le prix (taxes non comprises) en est de 94,95 $ pour les adultes et de 77,95 $ pour les enfants de trois à neuf ans. Une version élargie de ce laissez-passer est également disponible, valable pour 10 jours et incluant l'entrée au Busch Gardens, au coût de 125,95 $ pour les adultes et de 99,95 $ pour les enfants.

C'est en dehors des parcs thématiques qu'on trouve les meilleures aubaines. Aussi le *Florida Traveler Discount Guide* présente-t-il quantité de bonnes affaires en termes d'hébergement familial dans le centre de la Floride. Pour en obtenir un exemplaire, envoyez 2 $US à **Exit Information Guide** *(4205 Northwest 6ᵗʰ Street, Gainesville, FL 32609)*, ou composez le ☎904-371-3948.

Le **Kissimmee – St. Cloud Convention and Visitors Bureau** *(1925 route 192, Kissimmee, ☎407-847-5000)* met pour sa part à votre disposition des piles de brochures gratuites offrant des rabais dans les restaurants, les magasins, les boîtes de nuit et les attractions situés en dehors des grands parcs thématiques.

Vous trouverez aussi de bonnes affaires concernant les hôtels et les motels dans la publicité des rubriques voyage de tous les journaux importants. Beaucoup de ces prix sont avantageux, mais pas tous. Méfiez-vous particulièrement des hébergements à bas prix qui affichent «près de Disney», alors qu'ils s'en trouvent parfois assez éloignés. Si l'endroit se situe à plus de 8 km, cherchez ailleurs; vous perdriez en effet la moitié de la journée à vous rendre aux parcs thématiques et à en revenir. La commodité et la tranquillité d'esprit valent bien quelques dollars de plus.

Un nombre étourdissant de **forfaits** sont proposés aux visiteurs de Disney World. L'achat d'un forfait dépend surtout de vos besoins. Si vous prenez l'avion jusqu'à Orlando et logez dans un complexe hôtelier de Disney, un forfait peut probablement vous faire réaliser des économies. Recherchez les forfaits qui incluent le transport aérien, l'hébergement, la location d'une voiture et les billets d'accès aux parcs thématiques; vous épargnerez ainsi jusqu'à 20 % sur les prix courants. Les forfaits ont également l'avantage de vous donner une idée de ce que coûtera votre voyage, car la plupart des frais seront couverts dès le départ. Ils permettent en outre d'éliminer plusieurs incertitudes et nombre de décisions de dernière minute.

Plusieurs de ces forfaits ont par contre l'inconvénient d'inclure des à-côtés superflus. Droits d'entrée au golf, location de bateaux et même certains repas s'envolent en pure perte si l'on ne les utilise pas. Ainsi, les forfaits Deluxe Magic de Disney (extrêmement coûteux) incluent tout, de la chambre grand luxe, avec trois repas par jour, au tennis, au golf et à la navigation de plaisance à

Le rêve de Disney

volonté. Certaines familles n'ont aucun besoin de ces services, qui les privent par ailleurs de l'occasion d'apprécier des restaurants et des attractions autres que ceux de Disney.

Surtout, n'hésitez pas à «magasiner». Les agents de voyages peuvent vous aider à comparer les prix et les options des différents forfaits; compte tenu de la concurrence farouche que se livrent les hôtels et les centres d'attraction de la région, vous ne devriez avoir aucun mal à trouver une bonne affaire correspondant à vos besoins.

Casiers et chenils

Un casier peut se révéler salutaire. Pratiques pour ranger les articles encombrants, comme une veste, des bagages ou des sacs de couches, ils sont accessibles à peu de frais dans tous les grands parcs thématiques.

Les chenils de Disney World offrent, quant à eux, un hébergement pratique et peu coûteux pour les animaux de compagnie. Outre Fido et Félix, les chenils acceptent aussi des pensionnaires inhabituels, comme les serpents, les oiseaux, les hamsters, les lapins, les poissons rouges et même les singes. S'il se trouve que votre animal appartient à la catégorie «inhabituelle», apportez sa cage. Les chenils sont situés au Ticket and Transportation Center, au Magic Kingdom, à l'Epcot Center, aux studios Disney-MGM et à Fort Wilderness.

Les studios Universal fournissent un hébergement bon marché pour chats et chiens, tandis qu'à Sea World, on veillera sur votre animal favori sans frais.

Cartes de crédit

Ne partez surtout pas sans elles, car à Disney World vous en aurez certainement besoin. Les principales cartes (Visa, MasterCard et American Express) sont acceptées partout sur le site et dans les attractions environnantes. Font cependant exception à cette règle les marchands de babioles des parcs thématiques et les comptoirs de restauration rapide. Pour les avances de fonds, on peut se rendre à la Sun Bank du Magic Kingdom ou de l'Epcot Center.

Appareils photo et caméscopes

Que serait un voyage à Disney World sans photos-souvenirs? Que vous apportiez votre appareil photo ou votre caméscope (et pourquoi pas les deux?), ce ne sont pas les occasions qui vous manqueront d'immortaliser les scènes classiques de Disney. Si jamais vous oubliiez votre matériel, sachez qu'on loue aussi bien des appareils photo 35 mm que des caméscopes aux Kodak Camera Centers des parcs thématiques de Disney World. Les studios Universal louent également ce genre d'appareils.

Apportez vos propres pellicules et cassettes vidéo; vous en trouverez certes à l'intérieur des parcs, mais à quel prix! Vous pourrez par ailleurs faire développer vos films en deux heures dans tous les parcs de Disney; les studios Universal offrent également ce service, mais en une heure seulement.

CLASSIFICATION DES ATTRACTIONS

Un des buts premiers de cet ouvrage consiste à faciliter vos choix devant l'éventail impressionnant d'attractions offertes par les différents parcs thématiques. Le système

Le rêve de Disney

de classification retenu dans ces pages reflète l'originalité, l'inventivité, la qualité de conception et l'intérêt général (pour l'ensemble de la famille) de chacune des attractions. Or, comme il va sans dire que tous les membres de la famille ne s'entendront pas toujours sur les «meilleurs» manèges et visites, nous nous adressons essentiellement aux chefs de l'expédition, soit les parents. C'est ainsi que certains manèges fort appréciés des jeunes enfants n'obtiennent qu'une faible cote du fait qu'ils suscitent peu d'intérêt chez les adultes, ou même chez les enfants un peu plus âgés.

Une étoile (★) signifie **«vous pouvez passer outre»**, et désigne une attraction ennuyeuse qui risque de vous faire perdre votre temps. Deux étoiles (★★) signifient **«inférieur à la moyenne»**, mais sans pour autant exclure certaines vertus divertissantes. Trois étoiles (★★★) désignent une **«attraction moyenne»**, faisant preuve d'un minimum d'imagination, mais pas nécessairement susceptible d'éveiller l'intérêt du plus grand nombre. Quatre étoiles (★★★★) signifient **«supérieur à la moyenne»**, c'est-à-dire ingénieux, fantaisiste et de conception irréprochable. Enfin, cinq étoiles (★★★★★) signifient **«à ne pas manquer»**, et désignent une attraction très courue, une réussite telle que vous ne songerez qu'à en redemander.

«Souriez!»

Même s'il est difficile de prendre une photo sans intérêt dans le cadre fabuleux des parcs thématiques de Disney World, certains endroits se révèlent tout à fait exceptionnels. Voici donc quelques idées de photos d'enfants inoubliables :

• Avec Cendrillon, devant son palais (Magic Kingdom);

• Sur Dumbo, avant le départ (Magic Kingdom);

• Près des fontaines dansantes du Journey Into Imagination (Epcot);

• Avec les «acteurs» et les «actrices» du Great Movie Ride (studios Disney-MGM);

• Avec le requin des *Dents de la Mer* (*Jaws*), sur la place publique d'Amity; ou devant le magasin de chapeaux Brown Derby à Hollywood (studios Universal);

• En nourrissant les dauphins, au bassin du Dolphin Cove at Key West (Sea World).

HÉBERGEMENT

Possédant plus de chambres d'hôtel (au-delà de 75 000) que toute autre ville américaine, l'agglomération d'Orlando offre des possibilités d'hébergement pour ainsi dire infinies. Des petits motels familiaux et des appartements conventionnels aux somptueux complexes hôteliers ressemblant à des mini-villes, vous avez l'embarras du choix pour vous loger à Orlando. Mais quel que soit l'établissement pour lequel vous opterez, réservez toujours longtemps à l'avance. Durant la haute saison, il est recommandable de le faire jusqu'à un an avant la date de votre séjour si vous comptez loger dans les complexes hôteliers de Disney. Après tout, Disney World n'est-elle pas la destination voyage la plus courue au monde?

Dans ce guide, nous avons répertorié les lieux d'hébergement de la région qui s'avéraient les mieux adaptés aux familles, y compris les différents complexes hôteliers de Disney World et les lieux d'hébergement avoisinants qui offrent des services spéciaux tels que comptoirs d'enregistrement pour enfants et restaurants réservés à l'usage exclusif des enfants. Afin d'harmoniser toutes les bourses, les établissements sont classés par ordre de prix. Les prix indiqués sont ceux de la haute saison, mais sachez qu'on trouve parfois de bonnes affaires hors saison : à vous de mener votre enquête.

Les hôtels **«petit budget»** (*$*) coûtent en général moins de **50$** la nuitée pour deux adultes et deux enfants; les chambres y sont propres et confortables, mais manquent de commodité. Les hôtels de catégorie **«moyenne»** (*$$*) affichent des prix variant entre **50$ et 90$**, et offrent des chambres plus grandes, des meubles plus confortables et un environnement plus attrayant. Pour les hôtels de catégorie **«moyenne-élevée»** (*$$$*), vous devez compter entre **90$ et 130$** pour deux adultes avec enfants; vous aurez ainsi une chambre spacieuse et dotée de toutes les installations modernes (en plus d'un hall chic, on y trouve habituellement un restaurant, un salon et quelques boutiques). Et si l'envie vous prend de séjourner dans les plus beaux hôtels, dits de catégorie **«supérieure»** (*$$$$*), vous aurez certes droit au grand luxe et à tous les services possibles, mais on vous demandera alors plus de **130$** la nuitée.

Le rêve de Disney

Camping

Le camping constitue un bon choix pour les familles voulant séjourner dans la région d'Orlando. Non seulement est-il beaucoup moins cher que l'hôtel, mais il permet en outre d'économiser sur la nourriture, car en cuisinant vous-même certains repas, vous échapperez au piège qui consiste à manger trois fois par jour la nourriture on ne peut plus dispendieuse des parcs thématiques. Le camping vous soulagera par ailleurs des rigueurs physiques et mentales inhérentes à la visite des sites touristiques. Qui plus est, la plupart des terrains de camping sont axés sur la famille et organisent une myriade d'activités en plein air pour tous les âges.

Les campeurs devront prévoir un nécessaire de cuisine. Pour le reste, sauf en hiver, un sac de couchage léger, une tente dotée de bonnes moustiquaires et un tapis de sol suffiront, sans oublier, bien entendu, les accessoires habituels (gamelles, trousse de premiers soins, lampe de poche, insectifuge, etc.).

Walt Disney World possède son propre terrain de camping, **Fort Wilderness**, mais on trouve aussi plusieurs terrains de camping privés aux abords immédiats de Disney. Pour une liste complète de ces campings, reportez-vous au chapitre qui est consacré à l'hébergement (voir p 419, 432).

RESTAURANTS

On dirait presque qu'il y a plus de restaurants que de gens dans le centre de la Floride. Afin de vous aider à choisir parmi cette pléiade de restos, nous les avons répertoriés en fonction de leurs prix et de l'intérêt qu'ils présentent pour les familles.

Les plats principaux servis au dîner par les restaurants **«petit budget»** (**$**) coûtent **8$ ou moins**; l'atmosphère y est décontractée, le service, habituellement rapide, et la clientèle, souvent locale. Les restaurants de catégorie **«moyenne»** (**$$**) offrent des dîners dont les prix varient **entre 8$ et 16$**; le cadre y est détendu mais agréable, le menu se révèle plus varié, et le service, généralement un peu moins bousculé. Les établissements de catégorie **«moyenne-élevée»** (**$$$**) proposent quant à eux des plats principaux dans une fourchette de prix allant **de 16$ à 24$**; la cuisine y est tantôt simple, tantôt élaborée, selon le contexte, mais le décor y est toujours plus somptueux, et le service, plus personnel. Les restaurants de catégorie **«supérieure»** (**$$$$**), où les plats principaux sont proposés **à partir de 24$**, relèvent le plus souvent de l'expérience gastronomique; la cuisine devient alors un art raffiné, et le service doit être pour le moins impeccable.

Certains restaurants changent souvent d'administration, tandis que d'autres ferment à l'occasion durant la saison morte. Nous nous sommes donc efforcé de sélectionner des endroits jouissant d'une solide réputation de stabilité et de qualité. Notez enfin que les prix des petits déjeuners et des déjeuners varient moins d'un restaurant à l'autre que ceux des dîners.

SERVICES AUX FAMILLES

Poussettes et sièges-autos

Une poussette peut s'avérer salutaire dans les parcs thématiques. À défaut d'apporter la vôtre, vous pouvez en louer une dans n'importe quel parc de Disney World, aux studios Universal ou à Sea World. La poussette est généralement recommandée pour les enfants de moins de trois ans, et devient nécessaire pour les trois à cinq ans à l'Epcot Center et aux studios Universal, ce qui n'est pas forcément le cas aux studios Disney-MGM, beaucoup moins étendus. Dans le Magic Kingdom, on préférera s'en passer en début de journée, quitte à s'en procurer une plus tard si la fatigue vient à gagner les plus jeunes. Conservez toujours votre reçu de location, car en cas de vol, il vous suffira de le présenter pour qu'on vous donne une autre poussette sans frais additionnels.

Si votre voyage à Orlando se fait par avion et inclut la location d'une voiture, l'organisme **Kids in Safety Seats** (☎407-857-0353) vous fournira sièges-autos et poussettes; moyennant une modique somme, on vous les livrera n'importe où dans la région de Disney World. Souvenez-vous qu'en Floride, la loi exige que les jeunes enfants voyagent dans un siège-auto.

Gardiennes d'enfants (*baby-sitters*)

Les hôtes des complexes hôteliers de Walt Disney World bénéficient des services de garderie du centre **Kinder-Care**, accueillant les enfants jusqu'à l'âge de 12 ans. Réservez au moins 24 heures à l'avance en composant le ☎407-827-5444. Les complexes hôteliers de Disney et la plupart des autres hôtels de la région offrent également le service de gardiennes aux chambres, bien que les coûts soient alors beaucoup plus élevés. Enfin, bon nombre d'entreprises privées peuvent attacher à votre service une gardienne qui vous accompagnera aux parcs thématiques et veillera sur vos enfants pendant que vous les visitez; appelez **Mothers Babysitting Service** *(☎407-857-7447)* ou **Super Sitters** *(☎407-740-5516)*, qui offrent aussi le service de gardiennes aux chambres.

Coins d'allaitement

L'atmosphère familiale détendue de Disney World et les nombreux locaux frais et obscurs qu'on y trouve en font un bon endroit pour allaiter discrètement son bébé. Au Magic Kingdom, essayez les salles de cinéma tranquilles du Hall of Presidents, de Magic Journeys ou encore du Carousel of Progress.

À Epcot, dans la zone du Future World, on trouve des salles de cinéma aux endroits suivants : Universe of Energy, Wonders of life (Cranium Command et The Making of Me) et The Land (Symbiosis). Au World Showcase, la France, le Canada, la Chine et The American Adventure possèdent tous des cinémas sombres.

Aux studios Disney-MGM, vous trouverez des sièges confortables ainsi qu'un peu d'intimité au Muppet Vision 3D et au Voyage of the Little Mermaid.

Celles qui préfèrent éviter ces endroits trouveront de confortables berceuses aux Baby Services de chaque parc.

Centres de services aux nourrissons (*Baby Services*)

Situés au Magic Kingdom, à l'Epcot Center, aux studios Disney-MGM et aux studios Universal, ces centres disposent de salles tranquilles à l'éclairage tamisé, avec des tables à langer et de confortables berceuses (fauteuils à bascule) pour l'allaitement. On peut également s'y procurer des chaises hautes, des bavoirs, des tétines, du lait en poudre, des céréales et des petits pots de nourriture. Des couches jetables y sont aussi disponibles, de même que dans plusieurs boutiques de Disney; celles-ci les tiennent généralement sous le comptoir, de sorte que vous devez les demander.

HANDICAPÉS

Walt Disney World et les parcs thématiques environnants sont, dans leur presque totalité, facilement accessibles aux handicapés. Les attractions sont équipées de larges rampes à faible inclinaison, et les restaurants ainsi que les toilettes ont été conçus en fonction d'eux. Des fauteuils roulants et des véhicules motorisés à trois roues sont par ailleurs offerts en location à l'entrée de chaque parc. Pour les malentendants, Disney World dispose, à l'intérieur de chaque parc, de descriptions écrites de la plupart des attractions ainsi que d'appareils de communication spécialement adaptés. Moyennant un léger dépôt, les personnes handicapés visuels peuvent, quant à eux, emprunter un magnétophone accompagné de cassettes expliquant chacune des attractions. Adressez-vous au bureau du service à la clientèle (Guest Relations desk).

Pour tout renseignement au sujet des services offerts aux personnes handicapés dans la région, adressez-vous au

Center for Independent Living *(720 North Denning Drive, Winter Park,* ☎*407-623-1070)*.

Pour des conseils de voyage, communiquez avec le réseau **Travelin' Talk** *(P.O. Box 3534, Clarksville, TN 37043,* ☎*615-552-6670)*. D'autres organismes sont également susceptibles de fournir des renseignements utiles aux personnes handicapés : **Society for the Advancement of Travel for the Handicapped** *(347 5ᵗʰ Avenue, Suite 610, New York, NY 10016,* ☎*212-447-7284)*, **Travel Information Center** *(Moss Rehabilitation Hospital, 12000 West Tabor Road, Philadelphia, PA 19141,* ☎*215-329-5715)*, **Mobility International USA** *(P.O. Box 3551, Eugene, OR 97403,* ☎*503-343-1284)* et **Flying Wheels Travel** *(P.O. Box 382, Owatonna, MN 55060,* ☎*800-535-6790)*.

Renseignez-vous bien avant de réserver une chambre, car bon nombre d'hôtels et de motels sont équipés pour accueillir les personnes en fauteuil roulant.

AÎNÉS

Comme des millions de gens ont déjà pu le constater, le centre de la Floride convient parfaitement aux voyageurs plus âgés, à tel point que certains y élisent domicile de façon temporaire ou permanente. Le climat est doux, le terrain, plat, et les tarifs pratiqués au cours de la saison morte rendent cette destination fort attrayante pour les voyageurs à revenus modestes. De plus, les personnes âgées de 60 ans et plus se voient consentir (toujours en basse saison) des rabais à Walt Disney World, aux studios Universal, à Sea World et dans certaines autres attractions locales. Les résidants de la Floride âgés de 65 ans et plus bénéficient en outre de tarifs de camping réduits dans la plupart des parcs d'État, et le «passeport de l'âge d'or» (Golden Age Passport), qu'on doit se procurer en personne et qui donne droit à l'entrée gratuite aux parcs et aux monuments nationaux, est accordé à toute personne âgée de 62 ans et plus qui en fait la demande.

L'**American Association of Retired Persons (AARP)** *(3200 East Carson Street, Lakewood, CA 90712, ☎213-496-2277)* accepte comme membre toute personne de 50 ans et plus, et offre, entre autres, des rabais sur les voyages auprès de nombreuses entreprises. On peut également participer à des visites organisées et à des croisières par l'entremise d'**AARP Travel Experience** *(400 Pinnacle Way, Suite 450, Norcross, GA 30071, ☎800-927-0111)*.

Elderhostel *(75 Federal Street, Suite 400, Boston, MA 02110, ☎617-426-7788)* propose toute l'année des programmes éducatifs complets à prix raisonnables en plusieurs points de la Floride centrale.

Côté santé, faites preuve d'une grande diligence. En plus des médicaments que vous avez l'habitude de prendre, il serait sage d'apporter vos ordonnances de façon à pouvoir les renouveler au besoin. Songez également à vous munir de votre dossier médical (incluant vos antécédents médicaux, votre état de santé actuel ainsi que les nom, adresse et numéro de téléphone de votre médecin). Enfin, vérifiez si votre assurance vous protège à l'étranger.

Le rêve de Disney

FORMALITÉS D'ENTRÉE

Passeports et visas

Pour entrer aux États-Unis, les citoyens canadiens n'ont pas besoin de visa. Il en va de même pour la plupart des citoyens des pays de l'Europe de l'Ouest. En effet, seul un passeport valide suffit, et aucun visa n'est requis pour un séjour de moins de trois mois. Un billet de retour ainsi qu'une preuve de fonds suffisants pour couvrir le séjour peuvent être demandés. Au-delà de trois mois, tout voyageur sera tenu d'obtenir un visa (120 $US) à l'ambassade des États-Unis de son pays.

Précaution : les soins hospitaliers étant extrêmement élevés aux États-Unis, il est conseillé de se munir d'une bonne assurance-maladie.

Douanes

Les visiteurs étrangers peuvent entrer aux États-Unis en possession de 200 cigarettes (ou 100 cigares) et d'achats hors taxes d'une valeur égale ou inférieure à 100 $, incluant un litre d'alcool (à condition d'avoir 21 ans et plus). Vous pouvez transporter autant d'argent que vous le désirez, mais il vous faudra remplir un formulaire si vous êtes en possession de plus de 10 000 $ (ou l'équivalent en devises étrangères). Veillez à ce que tout médicament d'ordonnance se trouve dans un contenant clairement identifié, et sachez que vous serez peut-être tenu de montrer au douanier une ordonnance en bonne et due forme ou une déclaration écrite de votre médecin. La viande et ses dérivés, les graines, les plantes, les fruits et les narcotiques sont tous proscrits par les douanes américaines. Pour de plus amples renseignements, communiquez avec les autorités concernées.

CONDUITE AUTOMOBILE

Nombre d'agences de location exigent de leurs clients qu'ils soient âgés de 25 ans et plus; et toutes insistent pour que vous déteniez une carte de crédit reconnue.

MONNAIE

La monnaie américaine repose sur le dollar, que vous trouverez en coupures de 1$, 5$, 10$, 20$, 50$ et 100$. Chaque dollar se divise en 100 cents, et les pièces en circulation sont de 1¢ (*penny*), 5¢ (*nickel*), 10¢ (*dime*) et 25¢ (*quarter*); il existe bien des pièces de 50¢ et de 1$, mais elles sont peu courantes. Il importe de savoir qu'on ne peut payer aucun produit ou service en devises étrangères aux États-Unis. Vous trouverez cependant des comptoirs de change aux succursales de la Sun Bank du Magic Kingdom et de l'Epcot Center de Disney World, ainsi qu'à la Southeast Bank des studios Universal; à Sea World, ce service est offert par le bureau des Special Services. Vous pourrez également changer vos devises dans les complexes hôteliers de Disney (à l'exception du Disney Inn) et dans plusieurs hôtels de la région.

Tous les prix indiqués dans ce guide sont en devises américaines.

Le rêve de Disney

ASSISTANCE AUX NON-ANGLOPHONES

Le Magic Kingdom, l'Epcot Center et les studios
Universal de Disney World mettent à la disposition des
visiteurs étrangers des cassettes traduites pour un grand
nombre d'attractions. Vérifiez auprès des Guest Services
(bureaux de service à la clientèle) de chaque parc. Le
bureau des Guest Relations des studios Universal
propose également des plans en langues étrangères.

ÉLECTRICITÉ ET ÉQUIPEMENT ÉLECTRONIQUE

L'alimentation électrique des prises de courant est de
110 volts (60 cycles). Les appareils conçus pour d'autres
types d'alimentation doivent être utilisés conjointement
à un transformateur ou à un adaptateur approprié. Les
voyageurs utilisant un ordinateur portatif à des fins de
télécommunication doivent savoir que les configurations
de modem propres au système téléphonique américain ne
correspondent pas nécessairement à celles de leurs
pendants européens. Les vidéocassettes américaines
n'utilisent pas non plus le même format que les
européennes, mais les centres d'accueil des parcs
nationaux et divers commerces proposant des vidéos-
souvenirs les tiennent souvent également en format
européen.

Le rêve de Disney

POIDS ET MESURES

Le système impérial est en vigueur aux États-Unis :

Mesures de poids
1 livre (lb) = 454 grammes

Mesures de distance
1 pouce (po) = 2,5 centimètres
1 pied (pi) = 30 centimètres
1 mille (mi) = 1,6 kilomètre

Mesures de superficie
1 acre = 0,4 hectare
10 pieds carrés (pi^2) = 1 mètre carré

Mesures de volume
1 gallon américain (gal) = 3,79 litres

Mesures de température
Pour convertir °F en °C : soustraire 32, puis diviser par 9 et multiplier par 5.
Pour convertir °C en °F : multiplier par 9, puis diviser par 5 et ajouter 32.
O°C = 32°F

PLANIFICATION DE VOTRE SÉJOUR

L'ampleur phénoménale de Walt Disney World et des points d'intérêt environnants transforme une visite de trop courte durée en une véritable course contre la montre, pour ne pas dire en cauchemar. Il vaut donc mieux prévoir un séjour d'au moins trois jours, surtout si vous venez de l'extérieur de la Floride, et l'idéal serait de consacrer une semaine complète à votre périple, dont deux ou trois jours à l'extérieur des grands parcs thématiques. Car même le visiteur le plus enthousiaste se lassera de marcher sur le bitume 10 heures par jour, sans compter que la Floride centrale présente une foule d'attraits secondaires.

Quelle que soit la durée de votre séjour, il importe de savoir qu'on ne s'entend que rarement (même si vous n'êtes que deux) sur la meilleure façon de visiter Disney World. Qu'à cela ne tienne, il existe de bonnes et de mauvaises façons d'organiser votre emploi du temps, et les quelques directives qui suivent vous aideront à rendre vos vacances un peu moins laborieuses. En tout premier lieu, arrivez tôt (au moins une demi-heure avant l'heure d'ouverture officielle). Deuxièmement, prenez un petit déjeuner copieux avant d'arriver à Disney World; et plus tard dans la journée, rompez avec vos habitudes en déjeunant et en dînant plus tôt ou plus tard que de coutume. Troisièmement, faites-vous une idée claire de l'ordre dans lequel vous comptez voir les diverses attractions; la classification par étoiles de ce guide vous aidera à établir vos priorités. Gardez aussi à l'esprit que les enfants (et même les adultes!) voudront remonter plus d'une fois à bord de leurs manèges favoris; allouez donc le temps nécessaire à ces «reprises».

Finalement, ne faites pas de zèle. Décidez de ce que vous aimeriez vraiment voir, et coupez vos projets de moitié. Une mère de famille écrivant à la revue *Parents* dit avoir pris une *«dure décision qui a eu pour effet de rendre beaucoup plus agréable notre séjour à Disney World : celle de ne pas chercher à tout voir en un seul voyage».*

Vous aimeriez vous offrir un rasage «à l'ancienne»? Rendez-vous à la Harmony Barber Shop sur Main Street USA (Magic Kingdom).

ITINÉRAIRES SUGGÉRÉS

Dans le but de vous aider à organiser votre visite, nous vous présentons ci-dessous des itinéraires conçus pour une famille passant quatre jours à Disney World et dans les autres parcs thématiques, de même que des suggestions pour une cinquième, une sixième et une septième journée si vous disposez de suffisamment de temps.

Pour les deux premiers jours, consacrés à la visite du Magic Kingdom, deux choix vous sont proposés, selon que vous êtes accompagné ou non d'enfants en bas âge (de trois à cinq ans). Une autre option se présente au quatrième jour, soit la visite des studios Disney-MGM ou des studios Universal.

Ces itinéraires ne sont fournis qu'à titre indicatif; ne vous sentez donc pas obligé de les suivre à la lettre. Ainsi, il se peut que vous décidiez de visiter l'Epcot Center plutôt que le Magic Kingdom le deuxième jour. Il faut toutefois savoir qu'Epcot a été conçu pour les adultes, aussi n'est-il pas conseillé aux familles avec de jeunes enfants. Mais si vous choisissez d'ignorer cette recommandation, allez-y plutôt le premier jour, car si vos enfants voient d'abord le Magic Kingdom, il ne fait aucun doute qu'Epcot leur semblera bien terne par la suite. Tous les itinéraires ont été tracés en prenant pour acquis que vous logez dans un hôtel à Disney World même ou à quelques kilomètres à peine de là. Si votre lieu d'hébergement se trouve à plus de 8 km, prenez vos repas du midi dans un restaurant de Disney. Et quel que soit votre plan de visite, rappelez-vous qu'il s'agit de vacances, et non d'une corvée.

Jour Un : Magic Kingdom (avec tout-petits)

LE MATIN : Soyez sur Main Street USA de bon matin (ouverture 30 min avant le reste du Magic Kingdom) afin de vous procurer tout le nécessaire pour la journée : poussettes, plans, etc. Dès que le reste du Magic Kingdom ouvrira, rendez-vous au château de Cendrillon (**Cinderella Castle**) pour placer vos réservations en vue du dîner de 18h dans la salle de banquet du roi Stephan (King Stephan's Banquet Hall). Dirigez-vous ensuite vers le cœur de Fantasyland pour visiter les attractions suivantes dans l'ordre où elles apparaissent :

Dumbo, the Flying Elephant
Cinderella's Golden Carousel
Snow White's Adventures
The Legend of the Lion King
Magic Journeys
Peter Pan's Flight
It's a Small World

LE MIDI : Retournez à l'hôtel pour déjeuner et faire la sieste.

L'APRÈS-MIDI : Rendez-vous à **Mickey's Toontown Fair** pour voir la maison de campagne de Mickey. Une balade à travers le **Toontown Hall of Fame** (temple de la renommée) vous permettra en outre de rencontrer vos personnages favoris et de vous faire photographier à leurs côtés.

EN FIN D'APRÈS-MIDI ET EN SOIRÉE : Après le spectacle, prenez le **Walt Disney World Railroad** (train) à

Mickey's Toontown Fair jusqu'à la station Main Street USA, puis un *jitney* (petit bus) ou une carriole tirée par des chevaux afin de vous rendre au château de Cendrillon pour le dîner de 18h.

Si vous avez le temps après le dîner (et si le cœur vous en dit), amenez vos enfants au **Cinderella's Golden Carousel** pour un tour de manège nocturne.

Jour Deux : Magic Kingdom (avec tout-petits)

LE MATIN : Encore une fois, présentez-vous tôt sur Main Street USA. À l'ouverture du Magic Kingdom, allez à Adventureland pour faire **The Jungle Cruise**, après quoi vous verrez les **Enchanted Tiki Birds** (nouvelle administration). Traversez le New Tomorrowland à pied, et essayez :

Tomorrowland Transit Authority
Astro Orbiter
Tomorrowland Speedway

avant de prendre le **Skyway** jusqu'à Fantasyland.

À Fantasyland, joignez-vous au **Mad Tea Party**, puis laissez les enfants remonter à bord des manèges qu'ils ont préférés à Fantasyland.

LE MIDI : Vers l'heure du déjeuner, rendez-vous à Frontierland pour prendre un radeau jusqu'à l'**île de Tom Sawyer**. Détendez-vous pendant que vos enfants dépensent leur énergie. Achetez des sandwichs à **Aunt Polly's Landing**, où il y a rarement beaucoup de monde, et reprenez le radeau jusqu'à la terre ferme pour assister au *Country Bear Jamboree*.

L'APRÈS-MIDI : Après le jamboree, sortez du Magic Kingdom et prenez un après-midi de repos.

LE SOIR : Voici quelques suggestions pour la soirée : (1) voir la **Revue Polynésienne** (pour adultes), présentée au Polynesian Village de Disney World; (2) dîner au **Trails End** de Fort Wilderness et profiter de son feu de joie à 20h; (3) visiter le **River Country** de Disney, si ouvert en soirée.

Jour Un : Magic Kingdom (sans tout-petits)

LE MATIN : Soyez sur Main Street USA de bon matin (ouverture 30 min avant le reste du Magic Kingdom) afin de vous procurer tout le nécessaire pour la journée (plans, poussettes, etc.). Toujours sur Main Street, placez une réservation pour le **Diamond Horseshoe Jamboree**, présenté à 12h15. Dès l'ouverture du Magic Kingdom, foncez en toute hâte vers le **Space Mountain**, puis allez à Frontierland pour essayer le **Splash Mountain**. Marchez ensuite jusqu'à Adventureland, où vous trouverez **Pirates of the Caribbean** et **The Jungle Cruise**.

LE MIDI : Retournez à Frontierland pour assister au **Diamond Horseshoe Jamboree**, présenté à 12h15. Après cette revue, quittez le Magic Kingdom, déjeunez et passez l'après-midi à vous relaxer.

EN FIN D'APRÈS-MIDI : Vers 17h, dînez à l'extérieur du Magic Kingdom, puis retournez-y.

LE SOIR : Marchez jusqu'à Fantasyland, où vous aurez l'occasion d'essayer :

Winnie the Pooh Ride
Mad Tea Party
It's a Small World

et tous les autres manèges de Fantasyland qui vous attirent. Rendez-vous ensuite au Liberty Square, tout à côté, pour voir **The Haunted Mansion** et **The Hall of Presidents**. Puis, pour terminer votre soirée en beauté, essayez le **Big Thunder Mountain** d'Adventureland, à moins que vous ne préfériez revivre l'expérience du Splash Mountain à Frontierland.

En été, ou durant la période des Fêtes, restez pour voir les feux d'artifice baptisés *Fantasy in the Sky Fireworks*.

Jour Deux : Magic Kingdom (sans tout-petits)

LE MATIN : Encore une fois, présentez-vous tôt sur Main Street USA. À l'ouverture du Magic Kingdom, allez à New Tomorrowland et amusez-vous de nouveau au **Space Mountain**. Essayez ensuite, dans l'ordre :

Tomorrowland Transit Authority
Carousel of Progress
The Timekeeper

EN MILIEU DE MATINÉE : Rendez-vous à pied à Adventureland, et profitez-en pour revoir **Pirates of the Caribbean** ou toute autre attraction qui vous plaît. Allez ensuite faire un tour au Frontierland pour assister au *Country Bear Jamboree*. Puis, faites une croisière de détente sur le **Liberty Square Riverboat**, tout près de là, ou retournez au Splash Mountain.

LE MIDI : Mangez un morceau au **Turkey Leg Wagon**.

L'APRÈS-MIDI : Après le déjeuner, visitez la maison de campagne de Mickey (**Mickey's House**) à la Mickey's Toontown Fair, ou réessayez vos manèges préférés à Fantasyland. À 15h, rendez-vous sur Main Street USA pour assister au **Remember the Magic Parade**. Après ce défilé, quittez le Magic Kingdom.

LE SOIR : Quelques suggestions : (1) visiter **Downtown Disney Pleasure Island**; (2) visiter le **Typhoon Lagoon** ou **Blizzard Beach**, si c'est ouvert tard; (3) dîner dans un des restaurants du World Showcase d'Epcot (en supposant que vous ayez réservé au préalable), pour ensuite assister au spectacle laser **IllumiNations**.

> Walt Disney a dit un jour : *«J'aime mieux Mickey Mouse que toutes les femmes que j'ai connues.»*

Jour Trois : Epcot

(Avis aux parents : pendant que vous visitez Epcot, vous avez la possibilité d'inscrire les enfants à une visite guidée de Disney World d'une demi-journée ou d'une journée entière. Ces visites s'adressent aux 7 à 15 ans. Pour de plus amples renseignements, voir le chapitre «Le reste du Monde», p 261)

LE MATIN : Arrivez tôt car le Spaceship Earth et la zone où il se trouve sont accessibles 30 min avant le reste d'Epcot. À Earth Station, vous devriez réserver une table pour 17h30 dans un des restaurants du World Showcase. Montez ensuite à bord du **Spaceship Earth**.

EN MILIEU DE MATINÉE : Dès l'ouverture du reste d'Epcot, rendez-vous directement au **World Showcase**; vous vous en féliciterez car l'endroit est désert à cette heure. Parcourez les lieux dans le sens des aiguilles d'une montre en commençant par le Mexique, puis la Norvège, et ainsi de suite.

LE MIDI : Prévoyez un repas rapide à l'**American Adventure**.

L'APRÈS-MIDI : Vers 14h, quittez Epcot et prenez un après-midi de repos. Si vous avez encore faim, allez au **Land Farmer's Market** à la sortie du parc.

LE SOIR : Retournez à Epcot à 17h, ce qui vous donnera amplement le temps de vous rendre au World Showcase. Dînez à 17h30, puis entrez au **Future World**, dont vous visiterez les pavillons dans cet ordre :

> **Journey Into Imagination**
> **The Land**
> **Wonders of Life**

S'il vous reste du temps, visitez **Universe of Energy**. À la fermeture du parc, trouvez un bon emplacement près du lagon du World Showcase pour assister au magnifique spectacle laser *IllumiNations*.

Jour Quatre : Les studios Disney-MGM ou Universal

Les studios Disney-MGM

LE MATIN : Arrivez tôt sur le Hollywood Boulevard, qui ouvre 30 min avant le reste du parc. Lorsque le reste du site ouvre enfin, dirigez-vous tout droit vers le Backlot pour essayer **The Twilight Zone Tower of Terror** (attention : les enfants de moins de trois ans ne peuvent monter à bord, et les plus de trois ans ont parfois peur).

Si vous avez des enfants en bas âge, sautez ces manèges, et rendez-vous plutôt directement au **Voyage of the Little Mermaid**, puis assistez au spectacle de *Beauty and the Beast*, présenté en milieu de matinée.

Le rêve de Disney

Après quoi vous pourrez passer à côté, aux **Muppets on Location**.

EN MILIEU DE MATINÉE : Allez au **Great Movie Ride**. Puis, voyez **Doug Live : Sounds Dangerous?** Traversez ensuite la rue pour voir, à 12h15, le spectacle *Indiana Jones Epic Stunt Spectacular*.

LE MIDI : Déjeunez au **Mama Melrose's Ristorante Italiano**.

L'APRÈS-MIDI : Après le déjeuner, vous avez deux options :

(1) Avec de jeunes enfants, voyez :

Muppet Vision 3D
Honey, I Shrunk the Kids Movie Set Adventure

(2) Sans jeunes enfants, participez au **Backstage Studio Tour**, pour lequel il faut compter de deux heures à deux heures et demie (y compris le temps d'attente). S'il vous reste encore de l'énergie, allez-y ensuite pour **The Magic of Disney Imagination**.

Les studios Universal

LE MATIN : Tâchez d'arriver 30 min avant l'ouverture du parc, et procurez-vous au centre d'accueil (**Front Lot**) tout le nécessaire pour la journée (plans, poussettes, etc.). Tenez-vous prêt et, dès l'ouverture du parc, précipitez-vous à l'**Expo Center** pour monter à bord de **Back to the Future** (*Retour vers le Futur*). (Attention : les enfants mesurant moins de 1,17 m n'y sont pas admis). Allez ensuite à **E.T. Adventure**, tout près.

DANS LA MATINÉE : D'un pas soutenu, rendez-vous à Production Central pour voir le *FUNtastic World of*

Hanna-Barbara. Détendez-vous un peu et, si vous avez des enfants en bas âge, descendez jusqu'aux **studios Nickelodeon**. Sinon, voyez *Alfred Hitchcock – The Art of Making Movies*.

LE MIDI : Vous pouvez prendre un déjeuner tardif au **Mel's Drive-In**, à Hollywood.

L'APRÈS-MIDI : Après le déjeuner, admirez les décors de Hollywood et faites un saut en direction de **Terminator 2-3D**. Contournez le lagon jusqu'à San Francisco / Amity, et montez à bord de **Earthquake, The Big One**. Puis, à côté, à New York, essayez **Kongfrontation**, et assistez à la spectaculaire représentation de *Hercules & Xena : Wizards of the Screen*.

LE SOIR : À moins que vous ne soyez complètement vidé de toute énergie, vous devriez maintenant vous faire une place près du lagon pour assister à la course de bateaux *Dynamite Nights Stunt Spectacular*, qui a lieu à 19h.

Possibilités pour les jours cinq, six et sept

Les **studios Disney-MGM** ou les **studios Universal**. Si vous êtes un vrai mordu de cinéma, allez visiter le parc que vous avez manqué au Jour Quatre.

Sea World. Les enfants adorent les animaux, et les adultes apprécieront cette pause au milieu des attractions à la fine pointe de la technologie.

La région d'Orlando. Visitez le centre-ville d'Orlando (y compris la **Church Street Station**) ou le ravissant **Winter Park**.

Le rêve de Disney

Space Coast. À seulement 50 min de route de Disney World, se trouvent de belles **plages** de sable blanc ainsi que le **Kennedy Space Center**.

Busch Gardens (Tampa). Passez une journée et une nuit (si vous le pouvez) à Busch Gardens (à 90 min d'Orlando). Le lendemain, vous pourrez visiter les **quartiers historiques de Tampa** ou encore la **plage de Clearwater**.

Vous pouvez aussi passer ces journées dans les parcs thématiques secondaires de Disney World, comme le **Typhoon Lagoon**, le **River Country** et la **Blizzard Beach**. Mais quoi qu'il en soit, vous vous devez de prendre une matinée pour emmener vos enfants partager leur petit déjeuner avec les personnages de Disney (**Disney Character Breakfast**); ils vous en seront infiniment reconnaissants!

LE MAGIC KINGDOM

Pour beaucoup de gens, le Magic Kingdom, c'est Disney World. C'est en effet ici que Walt Disney a tout d'abord mis la Floride sous le charme de sa formule fantasmagorique, en faisant sortir d'un marécage une architecture féerique, des réalisations artistiques purement fantaisistes, des jardins florissants et des attractions ultramodernes. C'est ici que ce brillant créateur de dessins animés poussa l'illusion à son comble, en donnant le jour à un royaume fictif peuplé de personnages imaginaires, de villages et de jungles inventés, de musiques joyeuses, de rues étincelantes de propreté, de plans d'eau chatoyants et de manèges palpitants…, tout pour en faire une expérience unique, colorée et pleine de joie.

Le Magic Kingdom n'occupe que 43 des 12 100 ha de Disney World (soit, à peu de chose près, l'équivalent d'une goutte dans un étang), mais il n'en constitue pas moins le cœur de ce monde. Clone presque parfait du Disneyland de la Californie, le Royaume Magique compte 41 attractions, 27 restaurants, 44 comptoirs d'alimentation ambulants, 47 boutiques et 22 chariots de marchandise répartis à travers 7 zones (*lands*) pleines d'imagination et fort différentes les unes des autres. Le plus populaire de ces domaines est **Fantasyland**, une toile de rêve tissée au fil des livres de contes, avec ses tours de bateaux, ses carrousels et sa musique joyeuse. **Adventureland** offre, grâce à ses huttes de chaume, ses perroquets jacasseurs et son périple dans la jungle, une randonnée sans danger dans les régions sauvages d'A-frique et d'Amérique du Sud. **Frontierland** apparaît parmi des buttes rocailleuses d'aspect cuivré, truffé de scènes d'Indiens et de cow-boys, tandis qu'à côté le **Liberty Square** reproduit l'Amérique coloniale avec ses devantures d'autrefois et ses attractions patriotiques. Telle une page de bandes dessinées sortie d'un journal de fin de semaine qui aurait soudain pris vie, **Mickey's Toontown** fait défiler devant vous des personnages de dessins animés, des maisons conçues en fonction de la taille des enfants et des magasins aux couleurs les plus folles. À un tout autre pôle, Tomorrowland avait d'abord été conçu comme un ensemble d'édifices blanchis à la chaux, destiné à représenter le futur tel que le voyait Disney dans les années soixante. Cette vision n'a toutefois pas survécu; en 1995, Tomorrowland est devenu **New Tomorrowland** et a subi un remodelage qui a transformé les monumentales masses de béton blanc en un paysage coloré et festonné de formes convexes à la Tinker Toys. New Tomorrowland abrite le manège le plus populaire du parc, soit Space Mountain.

Puis, il y a **Main Street USA**, le centre névralgique du Magic Kingdom et la toute première attraction à accueillir les visiteurs. Ses rues en brique, ses lampadaires à l'ancienne et ses façades élaborées reproduisent avec éclat l'idée qu'on se fait de la petite ville américaine

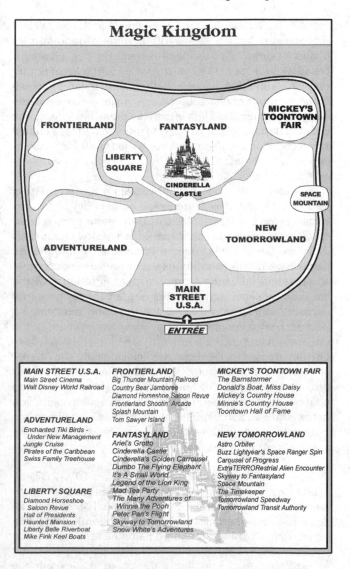

Magic Kingdom

FRONTIERLAND

FANTASYLAND

MICKEY'S TOONTOWN FAIR

LIBERTY SQUARE

CINDERELLA CASTLE

SPACE MOUNTAIN

NEW TOMORROWLAND

ADVENTURELAND

MAIN STREET U.S.A.

ENTRÉE

MAIN STREET U.S.A.
Main Street Cinema
Walt Disney World Railroad

ADVENTURELAND
Enchanted Tiki Birds -
  Under New Management
Jungle Cruise
Pirates of the Caribbean
Swiss Family Treehouse

LIBERTY SQUARE
Diamond Horseshoe
  Saloon Revue
Hall of Presidents
Haunted Mansion
Liberty Belle Riverboat
Mike Fink Keel Boats

FRONTIERLAND
Big Thunder Mountain Railroad
Country Bear Jamboree
Diamond Horseshoe Saloon Revue
Frontierland Shootin' Arcade
Splash Mountain
Tom Sawyer Island

FANTASYLAND
Ariel's Grotto
Cinderella Castle
Cinderella's Golden Carrousel
Dumbo The Flying Elephant
It's A Small World
Legend of the Lion King
Mad Tea Party
The Many Adventures of
  Winnie the Pooh
Peter Pan's Flight
Skyway to Tomorrowland
Snow White's Adventures

MICKEY'S TOONTOWN FAIR
The Barnstormer
Donald's Boat, Miss Daisy
Mickey's Country House
Minnie's Country House
Toontown Hall of Fame

NEW TOMORROWLAND
Astro Orbiter
Buzz Lightyear's Space Ranger Spin
Carousel of Progress
ExtraTERRORestrial Alien Encounter
Skyway to Fantasyland
Space Mountain
The Timekeeper
Tomorrowland Speedway
Tomorrowland Transit Authority

modèle. Il y a aussi la gare colorée du Walt Disney World Railroad, un train à vapeur qui couvre le périmètre du Magic Kingdom en faisant teuf-teuf. Un peu plus loin, passé Main Street USA, on trouve un jardin luxuriant du nom de Central Plaza, auréolé d'un cours d'eau d'un bleu à faire rêver et parsemé de chênes majestueux ainsi que de bancs laqués. Plus loin encore se dresse le somptueux château de Cendrillon, devant les tourelles effilées duquel s'émerveillent les visiteurs à toute heure du jour, rêvant de contes de fées.

L'attention toute spéciale qui est apportée aux détails (allant des poubelles décorées aux costumes des employés en passant par les astucieux menus des restaurants) ne cesse d'étonner même les visiteurs les plus habitués. On éprouve une joie indicible à s'imprégner de l'ambiance d'une zone donnée pour ensuite succomber au charme d'une autre, complètement différente. Même les jours les plus insensés, alors que le parc est bondé de gens et que la chaleur devient suffocante, personne ne peut résister à l'esprit du Magic Kingdom.

La nuit ne fait qu'ajouter aux illusions du Royaume, illuminant de mille feux les arabesques des toits et projetant les hautes silhouettes irisées des flèches du château contre un ciel d'encre. La fête atteint alors son paroxysme, au son triomphant des défilés, des chanteurs costumés qui envahissent les rues et des feux d'artifice qui rivalisent avec les étoiles.

Depuis l'ouverture du Magic Kingdom en 1971, Disney World s'est étendu par la création d'autres parcs thématiques, dont l'Epcot Center, qui s'étale sur 105 ha (plus de deux fois la superficie du Magic Kingdom). Malgré la concurrence, le Magic Kingdom demeure le lieu d'évasion par excellence, celui qui sort le plus de l'ordinaire. C'est un endroit conçu pour les enfants, et où les adultes retrouvent leurs rêves d'enfants. Il envoûte littéralement les cœurs sensibles, et même ceux des sceptiques qui méprisent son humour enfantin, ses accents conservateurs et son approche idéaliste.

Tous ceux qui ont vécu la fascination du château de Cendrillon, la montée d'adrénaline que provoque le Space Mountain ou la douce joie d'It's a Small World savent que le Magic Kingdom n'a pas son pareil. En fait, plus de gens visitent le Magic Kingdom que tout autre parc thématique au monde.

POUR S'Y RETROUVER SANS MAL

Il peut s'avérer fastidieux et compliqué de se rendre au Magic Kingdom, sans compter le temps précieux que vous risquez de perdre. Pour cette raison (et parce que ceux qui arrivent tôt évitent les longues files d'attente), il est impératif de s'y rendre **une heure ou deux** avant l'heure d'ouverture affichée. Les tramways et le monorail fonctionnent habituellement deux heures avant l'ouverture, et Main Street USA ouvre normalement de 30 min à 60 min plus tôt que le reste du parc.

Du Contemporary Resort Hotel, du Polynesian Village ou des complexes hôteliers Grand Floridian : Prenez le monorail directement jusqu'au Magic Kingdom.

De l'Epcot Center : Prenez le monorail d'Epcot jusqu'au Ticket and Transportation Center, puis le monorail du Magic Kingdom ou le traversier.

Des studios Disney-MGM : Prenez un bus Disney directement jusqu'au Magic Kingdom.

Du Wilderness Lodge : Prenez le bateau de Disney, qui vous emmènera directement au Magic Kingdom.

Du Yacht Club, des complexes hôteliers Beach Club, de Port Orleans, de Dixie Landings ou de All-Star Sports and Music Resorts : Prenez un bus Disney directement jusqu'au Magic Kingdom.

Des hôtels Dolphin ou Swan, ou du Caribbean Beach Resort : Prenez un bus Disney directement jusqu'au Magic Kingdom.

De Fort Wilderness, du Typhoon Lagoon, de la Blizzard Beach, de Pleasure Island ou de Downtown Disney : Prenez un bus Disney directement jusqu'au Magic Kingdom.

Des hôtels de la région ne faisant pas partie de Disney World : La plupart disposent de navettes qui font l'aller-retour jusqu'au Magic Kingdom. Cependant, dans bien des cas, elles ne partent qu'aux heures, si ce n'est à toutes les deux ou trois heures. Il vaut alors mieux s'y rendre en voiture.

En voiture

Sur la **route 4**, recherchez les panneaux indiquant les sorties (*exits*) vers Disney World. Prenez celle du Magic Kingdom et faites environ 3 km, jusqu'aux guérites du parc. Après que vous aurez acquitté votre droit de stationnement (5 $), on vous guidera vers un terrain si immense qu'il semble se perdre à l'horizon. De ce point, comptez encore une bonne vingtaine de minutes pour accéder au Magic Kingdom.

Vous devez absolument **prendre note de la section et de la rangée où vous êtes stationné** (les sections portent le nom de personnages de Disney, comme Pluto, Goofy ou Chip and Dale), sans quoi vous risquez de ne pas retrouver votre véhicule à la fin de la journée! Prenez ensuite le tramway jusqu'au Ticket and Transportation Center, ni plus ni moins qu'une grande gare centrale où vous achèterez vos billets d'entrée, avant de monter à bord d'un monorail ou d'un traversier qui vous permettra de franchir le 0,8 km qui vous sépare du Magic Kingdom. Le monorail est plus rapide (2 min plutôt que 5 min), mais les queues y sont généralement plus longues, étant donné que les visiteurs veulent éviter de marcher jusqu'au quai du traversier. Si le monorail semble bondé, choisissez donc plutôt le traversier : le voyage sera, en fin de compte, plus rapide et plus relaxant.

Quelques précieux conseils

N'oubliez surtout pas qu'il est préférable de se rendre au Magic Kingdom une heure ou deux avant l'heure d'ouverture officielle; il vous sera alors facile de planifier votre matinée. Par exemple, si à Disney on vous dit que le parc ouvre à 9h, stationnez votre voiture vers 7h30, de manière à être sur Main Street USA autour de 8h ou 8h30. Vous pourrez alors louer une poussette ou un casier, obtenir des plans et des renseignements, ainsi que réserver vos places pour les spectacles, prendre votre petit déjeuner et voir les boutiques et les autres attraits de Main Street USA avant l'arrivée de la foule.

> Un appartement spacieux fut aménagé presque au sommet du château de Cendrillon pour la famille de Disney, mais personne n'y emménagea jamais.

Mieux encore, vous pourrez peut-être même entrer dans le reste du parc plus tôt que prévu. Pendant l'été, durant les jours fériés et en période d'affluence, le Magic King-

Le Magic Kingdom

dom ouvre en effet ses portes jusqu'à une heure plus tôt qu'à l'ordinaire, cela afin d'empêcher les engorgements et les trop longues files d'attente aux guichets, surtout lorsqu'on prévoit remplir les lieux à pleine capacité, et devoir refuser des visiteurs bien avant que sonne midi. On ne peut jamais prévoir une telle situation, mais une chose reste certaine : le fait d'arriver tôt peut vous épargner plusieurs heures d'attente devant les attractions, éliminant ainsi des désagréments qui n'ont pas lieu de ternir une expérience aussi réjouissante et fantaisiste.

Cependant, la même souplesse ne s'applique pas aux heures de fermeture. Les attractions et les manèges s'arrêtent habituellement à l'heure dite, bien que Main Street USA reste ouverte une demi-heure ou une heure de plus, et que les bus et le monorail demeurent en service jusqu'à deux heures après la fermeture. Il s'agit bien entendu du moment rêvé pour visiter **Main Street USA**, car pendant que le reste du parc se vide peu à peu, vous pouvez tranquillement visiter les lieux et explorer les boutiques à votre aise. De plus, le fait d'acheter vos souvenirs juste avant la fermeture vous évitera d'avoir à louer un casier ou à transporter des sacs toute la journée.

Essayez de visiter chaque zone thématique, ou *land*, à fond avant de passer à une autre. Le Magic Kingdom est en effet si complexe qu'il peut s'avérer désastreux de le parcourir en tous sens, en sautant du coq à l'âne.

Prenez votre temps. Vouloir couvrir l'ensemble du Magic Kingdom en une seule journée, c'est comme essayer de voir 10 films en une soirée : vous n'y arriverez tout simplement pas!

Rompez avec vos habitudes en déjeunant et en dînant plus tôt ou plus tard que de coutume, soit avant 11h30 ou après 14h dans le cas du déjeuner, et avant 16h30 ou après 20h dans celui du dîner. Vous éviterez ainsi la cohue à l'heure des repas, et aurez plus de temps à consacrer à l'objet réel de votre voyage.

Services

Poussettes et fauteuils roulants : Vous en trouverez au Stroller Shop, à droite de l'entrée principale.

Centre de services aux nourrissons (*Baby Services*) : Situé à côté du restaurant Crystal Palace, sur Main Street USA. On y trouve, entre autres, des tables à langer et des berceuses (fauteuils à bascule) pour allaiter. Couches, lait en poudre et autres articles pour bébés y sont également disponibles, de même que dans certains magasins du Magic Kingdom.

Casiers : Disponibles sous la gare du Walt Disney World Railroad qui se trouve au pied de Main Street USA, ainsi qu'au Ticket and Transportation Center. Soyez bien conscient qu'il vous en coûtera 5 $ par jour et par casier, plus un dépôt remboursable de 1 $ pour accès illimité. Les articles trop volumineux pour les casiers peuvent être laissés en consigne au comptoir Break de la gare.

Animaux de compagnie : Ils ne sont pas admis à l'intérieur du Magic Kingdom. Vous pouvez cependant les faire garder pour la journée, ou même la nuit, au chenil situé près du poste de péage du stationnement. Sachez cependant que si vous faites garder un chien pour une ou plusieurs nuits, vous serez tenu de lui faire faire une promenade chaque soir.

Enfants perdus : Signalez les enfants perdus au City Hall ou au Baby Services situés sur Main Street.

Le Magic Kingdom

Service de collecte des paquets (*Package Pickup*) : Ceux qui magasinent beaucoup devraient songer à profiter de ce service gratuit, qui vous permet d'envoyer tous les achats que vous effectuez à l'intérieur du Magic Kingdom au bureau du service à la clientèle (Guest Relations) qui se trouve à droite de l'entrée principale. Vous pourrez ainsi passer prendre vos paquets au moment de quitter le parc, sans avoir eu à les traîner toute la journée. Mais attention : il y a souvent des «embouteillages» entre 17h et 18h ainsi que durant la demi-heure précédant la fermeture du parc, alors que tout le monde semble s'être donné le mot pour retirer ses paquets en même temps.

Bureau des objets perdus et trouvés : Signalez tout objet perdu ou trouvé au Guest Relations.

Services bancaires : Vous trouverez des services de chèques de voyage, d'avances de fonds et de guichets automatiques sous la gare de Main Street USA, près du Diamond Horseshoe Saloon à Frontierland, ainsi qu'à la Tomorrowland Light and Power Company près de la Space Mountain. Points de service ouverts tous les jours de 8h30 à 16h.

Comment s'orienter sur le site

Afin de mieux vous représenter le Magic Kingdom, disons qu'il s'agit d'une immense roue dont les rayons aboutissent aux sept zones thématiques, la base de cette roue étant constituée par Main Street USA, qui sert d'entrée au parc et de point de repère principal. Le Walt Disney World Railroad (petit train) circule sur la jante de cette roue, tandis que les nacelles du Skyway se balancent au-dessus du site dans sa partie nord-est. Le moyeu de cette roue est Central Plaza, un jardin verdoyant s'étendant au pied du château de Cendrillon. Cette place constitue un bon point de rencontre si vous vous séparez pendant la journée ou si un membre de la famille vient à se perdre. On y trouve en outre plusieurs grandes pelouses où les parents peuvent se reposer pendant que les enfants dépensent leur énergie. Certains y étalent même des couvertures à l'ombre des arbres pour pique-niquer et discuter des manèges à venir.

Jitneys, carrioles et autres véhicules farfelus

On peut visiter Main Street USA sur quatre roues (ou plus) en prenant place à bord d'un des drôles de moyens de transport qui circulent le long de cette artère pavée de briques. On y trouve des *jitneys* (petits bus) et des voitures de pompiers d'un rouge éclatant, des charrettes tirées par des chevaux musclés, des bus à deux étages et des carrioles sans chevaux dont les conducteurs portent de longues moustaches. La plupart font des allers simples du début de Main Street USA au château de Cendrillon.

Du moyeu de notre roue, des passerelles et des ponts conduisent aux différentes zones thématiques. En circulant dans le sens des aiguilles d'une montre, vous croiserez dans l'ordre, à partir d'Adventureland, Frontierland, Liberty Square, Fantasyland, Mickey's Toontown Fair et New Tomorrowland. Sur un plan, il semble facile de passer d'un *land* à l'autre, mais dans la réalité, c'est une tout autre histoire. Le Royaume tout entier est parcouru d'allées et de ruisseaux sinueux qui ne débouchent pas toujours là où vous croyez. Par exemple, si en sortant du Space Mountain, vous croyez pouvoir atteindre le Big Thunder Mountain en moins de deux avec les enfants en remorque, vous risquez de perdre très vite vos illusions. Autrement dit, servez-vous d'un plan pour tracer votre itinéraire, et déplacez-vous sans vous presser jusqu'à ce que les lieux vous soient plus familiers. De toute façon, sachez que si vous vous perdez, les employés de Disney se feront toujours un plaisir de vous orienter.

MAIN STREET USA

Quelle plus belle introduction à un royaume enchanté qu'une rue de carte postale! Cette réplique d'une charmante petite ville américaine présente un assemblage fascinant de balcons ornés de fer forgé, de balustrades richement décorées, de constructions au style tarabiscoté, de lampadaires à l'ancienne, de bancs soigneusement peints, d'arbres touffus, de musiques joyeuses, de stands à café express et à pâtisseries, et de jardinières suspendues. Les voitures de pompiers font tinter leurs cloches, les *jitneys* filent en tous sens, et les chevaux musclés tirent des tramways bondés de visiteurs.

Main Street USA est en grande partie bordée de boutiques et d'établissements habilement conçus dont l'objet semble aussi bien être de divertir que de vendre. La boutique House of Magic, par exemple, présente des masques et des costumes de monstres géants, tandis qu'Uptown Jewelers offre un choix somptueux d'œufs en céramique. Et n'oublions surtout pas la Harmony Barber Shop, contre la vitrine de laquelle se pressent les gens (surtout les enfants) pour observer le travail des barbiers moustachus faisant des rasages et des coupes «à l'ancienne».

Parmi les boutiques, on trouve divers lieux d'intérêt et des restaurants d'où s'échappent des effluves capiteux. Il y a une pâtisserie, un comptoir à glaces surmonté d'auvents rouges et blancs, et une confiserie où l'on s'emploie à malaxer de grandes cuves de pâte friable aux cacahuètes. Chaque endroit possède une atmosphère qui lui est propre; certains sont bondés et éclaboussés de lumière, d'autres plus conventionnels et d'allure victorienne, et d'autres encore, plutôt rustiques et boisés.

Les yeux et l'esprit sont sollicités de toutes parts, à tel point qu'il faut beaucoup plus que 40 min (le temps moyen consacré à la visite de Main Street USA) pour tout enregistrer. Mais le plus beau, c'est que cet endroit très rarement engorgé peut être visité en tout temps. Essayez de vous y rendre entre le milieu de la matinée et le milieu de l'après-midi, au moment où les attractions les plus populaires attirent les plus grandes foules et où le soleil est à son zénith. Main Street USA est également un lieu où un parent peut garder les enfants pendant que l'autre part seul à la conquête du Space Mountain ou de quelque autre manège interdit aux plus jeunes.

Votre visite de Main Street USA commence par un arrêt au **Guest Relations** où vous trouverez des plans, l'horaire des spectacles et des dîners, le bureau des objets trouvés et divers renseignements d'intérêt général.

D'anciens films de Disney, y compris de bons vieux dessins animés silencieux, sont projetés en continu au **Main Street Cinema**. Bien qu'on doive y rester debout, la salle hexagonale de six écrans s'avère fraîche et obscure, et offre un répit bien mérité des files d'attente et de la chaleur estivale. Les enfants se montrent souvent fascinés par ces dessins animés en noir et blanc qu'ils n'ont jamais vus, mais les adultes eux-mêmes peuvent facilement passer une bonne demi-heure à regarder des classiques tels que *Steamboat Willie*. Ce film, le premier du genre à intégrer le son, révèle d'ailleurs une trame particulièrement nostalgique puisqu'une souris futée du nom de Mickey s'y éprend d'une beauté aux pommettes saillantes du nom de Minnie. Vous verrez en outre un film intitulé *Mickey's Big Break*, une production fantaisiste dans laquelle Mickey se présente à une audition dans le but de décrocher le rôle principal dans *Steamboat Willie*!

Main Street accueille également une attraction plus importante :

Walt Disney World Railroad ★★★

Avec leurs auvents rayés, leurs sièges aux couleurs vives et leurs teuf-teuf lancinants, ces trains à vapeur d'époque vous promettent beaucoup de plaisir. Vous pouvez ici monter à bord d'un des quatre trains du tournant du siècle qui font le tour du Magic Kingdom en s'arrêtant à Frontierland et à Mickey's Toontown Fair, traversant ce qu'un narrateur appelle la *«frontière originelle de la Floride»*, soit des bosquets de fougères et de palmiers nains, ponctués de silhouettes des personnages de Disney. Les enfants adorent cette expérience en plein air, et apprécient tout particulièrement de pouvoir voyager à bord d'un «vrai train». Pour les adultes, il s'agit d'une bonne occasion de se reposer tout en se familiarisant avec chaque zone thématique. De fait, le train est le seul à vous offrir une vue aussi complète du Magic Kingdom.

À NOTER : Il y a souvent des files d'attente aux gares de Main Street USA et de Frontierland, mais rarement à celle de Mickey's Toontown Fair. Les trains passent toutes les 4 à 10 min.

Disney's Magical Moments ★★★★

La plupart des jeunes enfants (comme beaucoup d'adultes, d'ailleurs) se rendent à Disney World en quête de leurs princes et princesses favoris, ce qui explique sans doute qu'on en retrouve tant au défilé qui a pour titre *Disney's Magical Moments* (moments magiques de

Disney...). La majorité des grands noms y figurent (Cendrillon, Aladin, etc.) et recréent pour vous des scènes des plus célèbres films d'animation de Disney.

Le défilé emprunte chaque jour Main Street à compter de 15h. Avec un peu de chance (et en arrivant tôt), vous pourriez même être invité à vous joindre aux personnages, à valser avec l'entourage de Cendrillon, à courir en tout sens avec les objets vivants du château enchanté de la Bête ou à exécuter quelques pas farfelus avec les chameaux dansants d'Aladin. Le personnel d'encadrement sélectionne les «artistes invités» environ 20 min avant le défilé, mais vous devrez veiller à arriver sur les lieux encore plus tôt (environ 45 min à l'avance) si vous voulez avoir de bonnes places. Et ne faites pas la moue si l'on ne vous choisit pas pour participer, car on réserve d'autres drôleries à la foule des simples spectateurs.

À NOTER : Deux bons postes d'observation : devant Casey's Korner ou le Plaza Ice Cream Parlor, le défilé s'y arrêtant plus d'une fois pour présenter des numéros.

Main Street Electrical Parade ★★★★

L'éclat de ce défilé s'amenuisait considérablement à Disneyland, et on le croyait sur le point de s'éteindre complètement lorsqu'il fut ressuscité à Disney World. Ceux et celles qui n'ont pas eu la chance de le voir au cours des nombreuses années où il était présenté en Californie auront le bonheur de découvrir un spectacle éblouissant au cours duquel 26 chars thématiques s'illuminent de 500 ampoules, d'autant plus que la mélodie d'accompagnement, qu'elle vous plaise ou non, a le don de vous faire taper du pied et de vous coller au cerveau longtemps après avoir quitté le parc.

À NOTER : l'Electrical Parade a fait long feu à Anaheim avant d'être présenté ici. Si vous l'avez déjà vu dans votre enfance, ne manquez surtout pas l'occasion d'en faire revivre la magie dans vos cœurs.

ADVENTURELAND

Le pont en bois brut qui relie Central Plaza à Adventureland vous entraîne dans une véritable métamorphose : d'un côté, les allées pavées de briques, les pelouses soignées et la symétrie éclatante de la place; de l'autre, des sentiers obscurs longeant des cours d'eau, un fouillis de lianes et des coassements de crapauds. Adventureland, ou le royaume de l'exotisme tel que vu par Disney, regorge de totems, de lances sculptées, de cascades bouillonnantes qui s'écrasent sur des rochers recouverts de mousses vertes, et de fleurs radieuses en bordure des sentiers. Et le tout est rehaussé d'accents africains, polynésiens et caraïbes : cris rauques de perroquets, battements de tambours et barrissements d'éléphants mécaniques. L'air lui-même se charge de parfums humides des tropiques.

L'architecture ne fait qu'accentuer cette impression de contrée perdue, avec ses huttes de chaume, ses constructions pastel aux toits de tôle ondulée, ses bois sculptés et ses façades en pisé couronnées de tuiles d'argile. Une des plus belles constructions est sans doute la Caribbean Plaza, regroupant une série de boutiques aérées dont les marchandises s'alignent sous des arches en stuc. Des femmes vêtues d'étoffes bigarrées ou de voiles de harem vous y proposent des chapeaux de pirate, des bracelets, des coffres au trésor et d'autres «butins» du genre, donnant aux lieux un air de foire.

De toutes les zones thématiques du Magic Kingdom, Adventureland est peut-être celle qui exerce le plus grand attrait sur les visiteurs de tous âges. Qu'il s'agisse des familles, des couples sans enfant, des personnes seules ou des aînés, tous en raffolent. Aucune attraction n'y est vraiment conçue qu'à l'intention des seuls enfants, et pourtant même les plus jeunes ont accès à toutes. De la gigantesque maison dans les arbres à la croisière pleine d'aventures au cœur de la jungle, en passant par ce voyage en bateau où l'on repousse les attaques des pirates, chacun y trouvera son compte.

Swiss Family Treehouse ★★★

Certains visiteurs dédaignent cette attraction, la jugeant inintéressante ou trop exigeante, mais la plupart relèvent volontiers le défi que représente l'escalade d'un arbre aussi imposant. D'un diamètre de plus de 27 m, et comptant environ 600 branches, ce banian abrite une maison à niveaux multiples inspirée de celle où habitaient les héros du conte désormais classique *Les Robinson suisses*. D'une conception et d'une ingéniosité remarquables, ce spécimen unique arbore quelque 800 000 feuilles en vinyle plus vraies que nature (au coût d'un dollar par feuille au début des années soixante-dix!) et un tronc pour le moins ahurissant. D'étroits escaliers en bois serpentent autour du tronc et entre les branches, donnant vue sur des pièces si bien aménagées qu'on croirait que la célèbre famille de naufragés y vit réellement; des courtepointes recouvrent les lits à colonnes, et des conduits de bois alimentent chacune des pièces en eau fraîche. Remarquez la spacieuse cuisine à la base de l'arbre, avec son sol dallé de pierres, son four en brique et son attirail de casseroles.

À NOTER : L'escalade de l'arbre est assez ardue, peut-être même trop pour les personnes âgées et les jeunes enfants.

Le Magic Kingdom

Spectacles de rue

Vous marchez le long de Main Street USA en contemplant son architecture splendide quand, soudain, un quatuor se met à chanter. Avec leurs costumes à rayures aux couleurs vives, ces artistes chantent à pleins poumons une chanson drôle et lèvent leur chapeau aux applaudissements de la foule. Dans la jungle d'Adventureland, voilà qu'apparaît un groupe des Caraïbes, frappant sur des tambours de métal. Et près du château de Cendrillon, un pianiste remplit d'airs de ragtime une cour ornée de ballons.

Les spectacles de rue qui agrémentent gaiement le Magic Kingdom en lui donnant un air de fête sont offerts tous les jours en divers points du parc. Les heures des représentations changent fréquemment, de sorte que vous feriez bien de vous arrêter au City Hall de Main Street USA pour y prendre un horaire détaillé.

Jungle Cruise ★★★

Cette folle et amusante croisière dans une jungle savamment reconstituée est sans contredit l'une des attractions les plus connues et appréciées de Disney World. Les visiteurs se serrent les coudes sur des embarcations couvertes aux noms pittoresques comme *Nile Nellie* ou *Amazon Annie*, et un capitaine portant chapeau de safari et veste cintrée accompagne le groupe dans une aventure subtropicale qu'il qualifie de «*périlleuse*». Il s'agit ici d'une des rares attractions commentées de vive voix, ce qui ne manque pas d'ajouter à son charme, d'autant plus que les animateurs font rire avec leurs plaisanteries et leurs bouffonneries loufoques.

> Afin de conserver à la Jungle Cruise son allure de jungle lorsque le mercure descend sous la marque des 2°C, 100 radiateurs à gaz et ventilateurs électriques (cachés dans les rochers) dispensent de l'air chaud aux plantes et aux arbres.

Durant ce voyage de 10 min, l'action ne manque pas : les explorateurs de fortune déjouent les éléphants, les hippopotames, les zèbres, les gnous, les girafes et les pythons. Ils évitent également de justesse des chutes menaçantes, échappent aux pygmées et se faufilent secrètement par un temple cambodgien imprégné d'humidité. On aperçoit même sur une berge un campement pillé par des «sauvages», avec un tout-terrain renversé dont les roues tournent encore et dont la radio continue de hurler.

Rien de tout cela n'est réel, cela va sans dire, mais certaines scènes sont assez vraisemblables pour effrayer des enfants d'âge préscolaire. On n'a cependant aucun mal à calmer ces derniers, tant et si bien qu'au terme du voyage ils ne veulent même plus descendre du bateau, faisant fi de l'admonition du guide : *«Laissez tous vos bijoux et objets de valeur, mais n'oubliez surtout pas de reprendre vos enfants»*.

À NOTER : Les files d'attente rivalisent ici avec celles de Space Mountain. Qui plus est, elles s'avèrent souvent trompeuses, car à chaque détour vous risquez de découvrir (à votre grand malheur) qu'elles se prolongent encore et encore. Il vaut donc mieux s'y rendre à la première heure le matin ou pendant le défilé de 15h sur Main Street USA.

Le Magic Kingdom

Pirates of the Caribbean ★★★★★

Possiblement une des plus grandes réussites de Disney World, cette attraction réunit tout à la fois des paysages réalistes, une musique enlevante, une descente en chute libre courte, mais néanmoins saisissante, de l'action et encore de l'action. Par contraste avec les paysages ensoleillés de la Jungle Cruise, cette expédition en bateau vous transporte au cœur de sombres et humides repaires de pirates.

Au début, on aperçoit des hommes à jambe de bois et aux dents ébréchées, enchaînés aux sols de pierre, alors que des vautours s'emploient à déchiqueter des squelettes éparpillés sur la plage. Pendant la presque totalité du tour, des fiers-à-bras se livrent au pillage et

sèment la pagaille sur l'île. Lors d'un raid chaotique contre une forteresse, ils font feu de leurs pistolets en tous sens, pourchassent les femmes et incendient le village. Les poules caquettent à qui mieux mieux, les chiens ne cessent d'aboyer et les cochons enivrés se dandinent de façon étonnamment réaliste. Certaines scènes frisent la tragédie (dont celle où l'on vend les femmes aux enchères), mais on réussit malgré tout à les dédramatiser. Tous les détails sont grandement étudiés, jusqu'aux poils drus de la jambe d'un des pirates.

À NOTER : Les plus jeunes risquent d'être effrayés par certaines scènes. Même s'il s'agit d'une attraction très courue, les files avancent rapidement, et l'attente est rarement de plus de 30 min. **À ne pas manquer**.

Enchanted Tiki Room – Under New Management
★★

Les visiteurs de longue date de Disney World se souviennent sans doute d'avoir subi sans grand intérêt cette attraction persistante du Magic Kingdom ponctuée de chants d'«oiseaux» et de huttes de paille secouées par le tonnerre. La nouvelle version n'en risque guère de vous renverser davantage, mais il faut tout de même reconnaître que cette volière animatronique regorge d'une énergie fortement accrue depuis qu'elle a «changé de mains». Ses nouveaux «propriétaires» – Iago d'*Aladin* et Zazu du *Roi Lion* – n'ont vraiment rien en commun, le perroquet discordant et le calao plutôt snob formant un couple pour le moins étrange. Mais ne voilà-t-il pas qu'ils se lancent corps et âme dans une danse endiablée (pour autant que la technologie animatronique le leur permette), allant jusqu'à entonner en duo la chanson *Tiki Bird*, qu'on adore ou qu'on déteste.

À NOTER : la nouvelle incarnation de ce spectacle est sans contredit supérieure à l'ancienne, mais elle fait encore surtout le bonheur des tout-petits. Si vous vous trouvez à court de temps, n'hésitez pas à passer outre.

Le Magic Kingdom

FRONTIERLAND

Passez ensuite à Frontierland, où les croassements des perroquets d'Adventureland se transforment en plaintes stridentes, celles de la locomotive du Big Thunder Mountain (un des manèges les plus rapides et excitants de Disney World). Rappelant une ville minière du XIXᵉ siècle, Frontierland présente un paysage de cactus, de rochers cuivrés, de constructions en pisé et de comptoirs de traite, complété par une mairie recouverte de brique. Il y a aussi le Pecos Bill Café, flanqué de trottoirs en bois, Aunt Polly's Landing, le Churro Wagon, le Westward Ho et un Turkey Leg Wagon; ce dernier sert des portions géantes de nourriture, ses employés sont vêtus de cuir et prennent à l'occasion un accent nasillard, alors que les enfants s'en donnent à cœur joie avec leur nouveau chapeau de raton laveur.

Le Big Thunder Mountain, avec son haut profil irrégulier, est sans contredit la principale raison pour laquelle tant de gens se rendent à Frontierland; ils y restent toutefois plus longtemps lorsqu'ils découvrent la multitude d'activités qui s'y déroulent. De fait, l'endroit se révèle un véritable paradis pour les familles : grande île boisée où les enfants peuvent gambader pendant des heures, salles de jeu envahies par une foule d'adolescents, deux revues musicales alliant divertissement et détente... Prévoyez donc de passer quelque temps ici, car même avec de courtes files d'attente, il faut compter plusieurs heures pour visiter les plus beaux coins de cette zone thématique.

Big Thunder Mountain Railroad ★★★★★

Ces montagnes russes exubérantes et folles n'ont rien à envier à aucune autre installation du genre. Les plongeons ne sont peut-être pas très vertigineux, mais ils surviennent brusquement, et la vitesse comme les virages sont suffisants pour vous tenir en haleine. Campé dans un décor de ruée vers l'or, ce train de mine hors de contrôle serpente sur près d'un hectare parmi les paysages les plus inventifs de Disney.

Gardez l'œil ouvert, sinon vous ne verrez pas, dans cette succession rapide d'images, la ville minière aux prises avec une crue subite, les animaux «audio-animatroniques» (dont des poulets, des opossums et des ânes), les éboulis et l'imbécile en caleçons longs allongé dans une baignoire à l'ancienne. Il y a aussi des douzaines d'antiquités minières éparpillées çà et là, et des chauve-souris survolent le tout. Puis, il y a la montagne elle-même, haute de 60 m; il fallut 2 ans pour la construire, 590 t d'acier, environ 60 000 l de peinture et 4 240 t de ciment, sans compter d'innombrables rochers et d'importantes quantités de bonne vieille terre.

> La conception du Big Thunder Mountain Railroad a demandé 15 ans, et sa construction, 2 ans.

Après l'avoir essayé de jour, retournez-y le soir. La montagne et les rochers sont alors illuminés, et l'environnement est superbe. Soyez-y environ une demi-heure avant la fermeture du parc; la file d'attente devrait alors être courte, sinon inexistante.

À NOTER : Les enfants doivent mesurer plus de 1,02 m pour pouvoir monter à bord. Ce manège n'est pas recommandé aux personnes âgées ni aux cœurs fragiles. **À ne pas manquer**.

Tom Sawyer Island ★★★

L'île de Tom Sawyer, une des rares attractions de Disney axées sur la nature, est très bien conçue et doit figurer sur l'itinéraire de toutes les familles. Tel un beignet renversé, elle gît au centre de Rivers of America. Des bateaux à vapeur, des radeaux et des embarcations à quille font onduler les eaux d'un bleu-vert jusqu'au rivage. Les visiteurs s'entassent gaiement (debout) sur des radeaux motorisés en bois rond pour se rendre sur l'île.

Fraîche et boisée, cette île offre non seulement l'occasion de se reposer des files d'attente, mais aussi plusieurs endroits où les enfants s'amuseront ferme : sentiers tortueux, collines, ruisseaux bouillonnants, un pont de tonneaux, un pont tournant à l'ancienne, un moulin à vent, un moulin à broyer et une «mine magnétique mystérieuse» dont les murs humides semblent recouverts de poudre d'or. Le meilleur endroit de tous demeure cependant le **Fort Sam Clemens**, une forteresse en rondins d'où vous pourrez faire feu sur les passagers ahuris du *Liberty Square Riverboat* avec des fusils à air comprimé (les effets sonores sont saisissants). Les coups de fusil retentissent toute la journée, et on les entend de tous les coins de Frontierland.

Pendant que les enfants dépensent leur énergie, les parents peuvent se promener tranquillement ou se reposer sur un des nombreux bancs disposés autour de l'île. Les familles aiment aussi se rendre à **Aunt Polly's Landing** pour y acheter de la limonade fraîchement pressée ou encore des sandwichs au beurre d'arachide et à la confiture. Vous pouvez enfin flâner sur la loggia en bois et regarder passer les bateaux, ou simplement vous mêler aux autres familles.

L'environnement ombragé et reposant de l'île, loin des foules, en fait un lieu d'évasion idéal les après-midi de canicule où la plupart des attractions sont bondées. Une bonne idée serait d'y arriver en fin de matinée pour pouvoir y pique-niquer.

À NOTER : N'est pas recommandé aux personnes âgées. Les adultes sans enfant devraient visiter l'île lors de leur deuxième jour au Magic Kingdom. On y fait rarement la queue; aussi en profiterez-vous pour visiter les lieux quand les autres attractions sont bondées. L'île ferme au crépuscule.

Splash Mountain ★★★★★

Il ne s'agit pas du manège qui donne le plus de frissons, mais il s'impose peut-être malgré tout comme le meilleur de tous, offrant 12 min de descentes, de plongeons et de virevoltes aquatiques sur le territoire hilarant des Frères Lapin, Ours et Renard. Assis au fond d'un tronc d'arbre évidé, vous remonterez puis descendrez le courant, croisant sur votre passage d'anciennes installations de moulin, Frère Ours s'évertuant à voler le miel d'une ruche bourdonnante, et Frère Renard échappant de justesse aux mâchoires d'un alligator. Il y a également plusieurs autres personnages farfelus (une centaine en tout), tous tirés de la chanson de Disney intitulée *Song of the South* et chantant à qui mieux mieux ce qui est désormais devenu l'hymne national de Disney World : *«Zip-A-Dee-Doo-Dah!»*.

Les amateurs de sensations fortes seront servis dès le départ par un plongeon plutôt raide et inattendu, mais le clou du manège demeure une chute libre à 47 degrés d'une hauteur de 5 étages dans le Briar Patch (chair de poule et douche assurées!). Plusieurs enfants (jusqu'à 10 ans), et même certains adultes, sont effrayés par ce passage, mais la majorité des préadolescents et des adolescents en sont emballés. Un jeune habitué résume ainsi la pensée de ses pairs : *«Lorsque vient mon tour de prendre le départ, je retrouve le bonheur.»* «Zip-A-Dee-Doo-Dah!».

À NOTER : Au début du grand plongeon, gardez les yeux ouverts pour une vue incroyable sur le château de Cendrillon. Si vous ne tenez pas à vous faire mouiller, ne vous assoyez surtout pas à l'avant! Il y a des restrictions quant à l'âge et à la taille des passagers. **À ne pas manquer**.

Country Bear Jamboree ★★★★

Depuis longtemps un des préférés à Disney, cet amusant spectacle décrit le monde du point de vue d'un ours. À l'intérieur du **Grizzly Hall**, généralement bondé, vous verrez chanter des ours «audio-animatroniques» (aux traits et aux gestes étonnamment réels) qui racontent en outre des blagues et des histoires à dormir debout. Le vénérable Big Al est devenu si populaire qu'on retrouve sa tête sur des chapeaux, des t-shirts et des cartes postales.

À NOTER : Une attraction pour tous les âges, le Jamboree attire de grandes foules dans son petit auditorium. Allez-y avant 11h ou pendant le défilé présenté à 15h sur Main Street USA.

Frontierland Shootin' Arcade ★

Ce sont surtout les enfants qui apprécient ce stand de tir, semblable à ceux qu'on retrouve dans les grandes foires. Pour 0,25 $, vous pourrez tirer sur des pierres tombales ou des vautours. L'endroit n'offre aucun attrait particulier, et peut être visité lors de votre deuxième journée au Magic Kingdom.

À NOTER : Vous obtenez cinq tirs pour 0,25 $. Peu fréquenté des personnes âgées et des adultes en général. Il n'y a presque jamais de queue, de sorte que vous pouvez le visiter n'importe quand.

> Les fusils du Shootin' Arcade (Frontierland) sont d'authentiques fusils à bison Hawkins de calibre 54.

The Diamond Horseshoe Jamboree ★★★★

Ce spectacle de 30 min, au cours duquel on frappe dans ses mains et tape du pied, est sans doute un des meilleurs de Disney World et vous promet beaucoup de plaisir. Présenté dans une salle de style Dixieland en forme de fer à cheval, aux planchers de bois et aux ornements de laiton, il met en vedette de jeunes cowboys, des danseuses de cancan et la célèbre Lilly, un rossignol à la voix d'or habillé d'une robe de satin rouge. Les danses et les chants sont supérieurs à la moyenne, et les blagues, qui portent souvent sur des membres de l'assistance pour le moins embarrassés, sont insipides mais divertissantes.

À NOTER : Certains inconvénients peuvent être mentionnés. Ainsi, les réservations doivent préférablement être faites au **début** de la journée, au guichet qui se trouve en face de Disneyana Collectibles sur

Main Street USA. Si vous manquez votre chance (les places s'envolent très tôt), présentez-vous directement sur les lieux une demi-heure avant l'une des cinq représentations journalières, et joignez-vous à la file d'attente (les spectacles sont à 10h40, 12h15, 13h45, 15h30 et 16h45). Bien que l'administration de Disney vous assure qu'il est impossible d'être admis sans réservation, vos possibilités d'obtenir une place demeurent excellentes, surtout à la dernière représentation de la journée.

Par ailleurs, on vendait autrefois des sandwichs avant le spectacle, alors qu'aujourd'hui on n'offre plus que des gâteaux et des croustilles. Des familles ayant projeté de déjeuner pendant le Jamboree ont ainsi découvert, à leur grande déception, que leurs enfants affamés devaient attendre une autre heure avant de manger. Pis encore, les préposés mettent 30 min à servir la foule avant le spectacle, du temps qu'on préférerait consacrer à d'autres attractions!

LIBERTY SQUARE

À première vue, il est difficile de dire où finit Frontierland et où commence le Liberty Square. Tous deux sont en effet imprégnés de la même atmosphère de nostalgie américaine, et tous deux se caractérisent par des quais riverains et des promenades ombragées.

Mais le cœur du Liberty Square est résolument animé par l'esprit du colonialisme le plus pur : maisons de style *saltbox* dans les tons de vanille, commerces aux devantures de brique canneberge, toits en pignon, girouettes, et une multitude de drapeaux américains. Comme dans la plupart des autres zones thématiques de Disney World, les reproductions sont ingénieuses. De coquettes boutiques proposent confitures, gelées et couvertures crochetées, et une taverne accueillante arbore des planchers de bois grossièrement équarri de même qu'un grand foyer en pierre. Avec tant d'endroits douillets, l'air humide de la Floride semble presque s'adoucir.

La flore ne cesse pas non plus d'étonner. De resplendissantes azalées et de tendres ifs japonais peignent un tableau irisé autour des arbres, le long de la rivière et dans les boîtes à fleurs suspendues aux fenêtres. Au centre de la scène se dresse également un chêne vert majestueux du nom de «**Liberty Tree**» (l'arbre de la liberté), âgé de plus de 130 ans, et aux branches duquel sont suspendues 13 lanternes symbolisant les 13 premiers États de la nation américaine.

Avec son caractère chaleureux et ses accents typiquement américains, Liberty Square plaît aux familles, qui passent souvent quelque temps le long de sa rivière et dans ses boutiques. Les parents trouveront un peu de calme et de solitude derrière la forge (**Silversmith Shop**), où une série de bancs, de tables avec parasols et de grands feuillus créent une sorte de havre de paix.

The Hall of Presidents ★★★

À son ouverture en 1971, cette attraction fut acclamée comme une des réalisations les plus marquantes de Disney, ses créateurs ayant réussi à donner à des robots des traits humains d'une telle perfection qu'on en éprouvait presque un malaise. Et aujourd'hui encore, les visiteurs se sentent pris d'une admiration révérencieuse devant les expressions, les traits, les mouvements et les voix on ne peut plus réalistes des 42 présidents des États-Unis représentés ici. Les moindres rides, les sourcils, les taches de son, et même la prothèse fixée à la jambe du président Franklin Delano Roosevelt sont tout simplement remarquables. Vous remarquerez par ailleurs que pendant qu'Abraham Lincoln fait l'appel, quelques présidents s'agitent et commencent à donner des signes d'impatience.

Dans une salle confortable pouvant accueillir plus de 700 spectateurs, on présente diverses réalisations américaines rehaussées, cela va sans dire, d'accents patriotiques, le tout précédé d'un film tout à fait moyen sur l'histoire conventionnelle des États-Unis.

À NOTER : Une des attractions préférées aux yeux des personnes âgées, elle retient cependant difficilement l'attention des enfants.

Liberty Belle Riverboat ★★★

Ce bateau à aubes de trois étages s'impose immanquablement aux regards lorsqu'il traverse le Liberty Square et Frontierland sur ces rivières artificielles que sont les **Rivers of America**. Tandis que la vapeur des chaudières s'échappe par ses cheminées, les passagers s'entassent le long de ses garde-fous pour contempler les rives et l'île de Tom Sawyer. Il n'y a pas de capitaine (le bateau circule sur un rail sous-marin), et le voyage de 17 min se révèle très lent et reposant, un moment de répit très apprécié des parents, qui peuvent s'asseoir tranquillement pendant que leurs enfants gambadent tout autour. Ceux-ci adorent d'ailleurs explorer le navire et essuyer les tirs (de fusils à air comprimé) d'autres enfants embusqués au fort qui domine l'île de Tom Sawyer. Les sièges ne manquent pas, mais pour vous assurer d'en avoir un, soyez parmi les premiers à monter à bord du bateau.

À NOTER : Couvre le même trajet que les Mike Fink Keel Boats, à cette différence près que le voyage est beaucoup plus agréable. Si vous n'aimez pas spécialement les balades en bateau, vous pouvez toujours explorer l'île de Tom Sawyer à pied. Le bateau attire des foules plus ou moins nombreuses, et l'attente est en moyenne de 15 à 20 min.

Mike Fink Keel Boats ★

Il s'agit de deux embarcations à faible tirant d'eau portant le nom d'un célèbre capitaine et tireur d'élite du Mississippi qui vécut de 1770 à 1823. Ces bateaux à quille effectuent le même trajet que le Liberty Square Riverboat, de sorte qu'il n'est pas nécessaire de faire les deux randonnées, d'autant plus que celle-ci est beaucoup moins intéressante. Les passagers sont en effet entassés dans un espace restreint, et le narrateur se sert d'un microphone au volume trop élevé pour débiter un laïus ennuyeux ponctué de blagues insignifiantes. Le seul facteur positif de cette attraction est que la file d'attente y est presque toujours courte.

À NOTER : Ne considérez cette attraction que lors de votre deuxième journée au Magic Kingdom, ou abstenez-vous-en carrément.

The Haunted Mansion ★★★★★

«Ici gît le vieux Fred, qu'une grosse pierre a assommé raide.» C'est là une des épitaphes farfelues qu'on peut lire dans le cimetière qui borde le Manoir Hanté, une vaste demeure peu rassurante perchée au sommet d'une colline. Il s'agit d'ailleurs d'une introduction appropriée à cette attraction, une des meilleures jamais réalisées à Disney World, dont l'ingénieuse conception et les innombrables effets spéciaux ou illusions vous feront dire : *«Je sais bien que tout cela n'est pas réel, et pourtant...»*

Le Magic Kingdom

Un sinistre maître d'hôtel accueille les visiteurs à l'entrée, et les conduit ensuite dans une galerie octogonale aux candélabres pleins de toiles d'araignée où le plafond semble s'élever (à moins que ce ne soit le plancher qui s'enfonce?). Après plusieurs imprécations, il mène ses invités vers leur cercueil respectif, qui les entraînera dans un voyage mouvementé à travers des salles peuplées de fantômes, de goules et d'autres horreurs. Il y a aussi un pianiste macabre qui n'est en fait qu'un spectre, un cimetière hanté, avec son gardien pétrifié, une théière versant du thé de son propre gré et un corbeau criard qui ne cesse de vous suivre. Des hurlements se font entendre, des créatures se promènent au plafond et les fantômes semblent se matérialiser au fur et à mesure que les ténèbres s'épaississent.

Tous les effets spéciaux sont fantastiques, mais ce sont définitivement les hologrammes qui retiennent le plus l'attention. Faisant appel à une imagination débordante et à une technologie très poussée, les équipes de Disney ont porté l'art des projections tridimensionnelles à des sommets inégalés. C'est ainsi que des images grandeur nature de forme humaine et en tenue de tous les jours flottent ici et là, reproduisant les gestes des vivants qu'ils représentent. Dans une scène de bal, les hologrammes tourbillonnent même sur la piste en suivant la cadence. Le plus fascinant de tous (et celui dont on parle le plus) est probablement cette tête de femme enfermée dans une boule de cristal et parlant sans arrêt.

Mais vous n'êtes pas encore au bout de vos surprises : avant de quitter le manège, au moment de vous regarder dans un miroir, quel ne sera pas votre étonnement de trouver un revenant (c'est-à-dire un autre hologramme) à vos côtés!

Malgré les effets savamment étudiés de cette attraction, elle n'effraye que bien peu de gens. Les jeunes enfants risquent par contre d'être ébranlés par ces manifestations visiblement bien «réelles».

À NOTER : Même s'il s'agit d'un manège très prisé, le Haunted Mansion se cache dans un coin retiré de Liberty Square, de sorte que les files d'attente y sont intermittentes. Pour tout dire, elles fluctuent surtout en fonction des foules qui viennent de quitter le Hall of Presidents et le Liberty Square Riverboat, situés tout près; ces deux attractions relâchent en effet, à toutes les 20 ou 30 min, plusieurs centaines de personnes qui se dirigent ensuite vers le Manoir Hanté. Autrement dit, soyez-y juste au moment où ces attractions s'apprêtent à libérer leurs visiteurs. **À ne pas manquer.**

FANTASYLAND

Lieu haut en couleur et en fantaisie, Fantasyland, où se mêlent chapiteaux, tourelles étincelantes et maisons en pain d'épices, est sillonné de ruisseaux jonchés de *pennies* rutilants. Dominé par le **château de Cendrillon**, il revêt l'aspect d'une cour de palais, si bien qu'en longeant ses allées, on a effectivement l'impression de parcourir les chapitres d'un conte de fées.

Le meilleur moyen d'accéder à Fantasyland consiste à emprunter le Skyway depuis le New Tomorrowland. Ces grandes nacelles célestes aux couleurs vives vous conduiront au-dessus du Magic Kingdom, et vous donneront un splendide avant-goût de l'architecture et de l'atmosphère audacieuses de Fantasyland.

Fantasyland possède plus d'attractions que toute autre zone thématique (11 au total, soit plus du double des autres). Évidemment, ce sont les enfants qui se montrent les plus friands de ces manèges conçus autour des chansons, des thèmes et des personnages les plus aimés

Le Magic Kingdom

de plusieurs films de Disney. On y retrouve ainsi Dumbo, l'éléphant volant, les tasses de thé géantes et tourbillonnantes, les chevaux blancs du carrosse de Cendrillon et la forêt de Blanche-Neige. La plupart des adultes apprécient également ces manèges, et les autres n'en savourent pas moins l'inventivité et le souci du détail dont témoignent les lieux (dans la plus pure tradition de Disney, même les poubelles sont éclaboussées de couleurs chatoyantes).

Il n'est donc pas surprenant que Fantasyland soit généralement la section la plus courue et la plus engorgée de Disney World. Peut-être est-ce dû au fait que ce royaume fabuleux incarne le mieux l'art dans lequel Disney est passé maître : celui d'éveiller l'enfant qui sommeille en chacun de nous.

Cinderella Castle ★★★★★

Strictement parlant, cette formidable structure fait bien partie de Fantasyland, mais elle sert en réalité de point de référence à l'ensemble de Disney World. S'élevant à 55 m au-dessus de Main Street USA et ceinturé de douves bordées de pierre, le château de Cendrillon s'impose comme une représentation magistrale du légendaire palais médiéval évoqué par le célèbre conte de fées français. Ses tourelles bleu royal et ses flèches dorées brillent au soleil, et ses multiples tours, parapets et balcons sont un véritable baume pour les yeux.

La clé du château

Nombre de visiteurs sont déçus de ne pouvoir visiter le château de Cendrillon. Il existe cependant un moyen de pénétrer à l'intérieur de ses murs enchanteurs : le dîner de la **Cinderella's Royal Table**.

Nommée en l'honneur du roi Stephan, le père de la Belle au bois dormant (à qui appartient ce château déjà?), la salle de banquet se trouve au premier étage, au sommet d'un large escalier qui monte en spirale le long des murs argentés du château. Témoignant d'un grand souci du détail, elle arbore une rotonde très élevée, des arches gothiques et des vitraux à travers lesquels on découvre de magnifiques vues sur le Magic Kingdom. Les hôtesses portent de longues robes médiévales et de spectaculaires coiffes françaises, et des mélodies de cour à l'ancienne emplissent la salle.

La chère (côte de bœuf, fruits de mer, poisson, poulet et salade de fruits) se révèle, en fait, chère et médiocre, mais que ne supporterait-on pas pour manger dans un château? Sans compter que, pour le ravissement des plus jeunes, Cendrillon fait de fréquentes incursions. Il est primordial de réserver; si vous logez dans un des complexes hôteliers de Disney, vous pouvez composer le ☎ 407-824-4321 aussi à l'avance que possible, sinon vous devrez vous adresser sur place à une hôtesse dès l'ouverture du Magic Kingdom.

Le château resplendit à des kilomètres à la ronde, et, chaque année, des douzaines de couples viennent sceller leur union dans les complexes hôteliers de Disney, profitant de la toile de fond romantique qu'il leur offre.

Le Magic Kingdom

Certains hôtels vont même jusqu'à annoncer des chambres «avec vue sur le château».

Reflets d'une princesse

Des mosaïques spectaculaires couvrent les arches du château de Cendrillon, et figurent parmi les plus importantes créations artistiques de Disney. Cinq panneaux de 4,5 m de hauteur sur 3 m de largeur racontent l'histoire émouvante d'une petite fille en haillons, de sa méchante belle-mère, de la bonne fée (sa marraine), d'une citrouille et d'un prince.

Conçus par Dorothea Redmond, artiste à Disney, et réalisés par le mosaïste Hanns-Joachim Scharff, les tableaux rassemblent un million de morceaux de verre d'Italie de quelque 500 couleurs différentes (sans oublier l'or et l'argent véritables). Même un bref coup d'œil aux murs ainsi ornés révèle plusieurs trésors : un bijou en or scintillant dans le diadème de la belle-mère, le bleu roi éblouissant des yeux de Cendrillon, et les colonnes gravées de souris et d'oiseaux qui composent sa robe.

À NOTER : On présente des spectacles musicaux à différentes heures de la journée devant le château; vous en trouverez l'horaire dans l'avant-cour, et éviterez de visiter le château à ces heures, de même que durant le défilé de 15h sur Main Street USA, alors que les foules s'entassent tout le long du chemin. **À ne pas manquer.**

Malgré son apparence granitique, le château de Cendrillon est en fibre de verre, soutenu par des poutres d'acier et revêtu de près de 2 000 l de peinture.

Legend of the Lion King ★★★★

La revoici, la revoilà (pour ceux d'entre vous qui l'auraient ratée) : l'histoire du roi Lion. Ce spectacle de 25 min fait appel à un décor, à des marionnettes élaborées et à des séquences de l'énorme succès de Disney pour raconter l'histoire de Simba, le lionceau devenu roi. Vous reconnaîtrez la plupart des voix enregistrées, dont celle de James Earl Jones dans le rôle du père de Simba, et celle de Jeremy Irons dans celui du sinistre Scar. Les tambours congolais résonnent, la fumée fuse de la scène et les jeunes enfants se perdent en *«Oooh!»* et en *«Aaah!»* sans manquer d'applaudir chaudement à la fin. Qu'est-ce qu'un parent pourrait demander de plus?

À NOTER : L'avant-spectacle n'offre aucune place assise, de sorte qu'il faut porter les enfants pour leur permettre de voir la scène. Heureusement, le spectacle principal se déroule dans le noir et au frais, et vous pourrez y assister assis dans de confortables sièges.

Cinderella's Golden Carousel ★★★

De tous les manèges de chevaux de bois (ou plutôt de fibre de verre dans le cas présent), s'il en est un qu'il faut voir, c'est bien celui-là. Des scènes peintes à la main sur toute la surface de la voûte aux coursiers qui montent et descendent inlassablement, tout est merveilleusement articulé et détaillé.

Le Magic Kingdom

Les 18 scènes dont s'enorgueillit la voûte du manège, tirées du film *Cendrillon* de Disney (1950), présentent la petite fille en haillons sous de vibrantes couleurs filmiques. Et sous ce dais féerique, les chevaux se parent d'épées rutilantes, de chaînes d'or et même de roses jaunes. Notez que, même si la plupart des chevaux sont blancs, il n'y en a pas deux identiques. Quant à l'orgue de Barbarie, plutôt que de faire entendre la traditionnelle musique de carrousel, il reprend des classiques de Disney tels que *Chim-Chim-Cheree* ou *When You Wish Upon a Star*. Ces mélodies s'allient aux lumières scintillantes, aux miroirs et au mouvement presque continu du manège pour créer une expérience unique, appréciée de tous les groupes d'âges.

À NOTER : Comme c'est le cas pour la plupart des carrousels, la file d'attente n'avance pas très vite. Tentez votre chance dans la matinée ou en soirée, alors qu'une profusion de lumières fait de ce manège un des plus beaux de tout le parc.

Le manège de chevaux de bois de Cendrillon (Cinderella's Golden Carousel) est un pur joyau réalisé en 1917 par des sculpteurs italiens travaillant pour la Philadelphia Toboggan Company.

Peter Pan's Flight ★★★

Les jeunes enfants adorent cette balade aérienne à bord de bateaux de pirates multicolores. Le décor est celui du pays imaginaire du conte de fées de Sir James Matthew Barrie (1904), racontant l'histoire d'un garçon mi-lutin «qui ne pouvait pas grandir». Les passagers contournent des scènes intérieures bien éclairées où ils croisent la fée Clochette (Tinkerbell), le capitaine Crochet (Hook) et d'autres personnages marquants de *Peter Pan*.

À cause de sa popularité auprès des familles, ce court périple (deux minutes et demie) suscite habituellement de longues queues. Il serait sage de passer outre si l'attente est de plus de 20 min; quelque amusant qu'il puisse être, un tour ne durant que deux minutes et demie ne vaut pas la peine d'attendre trop longtemps.

À NOTER : Impopulaire auprès des personnes âgées et des adultes sans enfant.

Skyway vers New Tomorrowland ★★★

Ce voyage en téléphérique de 5 min offre des vues superbes sur le Magic Kingdom, de même que la chance de souffler un peu (voir p 128).

It's a Small World ★★★★

Cette divertissante croisière à bord de bateaux pastel vous transporte dans des décors éblouissants peuplés de centaines de figurines chantant et dansant à qui mieux mieux. Vous verrez des soldats de plomb, des poupées faisant tournoyer un cerceau autour de leur taille, des lutins, des rois et des reines ainsi que des personnages de comptines tels que Little Bo Peep et Jack et Jill. Le thème de l'unité entre les peuples se dégage des costumes soignés et des décors de différents pays du monde. Il s'agit d'un des manèges préférés (si ce n'est **le** préféré) des tout-petits, un bon moment rempli de mélodies que vous n'arriverez plus à chasser de votre esprit.

À NOTER : Bien que ce manège soit très couru, le roulement est rapide, de sorte qu'on attend rarement plus de 15 min.

Le Magic Kingdom

Dumbo, the Flying Elephant ★★

Cette version à la Disney d'un manège de fête foraine a pour thème l'éléphant attachant aux grandes oreilles qu'est Dumbo. Très peu enlevant, mais tout de même amusant, il réunit plusieurs éléphants volants tournant autour d'un axe central, et s'élevant dans les airs lorsqu'on appuie sur un bouton. Les enfants en redemandent encore et encore. En 1995, six nouveaux Dumbo sont venus s'ajouter aux 10 d'origine, mais les files d'attentes n'en sont pas plus courtes.

À NOTER : Les parents accompagnés de jeunes enfants devraient en faire le premier manège de la journée. Si la ligne est trop longue, un des parents peut faire la queue tandis que l'autre se repose à l'ombre du pavillon de Fantasyland voisin.

Snow White Adventures ★★★

Cette maison d'horreur Disneyenne est parcourue par des chariots de bois qui se percutent et se frayent un chemin entre des sorcières aux hurlements déchirants, des arbres fantomatiques et d'autres objets d'épouvante. Vous aurez compris qu'il s'agit d'accompagner Blanche-Neige dans son périlleux voyage à travers la forêt. Certains découpages en carton et autres décors passent encore, mais le plus tordant est sans doute cette roche qui manque de vous atterrir sur la tête vers la fin du parcours. Même s'il n'y a pas vraiment lieu d'avoir peur, les jeunes enfants sont souvent effrayés.

À NOTER : Impopulaire auprès des personnes âgées et des adultes sans enfant. Les longues files d'attente ont presque disparu depuis l'avènement du Roi Lion, de sorte que vous pouvez y aller à peu près n'importe quand.

The Many Adventures of Winnie the Pooh ★★★

Le fait que des adultes sans enfants fassent la queue au côté des familles pour voir cette nouvelle attraction témoigne bien de la marque durable laissée par l'ourson fantaisiste de A.A. Milne. Inspiré des *Aventures de Winnie l'ourson par un jour de tempête* (*Winnie the Pooh and the Blustery Day*), ce manège convie les visiteurs à prendre place à bord d'un pot de miel en mouvement pour revivre les scènes du célèbre film d'animation. Notre préférence va à celle où Winnie quitte son corps en rêve (vous saurez de quoi il s'agit lorsque vous le verrez), quoique les Éléphants (Hephalumps) et les Fouines (Woozles) imaginaires soient aussi très mignons.

À NOTER : à l'instar des manèges de Peter Pan et Blanche Neige, celui-ci attire de longues files de visiteurs de tout âge. Cela dit, vous pouvez réduire un tant soit peu votre temps d'attente en vous y rendant pendant le défilé ou le feux d'artifice de Fantasyland, alors que les lieux se dégagent temporairement.

Mad Tea Party ★★

On vous fait ici tourner à toute vitesse pendant 2 min, et toujours dans le même sens, au point que vous ne voyez plus rien. Au moment où s'arrête le manège, vous êtes encore tout étourdi, et avez le sentiment d'être devenu dingue. Cette attraction aux allures de fête foraine peut néanmoins être amusante pour certains. On a même vu des adolescents s'y précipiter en sortant du Space Mountain, et attendre en ligne à plusieurs reprises afin de monter dans ces grandes tasses de thé aux couleurs pastel. L'idée originale de ce manège est tirée d'*Alice au pays des merveilles*.

Le Magic Kingdom

À NOTER : Si vous n'aimez pas tourner à en perdre la tête, évitez ce manège.

√ Ariel's Grotto ★★★

Dans une enceinte baignée de doux bleus et de bleu-vert, de petits jets d'eau sautillent de-ci et de-là autour d'une statue de la Petite Sirène. Puis, à l'intérieur de la fraîche grotte qui s'ouvre derrière, devant un mur d'eau s'écoulant en cascade, Ariel en personne trône sur un rocher, peignant ses légendaires tresses rouges à l'aide d'un trident tout en posant et en signant des autographes. Compte tenu du fait qu'Ariel ne peut déambuler dans le parc à l'instar des autres personnages, il s'agit là d'une rare occasion de photographier la Petite Sirène et de recueillir sa signature. Bien que la file puisse parfois être longue, il arrive fréquemment qu'elle s'évanouisse comme par enchantement lorsque les gens découvrent qu'ils attendent simplement pour prendre une photo, et non pour voir une attraction exceptionnelle.

À NOTER : les visiteurs d'Ariel ont tendance à s'attarder davantage autour d'elle qu'auprès d'autres personnages disposés à les accueillir dans le parc, de sorte que même une courte file peut représenter une attente assez longue. Pour ne pas vous éterniser dans les parages, allez-y avant 10h, durant la *Main Street Electrical Parade*, ou juste avant la fermeture. Par ailleurs, même si vous devez attendre en ligne (le plus souvent à découvert), songez à privilégier les portions les plus fraîches de la journée pour ne pas ajouter inutilement à vos souffrances.

Mickey's Toontown Fair

Si vous deviez concevoir un lieu du point de vue d'un enfant, il ressemblerait vraisemblablement à Mickey's Toontown Fair. Comme dans une scène de dessin animé du samedi matin, la rue en est bordée de constructions lilliputiennes éclaboussées de rouge, de vert, de jaune et de violet. Les pelouses bien taillées s'entourent de petites clôtures blanches, et il y a même une boîte aux lettres à l'effigie de Mickey pour attendre le passage d'un postier tout aussi irréel que le reste du décor.

Campée dans un décor de foire cantonale de dessin animé, cette fantaisiste portion du parc a ouvert ses portes en 1988 sous le nom de Mickey's Birthdayland afin de célébrer le 60e anniversaire de la célèbre souris. Le thème en fut modifié peu de temps après et donna le jour à Mickey's Toontown Fair. Mais, peu importe, l'atmosphère de bande dessinée demeure.

Une grande partie de l'action se déroule derrière la maison de campagne de Mickey (Mickey's Country House), où la vedette de Disney passe la journée dans une tente à accueillir ses hôtes et à signer des autographes. Certains compères de Mickey, mais aussi quelques fieffés vilains, vous attendent en outre au temple de la renommée du village (Toontown Hall of Fame). Il y a enfin un parc paisible rempli de blocs, de craies et d'activités artisanales qui permettent aux enfants (et à leurs parents) de faire une pause bien méritée.

La plus évidente addition à cette enceinte de 1,2 ha est le Barnstormer de la Goofy's Wiseacres Farm, de minimontagnes russes qui constituent en outre le premier manège de Disney à accueillir n'importe quel personnage du monde des Toons. L'ensemble demeure toutefois résolument exigu, et mérite difficilement d'être considéré

Le Magic Kingdom

comme une entité thématique à part entière, quoique les visiteurs accompagnés de jeunes enfants ne puissent y échapper.

Mickey's Country House ★★

L'extérieur de la maison de campagne de Mickey a toutes les caractéristiques d'une résidence de personnage de dessin animé. Ceinturée d'une clôture à piquets jaunes et flanquée de balustres aux formes incertaines, cette demeure se pare de jaune, de rouge, de vert et de bleu vifs; des volets verts encadrent les fenêtres, et une lucarne suave perce le toit. Empruntez l'allée jusqu'au porche, et laissez-vous tenter par la confortable balançoire qui vous invite à profiter de la brise.

L'intérieur révèle un musée de Mickey, et chaque pièce donne à penser que la souris s'y trouvait un instant plus tôt. Ses vêtements sont soigneusement rangés dans la chambre à coucher tandis que, dans la salle de séjour, un téléviseur à l'ancienne joue des reprises de dessins animés mettant en vedette... vous savez qui, nul autre que votre humble serviteur.

À l'arrière s'étend l'unique jardin de Mickey, où tous les légumes ont des oreilles de souris. Pour quitter la maison, dirigez-vous vers la Judge's Tent, où vous attendrez en ligne pour rencontrer le maître de céans en personne, ou frayez-vous un chemin à travers les objets qui encombrent le garage de Mickey. Bien qu'il s'agisse d'abord et avant tout d'une attraction pour les enfants, les adultes ne manqueront pas de s'émerveiller devant l'architecture des lieux et l'humour bien particulier de Disney.

À NOTER : Cette attraction (la maison, à tout le moins) n'est presque jamais bondée, si bien que vous pouvez facilement la visiter entre 11h et 16h, alors que les autres centres d'intérêt sont accablés de longues files d'attente. Quant à rencontrer Mickey dans la tente du juge, armez-vous de patience! Vous feriez sans doute mieux de le traquer dans le cadre d'un des petits déjeuners thématiques organisés par les complexes hôteliers.

√√ Minnie's Country House ★★★★

Franchir le seuil de la fantaisiste maison champêtre de l'éternelle compagne de Mickey, c'est en quelque sorte percer le mystère du rêve le plus cher de toutes les petites filles. Les couleurs en sont toutes pastel, de rose et de mauve rehaussés de peluche et de cœurs, le motif dominant du monde des Toons. À l'intérieur, vous verrez toutes sortes d'accessoires de travail éparpillés sur la table du bureau à domicile de Minnie (n'est-elle pas, après tout, l'éditrice du *Minnie's Cartoon Living Magazine*?), ainsi que des murs tapissés de prix et de couvertures encadrées des numéros antérieurs de son magazine.

Outre l'aspect onirique des lieux, ce sont les gadgets extravagants qu'elle recèle qui font de la maison de campagne de Minnie une inconditionnelle favorite des enfants. Sans compter que l'interaction est au rendez-vous, depuis le mobilier en peluche de la salle de séjour, sur lequel les enfants ont le droit de grimper, jusqu'au répondeur téléphonique qui laisse entendre les messages de Minnie. Dans la cuisine, ouvrez le réfrigérateur et contemplez les provisions de la souris (des fromages et encore des fromages, naturellement), puis appuyez sur le bouton du four pour voir lever comme par miracle un magnifique gâteau.

À NOTER : Comme les visiteurs passent beaucoup de temps à manipuler les nombreuses babioles de la maison, l'attente est généralement longue. Pour contourner cette difficulté, projetez de visiter cette attraction tôt le matin, alors que la file est encore courte.

Toontown Hall of Fame ★★

Pour bon nombre de visiteurs de Disney World (ils sont près d'un million chaque année), les manèges et les montagnes russes n'ont qu'une importance secondaire (le personnel d'accueil vous le confirmera sans hésiter) par rapport à la grande attraction des lieux, c'est-à-dire la possibilité de rencontrer les héros chéris des célèbres bandes dessinées et dessins animés du magicien de l'enfance. Les parcs thématiques de Disney constituent en effet les seuls endroits où ces illustres personnages prennent vie, et c'est ici, au temple de la renommée de Toontown, que vous trouverez réunis en un même endroit le plus vaste assortiment de Toons qui soit. Les créatures adorées y sont regroupées par catégorie : les amis de Mickey (Goofy, Donald, Pluto...), les vilains (le capitaine Crochet, le prince Jean...) et les princesses (Blanche Neige, Cendrillon...). Les personnages s'y relaient toutefois à tour de rôle, si bien qu'il peut être intéressant de vous informer des têtes d'affiche présentes avant de vous mettre en ligne.

À NOTER : Au cours de la journée, l'attente peut être de 45 min ou plus (retenez que, une fois à l'intérieur, vous devrez attendre une quinzaine de minutes). Les meilleurs moments où rencontrer vos chers amis sont donc le début de la matinée et en soirée, pendant le défilé *Spectro Magic*.

The Barnstormer at Goofy's Wiseacres Farm

★★★

Un enfant de cinq ans parlait sans doute au nom de millions d'autres enfants d'âge préscolaire lorsqu'il disait : *«Je n'aime pas les montagnes russes de Goofy, je les adore!»* Les adultes habitués aux sensations fortes des Space Mountain et Splash Mountain se dirigeront sans doute sans grand enthousiasme vers ce manège, mais les petits téméraires qui, du seul fait de leur taille, n'ont pas accès aux grandes montagnes russes, plus rapides et plus turbulentes, seront indubitablement ravis par le Barnstormer (la seule restriction étant d'être âgé d'au moins trois ans).

Avant de prendre place à bord du manège, les passagers doivent d'abord faire la queue dans le jardin de Goofy, là où poussent ses légumes (jetez un coup d'œil sur ses poivrons). Ensuite seulement pourront-ils s'installer au volant d'un «avion-épandeur» des années vingt (utilisé pour pulvériser l'engrais) qui tourne et virevolte avant d'enfoncer le mur de la grange de Goofy.

À NOTER : Bien que ce manège soit d'abord et avant tout conçu pour les tout-petits, il n'en demeure pas moins qu'il s'agit de montagnes russes. Ainsi, les enfants qu'effraient les versions plus impressionnantes de ce type de manège peuvent également appréhender celui-ci.

Donald Duck's Boat, *Miss Daisy* ★★

Baptisé du nom de sa douce, le bateau à vapeur de Donald semble s'être égaré en mer et échoué de façon permanente à Mickey's Toontown Fair. À bord, vous découvrirez une carte de la mer des Quacks, l'indispensable roue de gouvernail de Donald et sa précieuse cloche. Les enfants adorent d'ailleurs faire sonner cette cloche à la façon du Bossu de Notre-Dame, en se pendant à la corde pour envoyer à qui mieux mieux des «gongs» à travers les rues de Toontown. Aux abords du navire se trouvent des fontaines interactives et nombre de jouets à eau qui ne manqueront pas de vous rafraîchir sous le chaud soleil de la Floride.

À NOTER : Si vous ne désirez pas être complètement détrempé, surveillez à tout le moins les fontaines interactives, qui ont le don de vous prendre par surprise et de vous asperger abondamment.

Place aux personnages de Disney

Les enfants adorent rencontrer les personnages des films de Disney qu'ils préfèrent, et, heureusement pour eux, on leur facilite ici la tâche. Mickey se trouve en permanence sous la tente du juge de Toontown, et nombre de ses amis se tiennent autour du Temple de la renommée de ce même Toontown. Vous verrez en outre une foule de personnages au Fantasyland Character Festival, tandis qu'Ariel passe ses journées dans sa grotte, non loin de là, et que Belle vient à l'occasion conter des histoires aux enfants dans le Fairytale Garden (jardin des contes de fées), l'une comme l'autre à Fantasyland. Consultez le plan qu'on vous a remis à l'entrée pour connaître le lieu et l'heure des autres «apparitions».

Les personnages de Disney sont toujours disposés à signer des autographes ou à figurer sur les photos de famille. Avant de les approcher, rappelez toutefois à vos enfants qu'ils ne parlent pas, mais s'expriment plutôt par des gestes (assez efficacement, d'ailleurs). Sachez également qu'ils sont beaucoup plus grands en personne que dans les films ou à la télévision, ce qui intimide parfois les jeunes enfants. Enfin, comme partout ailleurs, attendez-vous à faire la queue.

NEW TOMORROWLAND

Envolé, le bon vieux Tomorrowland qui nous promettait un futur austère, géométrique et envahi par le béton. Le New Tomorrowland de Disney, qui a ouvert ses portes en 1995, se présente plutôt comme une scène en Technicolor de vaisseaux vitrés, de planètes violettes virevoltantes et de pointes de métal argenté tournées vers le ciel. Bleu électrique, jaune vif et vert mousse éclaboussent tout sur leur passage, des fusées tourbillonnent au firmament et un train glisse au-dessus des têtes.

Le tout doit rappeler, au dire des employés de Disney, les aventures de Flash Gordon et de Buck Rogers, et nous soupçonnons même Gene Roddenberry d'y être pour quelque chose. Envolés également, la très dépassée (mais aussi très manquée) attraction Mission to Mars de même que l'excellent film American Journeys, qui a joué bien longtemps. Place aux nouvelles étoiles : **ExtraTER-RORestrial Alien Encounter**, un suspense à vous faire bondir hors de vos sandales qui oppose l'auditoire à un extraterrestre, et le **Timekeeper**, sorte de voyage dans le temps rehaussé d'un film époustouflant en Circle-Vision.

Évidemment, ce qui attire le plus de gens à New Tomorrowland (souvent plusieurs fois par jour), c'est le **Space Mountain**, érigé à l'extrémité est de New Tomorrowland. Il s'agit de la seule attraction située en dehors du périmètre du Walt Disney World Railroad (qui définit officieusement les limites du Magic Kingdom). Aussi bien en termes d'emplacement qu'au niveau des sensations qu'il procure, le Space Mountain symbolise définitivement le dépassement.

Étant donné que le Space Mountain est toujours engorgé, les autres attractions de New Tomorrowland ne le sont habituellement pas. Du reste, après avoir fait la queue

Le Magic Kingdom

pendant une heure ou plus devant leur manège préféré, les gens ont besoin de changer d'air (ou se rendre aux toilettes). Les attractions moins prisées de New Tomorrowland sont d'ailleurs conçues pour accueillir de grandes foules. Quoi qu'il en soit, ne vous rendez surtout pas au Space Mountain au milieu de la journée, alors que tout le parc est bondé.

Les coulisses de la magie

Grâce au **Show Biz Magic Guided Program**, les enfants de 11 à 15 ans peuvent s'insinuer dans les coulisses du spectacle, et découvrir la face cachée des artistes de Disney, au-delà des brillants, des jeux de lumière, des gants blancs et des oreilles de souris. Cette aventure de six heures, qui les entraîne sous le Magic Kingdom et derrière la scène de plusieurs spectacles, est aussi instructive que des vacances peuvent l'être. Les enfants en raffolent d'ailleurs, car ils ont ainsi l'occasion de voir certains aspects du parc qui demeurent inaccessibles à leurs parents.

La visite débute au Disney Institute, après quoi nos privilégiés assistent à un simulacre d'audition, parcourent les *utilidors*, ces couloirs souterrains qui sillonnent les entrailles du Magic Kingdom, et rencontrent un véritable artiste en coulisse (un moment inoubliable pour les futures vedettes).

Ce tour guidé coûte 75$ par enfant, et comprend le déjeuner de même qu'un livre-souvenir. Pour réserver, composez le ☎407-354-1855.

Space Mountain ★★★★★

Du haut de ses 55 m, cette structure de béton et d'acier ressemble à un cône blanc strié et garni de glaçons. Qualifié de «troisième plus haute montagne de la Floride», il représente la réussite suprême de Disney. On peut dire qu'il s'agit du manège le plus rapide, le plus redoutable et le plus envoûtant de tout le parc. Sa silhouette futuriste reste gravée à jamais dans la mémoire des milliers de gens qui vénèrent cette attraction comme la meilleure au monde.

Ces montagnes russes en pleine obscurité donnent l'impression d'un voyage dans l'espace à la vitesse de l'éclair, et incarnent la perfection ultime en matière de sensations fortes. Les passagers montent à bord de capsules aux bandes fluorescentes pour un voyage vers les confins de la galaxie. Au cours de ce périple de 2 min 38 s, les lumières stroboscopiques clignotent, les tunnels vacillent et les soucoupes tournent sur elles-mêmes alors que vous vous aventurez de plus en plus profondément dans les ténèbres. La vitesse maximale n'est que de 45 km/h, mais il y a suffisamment de virages, de virevoltes et de plongeons soudains pour vous mettre dans un état euphorique (ou même vous donner la nausée).

Mis à part son côté technologique, ce qui distingue le plus le Space Mountain de la plupart des autres manèges, c'est l'engouement qu'il provoque aussi bien chez les petits que chez les grands. Les grands-parents font en effet la queue aussi précipitamment que les enfants de 10 ans, et les femmes enceintes supplient même les préposés de les laisser monter à bord (malgré l'avis leur déconseillant vivement ce manège). Mais la popularité a aussi ses mauvais côtés, et dans le cas du Space Mountain, il s'agit des interminables files d'attente. En vous y

Le Magic Kingdom

rendant le matin ou en fin d'après-midi, vous réduirez peut-être votre attente d'une heure et demie à 30 ou 45 min, mais les habitués savent toutefois que la meilleure stratégie de toutes consiste à se joindre à la ruée vers le Space Mountain. Voici comment cela fonctionne :

Arrivez 45 ou 60 min avant l'ouverture du parc, alors que Main Street USA est déjà accessible. Descendez Main Street vers le château de Cendrillon et tournez à droite au Sealtest Ice Cream Parlor. Dépassez le Plaza Restaurant et arrêtez-vous près du panneau portant l'inscription «The Plaza Pavilion Terrace Dining». Un cordon bloque le passage (un petit groupe s'y est déjà sûrement formé), gardé par un employé du parc. Dès que le préposé retire le cordon, annonçant ainsi l'ouverture du parc, des douzaines de personnes foncent d'un pas rapide (ou en courant carrément) vers le Space Mountain, situé à une centaine de mètres de là. Les employés redoutent même de garder le cordon à cette heure, de peur d'être piétinés par des visiteurs surexcités qui, soit dit en passant, peuvent aussi bien être des personnes âgées que des étudiants ou des parents accompagnés d'une ribambelle d'enfants.

L'avantage de ce point précis tient au fait qu'il se trouve environ 110 m plus près du Space Mountain que le lieu d'attente habituel, situé du côté est du centre (ou moyeu) du Magic Kingdom, là où des centaines de personnes «non initiées» s'apprêtent à effectuer leur propre ruée vers le Space Mountain. Il en résulte qu'en partant du point que nous vous indiquons, même les simples marcheurs arriveront facilement avant ceux qui s'élancent depuis le «moyeu» du parc.

Les visiteurs qui hésitent à se lancer dans une course effrénée vers le manège risquent de changer d'avis lorsqu'ils verront la longueur des files d'attente, sinon de découvrir que l'expérience peut, après tout, avoir quelque chose d'amusant. L'idée de se bousculer de la sorte pour un simple manège répugne en effet à plusieurs, mais ceux qui acceptent de jouer le jeu se laissent bientôt emporter par la frivolité risible d'un tel geste, sans compter qu'il s'agit là d'un moyen comme un autre de se lier rapidement d'amitié avec de purs inconnus. Le seul inconvénient de cette folle aventure tient sans doute du fait qu'un estomac mal préparé est susceptible de réagir capricieusement à un sprint aussi matinal suivi d'un tour de montagnes russes.

Si vous manquez la ruée vers le Space Mountain, essayez de vous y rendre environ une heure avant la fermeture du parc. Les préposés refoulent alors souvent la file d'attente vers l'extérieur afin de libérer complètement l'intérieur de la structure. Cette manœuvre (appelée *stacking*) donne l'impression que la queue est interminable, surtout lorsqu'on présume de son prolongement à l'intérieur du manège, alors qu'en réalité l'attente totale correspond à la longueur de la file que vous apercevez à l'extérieur. Un préposé honnête vous dira normalement si la queue a été refoulée ou non; dans le cas contraire, essayez de juger la situation par vous-même en jetant un coup d'œil à l'intérieur.

À NOTER : Les enfants mesurant moins de 1,12 m ne sont pas admis. N'est pas recommandé aux femmes enceintes ni aux personnes ayant l'estomac fragile ou des problèmes de dos. En cas d'hésitation, prenez le train de la Tomorrowland Transit Authority, qui vous permettra de découvrir certaines sections du Space Mountain. Selon le cas, le décor sombre et les cris stridents des passagers du Space Mountain vous effrayeront carrément ou vous donneront au contraire une envie folle d'y aller. **À ne pas manquer**.

Tomorrowland Transit Authority ★★★

Allez-y en tout premier lieu dès votre arrivée à New Tomorrowland (ou immédiatement après le Space Mountain). Ce prototype futuriste de transport en commun aux wagons ouverts offre un excellent aperçu de New Tomorrowland, car il traverse différentes structures sur des rails surélevés. Chaque train de cinq wagons plonge ainsi dans les sombres entrailles du **Space Mountain** (vous entendrez alors les hauts cris des passagers de ce manège), contourne **Astro Orbiter** (une balade extérieure en fusée) et explore **Buzz Lightyear's Space Ranger Spin**. Une bande enregistrée assure la narration, fournissant de nombreux détails intéressants sur chaque attraction visitée. Vous noterez que les trains, qui roulent à environ 6 km/h, se déplacent en douceur et en silence; cela s'explique par le fait qu'ils sont mus par des électro-aimants et ne dépendent d'aucune pièce mécanique. Par ailleurs, en dépit de tous leurs déplacements, ils ne causent aucune pollution.

À NOTER : Même si on l'aperçoit partout, le train de la Tomorrowland Transit Authority ne compte pas parmi les attractions les plus prisées du parc, et c'est tant mieux car ceux qui le prennent peuvent ainsi vivre une expérience à la fois reposante et enrichissante sans avoir eu à subir une longue attente (sauf exception rare). Attire plutôt les adultes, bien qu'on le trouve divertissant à tous âges.

The ExtraTERRORestrial Alien Encounter
★★★★

Les mots clés sont ici «extraterrestre» et «terreur». Un redoutable monstre affublé de grandes ailes et de dents encore plus longues se voit téléporté sur Terre par accident, et se fraie mystérieusement un chemin jusqu'à cette salle de spectacle bien précise de Disney! Comble de malheur, il voit dans l'auditoire son prochain repas, et a déjà repéré un amuse-gueule : vous! Son souffle chaud vous descend le long de la nuque, il fait un noir d'encre dans la salle, et votre esprit ne peut s'empêcher de revoir la scène de *Parc Jurassique* où quelqu'un a eu la très mauvaise idée de mettre sa main dans la cage du dinosaure.

Il va sans dire que personne ne sortira d'ici amputé, mais les trucages de cette rencontre de 20 min avec un extraterrestre, réalisés, dit-on, au coût de près de 100 millions de dollars, pourraient très bien vous en faire douter un bref instant. Soit dit en passant, l'ouverture de l'attraction, prévue au milieu de 1995, a dû être retardée de six mois après que le président et chef de la direction de Disney, Michael Eisner, eut assisté à l'avant-première et déclaré qu'elle n'était pas assez effrayante. Astuce publicitaire? Peut-être, mais il s'agit incontestablement d'une attraction à vous donner des sueurs froides.

À NOTER : Il faut mesurer 1,25 m pour être admis à l'entrée, et toute personne facilement traumatisée par les films d'horreur ou l'obscurité ferait sans doute mieux de s'abstenir. La majorité des adolescents adorent toutefois.

The Timekeeper ★★★★

Le «Gardien du temps», un robot plaqué or qui a neuf yeux et la voix de Robin Williams (et d'ailleurs un sens de l'humour tout aussi cinglant que lui), est la vedette de ce voyage dans le temps virtuel pour le moins prenant. Aux commandes de la «machine à voyager dans le temps», il transporte l'auditoire du Moyen Âge et de la Renaissance au Paris du début du siècle et au futur. Toute l'action se déroule sur un écran circulaire qui enveloppe complètement les spectateurs et qui leur fait voir des tableaux spectaculaires des quatre coins du monde. En cours de route, vous «rencontrerez» Léonard de Vinci, Jules Verne et H.G. Wells, entre autres grands de ce monde. Et même si vous n'êtes pas fervent des voyages dans le temps, dites-vous bien que vous adorerez les paysages du film.

À NOTER : Trop bruyant et chaotique pour la plupart des jeunes enfants. Si vous devez emmener les tout-petits avec vous, sachez qu'il n'y a aucune place assise, ce qui veut dire que vous devrez les porter afin qu'ils puissent voir quelque chose. Et ne vous laissez pas impressionner par les files d'attente, car cet immense cinéma s'emplit rarement; l'attente dépasse donc rarement 18 min, soit la durée du spectacle.

Skyway vers Fantasyland ★★★

Ce téléphérique aux cabines ouvertes et colorées traverse la partie nord-est du Magic Kingdom; il part des environs du Space Mountain, à New Tomorrowland, pour se rendre jusqu'à l'extrémité ouest de Fantasyland. La balade, rafraîchissante et agréable, dure 5 min et offre une vue d'ensemble du parc de 40 ha. Les auvents pastel et les maisons miniatures se confondent aux jungles et aux villages de cow-boys pour créer un assemblage à faire rêver. Et qui plus est, le Skyway vous donne l'occasion non seulement d'être au grand air, mais aussi de vous éloigner des foules.

À NOTER : Il arrive que le Skyway ouvre plus tard et ferme plus tôt que le reste du parc (de 30 à 45 min dans les deux cas). L'attente est généralement de 10 à 20 min; pour réduire ce temps (parfois à néant), allez-y avant 10h ou durant les défilés présentés en après-midi et en soirée.

√√   Carousel of Progress ★★★★

Cette salle de spectacle gravitant autour de six scènes stationnaires vous offre un voyage nostalgique à travers l'histoire de la technologie. Ayant fait ses débuts à l'Exposition internationale de New York en 1964, le spectacle est sans doute quelque peu suranné, mais divertit tout de même encore grâce à ses charmants personnages «audio-animatroniques» et à une mélodie sentimentale que les spectateurs ne peuvent s'empêcher de reprendre en chœur. Les personnages en question incarnent les membres d'une famille américaine typique (le père, la mère, le garçon, la fille et leur fidèle chien) confrontée aux progrès du XXe siècle. Chaque scène distincte comporte de nombreux détails, des lampes à gaz de la cuisine de la fin du XIXe siècle à la salle de séjour équipée d'écrans vidéo du XXIe siècle. Il s'agit d'un des plus longs spectacles présentés à Disney World (20 min), un sursis agréable dans une confortable salle climatisée.

À NOTER : Les personnes âgées et les adultes sans enfant adorent ce spectacle, alors que les enfants et les adolescents le trouvent parfois long et ennuyeux. Bien qu'il jouisse d'une certaine popularité, cet amphithéâtre peut accueillir plusieurs centaines de personnes, et connaît donc rarement de longues files d'attente.

Buzz Lightyear's Space Ranger Spin ★★★★

Le méchant empereur Zurg, incontournable némésis de Buzz Lightyear (dans *Histoire de jouets*), a résolu de se rendre maître de l'univers. Votre mission : débarrasser la galaxie de ses petits acolytes verts. Votre escadron de «pilotes interplanétaires» se rend donc dans l'espace pour y détruire les indésirables extraterrestres. Chaque vaisseau est équipé de deux pistolets à rayon infrarouge et d'une manette servant à la navigation, et vous obtenez des points pour chaque extraterrestre que vous abattez. Les obstacles ne manquent pas, quoique la plus grande difficulté consiste sans doute à contrecarrer les mouvements intempestifs de votre copilote (mon comparse, par exemple, avait la fâcheuse habitude de modifier notre trajectoire chaque fois que je m'apprêtais à ajuster mon tir). Mais il s'agit vraisemblablement là d'un bien maigre prix à payer pour sauver l'humanité!

À NOTER : songez à «Buzz» comme à un jeu électronique grandeur nature. Il vous réserve beaucoup de plaisir... sauf si les virevoltes vous donnent la nausée.

Astro Orbiter ★★★

Les enfants adorent ce manège de foire qui les fait s'envoler à bord de jets futuristes pour un voyage de 2 min. Ces aéronefs à cockpit ouvert sont rattachés aux bras tentaculaires d'une grosse fusée, lesquels ressemblent à des membres défaillants à chaque fois qu'ils s'élèvent dans les airs pour retomber aussitôt après. Le tour peut à la fois être insipide ou légèrement amusant, selon le nombre de fois que vous faites monter et descendre votre jet. Il offre par ailleurs une très belle vue sur les zones thématiques environnantes, ce pour quoi on voit monter à bord des gens de tous âges.

À NOTER : Les enfants de moins de sept ans doivent être accompagnés d'un adulte. Astro Orbiter est tout indiqué pour faire passer le temps aux plus jeunes pendant que votre conjoint se rend au Space Mountain (tout près) avec les plus vieux (les enfants mesurant moins de 1,12 m ne sont pas admis au Space Mountain). Cela fonctionne normalement très bien car les deux manèges ont de grandes files d'attente, et Astro Orbiter n'accueille que 22 passagers à la fois, sans compter qu'il

faut un certain temps pour prendre l'ascenseur jusqu'aux
aéronefs et en redescendre.

Tomorrowland Speedway ★★★

Il s'agit d'une piste de course telle qu'on en trouve dans
tous les parcs d'attractions, avec des autos miniatures
fonctionnant à l'essence et guidées par un rail d'acier.
Même s'il n'est pas futuriste, le décor se pare intelli-
gemment de panneaux publicitaires style Grand Prix, de
routes sinueuses et de gradins souvent remplis de
passionnés des courses de voitures. Les en-fants adorent
naturellement piloter ces «bolides», mais les parents
déplorent incontestablement la forte odeur de carburant
et le vrombissement des voitures, qui fait penser à un
essaim d'abeilles déchaînées s'abattant sur New Tomorrowland. Malheureusement, un règlement exigeant une
taille de plus de 1,32 m empêche plusieurs pilotes en
herbe de prendre part à la course (bien qu'ils puissent
monter avec un adulte). Mais il y a pis, car il faut ici
s'armer de patience : comptez de 30 à 60 min d'attente
avant d'accéder à la piste, 1 ou 2 min de plus pour
obtenir votre véhicule, et encore 2 à 3 min pour ramener
votre voiture à la fin. C'est un peu trop demander que de
patienter tout ce temps pour un tour ne durant que
trois min, et à une vitesse maximale de 12 km/h, avec
interdiction absolue de tamponner le coureur qui vous
précède!

À NOTER : Ce manège est très prisé et nécessite en
moyenne une attente d'une heure en haute saison. À
moins que les enfants ne tiennent vraiment à y aller, ne
perdez pas votre temps ici.

Si vous partagez une voiture avec deux jeunes enfants,
vous pourrez faire le parcours deux fois (sans attente
entre les deux), de manière à donner la chance à chacun

Le Magic Kingdom

des enfants de prendre le volant. Assurez-vous toutefois
de cette politique auprès des responsables du manège
avant de prendre place à bord des véhicules.

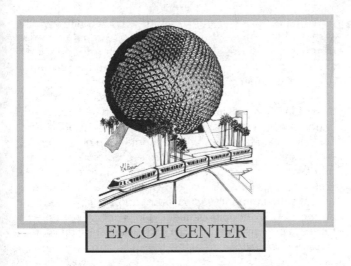

EPCOT CENTER

Epcot Center était le grand rêve de Walt Disney, un rêve qui le hanta toute sa vie. Mickey Mouse, les films d'animation fantastiques, Disneyland et tout le reste n'étaient pour lui qu'autant d'étapes sur la route d'un monde futuriste où régneraient la paix et le bonheur. De fait, à Epcot, les nations vivent en harmonie, et le futur appelle une prospérité déjà presque palpable. Une moitié du parc ressemble d'ailleurs à une exposition internationale permanente où différents pays font valoir les joyaux de leur architecture. Quant à l'autre moitié, elle présente des structures dignes de l'ère spatiale qui défient les frontières de la technologie.

«Epcot» est l'acronyme d'*Experimental Prototype Community of Tomorrow* (prototype expérimental de communauté futuriste). Ces mots, il faut en convenir, semblent bien savants pour un parc thématique, mais Epcot réussit néanmoins à nous servir la matière propre aux laboratoires et aux musées d'une manière on ne peut plus vivante et attrayante. Car il met tout en œuvre pour combler les passionnés de savoir et de culture : des expositions qui stimulent la pensée et nourrissent le goût de l'aventure, des manèges et des films qui amusent et informent tout à la fois, et des constructions empreintes d'histoire et de génie conceptuel.

C'est à Disneyland qu'a d'abord germé l'idée d'Epcot. Au cours des années cinquante, Walt Disney prenait déjà conscience du fait que son parc thématique de Californie, emprisonné qu'il était par les projets domiciliaires environnants, ne pourrait jamais s'étendre. Il forma alors le vœu de tout reprendre à zéro, mais cette fois sur des terres suffisamment vastes pour qu'une communauté puisse s'y développer pendant des siècles, sur un site futuriste et prometteur où des gens pourraient aussi bien vivre que travailler.

Même si sa vision initiale fut quelque peu modifiée en cours de route (par exemple, personne ne vit vraiment à Epcot), la plus grande partie du rêve de Disney se réalisa. Plusieurs attractions sont commanditées par de grandes entreprises, et servent de bancs d'essai à de nouveaux concepts appelés à révolutionner nos habitudes de vie. Des pays du monde entier y investissent sommes, matériaux et compétences afin de créer des chefs-d'œuvre qui témoignent de leurs richesses respectives. Et du point de vue environnemental, le site a un pas d'avance sur son temps : l'énergie solaire est à l'honneur dans une grande partie des installations, l'eau de pluie recueillie des bâtiments sert à alimenter des étangs et des lagons, et l'on cultive les jardins sans l'aide de pesticide et d'engrais.

Epcot fait preuve de maturité et de raffinement, voire de cérébralité. Il suggère et explique, mais tout en divertissant. Cette «ville» d'un milliard de dollars, émergeant

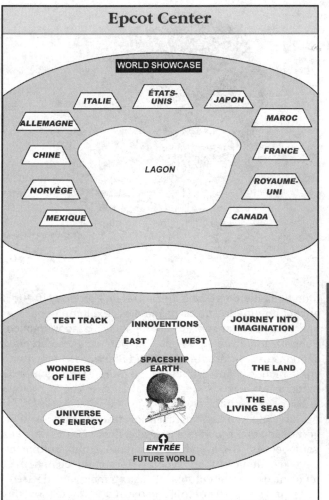

Epcot Center

WORLD SHOWCASE

ITALIE

ÉTATS-UNIS

JAPON

ALLEMAGNE

MAROC

CHINE

FRANCE

LAGON

NORVÈGE

ROYAUME-UNI

MEXIQUE

CANADA

TEST TRACK

INNOVENTIONS
EAST   WEST

JOURNEY INTO
IMAGINATION

WONDERS
OF LIFE

SPACESHIP
EARTH

THE LAND

UNIVERSE
OF ENERGY

THE
LIVING SEAS

ENTRÉE

FUTURE WORLD

L'Epcot Center

d'un domaine de 105 ha du centre de la Floride autrefois envahi de pinèdes et de palmeraies, explore l'espace et l'énergie, les transports et la biologie, les communications, l'agriculture et les gens. Le parc se divise en deux sections très différentes : le **World Showcase** (une vitrine sur le monde d'aujourd'hui) et le **Future World** (le monde de demain).

Au cœur du World Showcase, on trouve un lagon d'un vert océanique moucheté de traversiers et de petites îles verdoyantes. Onze «pavillons», représentant autant de pays, se déploient en éventail autour de ce lagon et révèlent des architectures variées, témoignant de traditions parfois plus que millénaires. La juxtaposition des styles Tudor, gothique, colonial, aztèque, japonais et marocain donne ici l'impression d'une tarte dont chaque pointe aurait une saveur différente; savourées une à une, elles ont un effet vivifiant, tandis que réunies elles produisent une sensation enivrante.

La cité des nations de Walt Disney est une oasis de paix et de bonheur : pas de discours sur la pauvreté au pavillon du Mexique et aucune allusion à l'instabilité politique en Chine. Tous ces pays sont ici représentés, comme le décrit si bien un guide d'Epcot, tels que les Américains les idéalisent. Il est d'ailleurs presque impossible de visiter un «pays» sans être emballé par sa beauté et ses mystères. Et en sortant des pavillons, les visiteurs se posent souvent la même question : *«Comment pourrais-je bien me rendre dans ce pays?»*.

Dans chaque pavillon, tous les détails sont reproduits avec une précision stupéfiante, qu'il s'agisse des tuyaux de cheminée des toits parisiens ou des hiéroglyphes du calendrier aztèque du pavillon mexicain. Les restaurants servent des mets ethniques, et les boutiques emploient des artistes et artisans originaires de chacun des pays. Et non seulement la flore distinctive de chaque contrée agrémente-t-elle les différents pavillons, mais elle change en outre au fil des saisons, comme si vous y étiez vraiment.

Étalé, quant à lui, au pied du décor fascinant que présente le World Showcase, le Future World prend des allures galactiques. Ses constructions de verre et de métal argenté, dont les formes rappellent celles des pièces d'un casse-tête, portent des noms tels que **Universe of Energy**, **Innoventions East** et **Innoventions West**. Près d'un édifice en forme de cône, une molécule d'ADN métallique virevolte, alors qu'ailleurs de l'eau jaillit dans les airs en décrivant des arabesques.

Mais le pavillon qui éclipse incontestablement tous les autres, c'est le **Spaceship Earth** (vaisseau spatial Terre). Recouvert d'aluminium et soutenu par des poutres d'acier, il ressemble à une immense balle de golf argentée, et, tout au long de la journée, un convoyeur y

L'Epcot Center

fait pénétrer une mer de visiteurs pour un voyage au centre de la Terre.

> Les poutres d'acier qui supportent le Spaceship Earth s'enfoncent à plus de 56 m sous terre.

Les thèmes sérieux du Future World et le nombre restreint de manèges du World Showcase peuvent impatienter les jeunes enfants. Bien qu'au cours des années, on ait ajouté des attractions pour attirer les plus jeunes (dont des spectacles et des repas en compagnie des personnages de Disney), pour la plupart d'entre eux, rien ne vaut le Magic Kingdom.

Pour tout dire, lors de l'ouverture d'Epcot en 1982, certains adultes ne l'accueillirent eux-mêmes qu'avec curiosité, pour ne pas dire avec réticence. Tous n'étaient pas encore prêts à des thèmes aussi futuristes, du moins pas après la fantaisie du Magic Kingdom.

Mais avec le temps, les sceptiques se sont réconciliés avec Epcot, séduits par son haut niveau de sophistication, sa capacité à inspirer et son approche tridimensionnelle. C'est ainsi que chaque année, de plus en plus de gens se rendent en ce lieu alliant le plaisir à la cognition. Un lieu qui, au dire de Walt Disney, *«ne sera jamais achevé, mais continuera plutôt à introduire, à évaluer et à démontrer de nouveaux concepts...».* Bref, une expérience cosmique et multiculturelle sans cesse renouvelée dans le creuset d'une vision prophétique.

POUR S'Y RETROUVER SANS MAL

Du Contemporary Resort Hotel, du Polynesian Village ou du complexe hôtelier Grand Floridian : Prenez le monorail de l'hôtel jusqu'au Ticket and Transportation Center, puis celui qui conduit à l'Epcot Center.

Du Magic Kingdom : Prenez le monorail express jusqu'au Ticket and Transportation Center, puis celui qui conduit à l'Epcot Center.

Des studios Disney-MGM : Prenez un bus Disney directement jusqu'à l'Epcot Center.

De Downtown Disney, de Blizzard Beach, de Pleasure Island, du Typhoon Lagoon, de Port Orleans, du Dixie Landing Resort ou du Caribbean Beach Resort : Prenez un bus Disney directement jusqu'à l'Epcot Center.

De Fort Wilderness ou du Disney Inn : Prenez un bus Disney jusqu'au Ticket and Transportation Center, puis le monorail qui conduit à l'Epcot Center.

Du Swan Hotel, du Dolphin Hotel, du Yacht Club Resort ou du Beach Club Resort : Prenez le tramway ou le traversier de l'hôtel jusqu'à l'entrée du World Showcase d'Epcot, beaucoup moins bondée que l'entrée principale du site au Future World.

Des hôtels de la région ne faisant pas partie de Disney World : La plupart possèdent des navettes qui font l'aller-retour jusqu'à l'Epcot Center. Cependant, dans bien des cas, elles ne partent qu'aux heures, si ce n'est à toutes

L'Epcot Center

les deux ou trois heures. Il vaut alors mieux s'y rendre en voiture.

En voiture

L'Epcot Center a sa propre sortie sur la **route 4**, environ à mi-chemin entre les embranchements de la **route 192** et de la **route 535**. Epcot se trouve approximativement à 2,5 km de la route 4.

Après avoir payé 5 $ pour votre stationnement (gratuit pour les hôtes des lieux d'hébergement de Disney World), vous vous garerez à l'une des 9 000 places de cet immense désert de béton. Des tramways vous conduiront alors jusqu'à l'entrée principale d'Epcot.

Contrairement à celui du Magic Kingdom, le stationnement de l'Epcot Center se remplit rarement à pleine capacité. Néanmoins, compte tenu du fait que ceux qui arrivent tôt épargnent des heures d'attente en ligne, il est essentiel d'arriver une heure ou deux avant l'ouverture officielle. Les tramways et le monorail entrent d'ailleurs habituellement en fonction deux heures avant l'ouverture.

Quelques précieux conseils

Pour bien préparer votre visite d'Epcot, il est primordial de savoir que le **Spaceship Earth**, l'**Earth Station** et le **cœur du Future World** ouvrent de 30 à 60 min avant le reste du parc. L'occasion est rêvée pour prendre une longueur d'avance sur les autres visiteurs en vous procurant les plans et les renseignements dont vous pourriez avoir besoin, en louant une poussette, un casier ou un fauteuil roulant, et en montant à bord du **Spaceship Earth**, un des manèges les plus convoités du parc. À l'**Earth Station**, vous pourrez en outre réserver une table pour le déjeuner ou le dîner dans un des restaurants du World Showcase, évitant ainsi de recevoir cette réponse décevante qu'on entend si souvent après 10h : *«Nous sommes complet.»*

La clé qui vous ouvre les portes d'Epcot

«Bonjour! Quel restaurant désirez-vous?» Cette voix pleine d'entrain est celle d'un homme dont vous voyez l'image sur un écran vidéo. Ébahi, vous ne pouvez vous empêcher de demander : *«Sommes-nous réellement en communication?»* Et la voix de répondre : *«Bien sûr!»*

L'homme en veste écossaise et aux cheveux parfaitement coiffés porte un insigne à la boutonnière sur lequel on peut lire son nom : Doug. Il vous parle par l'entremise d'un des moniteurs vidéo du **WorldKey Service**, couvrant un mur complet de l'Earth Station. Grâce à ce service, il suffit de toucher du doigt les cases apparaissant à l'écran pour réserver une table dans n'importe quel restaurant de l'Epcot Center, que ce soit pour le déjeuner ou le dîner. Les préposés de WorldKey peuvent également vous fournir des renseignements utiles sur Epcot et vous aider à retrouver vos enfants si vous les perdez.

Mais ces écrans invitants font beaucoup plus encore : ils présentent même de courts enregistrements instructifs sur des douzaines de points d'intérêt à Epcot. Vous pourrez ainsi avoir un aperçu des boutiques se trouvant au pavillon du Mexique, des attractions offertes par la Norvège, ou de l'intérieur du Spaceship Earth. Ces enregistrements contiennent des images, de la musique, une narration ainsi que des donn ées relatives à chaque sujet. Un petit conseil : de longues files d'attente se forment habituellement au WorldKey Service de 9h à 10h30. Tâchez donc d'arriver à 8h30, alors qu'il n'y a pratiquement personne!

L'Epcot Center

En été, pendant les jours fériés et durant les autres périodes d'affluence, on ouvre parfois les portes de tout l'Epcot Center jusqu'à une heure plus tôt que prévu. Il est impossible de savoir quand cela se produira, mais vous pouvez toujours composer le ☎ 407-824-4321 pour vérifier les heures dites «officielles».

Le World Showcase ouvre en fin de matinée, généralement à 11h, de sorte que vous passerez la première partie de votre journée à Future World. Songez à vous rendre en premier lieu aux attractions les plus courues de Future World, à savoir Test Track, The Land et Wonders of Life, car elles deviennent bondées en milieu de journée et le demeurent jusqu'en début de soirée.

La plupart des gens contournent le lagon du World Showcase dans le sens des aiguilles d'une montre, de sorte que vous devriez procéder en sens contraire. Si vous faites votre visite le matin, les premiers pavillons seront alors pour ainsi dire déserts. Chacun d'eux forme un ensemble si cohérent qu'il est préférable de visiter un «pays» **au complet** avant de passer au suivant, d'autant plus qu'une fois que vous aurez effectué le trajet de 2 km autour du lagon (alors que le soleil darde ses rayons) vous n'éprouverez aucun désir de revenir sur vos pas (à moins que vous n'ayez réservé une table dans un des pavillons). Si vous arrivez du Future World, vous économiserez des pas en prenant le traversier du lagon jusqu'au pavillon de l'Allemagne (angle sud-est) ou du Maroc (angle sud-ouest). Des bus à deux étages longent également la promenade, mais les trajets sont si longs et les bus tellement bondés qu'il est plus facile et plus rapide de marcher.

Toutes les attractions de l'Epcot Center ferment religieusement leurs portes aux heures indiquées (20h, ou 21h pour la plus grande partie de l'année); les restaurants acceptent toutefois les réservations jusqu'à l'heure de la fermeture. Si cela ne vous dérange pas de dîner tard (et de manquer le spectacle au laser et les feux d'artifice *IllumiNations*), prenez une réservation tardive (la plupart du temps, on peut aussi se présenter sans réservation à cette heure avancée). En réservant une table près de la fenêtre au restaurant Chefs de France du pavillon de la France, vous pourrez même voir une partie du spectacle.

Services

Poussettes et fauteuils roulants : Disponibles au pied du Spaceship Earth (du côté est) et à l'International Gateway du World Showcase. Pour faire remplacer votre poussette ou votre fauteuil roulant, présentez votre reçu de location au pavillon de l'Allemagne ou à l'International Gateway.

Centre de services aux nourrissons (*Baby Services*) : Situé à l'Odyssey Complex du Future World, du côté est du pont menant au World Showcase. On y trouve, entre autres, des tables à changer et des berceuses (fauteuils à bascule) pour allaiter. Couches, lait en poudre et autres articles pour bébés y sont également disponibles.

Casiers : Disponibles à l'ouest de l'Entrance Plaza, près du Spaceship Earth, et à l'International Gateway. On trouve également d'autres casiers à l'extérieur de l'entrée principale, à l'arrêt d'autobus; ils ne sont toutefois pas très commodes si vous devez y accéder durant la journée. Il vous en coûtera 5$ par jour et par casier, plus un dépôt remboursable de 1$ pour accès illimité.

Animaux de compagnie : Ils ne sont pas admis à l'intérieur de l'Epcot Center. Vous pouvez cependant les faire garder pour la journée (6 $) aux chenils situés du côté est de l'Entrance Plaza. La pension pour la nuit coûte 11 $ si vous n'êtes que de passage pour la

L'Epcot Center

journée, ou 9 $ si vous logez dans un des complexes hôteliers de Disney.

Enfants perdus : Déclarez la perte d'un enfant au bureau des relations publiques (Guest Relations) d'Innovations East ou aux Baby Services de Future World.

Service de collecte des paquets (*Package Pickup*) : Ceux qui magasinent beaucoup devraient songer à profiter de ce service gratuit. Les commis des boutiques peuvent en effet acheminer directement tous vos achats vers le centre de collecte qui se trouve immédiatement à l'ouest de l'Entrance Plaza. Mais attention : il y a souvent des «embouteillages» entre 17h et 18h ainsi que durant les quelques minutes précédant la fermeture du parc, alors que tout le monde semble s'être donné le mot pour retirer ses paquets en même temps.

Bureau des objets perdus et trouvés : Situé du côté ouest de l'Entrance Plaza.

Services bancaires : Vous trouverez des guichets automatiques à Epcot, un du côté est de l'Entrance Plaza, un autre à l'intérieur du parc, immédiatement au sud de la fontaine d'Innoventions, et un dernier près du pavillon de l'Allemagne.

Comment s'orienter sur le site

D'une superficie de 105 ha, Epcot est le plus grand parc thématique de Disney World. Il n'est donc pas étonnant qu'on l'ait surnommé «Every Person Comes Out Tired» (tout le monde en ressort fatigué). S'il s'agit de votre première visite, sachez bien ceci : **vous ne pouvez pas tout voir en une seule journée** (ni même en trois jours, d'ailleurs). Et tant mieux! Car après plus d'une douzaine de visites, on s'émerveille encore de la richesse des renseignements, des divertissements et des détails qu'on y découvre. Il est impossible de s'en lasser.

Malgré les dimensions titanesques du site, il est relativement facile de s'orienter à Epcot. Le parc se divise en deux zones thématiques distinctes : le **Future World** et le **World Showcase**. L'entrée principale (Entrance Plaza) se trouve en face du Spaceship Earth, qui fait partie du Future World et au pied duquel apparaît l'Earth Station, abritant le comptoir d'information du parc ainsi qu'une salle climatisée, dotée de nombreux sièges, où vous pourrez vous reposer au besoin. L'Earth Station peut aussi servir de point de ralliement advenant le cas où un membre de votre groupe viendrait à se perdre.

Le Future World forme un cercle presque parfait, entouré de sept pavillons. En le parcourant dans le sens des aiguilles d'une montre, vous découvrirez tour à tour Universe of Energy, Wonders of Life, World of Motion, Journey Into Imagination, The Land et The Living Seas. Au sommet du cercle se dressent le Spaceship Earth et, en son centre, deux constructions en forme de croissant : Innoventions East et Innoventions West.

Le World Showcase s'étend au sud du Future World, dont un pont panoramique le sépare. Onze «mini-villes» y ont été aménagées autour d'une promenade ceinturant un lagon de 16 ha. En vous déplaçant dans le sens des aiguilles d'une montre, vous verrez les pavillons du Mexique, de la Norvège, de la Chine, de l'Allemagne, de l'Italie, des États-Unis, du Japon, du Maroc, de la France, du Royaume-Uni et du Canada. Entre celui de la France et du Royaume-Uni, on trouve l'International Gateway, qui fait office d'entrée arrière à Epcot. Vous pouvez y louer des poussettes et des fauteuils roulants, ou encore y faire développer vos films en deux heures.

L'Epcot Center

FUTURE WORLD

Epcot se tourne d'abord et avant tout vers l'avenir. Au Future World, les plantes ont la forme de nacelles volantes, les trottoirs décrivent des parcours anguleux et les parasols ressemblent à des vaisseaux spatiaux. Le béton est roi sur des kilomètres, surplombé d'un monorail à la proue aérodynamique. Les constructions de verre et d'acier reflètent les rayons du soleil en pointant vers le ciel. Et pour compléter ce paysage lunaire, on a ajouté des sculptures de métal tordues et des fontaines s'harmonisant avec l'architecture épurée des lieux. Quant au **Spaceship Earth**, cette sphère argentée qui domine l'horizon, il est le point de mire du site.

Les attractions du Future World portent sur le voyage, les transports, les communications, la biologie, l'agriculture, la vie marine, l'énergie et l'imagination humaine. Le défi de Disney consiste bien sûr à rendre ces sujets si intéressants et divertissants que les gens ne cessent d'en redemander, et, dans l'ensemble, il faut avouer que le Future World s'impose comme un succès retentissant.

Contrairement au New Tomorrowland du Magic Kingdom, lequel ne fait que jeter un regard furtif (et pas toujours exact) sur le monde de demain, le Future World offre des prévisions détaillées et crédibles. Plusieurs de ses attractions incarnent en fait le nec plus ultra de Disney World : effets spéciaux fantastiques, décors et projections à la fine pointe de la technologie, expositions interactives fascinantes et personnages «audio-animatroniques» saisissants de vérité. Et il y a plein de manèges. Pas de grandes chevauchées enivrantes, mais des attractions inventives qui durent souvent près de 15 min. Ainsi, le **Universe of Energy** possède un théâtre qui se déplace de salle en salle, **The Land** offre une excursion dans des jardins hydroponiques, et le **Spaceship Earth** vous fera visiter dans tous les sens la plus grande sphère géodésique jamais construite par l'homme.

Le Future World est si complexe qu'il est impossible de le visiter au complet en une journée. Parmi toutes les attractions, certaines doivent indéniablement figurer en tête de liste : **Spaceship Earth**, **Wonders of Life** et **The Land**, même si vous décidez de n'explorer qu'un ou deux aspects de chacune d'elles. À moins d'être un mordu des ordinateurs et des gadgets de science-fiction, remettez la visite de **Innoventions East** et **Innoventions West** à une prochaine fois; ces deux édifices présentent en effet des démonstrations à caractère technologique et des expositions interactives qui nécessitent des heures d'approfondissement.

Surtout, ne visitez pas Future World à la sauvette. Le souci du détail et la précision en tout contribuent grandement au charme de ce parc thématique, et plus vous vous complairez dans ces raffinements, plus vous serez porté à dire : *«Apprendre n'a jamais été aussi agréable»*

L'Epcot Center

C'est tout à fait cela!

Disney s'est vraiment surpassé en ce qui a trait à l'authenticité des détails qu'on retrouve à l'intérieur du Spaceship Earth. Les paroles dictées par le pharaon proviennent mot pour mot d'une lettre rédigée par un ancien monarque égyptien. Les gribouillis du mur de Pompéi correspondent parfaitement aux graffiti originaux. La presse de Gutenberg fonctionne réellement, et la page qu'elle imprime est identique à une de celles qui composèrent sa première Bible.

Spaceship Earth ★★★★★

D'un diamètre de 55 m et aussi haut qu'un édifice de 18 étages, cet «engin» de l'ère spatiale semble avoir été trempé dans l'aluminium, puis garni de milliers d'arêtes. De loin (en avion, on le distingue depuis les côtes de Floride), ce globe de 455 t semble venir d'un autre monde. De près, dominé par son ombre titanesque, il vous subjuguera. Ses créateurs le désignent comme «*la plus grande sphère géodésique au monde*», et ses admirateurs, comme «*la grosse balle de golf argentée*». Le Spaceship Earth est à Epcot ce que le château de Cendrillon est au Magic Kingdom, un symbole imposant reconnu mondialement. Le jour, on y contemple le bleu du ciel et la blancheur des nuages; la nuit, le reflet des planètes qu'elle imite.

Par temps pluvieux, remarquez qu'aucune eau ne s'écoule le long du Spaceship Earth; elle est en effet recueillie à l'intérieur du dôme et acheminée vers le lagon du World Showcase.

En entrant dans le Spaceship Earth, on découvre un autre monde. Un flot continuel de véhicules sur rails appelés «machines à voyager dans le temps» transportent les visiteurs dans des tunnels sombres, puis tour à tour dans le brouillard et la lumière, autour de remarquables projections ainsi que de reproductions «audio-animatroniques». Commanditée par AT&T, cette attraction est une véritable odyssée retraçant l'évolution des communications. Vous vous élèverez graduellement en spirale jusqu'au sommet de la sphère pour ensuite amorcer la descente de retour, tandis qu'on bombardera sans relâche vos sens d'images, de sons et d'odeurs.

Grâce à un enregistrement sonore, Walter Cronkite vous accompagnera tout au long de ce voyage de 14 min, au cours duquel vous pourrez vous familiariser non seulement avec la vie des hommes des cavernes, les hiéroglyphes égyptiens, les marchands phéniciens, le théâtre romain et l'imprimerie de Gutenberg, mais aussi avec des personnages tels que Ed Sullivan, Beaver Cleaver et une cadre devant son ordinateur. Au fil des scènes, vous percevrez l'odeur de moisi des cavernes antiques et celle de la fumée de Rome en flammes; vous entendrez même un moine, plume d'oie à la main, ronfler à tout rompre dans son abbaye. Une des scènes les plus impressionnantes est celle où Michel-Ange met la touche finale à une fresque de la chapelle Sixtine. Mais non moins spectaculaire est la vue au sommet, alors que vous plongerez dans un ciel immensément noir et constellé de millions d'étoiles.

À NOTER : Tout le monde semble adorer le Spaceship Earth! Les parents se réjouissent des effets spéciaux fabuleux, tandis que les enfants succombent d'emblée à la magie du mouvement, des couleurs et de la musique. Malheureusement, cette grande popularité est également synonyme de longues files d'attente; vous pouvez toutefois les éviter en vous y rendant entre 8h30 et 9h ou après 19h. **À ne pas manquer**.

Universe of Energy ★★★★

Cet édifice à miroirs en forme de triangle désaxé est plaqué de 80 000 minuscules capteurs solaires qui absorbent les rayons du soleil pour les transformer en énergie. À l'intérieur vous attend un antre peuplé de dinosaures presque aussi vrais que nature, de forêts et de plantes géantes conçus de manière à ce que même le plus sceptique des visiteurs ait l'impression d'avoir fait un saut dans la préhistoire.

L'Epcot Center

Il fut une époque où les effets spéciaux de cette attraction en éclipsaient tout le reste, le film éducatif dont elle faisait alors l'objet, sans grand intérêt et beaucoup trop long, suscitant visiblement de l'impatience chez les spectateurs. Aujourd'hui, par contre, le concept initial a été amélioré de manière à intégrer le film et les effets spéciaux en un ensemble aussi distrayant qu'instructif.

La pièce maîtresse de *Ellen's Energy Adventure* est un film mettant en vedette la comédienne Ellen Degeneres (de la série télévisée *Ellen*). À titre de concurrente dans une ronde de *Jeopardy* dont toutes les catégories de questions portent sur l'énergie, la vedette échoue lamentablement jusqu'à ce que Bill Nye, le cerveau scientifique, vienne à sa rescousse, l'entraînant dans un voyage temporel à la découverte des origines de l'énergie.

À ce moment précis, les événements prennent une tournure pour le moins inattendue, puisque des sections de sièges se détachent les unes des autres pour prendre la direction de la sortie. Ces ingénieux «théâtres mobiles», accueillant chacun 97 «passagers», entreprennent alors un voyage dans le temps de 300 millions d'années, à travers de sinistres forêts enveloppées de brume. Des brontosaures incroyablement crédibles respirent lourdement au-dessus des spectateurs (dont certains cherchent instinctivement à se protéger en se recroquevillant), tandis que, non loin de là, un *t-rex* affronte un rival démesuré. Il y a même une version animatronique d'Ellen cherchant à repousser la menace de monstres préhistoriques.

Puis, le film ramène progressivement l'héroïne et son compagnon vers le futur, tout en expliquant de façon amusante les dessous de la production énergétique.

Bien qu'il n'entre pas dans la catégorie des comédies à se rouler par terre, le film n'en demeure pas moins vif et ciblé, et résolument plus divertissant que son prédécesseur. Les dinosaures eux-mêmes, qui constituent indubitablement le clou du spectacle et méritent à eux seuls la visite, ont été révisés pour refléter les vues modernes de la science à leur sujet.

À NOTER : Certaines scènes risquent d'effrayer les tout-petits. Et ne vous laissez pas décourager par les longues files d'attente puisque, toutes les 15 min, on fait entrer quelque 600 personnes.

Wonders of Life ★★★★

Commanditée par la Metropolitan Life, cette attraction immensément prisée se veut une sorte de découverte fantaisiste du corps humain. Sous une coupole au contour doré, on y trouve des douzaines de jeux et de gadgets qui sifflent, virevoltent, tourbillonnent et clignotent. Les enfants ne se lassent pas de ce «paradis du jeu» où ils peuvent mettre à l'épreuve leurs talents au golf et au tennis, parcourir le monde sur des bicyclettes stationnaires (grâce à des paysages mobiles) ou encore explorer la **Sensory Funhouse**, qui possède une salle inclinée. Chaque partie de l'exposition diffuse des conseils sur la santé, avec un tel art que vous ne vous rendez même pas compte que vous apprenez tout en vous amusant. Dans **Goofy About Health**, un Goofy rongé par le stress cesse de fumer et commence à faire de l'exercice, piquant un roupillon ici et là et se nourrissant d'aliments nutritifs. Ce spectacle de 8 min a lieu dans un petit théâtre et présente des séquences parmi les meilleures des dessins animés de Goofy, de même qu'un habile montage de décors, incluant la pharmacie Phast et le magasin Goofco. Dans un autre théâtre, les Anacomical Players se livrent à une improvisation bête et hilarante

L'Epcot Center

sur l'anatomie humaine. Et pour couronner le tout, Wonders of Life offre trois attractions principales d'un grand intérêt :

★★★★★
Body Wars

Le manège le plus rapide et le plus bruyant d'Epcot, Body Wars revêt la forme d'un voyage à l'intérieur du corps humain. Faisant appel à la même technologie qui contribua à la renommée du Star Tours de Disney-MGM (voir p 215), Body Wars se déroule dans un simulateur très semblable à ceux qu'on utilise pour entraîner les pilotes de l'armée. Il s'agit de vous «miniaturiser» pour ensuite vous «injecter» à l'intérieur du bras d'un patient afin d'aller secourir une scientifique qui tente d'arracher une écharde. C'est à ce moment que toute la pièce se met à trembler et à bouger, alors que la scientifique se trouve aspirée par le flux sanguin du patient. Vous la suivez de près, en esquivant les globules sanguins, les poumons et les côtes tout en vous frappant contre les parois artérielles. Combinés aux formidables images du corps, les effets spéciaux et le rythme vertigineux de ce manège témoignent de son ingéniosité et vous réservent un moment des plus palpitants.

À NOTER : Les femmes enceintes et les enfants de moins de trois ans ne sont pas admis. Certains enfants admissibles trouveront par ailleurs ce manège violent et terrifiant. N'est pas recommandé aux personnes souffrant de maux de dos ou ayant l'estomac fragile. Le manège le plus rapide d'Epcot est aussi le plus couru. La seule manière d'éviter une attente de plus de 45 min consiste à arriver dès l'ouverture du parc ou dans l'heure qui précède la fermeture. Il arrive également que les files d'attente diminuent entre 18h et 19h, heures d'affluence dans les restaurants du World Showcase. **À ne pas manquer.**

★★★★
Cranium Command

Cette joyeuse attraction des plus divertissantes est le secret le mieux gardé d'Epcot. Caché tout au fond de Wonders of Life, ce spectacle époustouflant se distingue par des effets d'un genre nouveau et des textes intelligents livrés par des acteurs américains parmi les plus appréciés. Présenté dans une salle pouvant accueillir 200 spectateurs, il se compose d'un mélange de films rapides et de montages scéniques compliqués. La vedette du spectacle est un robot «audio-animatronique» du nom de Buzzy, un drôle de petit bonhomme qui pilote le cerveau d'un enfant de 12 ans pendant une journée. Buzzy détraque complètement l'horloge biologique du petit garçon : il part à l'école sans se couvrir, oublie son petit déjeuner ou son déjeuner, et vacille à la vue d'une jolie camarade de classe. Pendant tout ce temps, Buzzy a bien du plaisir à découvrir les fonctions de chacune des parties du cerveau. Les parties du corps sont jouées avec humour par des acteurs très connus de la télévision américaine.

À NOTER : Ne manquez pas le dessin animé du début, servant de mise en scène au spectacle qui suit. Cette merveille est encore largement méconnue, de sorte que l'attente est rarement de plus de 20 min. Allez-y au milieu de la journée.

★★★★
Test Track

Voici une attraction qui transforme les hôtes de Disney World en véritables pantins, ou plus précisément en mannequins d'essai. Attachez votre ceinture et préparez-vous à subir, de l'intérieur, les tortures auxquelles on soumet les voitures avant de les juger dignes de prendre la route. Dérapages non contrôlés, virages à haute

L'Epcot Center

vitesse et freinages brusques sont tous au menu. De plus, une bonne peinture doit pouvoir soutenir des températures extrêmes, de sorte que vous devez être prêt à passer du froid au chaud. L'expérience ultime reste toutefois l'«envolée» sur la piste extérieure à une vitesse maximale de 105 km/h.

★★

Journey Into Imagination

Un manège amusant, un film 3D et une infinité de jeux électroniques plus passionnants les uns que les autres font de cet endroit le plus grand favori de nombre d'enfants à Epcot. Le bâtiment lui-même, composé de deux pyramides de verre légèrement tordues, produit déjà un sentiment d'illusion, et, tout au long de la journée, les rayons du soleil s'infiltrent à travers le verre, attirant l'attention des visiteurs sur ces étonnantes structures géométriques. À l'intérieur de ce pavillon commandité par Kodak, vous trouverez trois attractions débordantes d'imagination :

★★

Journey Into Your Imagination

Au fait, jusqu'où va votre imagination? C'est précisément là ce que tentent de déterminer les chercheurs de l'imaginaire Institut de l'imagination (celui-là même qui reconnaît l'œuvre de Wayne Szilinski dans «Honey I Shrunk the Audience» à la porte voisine). En vous lançant dans cette aventure, adaptée de l'ancien «Journey Into Imagination», vous mesurerez tout d'abord votre QI, à savoir votre Quotient d'Imagination dans le cas qui nous occupe, et il appert, du moins au début, que la plupart d'entre nous sont grandement déficients à cet égard ainsi qu'en témoignent les bouffées de vapeur sans substance qui semblent émaner de nos têtes dans le miroir devant lequel nous prenons place. Après avoir parcouru les salles un tant soit peu bizarres de cette attraction – dans l'une d'elles, tout est à l'envers, alors que dans une autre, il y a du son mais aucune lumière – nous en venons toutefois à gagner des points, si bien qu'au terme de la visite, notre QI bat tous les records.

Les habitués de l'ancien «Journey Into Imagination» constateront l'absence du professeur à la barbe orangée, qu'on a remplacé par le docteur Nigel Channing de l'imaginaire Institut de l'Imagination. Heureusement, toutefois, l'adorable dragon rose, Figment, est toujours de la partie, ce qui n'a d'ailleurs rien d'étonnant dans la mesure où il s'agit là d'une simple variation sur le thème déjà connu de cette attraction.

À NOTER : Comme c'était le cas pour l'ancien manège, sa nouvelle version est plus ou moins appréciée selon l'âge et l'état d'esprit des participants. Alors que d'aucuns s'en font un régal, d'autres n'y voient qu'une lente et insipide randonnée.

★★★★★
Honey, I Shrunk the Audience

Il ne fait aucun doute que ce spectacle 3D recèle certains trucages particulièrement brillants. Disney joue ici avec l'auditoire, non seulement en lui présentant des trucages visuels, mais aussi en lui procurant des sensations physiques (autrement dit, lorsqu'on relâche les souris dans le film vous les sentez grimper le long de vos jambes!). Wayne Szalinski, le professeur atermoyant de *Chérie, j'ai réduit les enfants*, revient à l'écran avec sa machine infernale et, cette fois, c'est vous, l'auditoire, qu'il réduit. Grâce à vos lunettes 3D et à vos perceptions altérées, vous vous sentirez vraiment devenir tout petit... et vulnérable. Chiens et chaussures de tennis vous sembleront aussi grands que des gratte-ciel, et un gigantesque cobra royal vous frappera en pleine figure!

L'Epcot Center

Ne soyez donc pas étonné si vous vous mettez à crier, à hurler ou à bondir de votre siège; tous vos semblables en font autant.

À NOTER : Beaucoup trop terrifiant et bruyant pour la majorité des jeunes enfants, à moins que vous ne vouliez risquer de les voir pleurer d'un bout à l'autre du spectacle. Sinon, à ne pas manquer.

★★★

The Image Works

Au chapitre des créations de génie, peu d'attractions rivalisent avec The Image Works. L'endroit regorge de gadgets électroniques sans pareil, soit des centaines d'appareils permettant de jouer avec la lumière, le son, la couleur, les images et le temps. Un des ateliers vous permet de métamorphoser votre visage jusqu'à lui donner l'apparence d'un personnage de dessin animé, pour ensuite l'envoyer à vos amis par courrier électronique. Un autre vous permet de créer des sons au gré des mouvements de votre main. Un miroir électronique présente une version à la fine pointe des glaces déformantes normalement trouvées dans les maisons du rire. Et, aux Stepping Tones, vous pourrez jongler follement avec la lumière, les couleurs et la musique en sautant sur un tapis (vous pourriez y prendre goût au point qu'on doive poliment vous inviter à quitter les lieux à l'heure de la fermeture). Ce pavillon stimule l'esprit de créativité chez les enfants, alors que, chez les adultes, l'expérience qu'il procure leur rappelle qu'il fait bon rêver dans un monde où tout va si vite. Qui plus est, il n'y a pratiquement jamais de file d'attente; les foules du milieu de la journée occasionnent bien quelques délais à certains jeux individuels, mais vous trouverez toujours une activité ne nécessitant aucune attente.

À NOTER : Pour ceux qui désirent seulement visiter The Image Works, sachez que cette attraction possède sa propre entrée.

The Land ★★★★

Cette énorme construction en forme de serre galactique inondée de soleil regorge de délices de la terre. Des comptoirs d'aliments multicolores remplissent le rez-de-chaussée, offrant pâtisseries maison, pommes de terre au four, grillades, glaces, cafés recherchés, desserts chocolatés et pains si frais qu'ils réchauffent vos mains. Les odeurs capiteuses et les images enivrantes de The Land vous envahissent à tel point qu'il est impossible d'y jeter «un simple coup d'œil rapide». Et c'est très bien ainsi, car le pavillon présente souvent ces «substances vitales» de façon amusante et attachante. Trois attractions très bien conçues et fort différentes les unes des autres, commanditées par Nestlé USA, y sont présentées :

Les eaux dansantes

D'immenses jets d'eau s'élèvent et retombent, des torrents s'élancent telles des fusées dans les airs, et de fines pluies décrivent des pirouettes au son d'une musique puissante. Le spectacle se poursuit pendant plusieurs minutes, puis se termine par une explosion, comme si des feux d'artifice invisibles éclataient soudain.

Bienvenue au **Fountains of Nation Water Ballet Show**, une symphonie dramatique toute liquide qu'on peut voir et entendre toutes les 15 min. Vous ne pouvez d'ailleurs manquer ce spectacle, puisqu'il se déroule dans la cour de Future World entre Innoventions East et Innoventions West.

L'Epcot Center

D'autres grandes eaux vous attendent également à l'extérieur du pavillon Journey Into Imagination, où **The Dancing Waters** attirent une foule nombreuse tout au long de la journée et pendant une bonne partie de la soirée. Des trombes d'eau y sautent d'un étang à un autre, et les enfants s'en donnent à cœur joie en essayant de les attraper au vol.

★★★★★
Living with the Land

Il s'agit là d'une des rares attractions d'Epcot où l'on peut entendre une narration de vive voix. Comme son nom l'indique, il s'agit d'«écouter la terre», et l'instructive promenade en bateau qu'elle propose vous fera découvrir le passé et le futur de l'agriculture. On commence par traverser une forêt tropicale, puis un désert, une prairie américaine et une ancienne cour de ferme, pour ensuite parcourir des installations modernes en activité. Il y a une mini-ferme tropicale aux papayes si pulpeuses qu'on a envie de les cueillir, un jardin hydroponique pour le moins fascinant et un centre d'aquaculture regorgeant de poissons colorés et de crevettes d'eau douce. À la prolifique **Desert Farm**, un ordinateur pourvoit aux besoins en eau des cotonniers, des tournesols, des gourdes, du sorgho et des concombres. Les intrigantes devinettes lancées par le capitaine et le doux mouvement du bateau rendent cette croisière de 14 min très relaxante et instructive.

À NOTER : La plupart des renseignements fournis ici sont trop poussés pour les enfants d'âge préscolaire, ce qui ne les empêche pas pour autant d'apprécier le paysage et la balade en bateau. **À ne pas manquer.**

Visiter The Land

Si vous avez aimé la promenade en bateau «Listen to the Land», ne ratez pas le **Walking Tour** de 45 min offert gratuitement sur ce site. Un guide y explique les techniques de culture expérimentale pratiquées à The Land, vous emmène dans un jardin hydroponique, dans une ferme tropicale, dans un désert et, pour finir, dans un parc dont le sol imite celui de la Lune. Cette visite permet d'explorer plus en profondeur ce qu'on aperçoit brièvement au cours de la promenade en bateau, mais son plus grand attrait réside sans doute dans le fait qu'elle permet aux visiteurs de poser des questions.

Les Harvest Tours sont offerts à toutes les 30 min, tout au long de la journée. Vous devez réserver vos places le jour même de votre visite, en vous rendant à la Guided Tour Waiting Area, à la sortie du Kitchen Kabaret, au rez-de-chaussée de The Land. Les tours coûtent 5 $.

★★★★
Food Rocks

Délicieux hommage à la nutrition, ce spectacle en salle met en vedette une distribution farfelue d'«aliments-rockers» qui chantent, dansent et sautillent à travers la cuisine. Parmi les mémorables personnages «audio-animatroniques» que vous trouverez ici, retenons Neil Moussaka, Chubby Cheddar et Food Wrapper, sans oublier les Peach Boys et The Refrigerator Police. Si vous avez apprécié l'humour léger du Country Bear Jamboree du Frontierland (voir p 98), vous adorerez ce spectacle.

L'Epcot Center

À NOTER : Voici une des attractions d'Epcot qui n'est pas populaire mais qui devrait l'être, et c'est très bien ainsi puisqu'il y a rarement plus de 15 min d'attente. Allez-y donc entre 11h et 15h, quoique ce spectacle offre un répit frais et ombragé à toute heure du jour.

★★★
The Circle of Life

Ce film magnifique, présenté à l'intérieur du grand et confortable Harvest Theater, fait vibrer la corde environnementale qui sommeille en chacun de nous. Simba, le roi Lion, en assure la narration, et tente de persuader ses congénères de ne pas ériger de barrage sur la rivière à seule fin d'y construire un complexe touristique. Il les entraîne (et, avec eux, l'auditoire) dans un voyage qui leur fait voir la destruction de la planète : cours d'eau putrides, forêts tropicales humides dévastées, oiseaux marins victimes de fuites de pétrole, circulation urbaine pestilentielle et dépôts d'ordures, autant de maux causés par une population trop nombreuse, un développement trop effréné et trop peu de respect pour la Terre. La morale de l'histoire, c'est que, bien entendu, tout le monde devrait se donner la main pour préserver l'environnement. Et pendant ce temps, Disney a rasé les forêts du centre de la Floride pour faire de la place, entre autres, à un centre résidentiel et culturel doublé d'un gigantesque centre commercial, un projet du nom de «Celebration» qui coûtera 2,5 milliards de dollars!

La plupart des produits maraîchers et des fruits de mer servis au The Land Grille Room proviennent du jardin hydroponique et de l'aquaculture du restaurant.

À NOTER : Le film s'adresse à tous les publics, même si les bambins profitent en général de l'obscurité tranquille pour faire un somme d'une vingtaine de minutes, tandis que leurs parents ne sont que trop heureux de pouvoir reposer leurs pieds. La file d'attente est rarement longue.

The Living Seas ★★★

L'eau éclabousse de gros rochers factices à l'extérieur de cette construction ondulante de couleur bleu piscine. Commandité par United Technologies, The Living Seas (les mers vivantes) est une des attractions les plus ambitieuses d'Epcot (et malheureusement une des plus surestimées). Même les inconditionnels de la mer trouvent en effet qu'elle laisse à désirer. Le spectacle d'entrée sur la formation des océans est impressionnant, mais un peu trop livresque. Le **Living Seas Ride ★** (l'activité principale offerte sur le site) semble pour sa part se terminer avant même d'avoir commencé; dommage, car l'idée de départ n'est pas mauvaise, puisqu'il s'agit de parcourir (littéralement) le plus grand aquarium d'eau salée au monde. Des véhicules sur rails entraînent les visiteurs le long d'un cylindre d'acrylique transparent qui traverse le centre du bassin, un réservoir de 25 millions de litres d'une profondeur de 7 m et d'un diamètre de 61 m grouillant d'une vie marine fascinante : barracudas, dauphins, otaries, raies, poissons-perroquets et requins (bien entendu). Des plongeurs sillonnent le bassin, essayant de nouveaux équipements, entraînant les dauphins et parlant à leurs superviseurs grâce à des radios sans fil. Malheureusement, au moment où vous commencez vraiment à faire corps avec cet environnement, on vous annonce que les trois minutes se sont écoulées.

L'Epcot Center

Le gigantesque aquarium de Living Seas abrite quelque 5 000 espèces marines.

Le meilleur reste néanmoins à venir, car The Living Seas offre deux étages d'expositions marines. Les enfants adorent cette partie de la visite, désignée sous le nom de **Sea Base Alpha** ★★★, car ils peuvent s'y divertir au moyen de jeux vidéo aux thèmes océaniques et essayer des costumes de plongée. De nombreux aquariums renferment par ailleurs de très étranges formes de vie : des poissons-caméléons, des forêts de varech et de minuscules zooplanctons.

À NOTER : The Living Seas est très bondé de 9h30 à 18h. Si vous croyez devoir attendre plus de 20 min, passez outre. Le Sea World d'Orlando, un parc thématique entièrement consacré à la vie marine, est beaucoup plus complet et divertissant (et beaucoup moins bondé) (voir p 377).

Innoventions ★★★

Au tournant du nouveau millénaire (du moins de l'avis de certains), Disney veut vous donner un aperçu de ce que l'avenir vous réserve, d'un point de vue technologique, s'entend. Le plus récent avatar d'Innoventions présente ainsi tout un assortiment de gadgets et d'appareils futuristes pour la maison, l'hôpital et le bureau : téléphones-bracelets à la Dick Tracy, animaux de compagnie robotisés, et une maison «intelligente» renfermant un réfrigérateur qui inventorie automatiquement son contenu tout en tenant votre liste d'épicerie à jour (reste à savoir s'il peut aussi réprimander ceux et celles qui ont la fâcheuse habitude d'y ranger un contenant de lait pratiquement vide).

Au nombre des commanditaires de cette attraction figurent des sociétés de l'envergure de GM, Motorola et Xerox. Il n'est donc pas étonnant d'y retrouver des objets tels que voitures à double source d'énergie, visiophones cellulaires et papier électronique. Les jeux d'ordinateur et l'arcade Sega brillent désormais par leur absence (au plus grand bonheur des parents), mais les enfants n'en trouveront pas moins de quoi s'amuser dans la salle Disney Online où, en plus de pouvoir consulter le fameux site Web de Disney, ils pourront faire une partie virtuelle de chat perché. Par contraste avec les prévisions futuristes d'autrefois (selon lesquelles nous serions maintenant censés faire la navette entre mars et la terre pour nous rendre au travail) tous les produits présentés sont pour ainsi dire fonctionnels et plausibles, si ce n'est qu'ils mettront encore, pour la plupart, de 3 à 15 ans à apparaître sur les rayons des commerces. D'ici là, vous aurez beaucoup de plaisir à contempler ce qui nous attend.

Ceux qui se souviennent du fouillis qui caractérisait la première version d'Innoventions seront soulagés d'apprendre que ses concepteurs ont dorénavant doté le tout d'une certaine organisation. Ainsi, du labyrinthe informe qu'elle présentait jadis, cette nouvelle attraction vous propose un tracé clairement défini. Entrez dès lors par l'East Building (Innoventions est encore réparti entre deux ailes, Est et Ouest) et laissez-vous guider vers le futur.

À NOTER : rarement bondé, et à toute fin pratique accessible à votre convenance.

L'Epcot Center

Comment résoudre le dilemme entourant la date exacte à laquelle nous sommes censés célébrer le tournant du siècle? Tout simplement en étalant la fête sur 15 mois! À Disney World, la grande fête du millénaire a débuté à Epcot en octobre 1999 et se poursuivra tout au long de l'année 2000, ponctuée de nouveaux divertissements tels qu'on n'en présente qu'une fois tous les mille ans environ. Au programme, pour ne citer que quelques exemples, d'époustouflants feux d'artifice («Illuminations 2000: Reflections of Earth»), le défilé Tapestry of Nations présenté tous les soirs, et le Millennium Village du World Showcase. Au terme de cette fête, nous serons le 1er janvier 2001, et personne ne débattra plus la question.

WORLD SHOWCASE

Le pont panoramique reliant le Future World au World Showcase semble également remonter le temps, puisque d'un côté se profilent les structures de verre et d'acier du Future World, alors que de l'autre apparaissent la tour Eiffel, des pagodes multicolores et des pyramides antiques. Il y a d'ailleurs quelque chose de réconfortant dans le spectacle de ces anciennes constructions qui tout à la fois émeuvent et fascinent; le temps et l'espace se compriment, si bien que le passé le plus lointain semble ici revivre sous nos yeux.

Des parterres fleuris encadrent les sentiers qui serpentent à travers les 11 pavillons nationaux du World Showcase, dont chacun célèbre, autour de places affairées, l'architecture et les coutumes issues de différentes cultures au fil de l'histoire. Châteaux, temples, tours d'horloge et églises en pierre y reflètent les splendeurs et l'héritage culturel d'endroits comme l'Italie, le Maroc, la Norvège, l'Allemagne, le Japon et la Chine. Des fontaines jaillissantes, ornées de sculptures, agrémentent les squares; des musiciens et des acteurs se produisent dans les rues, fidèles ambassadeurs de la vie artistique de leur pays; des boutiques aussi pittoresques qu'exclusives proposent les spécialités propres à chaque région, et 21 restaurants permettent d'apprécier les mets de différentes ethnies.

Ainsi que le fait remarquer un guide d'Epcot, le World Showcase (une vitrine sur le monde) fut conçu dès le départ de manière à ce qu'aucun pays ne supplante les autres. Ainsi, le pavillon des États-Unis, qui devait à l'origine se présenter comme une tour aux lignes épurées, et montée sur pilotis, fut ramené à un bâtiment colonial en brique plus modeste afin de ne pas porter ombrage aux autres. Cette vaste mosaïque culturelle, créée autour d'un lagon de 16 ha, forme une composition si impressionnante qu'on ne sait trop par quel bout commencer, ni comment s'y prendre pour tout voir. Contrairement aux autres parcs thématiques de Disney, le World Showcase n'est pas un kaléidoscope de manèges, de jeux et de spectacles, mais plutôt un endroit où l'on explore, où l'on écoute et où l'on s'asseoit tranquillement pour mieux s'imprégner des merveilles qui nous entourent. De fait, pour goûter pleinement l'expérience du World Showcase, il suffit de s'y trouver, sans plus.

La meilleure façon de visiter chaque «pays» consiste à marcher et à marcher encore. Commencez par arpenter les rues en prenant le temps d'étudier les moindres détails architecturals de chaque bâtiment. Puis, scrutez les boutiques une par une; plus que de simples magasins, elles témoignent de l'histoire, des styles architecturaux et de l'artisanat de pays tout entiers. Les restaurants vous permettent également de découvrir les traits culturels de chaque nation; même si vous ne projetez pas d'y manger, visitez-les donc tout de même. Plusieurs pavillons possèdent en outre de beaux petits

L'Epcot Center

Trésors cachés

Combien y a-t-il de briques dans le pavillon des États-Unis?

Si vous voulez tout savoir sur le World Showcase, inscrivez-vous à une visite de l'envers des décors. Cette excursion de cinq heures, baptisée **Hidden Treasures of World Showcase** (trésors cachés du World Showcase), est dirigée par des employés de Disney, pour qui les pavillons n'ont plus de secrets. Décrivant les styles architecturaux et la conception particulière de chaque structure, tout en vous parlant de la musique et de l'histoire des différents pays représentés, ils sauront piquer votre curiosité et enrichir vos connaissances. Vous pénétrerez également dans la garde-robe d'Epcot (aussi grande qu'un pâté de maisons), et vous vous familiariserez avec toutes sortes de détails intéressants (comme le nombre de briques utilisées pour la construction du pavillon des États-Unis, qui s'élève à 110 000!). Il y a aussi deux visites de deux heures, l'une couvrant la partie est du lagon le mardi, et l'autre, la partie ouest le samedi.

Le clou de la visite : le déjeuner servi au pavillon du Maroc chaque mercredi. Vous y goûterez plusieurs plats marocains tout en jouissant de l'ambiance et de l'hospitalité de ce pays méditerranéen.

Ces visites, réservées aux 16 ans et plus, sont offertes le mardi, le mercredi et le samedi à 9h30, au coût de 35$ (le prix d'entrée à Epcot en sus) pour les visites de deux heures (mardi et samedi) et de 65 $ pour la visite de cinq heures (mercredi seulement, déjeuner compris). Réservez au moins trois semaines à l'avance au ☎407-939-8687.

musées, et cinq d'entre eux présentent d'excellents films. Le Mexique et la Norvège offrent même des balades en bateau, peu mouvementées mais non moins plaisantes. Et dans chaque pavillon, vous trouverez des employés qui s'empresseront de répondre à vos questions concernant leur pays d'origine.

Le Mexique ★★★★

Une spectaculaire pyramide précolombienne, flanquée de têtes de serpents géantes et de sombres sculptures de guerriers toltèques, confère à ce pavillon une aura plutôt mystique. Ce spectacle ne laisse toutefois nullement présager ce qu'on s'apprête à découvrir à l'intérieur, soit un village à flanc de colline baignant dans une lumière crépusculaire. Aménagée sur le modèle du village mexicain de Taxco, la place est parsemée de petits kiosques couverts où l'on peut se procurer des sombreros, des fleurs et des sandales. Des boutiques s'entassent également autour de cette place, laissant voir leurs toits de tuiles, leurs balcons ornés de fer forgé et leurs jardinières remplies de fleurs. Des mariachis se promènent en jouant de leurs instruments, invitant la foule à la fête, alors que, plus bas, d'autres visiteurs dînent à la chandelle sur une terrasse riveraine.

Le pavillon du Mexique offre deux attractions conventionnelles : une exposition d'art et une balade en bateau. L'exposition, baptisée *Reign of Glory* (règne de gloire), révèle une splendide collection d'objets d'art précolombiens, y compris des poteries, des masques et des vases. Vous pouvez contempler cet étalage avant ou après la balade en bateau.

L'Epcot Center

★★★
El Río del Tiempo : The River of Time

Ce voyage lent et paisible prend la forme d'une croisière nocturne sur «la rivière du temps», et permet d'admirer d'antiques pyramides, des formations rocheuses percées de grottes ainsi que des sculptures élaborées. Au fil de la balade, divers objets et décors d'influence maya, toltèque et aztèque témoignent de milliers d'années d'histoire mexicaine. Les enfants adorent ce périple coloré et divertissant, avec ses poupées dansantes aux costumes radieux rappelant celles d'«It's a Small World», au Magic Kingdom (voir p 111). Des séquences filmées présentant différentes scènes de la vie mexicaine (y compris des plongeurs s'élançant du haut des falaises, des danseurs endiablés et des courses de hors-bord) apparaissent ici et là le long du parcours, et constituent un intéressant documentaire touristique en soi. Quant au dernier tableau, un éblouissant spectacle de projections lumineuses par fibres optiques, il saura sans nul doute vous émerveiller.

À NOTER : Tâchez d'arriver de bonne heure pour éviter les foules. Si vous ne pouvez vous y rendre en matinée, reprenez-vous après 19h.

La Norvège ★★★★

Le pavillon de la Norvège, probablement un des plus extraordinaires du World Showcase, se révèle austère, complexe et fascinant. La beauté singulière de ce «pays du soleil de minuit» émane tout particulièrement de ses rues pavées, de ses cascades rocheuses, de ses chalets coiffés de tuiles rouges et de son château en pierre du XIVᵉ siècle. Mais l'attention est surtout retenue par la reproduction d'une église en pieux de bois datant du milieu du XIIIᵉ siècle, avec ses bardeaux épais et ses sculptures stylisées. Remarquez les dragons qui s'avancent des avant-toits, ajoutés au cas où les villageois décideraient de retourner au paganisme. À l'intérieur, une exposition (*To the End of the Earth*, ou «aux confins de la Terre») présente des objets reliés à deux expéditions polaires du début de notre siècle. Et pour couronner le tout, la Norvège vous propose une balade en bateau des plus agréables :

★★★★
Maelstrom

Malgré la crainte qu'inspire le nom de cette attraction et les rencontres de trolls sinistres qu'on y fait, il n'y a pas du tout lieu d'avoir peur. Très appréciée des petits et des grands, cette balade intérieure sur de longs bateaux à têtes de dragons, semblables à celui sur lequel voguait Éric le Rouge il y a de cela 1 000 ans, permet d'explorer des villages vikings, des fjords et des forêts magnifiques, ainsi qu'une mer du Nord légèrement tumultueuse. Il y a bien un plongeon prononcé, mais qui se fait tout en douceur, de même qu'une quasi-bascule arrière en descendant une cascade, mais si faible que les passagers avant n'en ont parfois pas même conscience. Au terme de cette aventure, un film de 5 min révèle des paysages époustouflants de la Norvège.

L'Epcot Center

À NOTER : Fort remarqué, le pavillon de la Norvège est habituellement très bondé après 11h.

La Chine ★★★★★

Le panorama envoûtant de la Chine ancestrale présente un caractère architectural qu'on pourrait presque qualifier de spirituel. Fidèle aux traditions extrême-orientales, le pavillon s'impose comme un festin pour les yeux, gorgé de symboles de vie, de mort, de vertu et d'amour de la nature. Passé le portail du Soleil d'Or (**Gate of the Golden Sun**), vous découvrirez une exquise reproduction de l'opulent Temple Céleste (**Temple of Heaven**) de Beijing, construit en 1420 sous la dynastie des Ming. Dignement revêtu de rouge étincelant (symbole de joie) et d'or (symbole d'impérialisme), ce joyau de trois niveaux arbore des motifs géométriques d'une grande délicatesse. Un jardin où de tendres pelouses dominées par des saules torsadés invitent à la méditation jouxte le temple. Quant à la salle des prières (Hall of Prayer), qui forme l'aile principale du temple, les empereurs venaient s'y recueillir dans le but d'obtenir de bonnes récoltes. À l'extérieur, 12 colonnes représentent les 12 mois de l'année, alors qu'à l'intérieur 4 autres colonnes symbolisent les 4 saisons.

Les lieux renferment tant de détails qu'il faudrait plusieurs heures pour tout voir. Si vous désirez approfondir votre visite, revenez plutôt le deuxième ou le troisième jour de votre séjour à Epcot; quoi qu'il en soit, voyez d'abord le film-vedette du pavillon :

★★★★★
Wonders of China – Land of Beauty, Land of Time

Après avoir vu ce film remarquable sur les merveilles de la Chine, rares sont les visiteurs qui n'éprouvent pas un vif désir d'aller les admirer sur place. Pendant 19 min, vous serez transporté à travers des forêts de pierres, des rizières en terrasses et des montagnes couronnées de nuages, sans oublier la Grande Muraille de Chine, sillonnant le front de ce vaste pays. De la trépidante Shangaï moderne à la beauté silencieuse du désert de Gobi, les richesses stupéfiantes de cette contrée vous sont dévoilées sur un écran de 360 degrés.

À NOTER : Malgré la matière et la qualité exceptionnelles du film, il est regrettable qu'on ne puisse s'asseoir dans cette salle; les spectateurs doivent se contenter de s'appuyer sur les rampes disposées à cet effet. Pour les parents avec de jeunes enfants, cela peut poser un problème majeur, car les tout-petits ne peuvent voir l'écran que si on les porte, et les nourrissons doivent de toute façon rester dans vos bras puisque les poussettes ne sont pas tolérées à l'intérieur du cinéma. Deux solutions possibles : si votre groupe compte plusieurs adultes, ils peuvent porter les enfants à tour de rôle; sinon, un des parents peut faire la balade en bateau du pavillon de la Norvège (juste à côté) en compagnie des enfants, pendant que l'autre assiste à la projection de Wonders of China.

Enfin, le pavillon de la Chine est peut-être le plus populaire du World Showcase et, par le fait même, le plus bondé. Essayez donc de le visiter avant 11h30 ou après 19h. **À ne pas manquer.**

L'Epcot Center

L'Allemagne ★★★★

Cette enceinte joviale renferme un assortiment de maisons tarabiscotées, de tourelles et de balcons en bois, de boutiques de jouets, de «cafés-brasseries» et de joyeux lurons à tête blonde iodlant dans les rues. Le pavillon, qui ne s'inspire d'aucun lieu particulier, réunit des spécimens architecturaux, des œuvres d'art et des costumes provenant de toutes les régions de l'Allemagne, produisant un amalgame féerique. Au milieu de la place centrale, appelée **St. Georgsplatz**, on a érigé une statue représentant saint Georges tuant un dragon; saint patron des soldats, Georges aurait tué ce monstre alors qu'il faisait route vers le Moyen-Orient. Près de là se trouve **Der Bucherwurm**, une librairie construite sur le modèle d'une *kaufhaus* (salle marchande) de Fribourg, en Allemagne. Vous remarquerez en façade les statues des empereurs Ferdinand, Charles et Philippe; la *kaufhaus* de Fribourg s'honore de la présence d'un quatrième empereur, Maximilien, mais la version réduite de Disney World n'offrait pas suffisamment d'espace pour lui, de sorte que le personnel du pavillon se plaît à dire que *«Maximilien a mordu la poussière»*.

À NOTER : Le pavillon de l'Allemagne ne possédant aucune attraction conventionnelle, on peut le visiter à toute heure de la journée.

Les peuples d'Epcot

Si les employés du World Showcase vous semblent être d'authentiques représentants de leur pays, c'est parce qu'ils en sont vraiment. Chaque pavillon embauche en effet des gens natifs du pays qu'ils représentent, produisant ainsi un joyeux mélange d'accents, de costumes et de traditions. Ces employés, pour la plupart dans la vingtaine, travaillent à Epcot pour une période d'un an dans le cadre d'un programme d'échange international, et vivent tous ensemble dans des dortoirs aménagés à leur intention aux abords immédiats du parc.

Les échanges culturels font partie intégrante de l'expérience de travail offerte par le World Showcase, de sorte qu'on encourage fortement les visiteurs à poser toutes les questions qui leur viennent à l'esprit à l'intérieur de chacun des pavillons. En fait, plusieurs employés sont si enthousiastes qu'ils seront déçus si vous ne les interrogez pas sur leur patrie d'origine.

L'Epcot Center

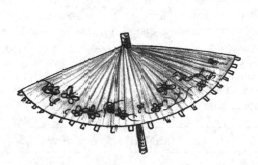

L'Italie ★★★★

Contrairement aux constructions «historiques» de la plupart des autres pays du World Showcase, d'apparence relativement récente, les façades du pavillon de l'Italie sont délicieusement crevassées et érodées, ce qui ne fait qu'ajouter à l'authenticité de ce berceau de la pensée et des arts occidentaux. Un campanile de 32 m projette sa silhouette élancée sur une grande piazza imitant la **place Saint-Marc** de Venise. Tout près, une fidèle reproduction du **palais des Doges** (1309) s'impose comme une étude de plusieurs styles architecturaux, car, au fil des ans, les nombreux doges qui l'ont habité y ont laissé leurs traces : colonnes romanesques, mosaïques byzantines, et même quelques arcs gothiques. Vous noterez par ailleurs que les colonnes n'ont pas de pied; la raison en est que le palais de Venise n'en a pas non plus, ayant été victime de l'érosion causée par les incessantes inondations qui ont frappé ces îles à la merci des eaux depuis maintenant plusieurs décennies. L'authenticité italienne se retrouve jusque sur une petite île située de l'autre côté de la promenade, où des gondoles sont amarrées à des poteaux rappelant des enseignes de barbier, tandis que des oliviers et des kumquats ondulent au vent, vous transportant d'emblée dans un paysage méditerranéen.

À NOTER : Comptez au moins une heure pour vous imprégner des détails historiques et architecturaux de ce pavillon. Fort heureusement, vous pouvez le visiter n'importe quand, car il est rarement bondé.

Les États-Unis ★★★★★

Malgré les accents fortement patriotiques de ce pavillon, il est difficile de ne pas se laisser charmer par ses éclats de rouge, de blanc et de bleu. Enrichi par le parfum des magnolias du Sud et une myriade d'autres fleurs multico-

lores, il se veut une réplique du Liberty Hall de Phila-
delphie. Tout bien considéré, il s'agit d'une pure merveille. L'imposant bâtiment de cinq étages, couronné
d'un toit mansardé et d'un clocher abritant la Liberty Bell,
est recouvert de briques rouges façonnées à la main avec
de la terre argileuse provenant de la Géorgie. Pavillon
hôte du World Showcase, il trône au beau milieu des
autres «pays», et, de l'autre côté du lagon, il semble si
invitant qu'«*il agit comme une carotte attirant les gens
de tous les coins de la promenade*», nous dit un guide de
Disney. À l'intérieur, on trouve une immense rotonde et
une grande salle confortablement climatisée où vous
pourrez assister à la projection du film pertinemment
intitulé :

★★★★★
The American Adventure

Ce spectacle dont on parle beaucoup, et qui constitue
une des réalisations majeures de Disney, allie de façon
remarquable les arts de la scène et la cinématographie,
en utilisant des personnages «audio-animatroniques» si
réels que vous aurez l'impression de les avoir déjà
rencontrés quelque part. Les créateurs de Disney ont ici
fait appel à la technologie qu'ils avaient déjà déployée au
Hall of Presidents du Magic Kingdom (voir p 101), mais
en poussant ses possibilités à l'extrême. Non seulement
a-t-on reproduit de façon on ne peut plus réaliste les
mouvements, les expressions et les voix des personnages, mais leur personnalité même transpire à travers leur
image. Ainsi, Benjamin Franklin affiche sa perspicacité et
son optimisme habituels, tandis que Mark Twain, cigare
au bec, nous communique son humour désabusé. Ce
sont d'ailleurs ces deux hommes qui, 26 min durant,
relatent avec nostalgie les principaux événements qui
ponctuèrent la grande aventure de ce pays, tels le
déversement des cargaisons de thé dans le port de
Boston, la guerre de Sécession, le triste largage de la

L'Epcot Center

bombe d'Hiroshima et le premier pas de l'homme sur la Lune. On y découvre en outre l'héritage laissé par des personnes aussi célèbres que cette blonde appelée Marilyn et ce cow-boy du nom de John Wayne. Dans une scène d'après la Dépression, on voit quelques hommes flâner sur le pas de la porte d'un magasin général de campagne; il y en a un qui gratte du banjo, l'autre qui porte une bouteille de Coca-Cola à ses lèvres et un dernier qui se plaint du prix de l'essence (0,04 $ le litre!). Plusieurs des décors de cette production sont montés sur un chariot qui se déplace sous la scène; désigné sous le nom de *war wagon*, il pèse 175 tonnes, ses dimensions sont de 20 m x 11 m x 4 m, et il repose sur des piliers qui s'enfoncent à 92 m sous terre.

Examinez bien l'horloge de la tour du pavillon des États-Unis : le chiffre romain équivalent à «quatre» se lit à tort «IIII» afin de le distinguer du chiffre «V».

À NOTER : La mauvaise nouvelle, c'est que ce pavillon est généralement plein à craquer. La bonne, c'est qu'on peut y accueillir tellement de spectateurs que l'attente dépasse rarement 20 min, et ce dans une belle rotonde climatisée. Les enfants d'âge préscolaire, ennuyés par le spectacle, finissent souvent par s'endormir dans cette salle sombre et fraîche. **À ne pas manquer**.

Le Japon ★★★★

Tous ceux qui visitent ce pavillon pour la première fois en restent généralement bouche bée. Avec raison d'ailleurs, car il y a effectivement lieu de s'émerveiller devant la richesse des pagodes aux toits ailés d'un bleu si reluisant qu'on dirait du verre. Surplombant l'entrée, le *goju-no-to*, une structure de cinq étages aux allures mystiques s'inspire de la pagode Horyuji de Nara (VIIIe siècle). Ses étages représentent les cinq éléments que sont la terre, l'eau, le feu, le vent et le ciel; le soir, ils brillent de mille feux, telle une somptueuse et gigantesque lanterne japonaise. La pagode est adossée à une colline parcourue de ruisseaux caillouteux, de ponts en arche et d'arbustes denses. Des constructions aux tuiles bleues viennent compléter cette image sereine, tandis que le tintement de carillons éoliens rend la brise mélodieuse.

À NOTER : À l'arrière, une superbe reproduction du château féodal Shirasagi-Jo (XVIIIe siècle) abrite l'excellente galerie Bijutsu-Kan, où des expositions temporaires mettent en valeur toute la finesse des arts japonais ainsi que divers objets ayant inspiré ce peuple.

Mariachis, cornemuses et darboukas

Un des grands plaisirs du World Showcase tient à ses **musiciens de rue**. Chaque pays présente son propre spectacle, des beaux mariachis mexicains coiffés de boléros aux joueurs de cornemuse canadiens. Les artistes se produisent généralement toutes les 15 ou 30 min, y allant d'une chanson, d'une danse et parfois même d'une saynète. Les Olde Globe Players du Royaume-Uni, entre autres, montent une petite pièce comique (et parfois embarrassante) à laquelle ils font participer les spectateurs. Le Maroc organise une procession au cours de laquelle les musiciens vêtus de caftans jouent de la darbouka (tambour), du nfir (flûte) et du oud (luth). Et la Chine présente une version réduite, mais tout de même élaborée des célébrations du Nouvel An.

Pour savoir qui joue quand, procurez-vous un horaire des spectacles au bureau des relations publiques (Guest Relations) d'Innoventions East.

L'Epcot Center

Le Maroc ★★★★

Peut-être le plus exotique et le plus romantique des pavillons d'Epcot, le Maroc présente un amalgame de forteresses, de châteaux et de minarets féeriques garnis de stuc et de bois sculpté, et recouverts de mosaïques chatoyantes. Des rues étroites et poussiéreuses se faufilent entre des arches mauresques et de petits passages vers un marché envahi de paniers, d'articles en laiton, de cornes et de tapis tissés. Sur la place, on voit des Marocains portant des fez à pompons, alors que les femmes sont enveloppées dans des djellabas. Si le tout vous semble étrangement réel, ce n'est pas pour rien : la presque totalité du pavillon fut léguée par le Royaume du Maroc, qui envoya ici 8 t de tuiles taillées à la main et 23 artisans pour les assembler. Toute la construction a ensuite été effectuée suivant les règles de la religion musulmane. Notez que chaque tuile possède une petite fissure ou une imperfection quelconque, et qu'aucune ne représente une créature vivante; la raison en est que les musulmans croient que seul Allah a le droit de créer la perfection et la vie. La Gallery of Arts and History, dont les expositions changent fréquemment, révèle d'ailleurs plusieurs coutumes et croyances marocaines. Prenez également le temps de vous rendre au restaurant Marrakesh, somptueusement orné de tuiles.

À NOTER : On offre des visites guidées du pavillon sur demande. Renseignez-vous auprès d'un employé une fois sur les lieux.

Epcot vous promet un jardin de roses

Le paysage du World Showcase s'enorgueillit de quelque 10 100 rosiers de 40 espèces différentes. Ce ne sont là qu'un ou deux exemples de ce qu'on vous apprendra lors de votre visite de **Gardens of the World**. Un horticulteur de Disney vous fera ainsi découvrir la vaste flore multicolore du World Showcase, partageant avec vous quelques-uns des secrets de jardinage de Disney World, comme le fait que chaque plante et chaque arbre possèdent plusieurs «sosies» dans une serre géante située derrière Epcot.

Les visites, qui s'adressent aux 16 ans et plus, ont lieu les mardis et jeudis de 9h30 à 12h30. Un supplément de 35$ est exigé pour cette visite, et l'on doit réserver au moins trois semaines à l'avance en composant le ☎407-939-8687.

La France ★★★★★

Qui n'a pas, au moins une fois dans sa vie, rêvé de visiter Paris? Il n'y a donc rien d'étonnant à ce que ce pavillon soit très prisé (et bondé). Le décor en est un du début du siècle, plus précisément de «La Belle Époque», caractérisée par une architecture aux accents romantiques et raffinés. Les constructions révèlent des toits mansardés, des lucarnes et des façades enrubannées de fer forgé. Une passerelle, inspirée du pont des Arts, enjambe une anse du lagon du World Showcase, censée représenter la Seine. Vers l'arrière du pavillon repose une copie du marché des Halles, avec son toit en berceau, qui fut construit à Paris dans les années 1200 et ensuite déménagé à la campagne. Il y a aussi une merveilleuse pâtisserie et un traditionnel café-terrasse où la nourriture sent si bon qu'on y voit constamment des files d'attente. La tour Eiffel, juchée sur le toit de la salle de projection du pavillon, est une reproduction à l'échelle (1:10) qu'on peut même apercevoir de l'autre extrémité du World Showcase, et, après l'avoir admirée de loin, beaucoup de visiteurs sont déçus de ne pas pouvoir s'en approcher davantage. Néanmoins, tout juste sous ses piliers, le Palais du cinéma, de style art nouveau, propose un film révélateur :

★ ★ ★ ★ ★
Impressions de France

Cette projection de 18 min vous entraîne dans un voyage mélodieux et très souvent fantaisiste autour de la France. Présentée sur cinq écrans couvrant un angle de 200 degrés, elle dépeint des collines recouvertes de vignobles, des trottoirs encombrés de chariots de fleurs et des châteaux entourés de domaines si resplendissants que vous voudrez tout de suite vous procurer un billet d'avion. Il y a aussi des douzaines d'autres paysages enchanteurs, parmi lesquels les sereines Alpes françaises, la sensuelle côte méditerranéenne et le somptueux château de Versailles. Tout cela dans une salle fraîche aux sièges confortables où vous pourrez reposer vos jambes.

À NOTER : Réputé pour ses longues files d'attente. En arrivant avant 11h, vous réduirez le temps d'attente à 10 min ou moins. **À ne pas manquer**.

Le Royaume-Uni ★ ★ ★

Un pub au bord de l'eau, des comédiens errants et des bâtiments témoignant de plus de 1 000 ans d'histoire britannique font de ce site une joyeuse expérience culturelle. Une rue pavée de briques est bordée de boutiques aux styles variés (néo-classique, Tudor, géorgien et victorien) sur une distance de 90 m. C'est ainsi qu'un cottage au toit de chaume, aux murs plâtrés et au sol de pierre mène à une maison en bois au sol recouvert de planches et aux fenêtres découpées de plomb, tandis qu'à côté une impeccable chambre Reine-Anne arbore un plancher lambrissé à rainures et à languettes. Dehors, on accède à un luxuriant jardin d'herbes aromatiques, à un jardin de roses et à d'éblouissants massifs fleuris encadrés de fer forgé. On a tellement de plaisir à explorer toutes ces structures riches en détails qu'on oublie facilement qu'il n'y a pas d'attraction principale dans ce pavillon.

À NOTER : Assurez-vous de voir les Olde Globe Players dans leur costume coloré.

Le Canada ★★★★

Flanqué d'un mât totémique, entouré de jardins exubérants et surmonté de «montagnes Rocheuses», le pavillon du Canada est à la fois romantique et angulaire. De grosses pierres couleur cuivre rappelant les Rocheuses canadiennes servent de toile de fond à des chutes bouillonnantes, à des ruisseaux cristallins et à des canyons escarpés. Sur des pentes plus douces, on reconnaît les Buchart Gardens de Victoria, avec leurs saules, leurs bouleaux et leurs pruniers, offrant un paysage mixte de haies drues, de fleurs tendres et de lierres grimpants. L'étonnant «Hôtel du Canada», d'architecture gothique française, avec ses flèches, ses tourelles et ses toits mansardés, surplombe le tout. En y regardant de plus près, toutefois, on s'aperçoit que cet hôtel n'est pas aussi haut qu'il en a l'air. Ce qui semble être six étages n'occupe en effet l'espace que de deux étages et demi. Cet effet est produit grâce à la technique de la «perspective forcée», qui consiste à réduire la taille des briques et des fenêtres au fur et à mesure qu'on s'élève.

L'Epcot Center

Mais ce ne sont pas là les seuls petits tours qu'on y joue. Il y a aussi ces arbres qui semblent jaillir des Rocheuses, alors qu'ils sont en réalité plantés dans de grands pots cachés, nourris et arrosés grâce à des tubes dissimulés. Quand aux Rocheuses elles-mêmes, elles ne sont guère autre chose que du béton peint et du grillage, soutenus par une plate-forme semblable à celles qu'on utilise pour les chars allégoriques. L'attraction principale porte ici le nom de :

Ô Canada!

La Gendarmerie royale du Canada semble vous encercler lorsqu'elle fait le tour de l'écran au début de ce film. Ce n'est là qu'un prélude aux effets visuels sensationnels qui vont suivre dans ce film «360 degrés» : plongeons dans des chutes, survol de canyons, de plaines et de rivages plus ou moins irréguliers. On y décèle le savoir-faire canadien dans les décors artistiques de Montréal et le raffinement de Toronto, tandis que la vie sauvage est représentée par des lynx, des ours, des bisons, des caribous et des aigles. La qualité cinématographique de ce film vous donne l'impression d'y être en personne; plusieurs séquences ont d'ailleurs été prises à l'aide de caméras suspendues à des hélicoptères.

À NOTER : Tout comme au pavillon de la Chine, on assiste à cette représentation debout, une nouvelle peu réjouissante pour les parents accompagnés de jeunes enfants, car ils devront les porter pendant les 18 min que dure le film. Il en va de même pour les bébés, car les poussettes ne sont pas admises à l'intérieur de l'enceinte. En guise de compromis, un des parents peut se rendre au restaurant Le Cellier pour une collation avec les enfants, pendant que l'autre visionne le film; il s'agit d'une sorte de cafétéria offrant de nombreux mets à prix raisonnable, qui feront le bonheur des enfants, sans compter que l'endroit est rarement bondé.

DISNEY-MGM

Lorsque les studios Disney-MGM ont vu le jour, on considérait, du moins en Floride, qu'il s'agissait d'un événement d'envergure mondiale. Les aménagements prévus sur ce site permettaient en effet pour la première fois de favoriser, et même de garantir, la production de films et d'émissions télévisées tout en donnant la chance au public de se familiariser plus étroitement avec l'industrie du spectacle. Pour un État depuis si longtemps avide des merveilles de Hollywood, l'avènement de ce projet suscitait une jubilation sans borne.

Disney s'ouvrait aussi, par le fait même, à de nouveaux horizons. Car bien que la société produisît, et ce depuis des années déjà, ses propres films, jamais cette activité n'avait encore été intégrée aux parcs thématiques. De plus, en s'associant à Metro-Goldwyn-Mayer (une décision pour le moins étonnante de la part d'une société qui n'a pas l'habitude de partager ses projets), Disney s'assurait de la collaboration d'une des plus importantes firmes cinématographiques qui soient.

Ce parc de 45 ha, réalisé au coût de 300 millions de dollars américains, s'inspire des très célèbres studios Universal du sud de la Californie. Malgré son étendue, le parc Disney-MGM paraît, à première vue, petit et familier, sans doute parce que près des deux tiers de sa superficie sont occupés par des centres de production de télévision et de cinéma (qui, soit dit en passant, offrent des visites en coulisses). Le reste des installations regroupe des manèges, des attractions demandant la participation du public et des spectacles de cascadeurs, englobant ainsi à peu près toutes les facettes de l'industrie hollywoodienne.

Tel un film des années trente ou quarante, le parc présente un mélange coloré d'architecture Art déco, de panneaux d'affichage kitsch, d'art pop, de jardins paysagers, de restaurants dernier cri, de *diners* originaux et de boutiques de bibelots. L'ensemble des lieux peut facilement être parcouru en moins de deux heures.

Disney-MGM, c'est d'abord et avant tout le **Hollywood Boulevard**, avec ses rangées de palmiers, ses comédiens de rue, ses boutiques loufoques et ses constructions éthérées aux couleurs pastel. Immédiatement à droite du boulevard, vous trouverez le siège des studios d'animation de Disney. C'est là que, pour la première fois dans l'histoire de l'illustre firme, les visiteurs peuvent voir les dessinateurs à l'œuvre, imaginant de nouvelles aventures pour les personnages qui nous sont devenus si familiers ou s'efforçant de donner vie à de nouvelles créatures.

De l'autre côté, on aperçoit l'**Echo Lake** et son «dinosaure» grandeur nature, Gertie, qui crache de la fumée tout en servant de comptoir à glaces. La zone voisine, où l'on présente l'*Indiana Jones Stunt Spectacular* (spectacle de cascadeurs), attire, pour sa part, des milliers de visiteurs d'heure en heure. Dans l'angle nord-est du parc,

Disney-MGM

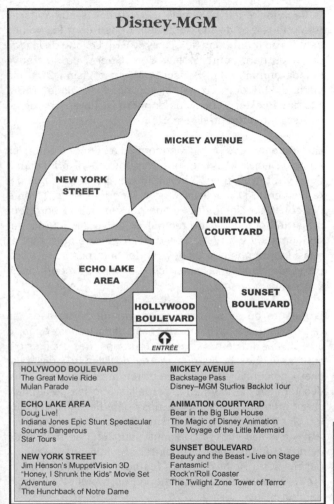

HOLYWOOD BOULEVARD
The Great Movie Ride
Mulan Parade

ECHO LAKE ARFA
Doug Live!
Indiana Jones Epic Stunt Spectacular
Sounds Dangerous
Star Tours

NEW YORK STREET
Jim Henson's MuppetVision 3D
"Honey, I Shrunk the Kids" Movie Set
Adventure
The Hunchback of Notre Dame

MICKEY AVENUE
Backstage Pass
Disney–MGM Studios Backlot Tour

ANIMATION COURTYARD
Bear in the Big Blue House
The Magic of Disney Animation
The Voyage of the Little Mermaid

SUNSET BOULEVARD
Beauty and the Beast - Live on Stage
Fantasmic!
Rock'n'Roll Coaster
The Twilight Zone Tower of Terror

Disney-MGM

le **Back-lot** réunit pêle-mêle des entrepôts aux toits de tôle ondulée et de faux quartiers constituant les vastes centres de production de Disney-MGM. Le long de la face ouest du parc court la **New York Street,** où se trouve l'incontournable **Jim Henson's Muppet Vision 3D.** Une visite guidée de deux heures (ou plus), le **Disney-MGM Studios Backlot Tour,** vous donnera ici un aperçu de ce qu'est l'industrie du cinéma.

Contrairement au Magic Kingdom ou à l'Epcot Center, les studios Disney-MGM ne sont ni imposants ni intimidants. On n'y retrouve que 15 attractions importantes, comparativement à 43 pour le Magic Kingdom et à 17 pour l'Epcot. Cela signifie que vous pouvez voir le parc tout entier (en prenant votre temps) en une seule journée, et ce même s'il y a foule. Et il devrait en être ainsi tant et aussi longtemps que Disney ne donnera pas suite à son projet de doubler la superficie du parc au cours de la prochaine décennie.

La beauté de ce parc réside en grande partie dans les raffinements de sa conception et dans le soin apporté aux plus petits détails de ses attractions, des qualités qui sont devenues la marque même de Disney : des faisceaux de couleurs unifiant les différents secteurs du site, des façades de bâtiments si réelles que les gens cherchent à en ouvrir les portes, des comédiens sans emploi (ou plutôt jouant des comédiens désœuvrés) qui déambulent dans les rues en faisant sautiller des pièces de monnaie du bout de leurs doigts... En fait, chaque recoin fait penser à Hollywood, du restaurant Starring Rolls et du Tune-In Lounge à la boutique Fototoons et au studio de photo Cover Story.

À quelques exceptions près, chaque attraction regorge d'action, d'effets spéciaux et de toutes sortes de singularités qui fascinent et réjouissent quiconque s'intéresse un tant soit peu à l'industrie cinématographique. L'environnement jouit également d'une complexité accrue. Les responsables de Disney ont en effet compris que les visiteurs ne se contentent guère d'un simple tour de manège, et c'est pour cette raison qu'ils ont créé des attractions réunissant des films, des sketchs, des narrations instructives et des manèges.

On a en outre veillé à ce que les attractions aient quelque chose à offrir aux gens de tous âges. Alors que, dans les autres parcs de Disney World, parents, adolescents et enfants n'arrivent pas toujours à se mettre d'accord sur les attractions à visiter, on s'entend généralement sans problème à Disney-MGM. En fait, la question ne sera pas tant de savoir quelles attractions il faut voir, mais plutôt de déterminer combien on pourra en voir en une journée.

Il va sans dire que toutes les attractions de ce parc incarnent le summum de l'illusion. Car si Hollywood n'est qu'un grand spectacle, Disney-MGM est un spectacle à l'intérieur d'un spectacle. Ici, tout ce qui s'offre à la vue, à l'ouïe et à l'odorat relève de la plus pure fantaisie hollywoodienne, de sorte que le parc tout entier est comme le reflet d'un miroir dans un autre miroir.

Le premier spectacle du parc est sans doute son symbole même, un château d'eau éléphantesque de la taille d'un édifice de 13 étages couronné d'une paire d'oreilles de souris de 14,5 t. Surnommée «la tour Earffell», cette structure d'allure un peu loufoque serait, en d'autres temps et d'autres lieux, considérée comme une blague. Mais vous êtes à Disney World, et qui plus est à Hollywood!

Disney-MGM

*Attention : vous ne trouverez des toilettes qu'au point
de départ du Disney-MGM Studios Backlot Tour.*

POUR S'Y RETROUVER SANS MAL

**Du Contemporary Resort Hotel, du Polynesian Village ou
des complexes hôteliers Grand Floridian** : Prenez un bus
Disney directement jusqu'aux studios Disney-MGM.

Du Magic Kingdom et de l'Epcot Center : Prenez un bus
Disney directement jusqu'à Disney-MGM.

**De Downtown Disney, de Pleasure Island, du Typhoon
Lagoon ou de Fort Wilderness** : Prenez un bus Disney
directement jusqu'à Disney-MGM.

**Du Wilderness Lodge and Caribbean Beach, de Port
Orleans ou du Dixie Landing Resort** : Prenez un bus
Disney directement jusqu'à Disney-MGM.

Des hôtels de la région ne faisant pas partie de Disney
World : La plupart possèdent des navettes qui font l'aller-
retour jusqu'aux studios Disney-MGM. Cependant, dans
bien des cas, elles ne partent qu'aux heures, si ce n'est
à toutes les deux ou trois heures. Il vaut alors mieux s'y
rendre en voiture.

En traversier

Des traversiers offrent des parcours panoramiques aux
hôtes du Swan Hotel, du Dolphin Hotel, du Yacht Club
Resort et du Beach Club Resort.

En voiture

De la **route 4**, prenez la sortie donnant accès au Caribbean Beach Resort, aux studios Disney-MGM et à Downtown Disney. Les studios se trouvent à environ 1 km de la route 4.

Tous ceux qu'intimide la complexité du réseau d'accès au Magic Kingdom seront enchantés à la vue des studios Disney-MGM. Dans un premier temps, son stationnement de 4 500 places paraît minuscule à côté de celui du Magic Kingdom, sans compter qu'il se trouve juste à l'entrée du parc, ce qui veut dire que vous n'aurez pas à attendre de monorail ou de traversier pour accéder au site même.

Il y a des frais pour le stationnement de 5 $ (sauf pour les résidants des hôtels de Disney World), et des tramways vous conduiront jusqu'à l'entrée, quoique plusieurs espaces de stationnement s'en trouvent à distance de marche. N'oubliez surtout pas de **prendre note du numéro de la rangée où vous êtes stationné**, sans quoi vous risquez de ne pas retrouver votre véhicule à la fin de la journée!

Quelques précieux conseils

Les studios Disney-MGM sont rarement bondés au point de devoir en restreindre l'accès, ce qui ne veut pas dire que vous n'y trouverez jamais de foules pressantes, surtout en été et à l'occasion des grandes fêtes de l'année. Tout bien considéré, il vaut toujours mieux arriver **de 30 à 60 min** avant l'ouverture «officielle» du parc, d'autant plus qu'en haute saison, on ouvre parfois les portes des studios Disney-MGM plus tôt que prévu. Il est impossible de prévoir quand cela se produira, mais

Disney-MGM

vous pouvez toujours composer le ☎ 407-824-4321 pour vérifier les heures d'ouverture officielles.

Il convient aussi de savoir que le **Hollywood Boulevard**, qui fait pendant à la Main Street du Magic Kingdom, ouvre toujours ses portes une demi-heure ou une heure avant le reste du parc. On peut (tout en prenant un café avec des pâtisseries) s'y procurer des plans et des brochures, ou louer une poussette, un casier

---

Un tableau d'affichage à l'intention des visiteurs

Vous venez d'arriver aux studios Disney-MGM, et vous ne savez par quel bout commencer. Ne vous en faites pas car vous trouverez de l'aide dans la cour des studios. Les employés de Disney y tiennent en effet à jour un grand tableau qui vous indiquera les principales attractions, le temps d'attente approximatif pour y accéder ainsi que quelques suggestions quant aux meilleurs moments où les visiter. Deux employés révisent régulièrement les renseignements fournis et prodiguent divers conseils aux visiteurs pour les aider à mieux planifier leur journée. L'information est presque toujours exacte, bien qu'on ait déjà constaté une attente de 40 min à une attraction qui en affichait 25, pour la simple et bonne raison qu'on avait inscrit au tableau «À voir tout de suite!». Les jours de très faible affluence, on ne sort pas le tableau, mais qui s'en formaliserait?

---

ou un fauteuil roulant avant la ruée générale. Vous pourrez également profiter de cette avance pour vous placer en tête de file aux attractions les plus prisées : **Star Tours**, **The Great Movie Ride** et **The Twilight Zone Tower of Terror**.

Dans la même foulée, le Hollywood Boulevard reste ouvert une demi-heure ou une heure après la fermeture du reste du parc. L'heure de fermeture officielle est toutefois respectée assez religieusement en ce qui a trait au reste du parc.

Le principal avantage de ce parc est qu'on peut le visiter sans encombre. De fait, contrairement au Magic Kingdom, à l'Epcot Center et à la plupart des autres parcs thématiques, on parcourt si facilement les studios Disney-MGM qu'on peut très bien sauter une attraction pour y revenir plus tard. Vous aurez ainsi l'occasion de tout voir sans avoir à tout planifier au préalable.

Toutefois, si vous tenez à visiter les meilleures attractions avant tout, après avoir essayé Star Tours, The Great Movie Ride et The Twilight Zone Tower of Terror, feuilletez attentivement ce chapitre et choisissez les manèges de quatre ou cinq étoiles qui vous attirent le plus. Par la suite, vous ne devriez avoir aucun mal à accéder aux manèges moins populaires.

Services

Poussettes et fauteuils roulants : Vous en trouverez à l'Oscar's Super Service Station, à l'entrée principale.

Centre de services aux nourrissons (*Baby Services*) : Situé dans l'enceinte des Guest Services, à l'entrée principale. On y trouve, entre autres, des tables à langer et tout le nécessaire pour allaiter.

Casiers : Disponibles à côté de l'Oscar's Super Service Station, à l'entrée principale. Il vous en coûtera 5 $ par jour et par casier, plus un dépôt remboursable de 1 $ pour accès illimité.

Disney-MGM

Animaux de compagnie : Ils ne sont pas admis à l'intérieur des studios Disney-MGM. Vous pouvez cependant les faire garder pour la journée au chenil du parc. Comptez 6 $.

Enfants perdus : Signalez les enfants perdus aux Guest Services.

Service de collecte des paquets (*Package Pickup*) : Pour ne pas avoir à traîner vos achats toute la journée, demandez aux commis des boutiques de Disney-MGM d'envoyer vos sacs au comptoir des Guest Services. Vous n'aurez alors qu'à les réclamer à la sortie. Ce service est gratuit.

Bureau des objets perdus et trouvés : Signalez tout objet perdu ou trouvé au bureau des Guest Services.

Services bancaires : Il n'y a pas de banque aux studios Disney-MGM. On trouve toutefois un guichet automatique à l'extérieur de l'entrée principale.

Comment s'orienter sur le site

Bien que les studios Disney-MGM couvrent une superficie de 45 ha, près des deux tiers en sont consacrés aux centres de production cinématographique et télévisuelle ainsi qu'aux aires de services. La plupart de ces endroits ne sont accessibles que par le biais de visites commentées en tramway ou de passerelles d'observation spécialement aménagées à cet effet. Le reste du parc peut être parcouru à pied, et les visiteurs sont libres d'explorer les attractions à leur gré.

Ce parc en forme de cercle irrégulier comprend le Hollywood Boulevard, les attractions à proprement parler et les gigantesques installations de production, desservies par les **Disney-MGM Studios Backlot Tours**. Le **Hollywood Boulevard** forme l'artère principale du parc et constitue un excellent point de repère. Il débouche sur une place pavée de briques qui correspond à peu de chose près au centre du parc. Agrémenté de chênes et de bancs, ce lieu représente un bon point de ralliement si votre groupe décide de se séparer ou si quelqu'un se perd. C'est aussi un endroit de choix pour pique-niquer (hot-dogs, glaces et maïs soufflé sont offerts par les marchands des nombreux kiosques qui émaillent ce secteur) et pour assister au défilé *The Mulan Parade*. Dans le sens contraire des aiguilles d'une montre, à partir du boulevard Hollywood, se succèdent le boulevard Sunset, l'Animation Courtyard, les plateaux de tournage et les coulisses (Backlot), New York Street et le lac Echo.

De ce point, les attractions sont réunies par petits groupes dans la moitié antérieure du parc. Quant aux visites à pied et en tramway des installations de production, vous en trouverez la liste dans la section «Disney-MGM Studios Backlot Tours» (voir p 207). La visite à pied débute au fond du parc, près de la Backstage Plaza; le tramway, lui, part du côté est du parc, près du théâtre des Muppets.

Selon l'heure de votre visite aux studios Disney-MGM, il se peut que vous assistiez au tournage d'un film ou d'une émission télévisée. Pour connaître les horaires de tournage, rendez-vous aux Guest Services, à l'entrée du parc.

HOLLYWOOD BOULEVARD

Copie ambitieuse de la célèbre grand-rue de la capitale du cinéma américain, le Hollywood Boulevard a du panache à revendre. Son architecture moderne aux lignes pures

Disney-MGM

révèle des rebords en saillie, des courbes légères, des néons clignotants et des chromes étincelants, et ses bâtiments peints de rose, de turquoise, de jaune clair et de vert écume se détachent élégamment sur l'azur du ciel. Des blocs de verre reflètent les rayons du soleil, et les devantures des boutiques renvoient leur image aux passants.

En bordure du boulevard, on retrouve d'anciens lampadaires, des panneaux d'arrêt rayés de noir et de blanc, et des feux de circulation qui font «ding» lorsqu'ils passent d'une couleur à l'autre. De magnifiques palmiers émergent du béton, leurs feuilles pointues se balançant au gré du vent, et quelques mesures de la bande sonore de *Docteur Jivago* sont bercées par les vagues d'air chaud. Des boutiques et des entreprises plus originales les unes que les autres se volent la vedette le long des trottoirs, attirant les visiteurs à qui mieux mieux par des affiches décrivant leur spécialité, et même ceux qui n'aiment pas magasiner ont plaisir à les visiter car elles leur rappellent le bon vieux temps.

Pour couronner le tout, des acteurs et des actrices en mal de célébrité arpentent le boulevard affublés de maquillages excessifs et de costumes outranciers. Vous reconnaîtrez sûrement la peau laiteuse de Marylin Monroe, le trench-coat de Dick Tracy et certains autres personnages «typiques» de Hollywood (un chauffeur de taxi mâcheur de gomme à mâcher, un reporter indiscret et un type louche vendant des plans des résidences des vedettes de la télévision).

Avant de vous promener sur le Hollywood Boulevard, arrêtez-vous au kiosque **Crossroads of the World**; vous le verrez immédiatement après avoir passé l'entrée du parc, et il regorge de guides, de plans et d'horaires des représentations et des tournages de la journée. Les employés de Disney peuvent aussi vous conseiller et vous aider à vous organiser.

Si vous vous rendez sur les lieux de bon matin, dévalez le boulevard d'un pas rapide et prenez la direction des attractions qui risquent d'être bondées plus tard dans la journée. Il est préférable de commencer par **Star Tours** (généralement la plus courue) pour ensuite essayer **The Twilight Zone Tower of Terror**. Cela vous mènera à l'heure du déjeuner, et vous pourrez alors en profiter pour visiter tranquillement le Hollywood Boulevard pendant que le reste du parc s'emplit. De l'autre côté de la rue, une *Buick* raisin a fait son entrée à l'**Oscar's Classic Car Souvenirs & Super Service Station**. Les passionnés de voitures anciennes adoreront cette station-service doublée d'un musée et d'une boutique garnie de distributeurs de gomme à mâcher en forme de pompe à essence et de photos de superbes voitures anciennes. Papa et maman apprécieront tout particulièrement les «véritables» services offerts ici : location de poussettes et de casiers, ainsi que toutes sortes d'articles pour bébé tels que biberons et couches. On y loue également des fauteuils roulants.

Vous voulez jouer les célébrités? Rendez-vous au **Cover Story**, où de chaleureux employés de Disney vous feront une beauté, prendront votre photo et la mettront à la une de votre magazine préféré (moyennant quelques dollars évidemment). Les enfants adorent cet endroit.

Le Hollywood Boulevard offre deux attractions principales :

Mulan Parade ★ ★ ★

La voix de Mushu, qui s'exprime comme on le sait par la bouche d'Eddie Murphy, et le martèlement d'un puissant gong annoncent l'approche de cet attrayant défilé. Parmi les originalités de cette présentation, qu'il suffise de mentionner la grande muraille de Chine dansante – ce n'est tout de même pas tous les jours qu'on voit cela! Inspiré du film d'animation du même nom, Mulan associe les désormais célèbres personnages de Disney à divers éléments d'une célébration du Nouvel An chinois. Dragons et acrobates géants forment un cortège haut en couleur au terme duquel apparaissent dans toute leur splendeur le héros et l'héroïne du film, Mulan et Shang.

À NOTER : il s'agit sans contredit d'un des plus beaux et des plus extraordinaires défilés du «Monde». Même si, comme nous, vous n'êtes pas grand amateur de défilés, sachez que celui-ci vaut vraiment le coup d'œil.

Souvenirs de vedettes de cinéma

Ne manquez surtout pas le magasin d'antiquités et de curiosités **Sid Cahuenga's One-of-a-Kind**, sur Hollywood Boulevard. Cette boutique au plancher de bois déborde d'objets inusités et de souvenirs de Hollywood : le châle de Brenda Vaccaro, une copie du programme du service funéraire de John Belushi, des serviettes de table ayant appartenu à Liberace, des piles et des piles d'affiches de cinéma ainsi que des photos de vedettes autographiées. Vous trouverez Sid sous le porche, dans sa berceuse en bois, sans doute en train de raconter des ragots sur Hollywood.

The Great Movie Ride ★★★★★

On peut facilement dire que ce manège se classe parmi les meilleurs, mais ce qui le distingue vraiment, c'est son bâtiment, une superbe reproduction du somptueux théâtre chinois de Grauman. Situé au sommet du Hollywood Boulevard, ce théâtre de 8 825 m^2 arbore de magnifiques toits de pagode et une façade ornée de rutilantes colonnes rouges et de sculptures sur pierre. Ici et là sur la place, vous trouverez les empreintes de pieds et de mains de quelques vedettes de Hollywood : Bob Hope, Jim Henson, Susan Sarandon, Danny DeVito et Rhea Perlman, pour ne nommer que celles-là. Passé le seuil, vous êtes accueilli par de hauts plafonds, des panneaux peints d'un grand raffinement et d'imposantes lanternes chinoises. Et vous n'avez encore rien vu!

Le hall d'entrée, en fait destiné à recevoir la file d'attente, abrite un mini-musée rempli d'objets aussi fascinants qu'une combinaison spatiale utilisée dans le film *Alien*, les pantoufles de rubis portées par Judy Garland dans *Le magicien d'Oz* et le minuscule piano sur lequel jouait Sam dans *Casablanca*. Lorsque la file d'attente n'est pas longue (ce qui est rare), les visiteurs sont portés à traverser le hall en toute hâte, manquant du coup tous ses trésors. Suivez plutôt ce conseil : relaxez-vous et prenez le temps d'apprécier les pièces exposées, vous ne le regretterez pas.

Une fois à l'intérieur, on vous fera monter à bord de véhicules ouverts pour vous plonger sans tarder dans l'esprit du cinéma. Des murales des années trente représentant les collines de Hollywood dressent une image nostalgique de cette époque, avec ses villas en cascade et les lettres géantes de son «Hollywoodland» original, réverbérant la lumière du soleil couchant. Mais pendant presque tout le reste du périple, qui dure 20 min, on a plutôt recours à des décors fabuleux, dynamiques et incroyablement réalistes pour vous faire revivre les plus grands moments du cinéma. La pluie déferle sur Gene Kelly dans *Singin' in the rain*, et Mary Poppins s'envole avec son parapluie magique sur l'air de *Chim Chim Cher-ee*.

Disney-MGM

Une des scènes les plus impressionnantes est celle d'une fusillade entre gangsters où les visiteurs se retrouvent en pleine ligne de tir. Qui plus est, on constate avec étonnement que, dans cet échange de coups de feu, on a du mal à différencier les robots «audio-animatroniques» des véritables employés de Disney. Un peu plus loin, l'impassible Clint Eastwood attend au Monarch Saloon, et John Wayne, brandissant une carabine à cheval sur sa monture, parcourt une prairie inondée de soleil à la poursuite de voleurs ayant fait sauter le coffre d'une banque, laissant l'édifice en flammes. Les visiteurs peuvent d'ailleurs sentir la chaleur de la déflagration depuis leur véhicule.

Dans une séquence particulièrement sinistre, on voit le monstre d'*Alien* dégoulinant de matière visqueuse au milieu d'un décor de compartiments métalliques d'où s'échappe de la fumée, alors que, dans une autre, Indiana Jones s'efforce d'extirper l'arche perdue d'un tombeau infesté de serpents. (Avertissement : ces deux scènes peuvent effrayer les jeunes enfants.) Mais la scène la plus fantastique est sûrement celle du *Magicien d'Oz*, où l'on aperçoit des centaines d'adorables petites bêtes, Dorothée, entourée de ses étranges compagnons, et la vilaine sorcière.

Chaque tableau fascine par la complexité de ses costumes, la richesse de ses détails visuels et ses fameux personnages «audio-animatroniques», dont les gestes et les traits paraissent si étrangement réels. De fait, à quelques exceptions près, chacun de ces personnages reproduit en tous points son modèle original, jusque dans les moindres détails de son costume et de ses accessoires, qu'il s'agisse du balai chétif de la sorcière ou du cheval et du fusil de John Wayne.

À NOTER : Un des manèges les plus populaires de Disney-MGM, et par le fait même un des plus bondés.

Voici un moyen d'évaluer la durée de votre attente : lorsque le hall est plein, comptez au moins 25 min d'attente, et lorsque la file déborde jusqu'au Hollywood Boulevard, sachez que vous devrez patienter plus d'une heure. Retenez toutefois que les temps d'attente affichés **surestiment** généralement la durée réelle de 10 à 15 min; par exemple, si un panneau porte l'inscription «Temps d'attente approximatif à partir de ce point : 40 min», il s'agit en fait plutôt de 30 min. Il existe cependant une exception à cette règle : parfois, surtout en fin de journée, il arrive que les employés de Disney refoulent tous les visiteurs en attente à l'extérieur du bâtiment afin de libérer le hall. Ainsi, avant de vous laisser décourager par les longues files d'attente qui se trouvent à l'extérieur, jetez un coup d'œil à l'intérieur.

Autre considération importante : même si ce manège plaît à tout le monde, il présente plusieurs scènes susceptibles d'effrayer certains jeunes enfants.

SUNSET BOULEVARD

Le plus récent boulevard de Disney-MGM respire l'Art déco. Des néons courent le long des bâtiments, les fenêtres sont surmontées de chatières et des éclairages de théâtre scintillent sous les marquises. Des ouvrages complexes en métal chantourné ornent des façades baignées de rose, de jaune et de vert écume. Et des enseignes, comme celles de la Beverly Sunset Gallery, invitent les passants à franchir le seuil d'élégantes portes.

La plus grande partie de cet étalage demeure irréelle. Il y a bien une ou deux «vraies» boutiques, qui vendent d'ailleurs des souvenirs de Disney, mais tout le reste n'est que décor. Vous pouvez regarder, mais pas entrer. Il est toutefois possible d'attendre en ligne pour obtenir

Disney-MGM

l'autographe de Mickey, ou encore de se joindre à la foule des amateurs de danse disco (vous n'aurez qu'à tendre l'oreille pour savoir où vous diriger), qui s'ébattent ici toute la journée et toute la soirée. Quant à Mickey, il abandonne habituellement son poste vers 17h30.

Beauty and the Beast ★★★★

Si vous avez aimé le film *La Belle et la Bête*, vous ne voudrez pas manquer cette attraction du Backlot Theater. Au rythme des chansons à succès qui ponctuent ce grand classique, le spectacle redit l'histoire éternelle de l'amour unissant la Belle à l'inquiétante mais, somme toute, adorable Bête. Vous y retrouverez tous les numéros de chant et de danse des «habitants» du château, qu'il s'agisse de l'horloge, du candélabre, de la théière ou de la tasse, et la finale vous réserve un feu d'artifice sur scène, de même qu'une volée de colombes (qui sont en fait des pigeons blancs), pour bien finir le tout en beauté.

À NOTER : Le spectacle comme tel ne dure que 25 min et se répète cinq fois par jour, mais en raison de sa popularité le théâtre est toujours bondé, ce qui fait que vous devriez dépêcher un membre de votre groupe sur les lieux au moins une heure à l'avance, quitte à le remplacer de temps à autre. Même en arrivant 45 min avant le spectacle, vous risquez d'être refusé à l'entrée. Notez par ailleurs que la représentation a lieu à ciel ouvert, et qu'elle devient beaucoup plus impressionnante à la tombée du jour, mais la file d'attente se forme alors encore plus tôt!

The Twilight Zone Tower of Terror ★★★★★

Tout au bout du Sunset Boulevard se dresse le menaçant Hollywood Tower Hotel (il projette même son ombre sur les studios Disney-MGM). Des fissures tentaculaires escaladent sa façade corail, ses balcons chancellent, des cris humains s'échappent à intervalles réguliers de ses fenêtres angulaires... et les visiteurs se bousculent tout naturellement pour y entrer. Du hall envahi par des toiles d'araignée et ponctué de fleurs fanées à l'«ascenseur de service» et à la chaufferie, on y progresse lentement à travers un dédale de pièces soigneusement truffées de trucages à la Disney. Et la voix de Rod Sterling ne cesse de vous exhorter à pousser plus loin votre aventure «au-delà du réel».

Le clou vous attend dans un ascenseur grillagé. Vous prenez place dans une des rangées de sièges, et une barre de sécurité se rabat sur vos cuisses. L'ascenseur entreprend ensuite son ascension, les portes s'ouvrent, et surgissent des personnages fantomatiques et des globes oculaires. Votre cage d'ascenseur parcourt une pièce à faire peur, retourne à son puits et poursuit son ascension. Puis vient la chute... et beaucoup de cris. La plupart des passagers s'en remettent, s'échangent des sourires, et attendent qu'on les achemine vers la sortie. C'est alors que l'ascenseur remonte jusqu'au sommet et vous laisse de nouveau choir jusqu'en bas.

À NOTER : Vous trouverez ici les plus longues files d'attente des studios Disney-MGM. Allez-y donc dès votre arrivée le matin ou à la toute fin de la journée. Les aires d'attente offrent cependant des vues splendides, ce qui n'est pas plus mal. Sachez enfin que les enfants de moins de 1 m ne sont pas admis.

Rock 'N Roller Coaster ★★★★★

Représentez-vous les boucles et les spirales de vos montagnes russes préférées... mais dans l'obscurité! Tel est le Rock 'N Roller Coaster, le plus récent et peut-être le plus enivrant des manèges de Disney. Les passagers prennent place à bord de «limousines» dans une ruelle située derrière le studio d'enregistrement d'Aerosmith. Leur mission : parcourir les rues de Los Angeles à toute allure pour ne pas rater le concert du célèbre groupe rock au Civic Center. Les voitures quittent la ruelle en trombe, passant de zéro à 100 km/h en 2,8 secondes pour ne plus ralentir de tout le trajet. En cours de route, la musique vous transperce les oreilles, les plaques de rue défilent en un éclair, et vous êtes tantôt ballotté tantôt renversé jusqu'à ce que vous atteigniez enfin l'entrée des hôtes de marque de la salle de concert (après tout, n'avez-vous pas un laissez-passer vous donnant accès aux coulisses?).

La randonnée en soi est à couper le souffle, mais le thème autour duquel elle gravite en accroît grandement le plaisir. Le Rock 'N Roller Coaster porte visiblement la marque du groupe Aerosmith (qui a d'ailleurs pris part à sa conception), et vous n'aurez aucun mal à vous imaginer ses membres prenant eux-mêmes d'assaut les rues de la ville. Qui plus est, quiconque a déjà emprunté les artères correspondantes de la Côte Ouest appréciera sans contredit de les parcourir de nouveau... sans bouchon de circulation.

À NOTER : ce tout nouveau manège ne manquera pas de faire de nombreux adeptes. Un laissez-passer rapide (Fast Pass) vous permettra d'y accéder sans attendre; sinon, tentez votre chance pendant le défilé de Mulan.

ANIMATION COURTYARD

Une petite cour de béton située à l'est du Hollywood Boulevard se présente comme une enclave Art déco entourée de bâtiments turquoise, jaunes et roses. On y trouve normalement une foule de gens attendant de visiter l'une ou l'autre de ses attractions, l'Animation

Tour et The Voyage of the Little Mermaid. On y trouve aussi le Catwalk Bar et le Soundstage Restaurant, un endroit original qui tient à la fois d'une place de quartier et d'un hôtel. Son menu ne vous réserve aucune surprise, mais jetez-y tout de même un coup d'œil, ne serait-ce que pour contempler ses chaises et ses grands lustres.

Les enfants adorent s'amuser dans le trou en forme de Roger Rabbit qui se trouve près du point de départ du Backstage Walking Tour.

The Magic of Disney Animation ★★★★★ ✓

Cette visite à facettes multiples, offerte dans un bâtiment en forme de piano, révèle, pour la toute première fois, les techniques d'animation de Disney. Il s'agit d'une des attractions les plus populaires du parc, d'ailleurs classée parmi les meilleures. Explorant l'histoire de l'animation et les méthodes mises en œuvre pour produire les classiques que nous connaissons, tout en vous permettant d'admirer le travail des artistes, cette visite s'avère à la fois nostalgique et instructive.

En guise de prélude, une galerie présente des photogrammes originaux des films de Disney les plus appréciés, dont *Blanche-Neige* (1937) et *Peter Pan* (1953). On y trouve également des modèles en papier mâché, en bois et en plâtre de personnages de *Pinocchio*, de *La Belle et la Bête*, et de *La petite sirène*. Mais le centre d'attraction de cette salle demeure la collection de reproductions des 32 Oscars décrochés par les studios de Disney, soit le plus grand nombre de trophées jamais obtenu par une firme cinématographique.

Disney-MGM

Les visiteurs accèdent ensuite à une salle fraîche où l'on projette un très bon film de 8 min sur l'animation. Intitulé *Back to Neverland* (De retour au pays de cocagne), ce petit chef-d'œuvre met en vedette l'impayable Robin Williams et l'impassible Walter Cronkite. Transformé en personnage de dessin animé, Williams survit à un affrontement avec le capitaine Crochet, échappe à un alligator et se voit sauvé par la fée Clochette. Entre les blagues hilarantes de Williams et les remontrances incessantes de Cronkite, vous vous familiariserez avec la création des photogrammes, avec le travail des monteurs et des artistes d'arrière-plan, avec les effets sonores et bien plus encore.

Vous pénétrerez ensuite dans les studios, où vous pourrez voir à l'œuvre les animateurs de Disney. Les non-initiés seront littéralement fascinés par tout ce qu'ils découvriront ici, alors que, coiffés de casques d'écoute et entourés de créations géniales, les artistes multiplient les dessins de personnages familiers et inédits. Ce tour vous révèle étape par étape les secrets de l'animation, de l'épuration (où les simples esquisses deviennent des tracés achevés) à la création des effets (éclairs, eau, feu) et des arrière-plans (toiles de fond sur lesquelles évoluent les personnages). Pour créer un film de 24 min, les quelque 70 dessinateurs d'animation de Disney-MGM doivent réaliser 34 650 dessins sur au moins 300 scènes d'arrière-plan. Pour ceux qui craignent de manquer les animateurs la fin de semaine, sachez qu'une équipe assure sans cesse la permanence.

La visite se termine par un montage dynamique et poignant des principaux dessins animés de Disney. Présenté dans le somptueux Disney Classics Theater, ce film montre de merveilleuses séquences de *Bambi*, de *Blanche-Neige*, de *Cendrillon*, de *La Belle et le Clochard*, et de plusieurs autres classiques. Tous ceux qui ont déjà vu ces bijoux immortels en sortiront forcément émus.

À NOTER : Si possible, faites cette visite avant 10h30. Passé cette heure, l'attente est presque toujours de plus de 45 min. Les files diminuent après 17h, mais la plupart des animateurs ont alors quitté leur poste. **À ne pas manquer.**

Voyage of the Little Mermaid ★★★★

La petite sirène est un autre film de Disney désormais transposé sur la scène. Pénétrez dans cette salle imitant une grotte sous-marine, et laissez-vous charmer par le spectacle des rideaux en cascades, des bulles flottantes et de cette monstrueuse vilaine «audio-animatronique» de 3 m sur 3,5 m. La méchante en question, pour ceux qui ne connaissent pas l'histoire, n'est autre que la terrible Ursula, résolue à dérober sa voix mélodieuse à la frêle Ariel (la petite sirène); elle y parvient d'ailleurs pour un certain temps. Mais rassurez-vous car tout est bien qui finit bien (au cas où vous en auriez douté), et l'ensemble réunit des séquences d'animation, de l'action sur scène, des marionnettes, des effets spéciaux et une grande finale utilisant des rayons laser qui vous laissera pantois.

À NOTER : Les meilleurs moments où jouir de cette attraction sont tôt le matin et après 18h, car, pendant la journée, les files d'attente ne dégorgent pas. Néanmoins, le spectacle est présenté aux 30 min, de sorte que, si la queue rassemble moins de gens que deux représentations ne peuvent en accueillir, profitez-en pour vous joindre à eux; l'attente en vaut la peine.

Bear in the Big Blue House ★★★

Le meilleur aspect de ce spectacle pour enfants – une version sur scène de l'émission du même nom présentée sur les ondes du Disney Channel – tient à l'assistance elle-même. En effet, les enfants d'âge préscolaire qui ont

Disney-MGM

passé nombre de demi-heures à chanter avec Bear devant le petit écran sont tout simplement en émoi lorsqu'ils se retrouvent en présence de leur héros. L'expression «trop mignon» surgit aussitôt à l'esprit. Le fait que Bear et ses amis aient exactement la même allure et la même voix qu'à la télévision y fait sans doute pour beaucoup – rappelons-nous que Mickey et compagnie diffèrent ici passablement de l'image qu'en projettent les dessins animés. Résultat : pas une seule pleurnicherie dans l'assistance. L'aménagement des sièges à l'intérieur de la salle contribue en outre à l'atmosphère intime de ce spectacle. Mieux encore, toutes les festivités qui l'entourent suscitent une coopération peu commune de la part de la foule, tant et si bien que personne ne se fait prier pour chanter et danser avec la troupe.

À NOTER : vous savez comme nous qu'il y a des attractions pour tout-petits qu'on visite volontiers avec ou sans chérubins. Eh bien, celle-ci n'en fait pas partie. Le spectacle est certes adorable, mais seulement pour les moins de six ans. En cas de doute, n'hésitez pas, et foncez tout droit vers Tower of Terror.

PLATEAUX DE TOURNAGE

La plus grande partie du parc, en retrait de tout le reste, constitue le cœur même de l'univers hollywoodien de Disney en Floride. On y trouve des plateaux de tournage qui changent d'allure d'une journée à l'autre, des terrains parsemés de vieilles voitures et d'avions, de faux gratte-ciel et autres décors urbains, et des entrepôts bourrés de costumes et d'accessoires hétéroclites.

Ces installations de production, qui forment le **Backlot**, font pendant, sur la Côte Est, aux studios californiens de Burbank. Ils constituent par ailleurs le «moteur» de

Disney, le seul endroit où l'on peut constamment voir des douzaines de professionnels du cinéma en pleine action. On y tourne en effet, et ce presque quotidiennement, des séquences publicitaires, des films et des jeux télévisés. Et entre deux projets, on s'affaire à créer des costumes et des accessoires, à ériger des édifices en polystyrène et à engager des figurants parmi une foule de jeunes comédiens pleins d'espoir.

À NOTER : La plus grande partie de ce secteur n'est accessible que par le biais de visites guidées.

Disney-MGM Studios Backlot Tour ★★★★

La longue file d'attente pour cette visite motorisée vous semblera sans doute interminable, et pour cause. Lorsqu'il y a affluence (comme c'est généralement le cas), comptez au moins 45 min d'attente. Plusieurs divertissements ont toutefois été prévus pour vous aider à meubler ce temps, y compris des souvenirs des grands classiques de Disney, des séquences des films de Clint Eastwood et un documentaire sur le tournage de *Les dents de la mer*.

On vous fera ensuite monter à bord de véhicules couverts qui ressemblent à des chenilles de couleur pastel se faufilant à travers les édifices et les plateaux de tournage. Des guides affables, et parfois même drôles, agrémentent la visite d'anecdotes et de détails intéressants. Dans la section des décors utilisés pour les scènes de verdure, vous pourrez admirer le faux tronc d'arbre dont on s'est servi dans *Chérie, j'ai réduit les enfants*. À l'entrepôt d'accessoires, vous découvrirez les roadsters du film *Dick Tracy*. Et à l'entrepôt de costumes (où sont stockées plus de deux millions de pièces de vêtements), vous aurez l'occasion de contempler les ensembles portés par Madonna et Warren Beatty dans *Dick Tracy*, par Bette Midler dans *Big Business* et par Julie Andrews

Disney-MGM

dans *Mary Poppins*. Vous y verrez également, à travers de grandes fenêtres, des couturières œuvrant à la confection de costumes pour des films en cours de préparation.

Vient ensuite l'atelier où l'on fabrique les décors de plateau, suivi des départements responsables de l'éclairage et des caméras. Soit dit en passant, ces dernières sont tellement sophistiquées que des équipes de tournage viennent à l'occasion s'en servir pour filmer les lancements de navettes spatiales, qui ont pourtant lieu à quelque 120 km de Disney World!

La balade se poursuit le long de ce qu'on pourrait appeler le «Boulevard des Rêves» de Hollywood, un chemin bordé de maisons fabuleuses aux façades coquettes et aux pelouses bien taillées; mais ne vous y méprenez pas car l'envers du décor ne révèle que des espaces vides. Plus loin se trouve un «cimetière» d'avions rouillées, de voitures accidentées et d'autres vestiges hollywoodiens. Parmi eux, on distingue le tramway rouge et orange de la Pacific Electric utilisé dans le film *Qui veut la peau de Roger Rabbit?*, des modules du vaisseau spatial de *E.T.* et la maison de *Ma Mère l'Oie*.

À partir de ce point, tout devient humide et brumeux, du moins pour les passagers assis du côté gauche... Au moment où, sous d'impressionnants effets sonores, le conducteur s'engage dans une caverne désolée baptisée «Catastrophe Canyon», un pétrolier explose soudain, la route se fissure et un véritable déluge déferle en direction du véhicule à bord duquel vous vous trouvez. Tout cela cause naturellement beaucoup de remue-ménage, plusieurs personnes se retrouvent bien mouillées, et l'on en entend certains s'écrier *«Sauve-qui-peut!»*. Vous aurez compris qu'il s'agit de simuler, tout à la fois, un incendie, un orage, un tremblement de terre et une crue subite. Après cet émoi, les passagers apprennent que le «canyon» est en fait une gigantesque cage d'acier recouverte de béton couleur cuivre. Quant à l'eau (d'un volume total de 265 000 l), elle est recyclée plus de 100 fois par jour, soit toutes les trois minutes et demie, après le passage de chaque groupe de visiteurs.

> Le déluge éclair du Catastrophe Canyon est produit à l'aide de canons pneumatiques qui projettent près de 100 000 l d'eau sur une distance de 30 m.

Les paysages désertiques font bientôt place à des scènes urbaines, alors que vous parcourez des reconstitutions de certaines rues de New York. Le grès se mêle ici à la brique rouge, au marbre et au verre teinté pour créer une illusion remarquable de la «Big Apple». En y regardant de plus près, vous aurez tôt fait de constater qu'il ne s'agit encore une fois que de façades en fibre de verre et en polystyrène savamment peintes. Notez en particulier l'Empire State Building et le Chrysler Building, tout au bout de la rue; ils ne sont eux aussi que des constructions bidimensionnelles! Ils peuvent même être déplacés lorsqu'on désire créer l'illusion d'une autre ville américaine.

À NOTER : Même si la visite plaît aux gens de tous âges, certains enfants d'âge préscolaire peuvent être apeurés par les effets spéciaux du Catastrophe Canyon. Retenez également qu'on cesse d'accueillir les visiteurs dès la tombée du jour.

Backstage Pass to "101 Dalmatians" ★

Disney-MGM s'affiche comme un studio de télévision et de cinéma en pleine activité, et c'est ici que vous pourrez voir certaines des productions en cours. La visite guidée de 25 min comprend une promenade à travers une salle d'accessoires et quatre studios d'enregistrement où vous

Disney-MGM

découvrirez des marionnettes et des animaux mécaniques ayant servi de doublures à leurs contreparties vivantes, de même que des costumes criards utilisés lors du tournage des *101 Dalmatiens*, produit en 1996. Des vidéoclips projetés sur des écrans de télévision suspendus au plafond vous font en outre explorer les techniques de travail des producteurs et des spécialistes des effets spéciaux. Les studios d'enregistrement non couverts de façon spécifique par la visite accueillent souvent des productions en cours, et retenez que le thème de la visite change fréquemment de manière à refléter les tournages d'actualité.

À NOTER : Bien que l'idée n'en soit pas mauvaise, cette visite de 25 min ne parvient pas à assouvir la soif des spectateurs désireux de découvrir les secrets des coulisses. La plus grande partie de l'information donnée provient de séquences vidéo peu inspirées, et les plateaux de tournage ressemblent eux-mêmes le plus souvent à des chantiers de construction (à moins qu'une équipe n'y soit bel et bien à l'œuvre). Une jeune visiteuse résumait fort bien la situation au terme de la promenade lorsqu'elle s'exclama : *«C'est tout?»* À moins de devoir à tout prix passer un moment à l'air climatisé, passez donc outre.

NEW YORK STREET

Les décors de New York peuvent être visités à pied tant et aussi longtemps qu'on n'y tourne pas de film. Les passionnés de détails devraient y retourner et scruter attentivement les devantures des magasins. Admirez, entre autres, la vieille Smith-Corona, qui se trouve derrière la vitre poussiéreuse de Sal's Pawn, ou encore les filets à cheveux et les bigoudis en mousse des années cinquante du Rexall. Un distributeur de timbres plutôt rouillé au coin d'une rue ne contient plus aucun timbre depuis longtemps, mais il gobera tout de même vos pièces!

Honey, I Shrunk the Kids Movie Set Adventure
★★★

Inspiré du populaire film de Touchstone Pictures *Chérie, j'ai réduit les enfants* (1990), ce plateau se présente comme un terrain de jeu aux proportions démesurées. Dans ce jardin familial, les brins d'herbe font 8 m de haut, et l'arroseur ressemble à un vaisseau spatial menaçant. Les enfants adorent escalader le gros bourdon de 12 m et les autres insectes colossaux qui parsèment les lieux.

À NOTER : Un véritable paradis pour les gens de tous âges. Parce qu'elle est perdue au fond d'une cour (près du décor de la rue de New York), cette attraction n'a que de très petites files d'attente. Mais au fur et à mesure que les gens la découvriront, il est à prévoir qu'elle sera beaucoup plus courue.

Jim Henson's Muppet Vision 3D ★★★★★

Les Muppets se retrouvent ici en compagnie de Disney dans une aventure abracadabrante soulignée par d'incroyables effets spéciaux. Alliant la technologie «audio-animatronique» de Disney et des techniques de projection tridimensionnelle ultramodernes, ce film mettant en vedette la turbulente troupe des Muppets se révèle dément et fantastique.

Les films 3-D que vous avez pu voir à ce jour ont sans doute joué des tours à vos yeux, mais celui-ci peut littéralement vous faire perdre votre chapeau, vous asperger d'eau, projeter des boulets de canon contre les murs de la salle et engendrer le chaos général. Dans une

Disney-MGM

démonstration sans précédent de haute voltige, un des Muppets s'envole même hors de l'écran pour atterrir parmi les spectateurs!

Le regretté Jim Henson, créateur des Muppets, expliquait : *«Nous avons voulu imaginer tous les effets tridimensionnels possibles pour ensuite trouver le moyen de les intégrer à un court métrage.»* Et dès le début du spectacle, Kermit la grenouille déclare avec assurance : *«À aucun moment, ne nous abaisserons-nous à de vulgaires illusions tridimensionnelles.»*

Il en résulte un spectacle sans pareil. Miss Piggy fait valoir ses talents musicaux comme jamais auparavant, et Fozzie l'ours reçoit une tarte à la crème en pleine figure. Une incursion dans un laboratoire de recherche ultrasecret confronte l'auditoire à Waldo C. Graphic, un personnage créé par un ordinateur, et qui peut changer de forme à son gré et devenir, par exemple, un taxi ou une fusée. Il peut même s'entretenir seul à seul avec les membres de l'assistance, et s'amuser à bondir sur les têtes des spectateurs.

Les coups de théâtre se révèlent plus spectaculaires que jamais, et les joyeux personnages, conscients de leur nature tridimensionnelle, n'hésitent pas un instant à en tirer parti pour fondre sur les spectateurs. Afin de maximiser l'impact de ce spectacle, ses créateurs ont conçu une salle permettant à l'action de se dérouler directement parmi les membres de l'auditoire. En misant sur une authentique atmosphère de théâtre, sur des personnages aussi bien vivants qu'animés, sur des techniques de projection tridimensionnelles très poussées et sur une foule d'effets spéciaux, ils parviennent à intégrer l'auditoire au spectacle, et redéfinissent la notion même de «théâtre vivant».

Avant que la salle n'explose dans une finale ahurissante, vous vivrez toute une série d'effets spéciaux, y compris des fleurs de boutonnières qui lancent de l'eau, des pluies de bulles, des vents violents, des coups de mousquets, des tirs de canon et un feu d'artifice patriotique créé au moyen de fibres optiques sur le thème de «Salut à toutes les nations, mais surtout à l'Amérique». Comme le dit si bien Gonzo : *«Ça c'est du spectacle!»*

À NOTER : Soyez prêt à vous faire mouiller un peu, car de fines gouttelettes d'eau ont été ajoutées aux effets spéciaux afin de rendre le spectacle plus réaliste. **À ne pas manquer.**

The Hunchback of Notre Dame – A Musical Adventure ★★★★

Cette attraction, une des plus récentes des studios Disney-MGM, porte sur l'énorme succès d'animation qu'a été *Le Bossu de Notre-Dame* (1996). Le spectacle réunit des acteurs, des marionnettes et une mise en scène inventive dans le cadre d'une comédie musicale présentée cinq fois par jour au Backlot Theater, qui compte 1 500 sièges.

Véritable version abrégée du film, ce spectacle de 30 min en fait revivre tous les personnages (Quasimodo, Phoebus, Esmeralda, Frollo et même la chèvre Djali – version marionnette) ainsi que plusieurs des chansons qui ont contribué au succès retentissant de la production originale. Tout en restant fidèle au scénario du film, il n'en omet pas moins certains volets obscurs qui auraient pu effrayer les enfants. Les décors sont magnifiques et bien conçus, au point de recréer efficacement l'atmosphère du long métrage. Les enfants apprécieront tout particulièrement le festival des fous, haut en couleur avec ses acrobates fantaisistes, son abondance de confettis et

Disney-MGM

Quasimodo lui-même, qui s'évertue à faire sonner les cloches avec autant d'ardeur que son homologue animé.

À NOTER : Bien qu'il n'y ait pas de mauvais sièges à proprement parler dans le Backlot Theater (sauf ceux qui se trouve derrière les piliers de soutien), arrivez préférablement tôt (une demi-heure ou plus avant le spectacle) pour choisir les meilleures places, soit celles qui bordent l'allée centrale. Les comédiens l'arpentent en effet à plusieurs reprises et serrent même, à l'occasion, la main de certains spectateurs.

ECHO LAKE

Un peu en retrait, à l'ouest du Hollywood Boulevard, le secteur d'**Echo Lake** incarne la vision disneyenne du charme décontracté de la Californie : restaurants à la mode éclaboussés de rose et de bleu vert que rehaussent des garnitures chromées, salons et cafés où l'on trouve plus de téléviseurs que de serveuses, et une boutique où la plupart des souvenirs sont à l'effigie des grandes stars.

D'un côté du lac, vous verrez le **Min and Bill's Dockside Diner**, un cargo-restaurant où l'on sert des repas minute. De l'autre, se dresse **Gertie**, une structure amusante à l'image d'un dinosaure crachant périodiquement de la fumée, où l'on vend des glaces et des souvenirs de Disney.

À partir de ce point, vous trouverez plusieurs attractions éparpillées à travers le secteur sud-ouest du parc, de l'amusante **Superstar Television**, où le public est appelé à participer, à l'époustouflant **Star Tours**, une simulation de voyage dans l'espace qui constitue le plus populaire de tous les manèges du parc.

Doug Live ★★★

Les grandes personnes qui n'ont jamais vu ni la version télévisée ni la version cinématographique du populaire dessin animé dont Doug est le héros risquent d'être un peu désemparées par ce spectacle sur scène (entre autres, si vous vous demandez pourquoi les amis de Doug sont bleus et verts, vous devrez sans doute vous contenter, comme nous, de l'explication puérile selon laquelle il s'agit simplement de personnages fictifs). Par contre, les enfants d'âge scolaire qui ont grandi avec ce sympathique héros d'allure un peu bébête n'auront aucun mal à suivre le périple de Doug se rappelant l'époque où il était le dernier venu en ville.

Au cours de ce spectacle d'une demi-heure, les membres talentueux de la distribution interprètent quelques chansons mignonnes, et le trucage par lequel Doug et ses amis semblent sortir tout droit des pages d'un livre mérite d'être retenu. Certains adultes ont la possibilité de monter sur scène pour se joindre au groupe rock préféré de Doug, les «Beets» (soyez prêt à offrir votre meilleure prestation de guitare imaginaire), et un jeune chanceux est choisi dans l'assistance pour porter le slip démesuré de Kid Quayle.

À NOTER : d'une durée de près de 35 min, ce spectacle est quelque peu long. Comme il est présenté tout au long de la journée, consultez votre plan et choisissez une heure à laquelle vous pensez que votre famille aura besoin d'un peu de repos.

Star Tours ★★★★★

Il s'agit ici d'une aventure de vitesse et de délire au cours de laquelle vous faites un véritable voyage sans jamais quitter la salle! Techniquement parlant, vous serez à bord

Disney-MGM

d'un simulateur de vol tel qu'on en utilise pour former les pilotes de ligne et de l'armée. Mais dans la pratique, vous n'en croirez pas vos sens : votre cerveau aura beau vous dire que vous ne virevoltez pas dans l'espace; vos yeux, vos oreilles, vos doigts et votre cœur affolé sauront vous convaincre du contraire.

Faisant appel à des thèmes et à des séquences du film *La guerre des étoiles*, ce manège regroupe plusieurs petites salles baptisées «StarSpeeders», où vous vous attachez à un siège. Les yeux rivés sur un écran vidéo, vous plongez dans l'espace à la vitesse de la lumière tout en évitant des planètes et des cristaux de glace et en combattant des chasseurs équipés de canons laser. Pendant tout ce temps, votre siège tourne, votre estomac se retourne et toute la pièce paraît voler.

Pilotée par les ineptes mais adorables R2-D2 et C3-PO (robots de *La guerre des étoiles*), votre nacelle est censée vous entraîner dans un voyage sans histoire vers la lune d'Endor. Mais les choses se compliquent lorsque vos apprentis pilotes dévient de leur trajectoire. Finalement, après 7 min de virevoltes, de boucles et de quasi-collisions, tout le monde rentre sain et sauf, quoique un peu bouleversé.

De conception très semblable à celle de Body Wars à Epcot (voir p 152), Star Tours se sert d'images spectaculaires et d'autres artifices high-tech pour créer des sensations que la plupart des non-initiés n'ont jamais expérimentées auparavant. Car ce manège ne s'apparente pas vraiment aux montagnes russes, puisque vous restez sur place, et l'on ne peut non plus le réduire à un simple film en trois dimensions, puisqu'on s'y fait secouer. Bref, il s'agit d'une expérience unique.

À NOTER : Les femmes enceintes et les enfants de moins de trois ans ne sont pas admis, et certains enfants admissibles trouveront ce manège brutal et effrayant. N'est pas recommandé aux gens ayant des problèmes de dos ou l'estomac fragile.

Ce manège étant le plus couru du parc, les files d'attente y sont un véritable fléau (de 40 à 60 min), et ce toute la journée. Essayez de vous présenter dans la demi-heure qui suit l'ouverture du parc ou peu avant la fermeture. À l'instar du Great Movie Ride, on refoule souvent les visiteurs en attente à l'extérieur pour libérer l'enceinte. **À ne pas manquer**.

À RETENIR : Règle n° 1 : s'il y a une courte file d'attente à Star Tours, **allez-y** ! Règle n° 2 : si le spectacle de cascadeurs Indiana Jones Stunt Spectacular vient de finir, **oubliez** Star Tours car la foule qui sort de ce spectacle (jusqu'à 2 000 personnes) se rue invariablement sur ce manège.

Sounds Dangerous ★★★★

Drew Carey incarne ici un détective privé pour le moins malchanceux chargé d'enquêter sur un réseau de contrebande au sein d'une entreprise fumeuse. Engagé sous une fausse identité, il porte une minicaméra qui permet à l'auditoire de suivre ses faits et gestes sur l'écran de la salle où est présenté ce spectacle... jusqu'à ce que la caméra cesse de fonctionner, après quoi l'assistance doit vivre ses péripéties par l'entremise exclusive du son.

Dans l'obscurité la plus complète, les spectateurs coiffés de casques d'écoute sont alors assaillis par une cascade d'effets sonores : sèche-cheveux, ciseaux et abeilles bourdonnantes semblent s'activer à quelques centimètres à peine de vos oreilles. Les sensations «3D» sont renversantes, parfois même criantes de réalisme, au point que

Disney-MGM

certains membres de l'auditoire se mettent à chasser de la main des insectes inexistants. C'est à s'y méprendre!

Il est intéressant de noter que cette attraction suscite de vives réactions de la part de l'auditoire, et qu'on l'adore ou la déteste franchement. Certains n'y voient qu'une perte de temps alors que d'autres, sans doute plus sensibles à ce qu'ils entendent, s'en font un délice.

Quoi qu'il en soit, après la présentation, vous aurez droit à une formidable exposition interactive baptisée Sound-Works. Truffée de gadgets de toutes sortes qui couinent, grincent, résonnent et bourdonnent, elle ne manque jamais de ravir les enfants. Retenons les panneaux qui, au toucher, vous renvoient les sons les plus bizarres; les boutons qui transforment votre voix en celle d'une gargouille; Movie Mimics, qui vous permet de substituer votre voix à celle de Mickey Mouse, de Roger Rabbit et d'autres héros de Disney; Eerie Encounters, où vous produisez les sons émis par une soucoupe volante dans une scène de *Planète interdite* (un film de 1956); et Touchtoons, où vous recréez les bruits de galop d'une scène du plus récent *Sleepy Hollow*. Il y a aussi une cabine insonorisée où vous découvrirez d'autres aspects de la magie du son.

À NOTER : ne confondez pas ce spectacle sonore avec une de ses versions antérieures, destinées aux enfants. Si un de vos tout-petits a peur du bruit ou de l'obscurité, mieux vaut vous abstenir. Sachez toutefois que quiconque devient trop effrayé peut tout simplement enlever son casque d'écoute, quoiqu'il se retrouvera alors dans le noir et le silence, ce qui est une toute autre affaire.

Il convient par ailleurs de noter que la petite salle n'accueille que 270 personnes à la fois, ce qui peut à l'occasion entraîner une longue attente, pour la plus grande partie en plein soleil. À moins de vous trouver dans les environs à une heure tranquille, nous vous conseillons dès lors de vous y rendre environ une heure avant la fermeture du parc. De plus, sachez que lorsque Doug Live relâche son auditoire de 500 à 800 personnes, la plupart se dirigent vers Sounds Dangerous; il ne s'agit donc pas d'un bon moment pour se joindre à la file, et vous devriez plutôt attendre que le spectacle de Doug Live soit sur le point de se terminer pour prendre votre place.

Fantasmic ★★★★

Les feux d'artifice font exploser le firmament, les jets d'eau fusent de toutes parts, la musique emplit l'air de mélodies éclatantes, et ce n'est là qu'un début. Disney a voulu ce spectacle nocturne de 25 min si grandiose, qu'il a carrément dû créer une île de toute pièce pour le présenter.

Tout comme le Fantasmic original, qui fait encore la gloire de Disneyland à Anaheim, cette version à la Disney World donne vie et couleur au rêve de Mickey d'un combat entre le bien et le mal. Presque tous les personnages classiques et contemporains de Disney y font une apparition, les bons (Blanche Neige, le Prince Charmant...) comme les méchants (Maléfique, Ursula, Cruella...). On y reproduit des scènes de différents films, et le tout culmine dans une rivière enflammée, un ciel sillonné de pièces pyrotechniques et un tableau de groupe réunissant pour ainsi dire tous les personnages jamais dessinés par Disney.

Disney a voulu améliorer la version californienne de ce spectacle en créant un théâtre spécialement destiné à l'accueillir (ceux qui ont assisté à la présentation de Disneyland se rappelleront avoir dû jouer du coude avec des milliers d'autres spectateurs au New Orleans

Disney-MGM

Square). Par contre, nous avons ici la preuve que ce n'est pas toujours en en faisant plus qu'on fait nécessairement mieux, puisque la mise en scène originale demeure, somme toute, la meilleure. Il n'en reste pas moins qu'il s'agit là d'un spectacle on ne peut plus divertissant, et toujours fort apprécié. Il faut en outre savoir qu'en dépit des dimensions accrues du théâtre, vous devez songer à arriver tôt pour obtenir une bonne place; les amuseurs publics et les vendeurs ambulants se feront un plaisir de vous aider à passer le temps en attendant la représentation.

À NOTER : on commence à faire la queue jusqu'à 90 min avant le spectacle. Si vous souhaitez faire un usage plus judicieux de votre temps, pourquoi ne pas profiter du forfait dîner-spectacle de Fantasmic? Vous pourrez ainsi prendre votre repas sans vous presser au Hollywood Brown Derby ou au Mama Melrose's Ristorante Italiano, tout en obtenant un laissez-passer pour le spectacle. Une formule avantageuse, s'il en est.

Indiana Jones Stunt Spectacular ★★★

Cette escapade mouvementée et remplie d'effets spéciaux a lieu dans un amphithéâtre de 2 200 places qui semble perdu en plein cœur de la jungle. Dans la plus pure tradition des *Aventuriers de l'arche perdue*, ce spectacle de 25 min vous fait assister à une série de rencontres quasi fatales à l'intérieur d'un ancien temple maya : Indiana Jones dégringole du plafond, tombe dans une trappe cachée, échappe aux flammes et aux lances, et est presque écrasé par un immense rocher.

Au beau milieu de toutes ces flammes et de tout ce tumulte, l'équipe de tournage met fin à la scène et disparaît avec les décors (montés sur roues). Derrière, on découvre une reconstitution d'une place affairée du Caire autour de laquelle gambadent des acrobates vêtus à l'égyptienne. Un groupe de nazis se pointe bientôt à la recherche d'Indiana Jones, et une émeute s'ensuit. Pendant les premiers échanges de coups, des tout-terrains et des motocyclettes vrombissent en tous sens, et un avion allemand fend l'air. Il y a aussi une scène particulièrement formidable où un camion explose et chavire, la chaleur des flammes atteignant les premières rangées de l'assistance.

Réalisé par Glenn Randall, coordinateur des cascades pour les films d'Indiana Jones, de même que pour *Poltergeist* et *E.T.*, le spectacle révèle en outre quelques trucs de tournage des scènes de cascades. Des profes-sionnel(le)s vous font voir comment on se sert de dou-blures lors de scènes dangereuses, comment on cache des caméras derrière des rochers artificiels, et comment on s'y prend pour tourner les séquences mouvementées. Quelques-unes de ces démonstrations font appel à des membres de l'auditoire choisis au hasard une dizaine de minutes avant le spectacle. Soyez très vigilant par contre, car les participants sont souvent de vrais cas-cadeurs **se faisant passer** pour de simples spectateurs.

À NOTER : Cette représentation au rythme rapide captive les gens de tous âges. Les 8 ou 10 spectacles quotidiens affichent souvent complet longtemps avant l'heure indiquée. Il est généralement préférable d'assister à l'un des deux premiers ou des deux derniers spectacles de la journée, qui ne font jamais, pour ainsi dire, salle comble. Autre avis important : le personnel de Disney vous dira qu'il est impératif de faire la queue (en plein soleil) au moins une demi-heure avant la représentation, mais ce n'est pas le cas; en arrivant 10 min avant le spectacle, vous devriez pouvoir entrer directement dans le théâtre. Et assurez-vous de bien regarder s'il y a des places libres aux bouts des toutes premières rangées, car ce sont souvent les dernières à être occupées.

Disney-MGM

ANIMAL
KINGDOM

Compte tenu de l'ombre imposante qu'il projette sur l'univers du divertissement, Disney – ou Mickey, à tout le moins – a souvent été associé à la proverbiale «souris qui rugit». Or, avec les 200 espèces sauvages dont s'est doté l'Animal Kingdom, le plus récent parc thématique du vaste et tentaculaire complexe de Walt Disney World, ce rugissement n'est plus seulement métaphorique.

L'Animal Kingdom, soit le quatrième parc thématique du royaume de Disney en Floride, propulse la faune à l'avant-scène. Il est d'ailleurs approprié que les animaux aient été choisis pour devenir les vedettes de ce nouvel ensemble, puisque Walt, après tout, a fait fortune à leurs dépens, fût-ce sous leur forme «animée» (exception faite de quelques émissions animalières télévisées, produites vers la fin des années quarante).

À la différence de leurs prédécesseurs caricaturaux, les résidants de ce parc thématique (du moins la plupart d'entre eux) sont bien en vie : ils respirent, ils grognent, ils couinent, ils renâclent et ils défèquent dans un environnement sauvage créé spécialement à leur intention. Il va sans dire qu'ils n'en sont pas moins «animés», bien au contraire. L'absence de commandes à distance présente d'ailleurs des possibilités inattendues. Là où les créatures de Fantasyland ne bougent qu'au gré des fantaisies d'un grand maître d'œuvre (ou à tout le moins d'un informaticien), les personnages de l'Animal Kingdom ont des caprices qui leur sont propres. Il arrive ainsi que les girafes, par exemple, décident de bloquer la route et de retarder la caravane des camions de safari pendant un certain temps, un inconvénient avec lequel il faut composer, et qui compte d'ailleurs pour une part importante de l'aventure que vous vivrez ici.

Ces imprévus donnent parfois l'impression d'assister à un spectacle d'enfants d'âge préscolaire, dans la mesure où la prestation dépend entièrement de l'humeur d'animaux aux noms exotiques, qu'il s'agisse du jacana africain, du rollier à queue en éventail ou du tamarin cotonneux. Les attractions s'étendent ici sur plus de 200 ha, réparties en sept zones : l'Afrique, l'Asie, l'Oasis, le Safari Village, DinoLand U.S.A., le Camp Minnie-Mickey et la Conservation Station, dominées en leur centre par l'Arbre de la vie (Tree of Life), haut de 45 m. Le paysage – d'inspiration africaine et haut en couleur – campe l'atmosphère parmi la verdure luxuriante, les toits de chaume, les murs effrités et les chaussées soigneusement traitées de manière à ce qu'elles semblent avoir subi les assauts du temps. Il s'en faut de peu que le tout n'évoque des images d'un Adventureland géant.

On dénombre plus ou moins 15 attractions et spectacles sur les lieux, quoique les «manèges» à proprement parler se fassent plutôt rares (il y en a cinq en comptant le *Wildlife Express*, ce train qui conduit à la Conservation

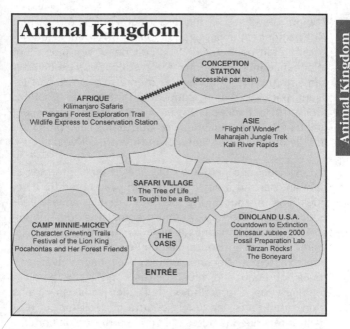

Station, et l'hilarant spectacle 3D inspiré de *Vie de bestiole* (It's Tough to Be a Bug). Ce constat peut en étonner certains, et même en décevoir d'autres. Il est toutefois évident que le point focal de l'Animal Kingdom diffère de celui des autres parcs thématiques. Le plaisir des visiteurs demeure le but visé, si ce n'est que les sensations artificielles ne jouent ici qu'un rôle secondaire. Une grande partie des visites étant autoguidées, il ne fait aucun doute que vous passerez plus de temps debout qu'assis dans une salle ou à vous faire secouer. Mais, comme le précisent certains vétérans de Disney World, les sentiers ombragés et le rythme insouciant de l'Animal Kingdom procurent un soulagement fort apprécié de la frénétique course aux manèges à laquelle vous soumettent les autres parcs.

Toujours est-il que, si divertissant que puisse être ce parc – et personne n'accepterait de payer 44 $ pour la journée si tel n'était pas le cas –, il s'agit beaucoup plus d'une expérience interactive que d'une succession de divertissements passifs. Vous devrez même faire votre part (en lisant, par exemple, les panneaux d'information) pour en tirer tout le bénéfice. Et les créateurs de cet espace unique espèrent bien vous voir quitter les lieux plus riche (intellectuellement, s'entend) qu'à votre arrivée.

À cet effet, des gardiens dévoués et bien informés se tiennent partout à votre disposition pour répondre à vos questions et vous fournir des indications variées, voire pour protéger les hôtes du parc contre les humains mal ou trop bien intentionnés (de grâce, ne nourrissez pas les animaux!). Sachez toutefois que l'histoire naturelle – ou plus exactement la conservation des espèces vivantes – revêt ici beaucoup plus d'intérêt qu'il n'y paraît à première vue. L'intervention de Disney vous assure ainsi d'un safari dans une jungle criante de réalisme, et d'un habitat réservé aux tigres qui vous permettra de contempler les «ruines» du pavillon de chasse d'un glorieux maharajah.

Et puisque nous parlons d'habitats, il convient de mentionner qu'ils constituent l'âme même de l'Animal Kingdom, et qu'ils révèlent la magie de Disney dans toute sa splendeur. Comme à Epcot, où chaque «pays» du World Showcase est recréé dans ses moindres détails, les lieux de résidence des animaux du présent royaume témoignent d'une précision remarquable qui se reflètent jusque dans les arbres émaillant leurs domaines. Des plantes et des arbustes originaires d'Afrique ont ainsi été importés, et les termitières de béton ressemblent à s'y méprendre à leurs modèles vivants. Au cœur de la «jungle», vous vous sentirez à mille lieues du reste du parc. Et, en passant du côté de l'«Afrique», vous jurerez avoir quitté Disney pour vous enfoncer dans le Serengeti.

Il ne fait aucun doute que cette ambitieuse entreprise a causé des maux de tête peu communs à ses concepteurs. Les horticulteurs ont dû maquiller des arbres de la région (dont le chêne méridional) jusqu'à les faire passer pour des végétaux africains (comme l'acacia). Et les paysagistes, habitués aux travaux les plus soignés, ont dû changer de cap pour donner naissance à des jungles sauvages et désordonnées. Les défis à relever ont même engagé la participation d'équipes inusitées. Par exemple, les costumiers ont dû coudre des écussons d'identification brodés sur les chemises des employés (pour éviter que les animaux ne soient tentés de s'emparer des habituelles cocardes en plastique agrafées), et les comptoirs de rafraîchissements ont dû éliminer les pailles et les couvercles jetables, qui présentaient des risques pour les animaux). Quoique la difficulté apparente à nourrir les innombrables visiteurs du parc ait eu tendance à s'estomper dès lors que les éléphants ont commencé à exiger près de 60 kg de nourriture par jour!

En dépit de tous les ajustements nécessaires, l'Animal Kingdom demeure l'œuvre de Disney, et les pièges inhérents à tous les parcs thématiques y sont partout manifestes. Entre autres, les traces de son richissime géniteur se font on ne peut plus apparentes, sinon dans les attractions elles-mêmes, du moins dans la disponibilité des souvenirs de Disney. C'est le cas, notamment, au Camp Minnie-Mickey – que les jeunes aventuriers ne voudront manquer à aucun prix –, où l'on peut entre autres obtenir l'autographe de Mickey et de ses amis. Sans parler du pur kitsch qu'on retrouve à DinoLand U.S.A., où vous attend un manège à faire dresser les cheveux sur la tête visant à vous faire revivre le Big Bang. Il reste que les spectacles présentés ici comptent parmi les meilleurs que Disney ait à offrir, et tout particulièrement le Festival du roi Lion, qui est absolument merveilleux.

Tout bien considéré, l'expérience offerte par l'Animal Kingdom tient tout autant de la fantaisie que du réalisme de la nature sauvage. D'ailleurs, peut-être est-ce là la grande bénédiction de cette forme nouvelle que revêt la magie de Disney, de vous renvoyer chez vous un plus savant sans jamais vous donner l'impression d'avoir été à l'école.

POUR S'Y RETROUVER SANS MAL

Du Contemporary Resort Hotel, du Polynesian Village ou du Grand Floridian Beach Resort : Prenez un bus Disney directement jusqu'à l'Animal Kingdom.

Du Magic Kingdom et de l'Epcot Center : Prenez un bus Disney directement jusqu'à l'Animal Kingdom.

Du Downtown Disney Marketplace, de Pleasure Island, du West Side, du Typhoon Lagoon, de la Blizzard Beach ou de Fort Wilderness : Prenez un bus Disney directement jusqu'à l'Animal Kingdom.

Du Wilderness Lodge and Caribbean Beach, de Port Orleans, du Dixie Landing Resort ou des complexes All-Star Sports, Music et Movie : Prenez un bus Disney directement jusqu'à l'Animal Kingdom.

Du Beach Club Resort, du Yacht Club Resort ou du Boardwalk Resort : Prenez un bus Disney directement jusqu'à l'Animal Kingdom.

Des hôtels de la région ne faisant pas partie de Disney World : La plupart possèdent des navettes qui font l'aller-retour jusqu'à l'Animal Kingdom. Cependant, dans bien des cas, elles ne partent qu'aux heures, si ce n'est à toutes les deux ou trois heures. Il vaut alors mieux s'y rendre en voiture.

En voiture

Prenez la **route I-4** jusqu'à la sortie 25B (192 West); suivez les indications pour Blizzard Beach/All-Star Resort jusqu'à l'Osceola Parkway West, puis surveillez les panneaux menant à l'Animal Kingdom jusqu'à ce que vous atteigniez l'entrée principale du parc.

Fort heureusement, le terrain de stationnement de l'Animal Kingdom n'est pas aussi vaste que celui du Magic Kingdom. Il arrive même souvent que vous puissiez garer votre voiture à distance de marche de l'entrée du parc, quoiqu'un tramway s'offre toujours à transporter les visiteurs amenés à se garer plus loin. Rappelez-vous cependant que toutes les voitures de location ont tendance à se ressembler. Il est donc essentiel de noter la rangée et le numéro de votre espace de stationnement, sans quoi votre dernière aventure de la journée pourrait bien se dérouler à l'intérieur d'un véhicule de sécurité à la recherche de votre voiture.

Quelques précieux conseils

La planification de votre visite de l'Animal Kingdom diffère quelque peu de celle des autres parcs thématiques, pour la simple et bonne raison que vous devez tenir compte de l'horaire des animaux. Les diverses espèces ne sont pas également actives aux différentes heures de la journée, et, même les longs jours d'été, les attractions ferment souvent plus tôt que partout ailleurs à Disney World du fait qu'il faut du temps pour préparer les animaux avant la nuit. Cela devient particulièrement

Animal Kingdom

évident dans le cas du safari, qui interrompt ses activités au moins une demi-heure avant le reste du parc.

Étant donné que l'Animal Kingdom ouvre ses portes avant tous les autres parcs (manifestement dans le but de profiter au maximum des heures de clarté), on n'accorde aucun privilège d'accès hâtif aux clients des hôtels officiels de Disney. Néanmoins, en vous présentant sur les lieux au moins une demi-heure à l'avance, vous aurez la possibilité d'acheter votre billet dès avant l'ouverture (les préposés à la billetterie entrent en fonction 30 min avant l'ouverture de parc) et peut-être même de commencer votre visite plus tôt, dans la mesure où l'on avance l'heure d'ouverture du parc certains jours de la haute saison. De plus, même si les attractions ne sont pas encore accessibles, vous pourrez à tout le moins en profiter pour vous procurer le plan des lieux, prendre connaissance des heures de spectacle et dresser votre itinéraire.

Passez devant

Pourquoi faire la queue lorsque vous pouvez l'éviter? Disney offre enfin une alternative aux longues files d'attente : le FASTPASS. Évaluez d'abord la longueur de la file devant l'attraction qui vous intéresse; si elle est trop longue, insérez votre laissez-passer dans le tourniquet, et vous obtiendrez aussitôt une heure fixe à laquelle vous pourrez entrer sans attendre. À titre d'information, les plus longues files sont toujours celles des attractions les plus appréciées, à savoir, dans le cas de l'Animal Kingdom, Countdown to Extinction, Kilimanjaro Safari et Kali River Rapids.

Comme il n'y a ici aucun événement mobilisateur – ni défilé important ni feu d'artifice (on comprend aisément pourquoi), vous ne pourrez compter sur aucune «heure creuse» pour vous esquiver vers les attractions les plus populaires. La meilleure stratégie consiste plutôt à vous diriger dès la première heure vers les manèges les plus courus, comme le safari du Kilimanjaro, «It's Tough to be a Bug» (*Vie de bestiole*), les rapides de la rivière Kali, le train *Wildlife Express* menant au centre de conservation du parc, et «Countdown to Extinction», où les files d'attente se forment rapidement et ne cessent de s'allonger au fil du jour. Cela dit, les foules ne posent pas autant de problèmes dans le cas des visites autoguidées, dont le Pangani Forest Exploration Trail (sentier d'exploration) et le Tree of Life (arbre de la vie). Vous aurez donc tout avantage à faire ces visites aux heures approximatives des spectacles, dont l'horaire figure sur le plan qu'on vous remet à l'entrée.

Le temps que vous passerez ici dépendra en grande partie de l'ampleur de la foule. Lorsqu'il y a relativement peu de monde, il est de fait possible de parcourir l'Animal Kingdom dans son entier en une seule journée, quoiqu'en se pressant passablement. Cependant, vous voudrez sans doute ralentir le rythme afin de mieux apprécier toute la complexité de ce parc, sinon pour refaire et refaire le safari, dont on ne se lasse jamais.

Services

Poussettes et fauteuils roulants : Vous en trouverez à la boutique Garden Gate Gifts, tout près de l'entrée principale.

Centre de services aux nourrissons (*Baby Services*) : Vous trouverez, entre autres, des tables à langer et tout le nécessaire pour allaiter derrière la boutique Creature Comforts, au Safari Village.

Casiers : Disponibles aux abords immédiats du parc, près du chenil, de même qu'à l'intérieur du parc près du bureau des Guest Relations. Il vous en coûtera 3$ par jour (plus 2$ de dépôt).

Animaux de compagnie : Ils ne sont pas admis à l'intérieur de l'Animal Kingdom. Vous pourrez cependant les faire garder pour la journée au chenil situé à l'extérieur du parc, à droite de l'entrée principale. Comptez 6 $.

Enfants perdus : Signalez les enfants perdus aux Guest Services.

Service de collecte des paquets (*Package Pickup*) : Pour ne pas avoir à traîner vos achats toute la journée, demandez aux commis des boutiques de l'Animal Kingdom d'envoyer vos sacs au comptoir des Guest Services. Vous n'aurez alors qu'à les réclamer à la sortie. Si vous logez dans un complexe Disney, vous pourrez même faire envoyer vos paquets directement à votre hôtel (sauf le jour de votre départ). Ce service est gratuit.

Bureau des objets perdus et trouvés : Signalez tout objet perdu ou trouvé au bureau des Guest Services.

Services bancaires : Il n'y a pas de banque à l'Animal Kingdom. On trouve toutefois un guichet automatique à l'extérieur du parc, à droite de l'entrée principale.

Comment s'orienter sur le site

Une des différences les plus frappantes entre l'Animal Kingdom et les autres parcs de Disney tient à l'organisation des lieux. En effet, on a si bien su recréer la nature sauvage, que vous pourriez parfois éprouver le besoin d'utiliser une boussole pour vous y retrouver!

Bien qu'une grande partie des 200 ha soit occupée par les animaux, il n'y en a pas moins un nombre imposant de sentiers réservés aux humains. Pour bien vous orienter, il importe de toujours vous rappeler l'emplacement du Tree of Life. Cet arbre symbolique, qu'on désigne volontiers comme le «château» de l'Animal Kingdom, repose sur une île plantée au milieu du parc, et toutes les autres zones y sont reliées par des ponts enjambant la Discovery River. Franchissez le pont de l'Oasis, et vous vous retrouverez face à face avec l'arbre. Prenez à gauche sur la voie principale, et vous en ferez le tour, en croisant tout d'abord le Camp Minnie-Mickey, puis l'Afrique, l'Asie et DinoLand U.S.A. avant de revenir à l'Oasis. Le train de la Conservation Station vous attend immédiatement en bordure de l'Afrique. Enfin, bien que beaucoup de gens restent aujourd'hui en contact les uns avec les autres au moyen d'émetteurs-récepteurs portatifs et de téléphones cellulaires (ce qui n'est finalement pas une mauvaise idée), les bonnes vieilles techniques de repérage demeurent tout aussi valables, et le bureau des Guest Relations, à l'entrée du parc, constitue un bon endroit pour se retrouver (ou laisser un message) dans le cas où vous viendriez à être séparés.

Animal Kingdom

THE OASIS

Le Magic Kingdom a Main Street U.S.A., les studios MGM ont le Hollywood Boulevard, et l'Animal Kingdom a The Oasis.

Histoire de vous plonger dans l'atmosphère de l'aventure que vous vous apprêtez à vivre, cette première zone de l'Animal Kingdom revêt l'aspect d'un havre de verdure luxuriant aux détours duquel vous croiserez des cours d'eau, des cascades et des prés miniatures. Contrairement aux artères principales des autres parcs de Disney, toutefois, The Oasis n'a rien d'une succession de magasins et restaurants (si ce n'est le Rainforest Cafe, qui se trouve près d'une chute déferlante à gauche de l'entrée du parc). Il s'agit plutôt d'un endroit d'où vous aurez un premier aperçu de la douzaine d'habitats où évoluent de paisibles créatures telles qu'iguanes, aras et paresseux.

Il est intéressant de noter que beaucoup de gens parcourent rapidement cette section sous-appréciée, comme s'ils passaient d'un portail de débarquement au hall de livraison des bagages d'un aéroport, ce qui en fait une des zones les plus délicieusement tranquilles du parc. Pour tout dire, ce n'est souvent qu'au moment de s'acheminer vers la sortie d'un pas nonchalant, comme pour prolonger le bonheur de la journée (un peu comme sur Main Street U.S.A. à l'heure de la fermeture), qu'ils prennent conscience du fait que cette section regorge en propre d'espèces poilues et ailées. Parmi les récompenses accordées à ceux qui s'attardent sur ces sentiers tropicaux, qu'il suffise de mentionner le spectacle peu commun des aras colorés (et bruyants!) qui se disputent une place dans les arbres, parfois de façon enjouée et parfois de façon beaucoup plus sérieuse.

SAFARI VILLAGE

Disney aime voir dans son Safari Village une colonie d'artistes africains. La vue colorée en est d'ailleurs rehaussée par une gigantesque œuvre d'art – l'arbre de la vie, haut de 14 étages. Et sur son «tronc» figurent des motifs gravés représentant des centaines d'animaux présents dans cet l'Animal Kingdom ou au-delà.

Il convient que l'imposant Tree of Life ait élu résidence dans le Safari Village, puisqu'il sert de point de mire à l'ensemble de l'Animal Kingdom, à l'endroit vers lequel convergent toutes les zones du parc. Vous noterez cependant que le «manège» qui donne son nom au village ne s'y trouve nullement – le Kilimanjaro Safari n'est en effet accessible que depuis l'Afrique.

The Tree of Life ★★★

La première chose que vous verrez en approchant de l'Animal Kingdom sera sans doute le très haut Tree of Life. Point focal de ce parc de 200 ha, il s'élève à 45 m dans les airs, et arbore fièrement des milliers de feuilles bercées par la brise.

Sa taille et sa circonférence mises à part, le plus étonnant tient sans doute au fait que cette merveille naturelle n'en est pas une. À l'instar de nombreux repères du paysage global de Disney World, le Tree of Life est en effet une invention de toute pièce. Son énorme tronc de 15 m de diamètre et ses racines formant un éventail de 50 m à sa base ont dû être fabriqués à l'extérieur du parc pour ensuite y être transportés morceau par morceau; entièrement assemblé, son envergure est suffisante pour abriter un théâtre de 430 places sous son feuillage. Et si vous croyez que la pose annuelle des lumières de Noël constitue un défi, songez un instant que les architectes de cet arbre monumental ont dû fixer une à une, à la main, chacune de ses 8 000 branches, en les dotant de joints hautement perfectionnés qui leur permettent d'onduler de façon réaliste au gré des brises, rares mais rafraîchissantes, du sud de la Floride; et c'est sans compter les pauvres âmes qui ont dû apposer à la main chacune de ses 103 000 feuilles!

Outre la merveille en soi d'un tel accomplissement, cette attraction vous offre la chance de voir plus d'animaux. Façonnés à même le réseau de racines du géant, un dédale de sentiers serpente en effet le long d'habitats abritant une douzaine d'espèces, entre autres des flamants, des lémuriens et des tortues.

Mais la partie la plus fascinante et sans aucun doute la plus amusante de votre aventure ici réside dans le tronc lui-même. Bien qu'il ressemble à prime abord à un simple amas d'«écorce», une inspection plus poussée révèle des centaines de représentations animales gravées, ce qui en fait en quelque sorte un gigantesque livre d'images cachées, si bien qu'au moment où vous croirez les avoir toutes trouvées, il en surgira toujours une nouvelle devant vos yeux émerveillés. On dénombre au total 325 gravures, certaines des plus remarquables ayant pour objet un aigle à tête blanche et un énorme serpent.

À NOTER : les sentiers qui font le tour de l'arbre sont rarement encombrés, de sorte qu'il vaut mieux les arpenter lorsque vous éprouvez le besoin d'échapper momentanément au brouhaha du reste du parc, sans compter qu'en commençant par ici, vous pourriez donner à vos enfants la fausse impression qu'ils devront passer la journée à admirer des œuvres d'art. De plus, hormis une fraîche grotte ou deux, les allées sont ici ponctuées de bancs, ce qui n'est pas à négliger lorsque la fatigue commence à se faire sentir.

«It's Tough to be a Bug!» ★★★★★

Après avoir subi pendant des siècles les assauts répétés de l'homme, et s'être hissées au sommet du palmarès peu flatteur des plus grandes nuisances de la planète, les insectes de toutes sortes s'unissent pour nous sensibiliser à leur condition. Des maîtres de cérémonie animés ressemblant aux personnages de *Vie de bestiole* (le film montré ici s'inspire en fait du long métrage présenté sur les grands écrans du monde entier) dépeignent en détails les atrocités dont les insectes font l'objet, et s'affairent à illustrer les périls qu'on doit affronter lorsqu'on a la taille d'une punaise.

S'ensuit une partie de pur plaisir, sans nul doute un des temps forts de la visite de ce parc (le jour de son ouverture, Drew Carey a indiqué qu'il s'agissait là de son attraction préférée). Sans trop vendre la mèche (ce qui gâcherait immanquablement votre plaisir), les effets spéciaux, d'une qualité remarquable, parviennent ici à surprendre, à faire sursauter et, grâce à des mécanismes intégrés aux fauteuils, à secouer littéralement 430 spectateurs ahuris qui ne peuvent s'empêcher de rire, gigoter, crier et, plus souvent qu'autrement, bondir de leur siège. Bref, on s'amuse follement, à moins bien sûr, d'être un «bibittophobe» invétéré, auquel cas il vaut sans doute mieux s'abstenir. Par contre, vous risquez de ne plus jamais chasser les moustiques sans y penser à deux fois.

Les créateurs de cette attraction ont anticipé les longues files d'attente (elles sont d'ailleurs parfois vraiment longues) et ont eu la brillante idée de les faire serpenter autour des racines du Tree of Life, où vous pourrez tuer le temps en déchiffrant les représentations animales gravées dans le tronc et en observant diverses créatures vivantes dans leurs habitats. Il y a aussi quelques distractions d'avant-spectacle, ponctuées d'une musique de circonstance.

À NOTER : les bruits forts, les trucages on ne peut plus réalistes et les «bestioles» plus vraies que nature de cette attraction la rendent beaucoup trop effrayante pour beaucoup d'enfants. Quelques braves petits (le plus souvent âgés d'au moins huit ou neuf ans) l'apprécient réellement quoique, dans la plupart des cas, les pleurnichements commencent à se faire entendre dès l'apparition des premiers insectes.

Notez par ailleurs qu'on peut facilement rater cette attraction «entomologique» du simple fait qu'elle est cachée parmi les racines du Tree of Life. Soyez donc vigilant, car ce spectacle est à ne pas manquer, sauf, il va sans dire, si vous ne pourrez supporter l'idée d'être «aplati» par une tapette à mouches géante.

L'AFRIQUE

Il a fallu à Disney plus que de l'imagination pour recréer son village africain. La confection de ses toits de chaume caractéristiques a en effet obligé la firme à faire appel à des experts, soit des artisans zoulous, chargés d'assembler des monceaux de paille importés directement d'Afrique. Le produit fini rend hommage à leur dur labeur dans un décor authentiquement africain qui reproduit le village portuaire d'Harambe avec son marché trépidant, ses murs de corail blanc et son architecture d'inspiration swahili.

La grande attraction des lieux est le Kilimanjaro Safari, une activité tout à fait appropriée à cette mise en scène parfaitement crédible. Mais prenez aussi le temps d'apprécier les moindres détails du paysage qui vous entoure, on ne peut plus fidèle à son modèle. Il serait en effet honteux de négliger les charmes inhérents à cette zone en passant tout votre temps à faire la queue.

Kilimanjaro Safaris ★★★★★

L'authenticité atteint ici de nouveaux sommets, et il s'agit sans contredit de l'attraction vedette de l'Animal Kingdom, étalée sur 45 ha et d'un réalisme incomparable.

Vous saurez que vous vous apprêtez à vivre une expérience unique dès lors que vous prendrez place à bord du véhicule chargé de vous entraîner dans cette aventure. En effet, les tout-terrains découverts utilisés ici ne circulent pas sur un rail, mais sont plutôt pilotés par des conducteurs en chair et en os qui doivent emprunter des chemins de terre authentiquement cahoteux (assu-rez-vous de ranger vos effets dans les filets de rétention mis à votre disposition).

Le paysage, d'abord composé d'épaisses broussailles, ne tarde pas à s'ouvrir sur un magnifique panorama de savane, pour lequel Disney mérite d'emblée moult félicitations. Les acacias et les baobabs sont tout simple-ment renversants, et vous plongent dans un décor qui ne semble pouvoir exister qu'en Afrique, et nulle part ailleurs.

Vous commencerez à voir des animaux presque aussitôt après le départ, entre autres quelque impala qui ne manque jamais de susciter des soupirs d'émerveillement et de se laisser capturer sur pellicule. Ayez la sagesse de ne pas épuiser tout votre film au cours des premières minutes, car bien d'autres surprises vous attendent, notamment des lions se faisant paresseusement dorer au soleil sur leurs rochers, des girafes grignotant la cime des arbres, des éléphants en train de faire trempette, des guépards, des rhinocéros, des phacochères et des hippopotames. Vous aurez d'ailleurs l'impression qu'ils vivent tous en harmonie, si ce n'est que des frontières invisibles les empêchent de se dévorer entre eux et de transformer votre rêve en cauchemar. Les espèces les plus inoffensives peuvent par contre errer à leur guise et s'approcher du véhicule qui vous transporte, ce qui donne lieu à des rencontres mémorables, et bloque parfois complètement la circulation.

À la différence de la Jungle Cruise du Magic Kingdom, les guides ne semblent ici suivre aucun script, et se livrent plutôt à des narrations apparemment improvisées (quoiqu'on ait du mal à imaginer que Disney ne leur impose pas certaines directives). La seule chose qu'on puisse regretter, c'est que tous les guides n'aient pas la même verve; ils vous indiqueront néanmoins les hauts points à ne pas manquer au passage, et les panneaux explicatifs apposés au dossier des sièges vous aideront, le cas échéant, à identifier ce que vous voyez.

Il va sans dire que, comme vous vous trouvez ici dans un parc thématique, tout n'est pas parfaitement irréprochable. La radio du véhicule retentit périodiquement de communications fortement chargées de parasites entre les gardiens du parc, et vous devrez même subir la «périlleuse» traversée d'un pont sur le point de s'écrouler, sans parler de cette chasse aux braconniers coupables de trafic d'ivoire. Ces «à-côtés» peuvent sans doute en refroidir certains, quoiqu'ils enrichissent carrément l'expérience d'autres personnes; tout est question d'âge et d'humeur, et force est de reconnaître que l'irréalisme de ces écarts n'est pas toujours indésirable. À preuve, le fait que les véhicules du safari n'émettent aucun gaz d'échappement perceptible, un autre détail qui n'a pas échappé à Disney.

À NOTER : étant donné que les animaux n'obéissent à aucun scénario, le contenu faunique du safari varie à chaque nouveau passage. Rien ne garantit que vous verrez telle ou telle espèce, mais on s'entend généralement pour dire que les animaux sont surtout actifs aux premières heures de la matinée. Retenez par ailleurs que le safari cesse ses activités un peu plus tôt que le reste du parc.

Pangani Forest Exploration Trail ★★★★

Au terme du Kilimanjaro Safari, la route vous conduit à l'entrée du sentier d'exploration de la forêt de Pangani.

Même si, d'entrée de jeu, cette attraction peut vous sembler décevante après l'impressionnant safari que vous venez de vivre, vous devez savoir que les choses s'améliorent par la suite. Pour tout dire, une fois au cœur de la «jungle», vous aurez du mal à croire que le Magic Kingdom ne se trouve pas carrément à l'autre bout du monde.

Hormis une promenade dans un cadre luxuriant et verdoyant, l'exploration de cette forêt vous permettra d'admirer de plus près certains spécimens que vous avez sans doute à peine entrevus alors que vous vous trouviez dans la savane, entre autres de petits animaux tels que l'okapi (qui ressemble au zèbre mais qui appartient en fait à la même famille que la girafe) vivant en bordure des sentiers. Parmi les attraits les plus saisissants des lieux, il convient de mentionner l'immense vitrine donnant sur le bassin des hippopotames. Ce spectacle sous-marin, qui relève du plus gracieux des ballets, constitue d'ailleurs probablement votre seule chance de contempler ces mastodontes dans toute leur splendeur, puisque leur tendance à passer la plus grande partie de leur temps sous l'eau fait qu'on n'aperçoit bien souvent que le bout de leurs oreilles au cours du safari.

À mi-chemin du sentier d'exploration, un «station de recherche» permet d'observer des rats-taupes entièrement chauves, et propose quelques activités interactives, entre autres ces casques d'écoute grâce auxquels vous entendrez des cris d'animaux parfaitement convaincants, au point, dans certains cas, de vous donner la chair de poule et de vous faire espérer de tout cœur que vous n'aurez jamais à les entendre d'aussi près dans la nature.

Mais le clou de cette aventure, et peut-être même du parc tout entier, vous attend dans l'enclos des grands singes, soit de majestueux gorilles argentés en compagnie de leurs petits. Ces énormes bêtes velues au regard profondément humain vivent ici dans un coin de jungle d'un réalisme remarquable, et se laissent observer du haut d'un pont suspendu. On a poussé l'effet jusqu'à vous faire croire qu'ils peuvent vous atteindre en se balançant d'une branche à l'autre, mais n'ayez crainte, car il n'en est rien.

Tout au long de votre périple, des soigneurs d'animaux judicieusement postés se feront un plaisir de répondre à vos questions en y mettant une pointe d'humour, du genre : «Vous pourrez me demander n'importe quoi; si je ne connais pas la réponse, j'en inventerai une, et vous n'y verrez de toute façon que du feu.»

À NOTER : les imposants gorilles semblent avoir le don d'éveiller le primate qui sommeille dans l'homme, lequel se met alors à sauter et à hurler comme un singe dans le but manifeste de susciter une réaction monstre de la part de ses «semblables». Or, il vaut sans doute mieux prendre garde à vos souhaits, car les bruits excessifs ont tendance à irriter ces géants de la forêt, qui peuvent alors chercher à refroidir vos ardeurs en vous lançant... des excréments!

Wildlife Express à Conservation Station ★★★

Lorsque vous en aurez assez de marcher, montez à bord du train *Wildlife Express* pour vous rendre à la Conservation Station. Sa locomotive aux airs d'antan entraîne le convoi jusqu'à un centre éducatif interactif où vous en apprendrez un peu plus sur la façon dont les animaux qui vivent ici sont traités. La grande baie vitrée donnant sur le centre vétérinaire permet d'observer les animaux en train de se faire soigner, mais si vous souhaitez vous approcher encore davantage de vos amies les bêtes, sachez que l'Affection Section aménagée à l'extérieur vous donne la possibilité de flatter et de caresser certaines d'entre elles. La visite terminée, reprenez le train pour retourner à votre point de départ.

À NOTER : projetez de faire cette balade vers le milieu de la journée, de manière à vous accorder un répit de la vie mouvementée qui règne dans le reste du parc.

DINOLAND U.S.A.

Vous ne pourrez manquer l'entrée de cette merveille paléontologique, marquée par la présence d'un immense squelette de brachiosaure.

La réalité et la fiction font plutôt bon ménage dans ce décor préhistorique (contrairement aux espèces carnivores et herbivores qui peuplaient jadis la terre). Lors de votre séjour ici, vous pourriez tout aussi bien remonter le temps jusqu'au Big Bang que faire la connaissance d'authentiques paléontologues affairés à assembler les restes d'un T-Rex. Mais tout ce qui est préhistorique ne revêt pas nécessairement une forme fossile; à preuve, les jardins et les habitats qui bordent le Cretaceous Trail (sentier du crétacé) abritent des spécimens bien vivants, soit des plantes et des animaux descendant directement de ceux qui proliféraient sur terre il y a des millions d'années.

Walk the Walk

Tout n'est pas que vestige du passé à DinoLand U.S.A. Le Cretaceous Trail, un sentier ponctué de panneaux explicatifs aux abords de Countdown to Extinction, se voit bordé de plantes et d'animaux, y compris de certaines espèces qui descendent directement d'espèces préhistoriques et d'autres qui ont carrément survécu à l'ère crétacée. Beaucoup de ces dernières (entre autres les crocodiles et les alligators) ont de fait à peu près la même allure qu'il y a des millions d'années.

Countdown to Extinction ★★★★

Dans les salles auréolées du centre de recherche immaculé de l'Animal Kingdom, les «investigateurs» du Dino
Institute vous proposent une aventure irrésistible : un
rapide voyage à bord d'une machine à remonter le temps
de manière à pouvoir observer les dinosaures dans leur
environnement naturel. Cependant, un savant sans
scrupules a programmé votre Time Rover pour qu'il lui
ramène un iguanodon, une espèce qu'il convoite tout
particulièrement. On pourrait à la rigueur lui pardonner
cette fantaisie de mauvais goût, si ce n'est que le
véhicule qui vous transporte ne parvient à s'acquitter de
sa mission que quelques millisecondes à peine avant
qu'un redoutable météore ne s'abatte sur terre pour y
détruire toute manifestation de vie.

Des voitures à commande hydraulique et divers effets
spéciaux pour le moins ardents vous frôlent à toute allure
alors que vous remontez le temps jusqu'à ses origines,
après quoi vous êtes menacés par des dinosaures à
longues dents. Il fait sombre, il y a beaucoup de bruit et
les sursauts sont assez violents pour faire voler les
chapeaux et les articles plus ou moins lâches que vous
portez sur vous (les bacs qui se trouvent en face de vous
ne sont pas là pour rien!). Hormis les contorsions et les
virages, la vraie peur vient ici de vos propres appréhen-
sions, car vous savez que des monstres hideux et
menaçants vont tôt ou tard surgir devant vous; seulement, voilà, vous ne savez jamais quand ni où.

La mauvaise nouvelle, c'est que la file d'attente est
presque toujours longue; la bonne, c'est qu'une fois à
l'intérieur du centre de recherche, vous attendrez au
moins dans le confort d'une salle climatisée.

Animal Kingdom

À NOTER : bien qu'il y ait ici passablement d'action, les amateurs de sensations vraiment fortes risquent d'être un tant soit peu déçus dans la mesure où, aux dires de certains, il y a davantage de brasse-camarade que de véritables effets créatifs. Mais ne vous en privez à aucun prix. Et, si vous désirez rehausser quelque peu l'expérience, songez à prendre place tout à l'arrière.

Dinosaur Jubilee 2000 ★★

Les fervents d'histoire ancienne seront ici comblés. De véritables ossements et moules de l'ère crétacée se présentent à vous sous une tente où vous verrez en outre les griffes de quelques espèces éteintes et des squelettes de mammifères marins vivant encore sur la planète. Davantage une exposition qu'une attraction à proprement parler, cet endroit fait un peu penser à un musée de sciences naturelles où certains ossements gisent à l'air libre alors que d'autres reposent dans des cages de verre. Cela dit, que vous soyez ou non mordu de dinosaures, vous ne pourrez que vous émerveiller devant la taille de certains de ces prédateurs préhistoriques.

À NOTER : rarement bondé, de sorte qu'on peut visiter à toute heure.

Fossil Preparation Lab ★★★

Marchez jusqu'à cet enclos vitré en route vers le Theater in the Wild (où l'on présente actuellement *Tarzan Rocks*), et vous verrez… des êtres humains! Il s'agit en effet d'un laboratoire à l'intérieur duquel des paléontologues s'affairent sans relâche à nettoyer et à restaurer le squelette du tyrannosaure géant prénommé Sue (trouvée dans le Dakota du Sud en 1990, cette femelle incarne le plus grand spécimen jamais découvert). Lorsque Sue aura entièrement été reconstituée, un moule de sa silhouette sera exposé à l'Animal Kingdom.

Vous devrez faire un léger détour pour vous rendre au labo, mais les paléontologues en herbe ne voudront à aucun prix rater cette chance unique de voir d'aussi près un T-Rex en devenir.

À NOTER : bien que les scientifiques se trouvent derrière une paroi de verre, ils ne sont pas pour autant inaccessibles. Des membres du personnel de Disney se tiennent certes à votre disposition à l'extérieur, quoique si vous avez une question d'ordre technique, vous pouvez toujours demander à parler directement aux chercheurs, qui se font habituellement un plaisir de satisfaire votre curiosité.

Tarzan Rocks ★★★★

Vous vous attendez sans doute à voir l'homme-singe dans cette revue musicale tirée du populaire film d'animation dont il est la vedette. Mais le gros de l'action vient d'un groupe rock chargé d'interpréter les airs composés par nul autre que Phil Collins.

Tarzan Rocks reproduit on ne peut mieux la bande sonore du film dans le cadre d'un spectacle pour le moins animé. La formation de sept membre réunit un bassiste, un guitariste, un batteur, un joueur de bongos, un chanteur et deux choristes. Le tout est rehaussé de quelques numéros de «sports extrêmes», des spécialistes du patin à roues alignées se livrant à d'éblouissantes acrobaties. Et les enfants apprécient tout particulièrement l'intervention de Turk (le singe malfaisant de Tarzan) lorsqu'il fait chanter *Crashing the Camp* à l'auditoire.

L'homme musclé à la tenue légère (ses pectoraux sont authentiques, mais pas ses longs cheveux tressés) fait son apparition vers le milieu du spectacle, solidement accroché à une liane avec Jane dans ses bras. Le spectacle conserve d'ailleurs sa cote «G» (pouvant être vu par un public de tout âge) grâce au fameux pagne de Tarzan qui, comme dans le film, défie toutes les lois de la gravité.

À NOTER : le Theater in the Wild a beau être une grande arène, vous ne voudrez pas manquer ce populaire spectacle. Vérifiez l'horaire des représentations sur le plan qu'on vous a remis à l'entrée, et assurez-vous d'arriver de 15 à 30 min à l'avance, ce qui vous permettra en outre de profiter de l'avant-spectacle.

The Boneyard ★★★

Considérez le Boneyard comme le T-Rex des terrains de jeu. À l'instar du Honey I Shrunk the Kids Playground des studios Disney-MGM, le Boneyard est une jungle-gymnase à thème, à savoir, dans le cas qui nous occupe, un site de fouilles paléontologique déserté. Vous y trouverez des véhicules d'excavation, des os de dinosaure et de nombreux rochers propres à l'escalade; vous pourrez même enfoncer votre tête dans la gueule d'un tricératops. Les adultes aventureux peuvent eux-mêmes y prendre du plaisir, en particulier sur les hauteurs de la sculpture à escalader, où une pente raide (suffisamment escarpée pour vous obliger à vous hisser au sommet au moyen d'une corde) défie jeunes et moins jeunes. Et, lorsque vous en aurez assez de grimper, vous pourrez entreprendre de creuser dans le bac à sable géant pour en déterrer un fossile.

À NOTER : si vous avez des enfants, projetez de passer un bon moment ici. L'escalade à elle seule a quelque

Animal Kingdom

chose d'enivrant, et le thème dinosauresque des lieux en fait une attraction que les bambins ne voudront plus quitter.

L'ASIE

Un dragon aquatique haut en couleur et un pont en pierre flanqué de colonnes pointues vous accueillent en Asie, le tout nouveau continent de l'Animal Kingdom.

La sixième et dernière zone thématique est celle où vous vivrez des aventures telles qu'une expédition saute-moutons (descente de rapides) en canot pneumatique et une promenade le long d'un sentier parcourant un palais remarquable. Le village rural de cette zone est par ailleurs gorgé d'authentiques vestiges, et ne manquez pas de jeter un coup d'œil aux débris colorés qui flottent dans l'eau à l'entrée des lieux; la pleine cargaison de fournitures camoufle, pour sa part, une réserve de boissons gazeuses.

✓ Flights of Wonder ★★★

Si quelqu'un crie *duck* au cours de ce spectacle d'oiseaux, ce n'est pas pour attirer votre attention sur la présence sur scène d'une espèce particulière de canard, mais plutôt pour vous prévenir de l'approche d'un volatile en rase-mottes (autrement dit, baissez-vous!).

Les manœuvres de vol à vous décoiffer ne constituent qu'un aspect de ce spectacle à saveur ornithologique, au cours duquel il arrive néanmoins à plusieurs reprises que d'énormes aigles et faucons vous frôlent de si près, que vous sentirez les déplacements d'air qu'ils provoquent. D'autres espèces ailées exécutent par ailleurs des tours de leur propre cru, et certains membres de l'auditoire ont même la chance de monter sur scène pour lancer en l'air des raisins qu'un oiseau s'empresse d'attraper en plein vol. Vous êtes-vous jamais inquiété des manières de vos enfants à table? Eh bien, observez la façon dont le cariama «attendrit» («terrorise» serait sans doute plus juste!) sa nourriture en la frappant contre un rocher (ne vous en offusquez pas, car il ne s'agit ici que d'un alligator en caoutchouc).

À NOTER : afin d'éviter les foules, vous voudrez assister à ce spectacle de bon matin, dès votre arrivée, ou encore juste avant la fermeture. Assurez-vous d'arriver bien à l'avance, surtout si vous espérez être choisi comme volontaire pour monter sur scène, car les animateurs prennent souvent des personnes assises dans les premiers rangs (quoique pas toujours).

 Maharajah Jungle Trek ★★★

Au plus profond de l'Asie se trouve le village mythique d'Anandapur et les ruines de ce qui fut jadis le somptueux palais d'un maharajah.

Tout en ruines qu'il soit, le palais créé par Disney demeure spectaculaire. Sur une vaste propriété – vous jurerez que vous êtes dans un autre pays – se prélassent des tigres donnant l'impression de se prendre pour les rois des lieux (et qui oserait les contredire?); déjà imposants par leur taille, ils déploient une agilité féline qui vous laissera pantois, comme lorsqu'ils plongent dans l'eau depuis le sommet des ruines. Autre vision de rêve que celle des roussettes géantes, ces chauve-souris frugivores dont les ailes peuvent atteindre une envergure de 2,5 m; avec une tête pareille, il ne fait aucun doute qu'elles ne sont aimées que de leur mère, mais ces dormeurs suspendus ne cessent jamais pour autant de nous fasciner (surtout lorsqu'ils ne peuvent s'échapper!).

Enfin, vous serez également captivés par le dragon de Komodo et l'étonnante volière.

À NOTER : si vous vous donnez la peine de suivre scrupuleusement le tracé autoguidé afin d'apprécier pleinement cette attraction, il vous faudra un bon moment pour en faire le tour. De plus, comme vous ne pourrez apporter ici aucune nourriture (pas même un cornet de crème glacée), veillez à ce que personne n'arrive l'estomac dans les talons.

Kali River Rapids ★★★ *non*

Quoi de mieux, pour se rafraîchir après une journée harassante dans l'Animal Kingdom, qu'une randonnée sur la rivière Chakranadi?

D'immenses canots pneumatiques en caoutchouc vous entraînent tout droit vers les rapides au beau milieu de la jungle, virevoltes, éclaboussures et quasi chavirements à la clef. Vous vous demandez à quel point vous vous ferez mouiller? Vous aurez votre réponse en voyant les groupes qui vous précèdent tordre leurs vêtements à la sortie des canots.

La camaraderie qui ne manquent pas de naître entre des compagnons de fortune vivant une expérience commune des plus intenses ne tardent pas à s'installer entre les 12 parfaits inconnus qui prennent place à l'intérieur d'un même canot. Cela dit, ne soyez pas surpris de voir certains de vos coéquipiers insister pour que vous vous fassiez tremper. Il n'y a, somme toute, aucune règle absolue permettant de déterminer qui devra ou non tordre son pantalon à la sortie (vous pouvez à tout le moins sauver vos chaussures et votre appareil photo en les enfermant dans le casier étanche qui se trouve au centre du canot pneumatique), quoique les passagers faisant face au devant de l'embarcation à tribord (sur la droite) semble écoper davantage que les autres.

Si vous n'êtes pas trop occupé à vous essuyer les yeux, vous pourrez admirer le paysage entourant les ruines de temples et diverses autres structures. Mais ne vous en faites pas trop si ces détails vous échappent, car vous avez sans doute eu amplement de temps pour contempler l'imposante collection de vestiges présentée dans l'aire d'attente.

À NOTER : les longues files d'attente de cette attraction fort prisée ne constituent que la moitié du défi à relever, puisque vous devrez passer la majeure partie de ce temps mort en plein soleil. Pour minimiser ces inconvénients, tentez de profiter de cette excursion de bonne heure; vous pouvez aussi y aller en fin de journée, auquel cas la queue ne sera pas moins longue quoique le soleil aura quelque peu apaisé ses ardeurs.

CAMP MINNIE-MICKEY

La plus disneyenne des zones de l'Animal Kingdom est aussi celle où vous trouverez Mickey lui-même.

Élaboré sur le modèle d'une colonie de vacances des Adirondacks, le Camp Minnie-Mickey est d'abord et avant tout l'endroit tout indiqué pour recueillir des autographes. Mais ne le négligez pas pour autant si vous n'êtes pas accompagné d'inconditionnels de John Hancock, car c'est ici qu'on présente *The Festival of the Lion King*, un des meilleurs (sinon le meilleur) spectacles de Disney.

Character Greeting Trails ★★

Vous avez vu le phacochère et toisé la mangouste. Le temps est maintenant venu de rencontrer les vrais personnages de Disney. Mickey, Minnie et une brochette changeante de leurs compères circulent ici tout au long de la journée en tenue de safari, toujours prêts à signer des autographes et à se laisser photographier aux côtés des aventuriers de l'Animal Kingdom. Informez-vous au préalable des sentiers où vous attendent les différents personnages.

À NOTER : peu de gens associent l'Animal Kingdom aux personnage de Disney (qu'ils comptent plutôt rencontrer au Magic Kingdom). Il en résulte que les files d'attente sont souvent moins longues qu'au royaume habituel de ces êtres animés.

Festival of the Lion King ★★★★★

Inspiré du mégasuccès du *Roi Lion* sur Broadway, ce spectacle enlevant de 25 min réunit costumes flamboyants, musique enivrante et interprètes aux voix renversantes.

À la différence d'autres spectacles de Disney, celui-ci ne se contente pas de reprendre l'histoire du film. Simba, Pumba et Timone sont bien sûr présents (certains d'entre eux apparaissent sur des chars allégoriques qui semblent avoir été empruntés au défilé du Roi Lion), mais ne jouent ici qu'un rôle plus ou moins secondaire. Ce sont en effet les autres interprètes qui volent la vedette, à savoir d'impressionnants jongleurs de feu, des singes faisant de la trampoline, des acrobates aériens et des animaux de la jungle pour le moins fantaisistes, qui tous se produisent au son des mélodies du film, sans parler des quatre excellents chanteurs en costume tribal. Les spectateurs eux-mêmes sont de la partie, puisqu'on assigne à chacune des quatre sections du théâtre le rôle d'émettre en temps voulu le cri d'un animal, notamment celui du lion, de la girafe (quelqu'un connaît-il le cri de cet animal?) ou du phacochère (les parents seront heureux d'apprendre que leurs enfants aimeront tellement le grognement du phacochère qu'ils l'imiteront immanquablement tout le reste de la journée). On choisit par ailleurs quelques tout-petits pour danser avec la troupe au cours du dernier numéro. Tout cela sent bien sûr un peu la guimauve, mais il y a fort à parier que vous serez complètement conquis par la finale grandiose, qui reprend de façon magistrale le thème musical de Simba, *The Circle of Life*.

À NOTER : le théâtre pouvant accueillir 1 000 personnes à la fois, les foules ne constituent pas un problème en soi. Néanmoins, comme il s'agit d'un spectacle très populaire, et qu'il peut parfois être présenté à guichet fermé, arrivez de 15 à 30 min à l'avance.

Pocahontas and her Forest Friends ★★★

L'histoire de Pocahontas fournit un cadre rêvé à la narration des aventures des animaux indigènes d'Amérique du Nord. L'héroïne du film enchante les tout-petits avec la ballade *Colors of the Wind* et discute avec Grand-Mère Saule du meilleur moyen de sauver la forêt et ses habitants. Les enfants adoreront tous les petits animaux présentés ici, et le dindon qui traverse la scène en se dandinant au début du spectacle en fera sûrement rire plus d'un. Dans l'ensemble, toutefois, le thème et le jeu des acteurs s'adressent principalement aux jeunes enfants; si vous n'en avez pas, vous pouvez très bien passer outre.

LE RESTE
DU MONDE

C ertains disent que le reste de Disney World est tout ce qu'il y a de mieux au monde. Et quand on sait ce qu'est «le reste», on ne peut qu'être d'accord.

Il y a d'épaisses pinèdes où camper ainsi que de grands lacs limpides pour se baigner. Il y a aussi de grandes boîtes de nuit rutilantes et de paisibles rivières, des toboggans nautiques vertigineux et l'une des plus grandes piscines de la Floride. Et que dire des boutiques originales ou des balades en charrette à foin; il y a même une île faisant office de zoo, un endroit si retiré et si vierge qu'il est oublié de la plupart des visiteurs.

Il y a tellement de choses à faire et à voir qu'on pourrait facilement passer une semaine entière à parcourir ces six attractions thématiques qui représentent vraiment la cerise sur le gâteau de Disney. D'une superficie de 324 ha, «le reste du Monde» se compose notamment du **Fort Wilderness**, un vaste terrain de camping boisé, doublé d'une base de plein air. Tout près se trouve en outre le **River Country**, un lieu de baignade rappelant Tom Sawyer Island. Au sud de cette île naturelle s'étend une île tropicale artificielle : le **Typhoon Lagoon**, un paradis nautique entouré de sable et de palmiers. Et, à Blizzard Beach, une version «enneigée» du Typhoon Lagoon, vous découvrirez le toboggan nautique le plus rapide de Disney. Puis, il y a **Downtown Disney West Side** et **Pleasure Island**, avec leurs boutiques, leurs restaurants et leurs boîtes de nuit animées.

Ai-je bien entendu **Magic Linkdom**? Tout à fait; il s'agit du nom donné au terrain de golf de 99 trous de Disney World, le plus grand centre du genre aux États-Unis. Pour de plus amples renseignements sur ses six parcours, composez le ☎407-824-4321.

Enfin, le **Marketplace** regroupe d'autres boutiques et restaurants en bordure d'un lac.

Sans aucun doute, la société Disney a-t-elle ajouté ces attractions au fil des ans afin de vous garder plus longtemps et de vous faire dépenser plus d'argent. Mais elle vous offre en retour des options particulièrement intéressantes. Ainsi, après une journée épuisante à Epcot ou au Magic Kingdom, vous pourrez vous la couler douce le lendemain dans un des parcs secondaires. Plusieurs endroits se trouvent en effet en pleine nature, loin des attractions informatisées des grands parcs thématiques, et à trois d'entre eux, vous pourrez même vous baigner. Ces parcs secondaires sont aussi moins coûteux que les grands parcs thématiques, et sauf pour le **River Country**, le **Typhoon Lagoon** et le **Blizzard Beach**, vous n'y trouverez pas de longues files d'attente.

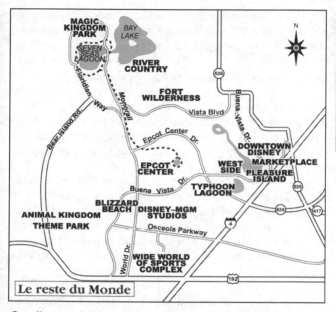

Le reste du Monde

Ces lieux paisibles et économiques sont très prisés des habitants de la région, qui évitent le plus souvent les grands parcs. Et comme eux, lorsque vous aurez découvert la face visible de Disney World, vous voudrez à tout prix explorer le reste de ce monde enchanteur.

FORT WILDERNESS

D'une superficie de 300 ha, parcouru de ruisseaux et de canaux, grouillant de petits animaux et d'endroits où se baigner, faire du vélo, courir ou se cacher, ce site boisé est un véritable pays des merveilles. À Fort Wilderness, les clôtures sont fabriquées avec des piquets de pin, les arrêts de bus sont couverts de bardeaux de bois et les poubelles elles-mêmes ressemblent à des souches. Des allées revêtues, surplombées de pitchpins américains, sillonnent des kilomètres d'emplacements de camping, conduisant toutes au lac Bay, dont les eaux enchanteresses sont auréolées de cyprès et de roseaux.

Fort Wilderness est la seule attraction qui a su conserver à peu près intacte son allure sauvage d'il y a une trentaine d'années, époque à laquelle Disney en fit l'acquisition. Dommage, toutefois, que seuls les totems dressés devant le poste de traite honorent la mémoire des premiers habitants de cette forêt, les Indiens séminoles. C'est ici que les enfants pourront se procurer des chapeaux à queue de raton laveur et des fusils jouets. Les conducteurs d'autobus de Fort Wilderness contribuent à leur manière à recréer une ambiance de coin perdu en racontant des blagues de camping d'une voix nasillarde.

Pour les familles au budget limité, ou aimant le grand air, le terrain de camping constitue un lieu de séjour idéal (voir p 419). L'endroit regorge d'activités pour les enfants et de lieux de relaxation pour les parents. Qu'il s'agisse d'équitation, de canot ou de simple détente sur la plage, tout est ici axé sur la nature.

Pour s'y retrouver sans mal

Que vous vous y rendiez en bus Disney ou à bord de votre propre véhicule, le voyage jusqu'au cœur de Fort Wilderness est assez long. La voiture demeure cependant le moyen le plus rapide et le plus facile pour y accéder. Voici les différentes options qui s'offrent à vous :

Du Magic Kingdom ou du Contemporary Resort Hotel : Faites la traversée panoramique en bateau (30 min). Ou encore, prenez le monorail jusqu'au Ticket and Transportation Center pour ensuite monter à bord du bus Disney qui se rend à Fort Wilderness. La durée du voyage monorail-autobus est de 40 à 50 min.

De l'Epcot Center, du Polynesian Village ou du Grand Floridian Resort : Prenez le monorail jusqu'au Ticket and Transportation Center pour ensuite monter à bord du bus Disney qui se rend à Fort Wilderness. Durée du voyage : de 40 à 50 min.

De tous les autres points de Disney World : Prenez un bus Disney jusqu'au Ticket and Transportation Center, puis celui qui se rend à Fort Wilderness. Le trajet du Ticket and Transportation Center à Fort Wilderness est de 30 à 40 min.

Des hôtels de la région ne faisant pas partie de Disney World : La plupart disposent de navettes qui font l'aller-retour jusqu'au Ticket and Transportation Center. Prenez ensuite le bus Disney qui se rend à Fort Wilderness.

En voiture

De la **route 4**, empruntez la sortie du Magic Kingdom (**route 192**), et suivez les panneaux indicateurs jusqu'au Magic Kingdom. Dès que vous aurez passé la guérite du Magic Kingdom (et que vous aurez payé votre stationnement), prenez sur la droite en suivant la signalisation - pour Fort Wilderness.

Quelques précieux conseils

Maintenant que vous êtes dans les bois, aussi bien en profiter un certain temps. Arrêtez-vous au **Fort Wilderness Lodge** (☎ 407-824-3200) afin de vous procurer plans, horaires et renseignements divers. De là, vous monterez à bord d'un autobus qui vous mènera vers les principaux points d'intérêt. Ce voyage à travers la forêt dure environ 10 min et est entrecoupé d'arrêts aux différentes aires de camping. Fort Wilderness n'est jamais vraiment envahi par les foules, de sorte qu'il n'est pas nécessaire de suivre un itinéraire précis. Les familles doivent néanmoins s'assurer de ne pas manquer la ferme et les écuries, où des promenades à cheval sont offertes. Quelques événements (feux de joie, promenades en charrette à foin, revue musicale, etc.) y sont également organisés chaque jour; renseignez-vous quant aux heures. Retenez toutefois que les feux de joie sont réservés aux seuls hôtes des lieux d'hébergement de Disney.

Et tandis que vous y êtes, pourquoi ne pas en profiter pour prendre part à l'excursion d'une heure vers **Discovery Island**, ou pour visiter le **River Country**, tout à côté. On offre même un forfait pour ceux qui désirent voir ces deux attractions. **Attention** : le River Country n'est pas l'endroit idéal pour se baigner avec de tout jeunes enfants, surtout s'ils doivent utiliser des flotteurs. Il vaudrait alors mieux s'en tenir à la plage de Fort Wilderness; l'eau y est peu profonde et, de plus, l'accès en est gratuit.

Services

Centre de services aux nourrissons (*Baby Services*) : Vous trouverez des tables à langer dans les toilettes du Pioneer Hall. Des couches, du lait en poudre et autres articles pour bébés sont offerts aux comptoirs commerciaux de Settlement et Meadow. On n'y loue cependant pas de poussettes : apportez la vôtre.

Garderie (*Baby-sitting*) : Rendez-vous au Kinder Care Learning Center. Pour réserver, composez le ☎ 407-827-5444.

Animaux de compagnie : Ne sont pas admis. Vous pouvez toutefois les confier au chenil du stationnement de Fort Wilderness.

Enfants perdus / Bureau des objets perdus et trouvés : Signalez tout enfant égaré ou tout article perdu ou trouvé au Fort Wilderness Lodge.

Points d'intérêt

Fort Wilderness Beach

Un des plus beaux endroits de Disney World, cette plage de sable argenté est bordée de chênes et de pins majestueux. La vue sur le Space Mountain et le Contemporary Resort Hotel, situés sur l'autre rive, y est tout à fait spectaculaire. Vous y trouverez une étendue d'eau peu profonde et sablonneuse propre à la baignade, un terrain de jeu, une aire de pique-nique et des hamacs, à l'ombre des arbres, pour faire la sieste.

La marina

Immédiatement en retrait de la plage, vous pouvez y louer un bateau ou retenir les services d'un guide pour la pêche au bar. Si c'est plutôt **Discovery Island** qui vous intéresse, il y a aussi des vedettes partant toutes les 10 min.

La ferme (*Petting Farm*)

Les enfants ne se lassent pas de ses animaux de basse-cour. Toute la journée, vous les verrez courir après les chèvres, les canards et les paons, faisant voler herbe et poussière sur leur passage jusqu'à ce qu'ils s'épuisent.

Cette ferme, nichée à l'ombre de grands arbres, offre aussi des balades à dos de poney.

Le ranch Tri-Circle-D

C'est ici que vous retrouverez ces magnifiques chevaux que vous avez déjà vus tirant des tramways sur Main Street USA, dans une grande écurie entourée de pâturages. Un maréchal-ferrant s'y occupe en tout d'une centaine de percherons et de chevaux de trait belges, trop heureux de se laisser photographier par les visiteurs.

Équitation, vélo et canot

Ces trois activités sont l'occasion de belles excursions en famille. Si vos enfants sont âgés d'au moins neuf ans, vous pouvez participer à la **Fort Wilderness Trail Ride**, une promenade guidée de 45 min à travers bois. Pour réserver, rendez-vous au Pioneer Hall ou composez le ☎407-824-2832.

Vous trouverez ici des pistes cyclables tout à fait splendides. Des vélos sont offerts en location, à l'heure ou à la journée, à la Bike Barn, située derrière le Meadow Trading Post. Si vous préférez visiter sans vous fatiguer, louez plutôt une voiturette de golf électrique *(il est nécessaire de réserver : ☎407-824-2742)*. La Bike Barn dispose également de canots qui vous permettront d'explorer le vaste réseau de ruisseaux et de canaux de Fort Wilderness.

Promenades en charrette à foin

Une longue charrette remplie de foin, attelée à deux percherons noirs, circule chaque soir à travers la forêt, à deux reprises. Sortie en famille par excellence, elle donne l'occasion aux parents de discuter des joies et des peines de la journée pendant que les enfants s'amusent dans le foin. Après cette balade d'une heure, vous vous serez en outre fait de nouveaux amis.

RIVER COUNTRY

Une attraction où l'on peut se promener en maillot de bain ne peut qu'exercer un attrait irrésistible. Et c'est précisément ce que vous offre le River Country, un endroit idéal pour la baignade rappelant ces méandres de rivière où Tom Sawyer et Huckleberry Finn s'en donnaient à cœur joie. Le River Country se présente comme une anse de 2,5 ha sur le lac Bay, entourée d'une pinède et d'une bordure de plage immaculée, rafraîchie par la brise. Vous y trouverez un lagon sablonneux, parsemé de rochers d'où vous pourrez plonger et glisser dans l'eau. Un pont cintré enjambe vers une île luxuriante ce lagon truffé de toboggans nautiques, que les enfants (et nombre d'adultes) dévalent toute la journée jusque dans les eaux vert mousse du bassin.

À côté du lagon se trouve une des plus grandes piscines de la Floride, un réservoir de plus d'un million de litres d'eau d'un bleu cristallin flanqué d'autres rochers et d'autres toboggans. Vous y trouverez en outre un bassin pour les tout-petits au fond sablonneux, avec quatre toboggans aménagés spécialement pour eux. L'eau y est à hauteur de genou. Tout près des piscines, une pléiade de coins ombragés permet aux parents de surveiller leurs enfants tout en se relaxant.

Pour s'y retrouver sans mal

Le River Country est adjacent à Fort Wilderness. On s'y rend d'ailleurs de la même manière. Mais rappelez-vous que quel que soit votre point de départ, il s'agit toujours d'un long trajet.

L'arbre et la tondeuse

Sur un pin contorsionné, près de la Fort Wilderness Marina, vous trouverez un poème bizarre :

«Billy Bowlegs
a trop longtemps
Oublié sa vieille tondeuse
Un jour de soleil écrasant
Au pied
de cette tige ligneuse».

À côté de ce poème, vous apercevrez les lames rouillées d'une ancienne tondeuse à gazon emprisonnées par le tronc du pin. C'est pour le moins un spectacle étrange, d'autant plus que personne ne sait comment ce tour de force a pu se produire. Certains cyniques avancent l'hypothèse que, lorsque Walt Disney acheta cette forêt, l'arbre, craignant d'être rasé pour faire place à un parc thématique, déploya son arsenal de guerre!

Quelques précieux conseils

Le trajet à pied, de l'arrêt d'autobus au cœur du River Country, n'est pas de tout repos, mais une fois sur les lieux, les déplacements deviennent un vrai jeu d'enfant. Le plus important, c'est de savoir quand s'y rendre (et quand il vaut mieux s'en abstenir). Ainsi, dans la mesure du possible, évitez le River Country durant les fins de semaine estivales, alors que les touristes et les gens de la région envahissent littéralement le site. Les saisons les plus propices sont le printemps et l'automne, mais si vous devez tout de même y aller en été, n'arrivez qu'après 16h; les foules sont alors moins nombreuses et, de plus, le prix d'entrée est réduit (durant l'été, le parc reste ouvert jusqu'à 19h). Il faut également savoir que pendant les jours d'affluence le River Country ferme ses portes en milieu de matinée, mais cela ne vous empêchera pas d'être admis si vous avez pris le soin de vous procurer un billet à l'avance. Enfin, exception faite du bassin réservé aux tout-petits, les jeunes enfants trouveront peu d'endroits où ils peuvent se baigner.

La grande piscine du River Country est chauffée durant l'hiver, quoique le parc ferme habituellement ses portes en janvier et en février à des fins d'entretien. Pour connaître les dates de fermeture, composez le ☎407-824-4321.

Services

Serviettes : Vous pouvez soit apporter la vôtre, soit en louer une sur place. Si vous logez à l'hôtel et si vous ne voulez pas traîner des serviettes mouillées, vous préférerez sans doute cette dernière formule.

Douches, vestiaires et casiers : Douches et vestiaires vous sont accessibles sur les lieux. Des casiers sont également offerts en location.

Glacières : Les glacières sont permises sur le site, et même fortement recommandées. Apportez-vous des collations et une bonne quantité de boissons désaltérantes. Les boissons alcoolisées sont proscrites, mais on vend de la bière dans le parc.

Les animaux de compagnie : Ils ne sont pas tolérés. Vous pouvez toutefois les confier au chenil (*kennel*) de Fort Wilderness pour la journée ou même la nuit. Sachez cependant que, dans ce dernier cas, vous devrez sortir votre animal préféré, chaque soir, pour une promenade.

Points d'intérêt

Le River Country est essentiellement un lieu où se baigner, lire et prendre du soleil (qui s'en lasserait?). Mais pour les esprits plus aventureux, il y a aussi :

Les toboggans nautiques et la descente de rivières (*rafting*)

Bay Cove offre le choix entre deux descentes : une de 30 m et une autre de 80 m, plus sinueuse. En partant d'une crête portant le nom de «Whoop'n Hollow Holler», vous dévalerez la rivière entre les arbres et les rochers avant d'émerger dans les eaux du lagon. Si vous songez à une descente moins tumultueuse, rendez-vous plutôt aux White Water Rapids de Bay Cove, et laissez-vous calmement glisser dans une chambre à air à travers les feuillages et de paisibles bassins.

À la grande piscine, deux toboggans accusent des pentes quasi verticales (du haut, on ne voit pas le bas) et vous propulsent dans l'eau, profonde de 2 m. Même s'ils n'offrent pas de sensations aussi fortes que les toboggans du Typhoon Lagoon, ils ne manqueront certes pas de vous donner des haut-le-cœur.

Malheureusement, le River Country est atteint du même fléau qui frappe la majorité des manèges de Disney : les files d'attente! L'attente varie de quelques minutes (durant les périodes creuses) à une heure (les fins de semaine d'été). Comme il semble tout à fait ridicule d'attendre une heure pour une descente de 30 s, allez-y plutôt lorsqu'il y a moins de monde.

Tout sur les rochers du River Country

Si les rochers du River Country vous semblent familiers, ne vous en étonnez pas, car ils ont été conçus par le même créateur que ceux du Big Thunder Mountain (voir p 95), des grottes de Tom Sawyer Island (voir 96) et d'autres merveilles du Magic Kingdom. Cet homme, c'est Fred Joerger, expert en fausses roches. Font cependant exception à cette règle, les cailloux éparpillés parmi les rochers du River Country, qui proviennent de ruisseaux de la Géorgie et de la Caroline.

Balançoires, escalades et autres activités amusantes

Au beau milieu du lagon de Bay Cove se trouvent un pneu accroché à un câble, une balançoire suspendue, une corde à grimper et un câble à glissière. Ces installations sont si invitantes que, dès leur arrivée au River Country, beaucoup de gens ne peuvent s'empêcher de traverser le lagon en toute hâte. Les files sont toutefois rarement longues ici; profitez-en donc lorsque les toboggans deviennent trop bondés.

Avertissement : Les moustiques de Fort Wilderness et de Discovery Island sont voraces et insistants. N'oubliez surtout pas votre insectifuge.

Promenade dans la nature

Si vous avez envie d'entendre gazouiller les oiseaux, allez faire un tour sur la promenade; elle est courte mais panoramique (à propos, les gazouillis qu'on y entend proviennent de Discovery Island). Le sentier se faufile à travers un marécage émaillé de cyprès et le long du lac Bay; il offre des vues splendides sur le Space Mountain et le Contemporary Resort Hotel.

TYPHOON LAGOON

Voici comment se déroule une journée typique au Typhoon Lagoon : vous descendrez lentement une rivière, après quoi vous serez emporté par les tourbillons d'un toboggan. Vous ferez du surf sans planche et de la plongée-tuba avec les requins, pour ensuite vous faire sécher sur une plage bordée de palmiers. Vous escaladerez un escarpement connu sous le nom de Mayday (Au secours!) et vous abandonnerez au tracé du Humunga Kowabunga, un toboggan infernal qui vous donnera une de ces frousses, et vous en redemanderez! Vous gravirez de nombreuses marches, ferez souvent la queue, et vous vous sentirez accablé par la fatigue, une grande fatigue...

> La piscine à vagues et à surf du **Typhoon Lagoon** contient près de 9 millions de litres d'eau.

Ainsi vont les choses au Typhoon Lagoon, dont le cadre paisible cache une activité frénétique. Ce que Disney a voulu être, «l'ultime parc aquatique du monde» l'est vraiment, du moins en ce qui a trait à la rapidité des toboggans, à la variété des installations et aux décors enchanteurs. Cette glorieuse oasis de 23 ha recèle des collines recouvertes de jungles, des étendues de sable immaculé, des huttes en chaume, des ponts de bois, des

ruisseaux tortueux et suffisamment de piscines pour couvrir deux terrains de football. Ajoutez à cela une pléiade
d'effets spéciaux, dont les moutons fougueux produits
par des machines à vagues, et des toboggans en tire-
bouchon, en eau vive, de type «tempête» et de haute
vitesse (où vous vous envolerez littéralement à 50 km/h),
et vous comprendrez que ce parc est vraiment unique
dans son genre.

Le Typhoon Lagoon se veut à l'image d'une île après une
violente tempête. Des planches de surf pointent à travers
les palmiers, les bâtiments sont à moitié déglingués et un
crevettier du nom de *Miss Tilly* repose au sommet d'un
volcan. Le bateau déchiqueté et le «volcan» de 26 m,
baptisé Mount Mayday, constituent le clou du lagon.
Chaque demi-heure, ce volcan crache en outre un torrent
d'eau comme pour éjecter le bateau.

Une énergie incroyable règne au Typhoon Lagoon. Les
rapides moutonneux, les vagues tumultueuses, les rires
des enfants, le bruit des tambours d'acier et les cris des
adeptes du surf et des toboggans créent un maelström
d'activités incessant. Par contre, il n'appartiendra qu'à
vous de choisir entre les descentes vertigineuses et le
plaisir tranquille de se faire bronzer sur la plage en
sirotant une boisson.

Le **River Country** et le **Typhoon Lagoon** restent
généralement fermés durant les jours de pluie. Pour
ne pas vous déplacer inutilement, composez le
☎407-824-4321.

Pour s'y retrouver sans mal

Si vous en avez la possibilité, allez-y en voiture; c'est beaucoup plus facile et plus rapide que de recourir aux moyens de transport de Disney, et le stationnement est gratuit.

Du Magic Kingdom, de l'Epcot Center, du Contemporary Resort Hotel, du Polynesian Village ou du Grand Floridian Resort : Prenez le monorail jusqu'au Ticket and Transportation Center, puis montez à bord d'un bus se rendant directement au Typhoon Lagoon.

De Fort Wilderness ou du Caribbean Beach Resort : Prenez le bus qui va directement au Typhoon Lagoon.

De tout autre point de Disney World : Prenez un bus Disney jusqu'au Ticket and Transportation Center, puis montez à bord du bus qui va au Typhoon Lagoon.

En voiture

De la **route 4**, prenez la sortie de l'Epcot Center, et suivez les panneaux indicateurs pour le Typhoon Lagoon. Le parc se trouve à environ 800 m de la route 4.

Quelques précieux conseils

Avec le plan des lieux en main, il devient très facile de se déplacer au Typhoon Lagoon. Le seul véritable problème est que le site est généralement beaucoup trop bondé. Les moments les plus propices pour s'y rendre sont le printemps et l'automne, ou encore les lundis d'été. Les dimanches en matinée, le parc est également désert, car les gens des environs sont alors à l'église. Si vous devez absolument y aller une fin de semaine d'été, arrivez

30 min avant l'ouverture; vous aurez ainsi le temps de vous garer, d'acheter vos billets et de louer des chambres à air avant l'arrivée des foules. Durant la première heure, les toboggans et les autres attractions n'ont que de petites files d'attente. Il faut aussi savoir que, durant l'été et lors des longs congés, le Typhoon Lagoon atteint souvent sa pleine capacité (7 200 personnes) et ferme alors ses portes en milieu de matinée. Quand cela se produit, l'attente aux toboggans et aux descentes de rivières est inévitablement de plus d'une heure.

Arrivé sur place, installez-vous quelque part. Si vous êtes accompagné de tout-petits, la plage située près de la zone de **Ketchakiddee Creek** constitue votre meilleur choix. Si vous recherchez plutôt un endroit à la fois ensoleillé et ombragé, rendez-vous aux aires gazonnées qui entourent **Getaway Glen**, un vallon assez calme qui dispose de tables à pique-nique. Enfin, si vous adorez observer les gens, trouvez-vous un coin en face de la piscine à surf; les adolescents et les grands-parents faisant du surf sans planche vous offriront tout un spectacle.

Votre première expérience au Typhoon Lagoon devrait être celle du **Castaway Creek**. Cette balade en chambre à air zigzague à travers le parc et vous aidera à vous orienter. Rendez-vous ensuite aux piscines et aux autres attractions dans l'ordre qui vous plaira.

Services

Centre de services aux nourrissons (*Baby Services*) : Vous trouverez des tables à langer dans les toilettes. On ne fournit cependant pas de poussettes; apportez donc la vôtre.

Fauteuils roulants : Vous pouvez vous en procurer gratuitement pour la journée au comptoir des Guest Relations.

Serviettes et gilets de sauvetage : Vous pouvez apporter votre propre serviette, mais il est plus commode d'en louer une. Après avoir payé plus de 25 $ pour entrer, les serviettes devraient sans doute être gratuites. Si vous ne savez pas bien nager, vous pouvez obtenir gratuitement un gilet de sauvetage (moyennant un dépôt remboursable).

Douches, vestiaires et casiers : Les douches, les vestiaires et les casiers se trouvent tous sous des toits de chaume. Les casiers sont offerts en location.

Chaussures : Il est préférable de porter des chaussures même si vous n'avez pas les pieds sensibles. Il y a en effet beaucoup de béton dans ce parc, et certains sentiers sont accidentés. De simples sandales peuvent toutefois suffire.

Glacières : Apportez une glacière remplie de boissons désaltérantes et de victuailles. Les contenants en verre et les boissons alcoolisées ne sont pas tolérés. On vend néanmoins de la bière et des boissons glacées au rhum en plusieurs endroits.

Chambres à air : Ne louez une chambre à air que si vous comptez l'utiliser dans les piscines à surf et à vagues, car elles sont automatiquement fournies aux descentes de rivières. Afin d'éviter les longues files d'attente, soyez au bureau de location à la première heure. Sachez enfin qu'il n'est pas permis d'apporter sa propre chambre à air au Typhoon Lagoon.

Animaux de compagnie : Ils ne sont pas admis.

Points d'intérêt

Castaway Creek

Cette balade en chambre à air est tout spécialement destinée aux parents. Il s'agit d'une lente et longue descente, au gré des flots, dans une crique pittoresque qui se prête merveilleusement bien à la relaxation. D'une profondeur de 1 m, cette eau cristalline sillonne un paysage original. Entre les grottes et la verdure tropicale, vous croiserez des épaves de bateaux, des tonneaux et des glacières abandonnées (à cause du typhon décrit plus tôt), et vous vous baladerez sous les eaux de deux cascades. Le trajet donne une très bonne vue d'ensemble du Typhoon Lagoon. Il y a plein d'endroits où vous pouvez faire escale pour vous reposer, et ensuite reprendre le fil du courant. Sans escale, la descente dure une demi-heure.

Les piscines à vagues et à surf

Situées en plein cœur du Typhoon Lagoon, ces piscines sont très mouvementées. Techniquement parlant, il y a ici trois bassins : (1) le **Typhoon Lagoon**, une piscine à surf occupant la scène centrale, (2) le **Blustery Bay**, une piscine à vagues à gauche du lagon (si vous faites face au Mount Mayday), et (3) le **Whitecap Cove**, une piscine à vagues à droite du lagon. Les surfeurs expérimentés se tiennent au Typhoon Lagoon, où des vagues de 2 m passent à toutes les 90 s (les planches de surf ne sont pas tolérées; on ne se sert que de son corps). Pour ceux qui préfèrent des vagues moins imposantes, la houle du Blustery Bay et du Whitecap Cove n'atteint qu'environ 1 m; vous pouvez alors nager ou utiliser une chambre à air.

Le reste du «Monde»

Ketchakiddee Creek

Cette version nautique d'un terrain de jeu d'école renferme des douzaines d'endroits où s'ébattre et se
mouiller. Les enfants peuvent escalader des barils,
explorer des cavernes humides, glisser sur le dos d'une
baleine (qui crache même de l'eau) et descendre de petits
rapides sur des mini-chambres à air. Les «étangs de sable
à bulles», où les enfants peuvent s'asseoir dans des eaux
glougloutantes, sont particulièrement appréciés. Pour ces
jeux, les enfants doivent mesurer moins de 1 m et être
accompagnés d'un adulte.

Humunga Kowabunga

Lorsque les gens parlent du Typhoon Lagoon, le Humunga Kowabunga leur vient aussitôt à l'esprit. Il ne faut pas
s'en étonner, car ces trois toboggans haute vitesse sont
conçus pour vous donner la frousse de votre vie. Situés
l'un à côté de l'autre sur le flanc du Mount Mayday, ils
plongent à la verticale à travers des grottes pour se terminer dans le grand bleu. La vitesse moyenne y est de
65 km/h, et la durée moyenne du voyage, de 3 s. Interdit
aux enfants mesurant moins de 1,12 m ainsi qu'aux
femmes enceintes.

Storm Slides

Ces trois toboggans de type «tempête» sont conçus pour
les trouillards qui n'osent pas essayer le Humunga Kowabunga, et ils suivent un trajet sinueux à travers des
cavernes, sous des chutes et autour de rochers. Chacun
de ces toboggans de 90 m est tout de même assez
rapide (32 km/h) et offre un beau paysage.

Le reste du «Monde»

Raft Rides

Ces descentes de rivières sont extrêmement amusantes. Durant la descente des Gangplank Falls, des Mayday Falls ou des Keelhaul Falls, vous serez entraîné dans une spirale autour du Mount Mayday et contournerez des cavernes, des arbres et des rochers. Aucune d'elles ne donne de grands frissons, quoique celle des Mayday Falls présente un plus grand nombre de virevoltes et de tourbillons que les autres. Les descentes de Mayday et de Keelhaul se font seul dans une chambre à air, alors que celle de Gangplank regroupe trois ou quatre personnes à la fois à bord d'un canot pneumatique. Le Gangplank est idéal pour les familles, mais dans le cas où vous ne seriez pas assez nombreux, on vous jumellera à d'autres visiteurs. Vous devez mesurer plus de 1,12 m pour être admis à Mayday Falls et à Keelhaul Falls; Gangplank Falls n'impose aucune restriction. Les femmes enceintes ne sont admises à aucune de ces descentes.

En quête d'un parc nautique

Lors de votre séjour à Disney World, vous voudrez sans doute visiter un parc nautique. Mais, voilà, Disney en possède trois : le River Country, le Typhoon Lagoon et la Blizzard Beach. La question est donc de savoir lequel vous conviendra le mieux.

Si vous avez de jeunes enfants, c'est le River Country qui répondra le mieux à vos attentes. On y trouve en effet un bassin spacieux à l'intention des tout-petits, et l'atmosphère y est plus détendue que dans les deux autres. Le River Country ne peut toutefois rivaliser avec le Typhoon Lagoon et la Blizzard Beach si vous êtes plutôt à la recherche de toboggans nautiques enivrants et de décors fabuleux.

Aménagé en 1976, le River Country se révèle plus chaleureux et moins bondé. Le Typhoon Lagoon, qui a ouvert ses portes en 1989, est pour sa part sept fois plus grand, tandis que Blizzard Beach présente une superficie 10 fois plus importante que le premier! De plus, les deux géants se veulent plus high-tech et animés, ce qui veut dire que les enfants plus âgés et les adolescents insisteront pour que vous arrêtiez votre choix sur l'un d'eux.

Si tous les membres de la famille n'arrivent pas à s'entendre, voici ce que nous vous proposons : passez un après-midi au River Country et gardez le Typhoon Lagoon ou Blizzard Beach pour une soirée rafraîchissante au terme d'une journée éreintante dans un parc théma-tique. Notez par ailleurs que ces deux derniers sont couverts par le super laissez-passer de cinq jours (All-In-One) de Disney. Prenez néanmoins la peine de téléphoner avant de vous y rendre, car les parcs nautiques ferment parfois tôt.

Shark Reef Snorkeling Tank

On fait trop de cas de ce bassin de plongée-tuba. Tout d'abord, vous devez faire la queue de façon plus ou moins ordonnée, après quoi on vous fera traverser à la sauvette un réservoir bondé de gens (les préposés chronomètrent presque votre temps dans l'eau). En de rares occasions seulement, lorsque le Shark Reef n'est pas trop engorgé, le plongeon en vaut-il la peine. Les coraux sont faux, mais les milliers de poissons multicolo-res, dont les requins nourrices (ou dormeurs) et les requins-tigres, sont bien réels. Lorsqu'il n'y a pas de file d'attente, vous pouvez pourchasser à votre aise les poissons et explorer le pétrolier qui gît au fond du réservoir.

À NOTER : On fournit gratuitement l'équipement de plongée, bien que vous puissiez aussi apporter votre propre masque (s'il est en verre durci) et votre tuba, mais non vos palmes. Les préposés vous donneront un petit cours de plongée au besoin. Si vous désirez rapporter des souvenirs de votre expérience, sachez qu'on vend sur place des appareils photo étanches. Afin d'éviter la formation d'algues à l'intérieur du bassin, on maintient la température du Shark Reef aussi froide que 22°C, soit 8 degrés de moins que la température normale de l'eau dans les autres bassins du Typhoon Lagoon. Le Shark Reef est habituellement fermé de novembre à avril.

BLIZZARD BEACH

On aimerait penser que l'ouverture, à Disney, d'un troisième parc nautique, d'ailleurs curieusement semblable au second en lice, soit le Typhoon Lagoon (du moins par ses toboggans, ses manèges et son plan d'ensemble), ne pouvait que contribuer à délester les foules. Eh bien, non! La Blizzard Beach et le Typhoon Lagoon sont tous les deux bondés, et ce pratiquement tous les jours; les files d'attente des toboggans les plus rapides frisant les 90 min et la course aux chaises longues en milieu de matinée demeurant plus frénétique que jamais.

Blizzard Beach, qui couvre une superficie de 27 ha, fait beaucoup penser au Typhoon Lagoon, quoiqu'en version «hivernale». L'apparence de la neige (suggérée par le béton peint) s'y fait partout présente, skis et bâtons envahissent le décor, et un mini-télésiège se charge même de vous entraîner au sommet du mont Gushmore.

Le concept : une épouvantable tempête de neige a déferlé sur le centre de la Floride et déposé des tonnes de flocons du côté ouest de Disney, dont les responsables se sont empressés d'ouvrir le premier centre de ski de l'État. Puis, le soleil de la Floride est réapparu, faisant fondre une bonne partie de la neige, si bien que les pentes de ski se sont transformées en toboggans nautiques; c'est d'ailleurs ici que vous trouverez le plus rapide de Disney, voire du monde entier.

Pour s'y retrouver sans mal

C'est en voiture qu'on atteint le plus facilement et le plus rapidement Blizzard Beach. Le stationnement est gratuit, et vous n'aurez pas à attendre un bus de Disney pour en sortir. Si toutefois vous préférez vous y rendre en car, sachez que tous les complexes hôteliers de Disney offrent un service direct vers le parc, d'où vous pourrez en outre effectuer une correspondance vers tous les autres sites de Disney.

En voiture

De la route 4, prenez la route 192 en direction ouest jusqu'à World Drive, que vous emprunterez ensuite vers le nord.

Quelques précieux conseils

Vous n'aurez aucun mal à vous repérer sur les lieux. Orientez-vous tout d'abord en vous procurant un plan à la billetterie ou au bureau des Guest Relations. Foncez ensuite tout droit vers la première chaise longue inoccupée que vous verrez, et installez-vous-y. Si l'occasion s'en présente, vous apprécierez sans doute les abords sablonneux de la Melt Away Bay, une immense piscine aux vagues clémentes (mécaniques, bien sûr). Les adultes accompagnés de jeunes enfants apprécient en outre le décor de la pataugeoire du Tike's Peak, tandis que les adolescents préfèrent les installations du Ski Patrol Training Camp. Cela dit, peu importe où vous vous installerez, la foule sera omniprésente et les chaises seront le plus souvent cordées en rang d'oignons.

Prenez ensuite la direction du Summit Plummet, le toboggan le plus rapide qui soit, et aussi le plus couru, après quoi vous essaierez les Snow Stormers et Toboggan Racer. Les longues files d'attente de toutes ces attractions vous épuiseront, et mobiliseront vraisemblablement une bonne partie de votre matinée; prévoyez donc ensuite un moment de repos. Vous pourrez plus tard profiter des autres toboggans nautiques et divertissements aquatiques à votre gré.

Songez à prendre un pique-nique avec vous (les glacières sont autorisées sur le site) pour ne pas avoir à faire la queue une fois de plus devant un comptoir de restauration. Si toutefois vous désirez profiter des installations prévues à cet effet, mangez plus tôt ou plus tard pour éviter la cohue du midi.

Si vous voulez vraiment optimiser votre vitesse sur les toboggans, allongez-vous de tout votre long, croisez les chevilles, croisez les bras sur votre poitrine et arquez légèrement votre dos. Bon vol!

Blizzard Beach s'emplit très vite, de sorte qu'il faut s'y présenter de bon matin, préférablement avant l'ouverture du parc. Si vous prévoyez arriver en milieu de journée, prenez la peine d'appeler avant de vous déplacer, car le parc doit souvent fermer ses portes dès la fin de la matinée. Sachez toutefois que les hôtes des complexes d'hébergement de Disney sont généralement admis même après la fermeture des portes, à condition de prendre un car de Disney.

Services et autres détails

Centre de services aux nourrissons (*Baby Services*) : Toutes les salles de bain de Blizzard Beach sont équipées de tables à langer. Il n'y a toutefois pas de poussettes, de sorte que vous devrez apporter la vôtre.

Fauteuils roulants : Des fauteuils roulants sont gracieusement mis à votre disposition par le bureau des Guest Relations.

Serviettes et gilets de sécurité : Vous pouvez apporter vos propres serviettes, mais vous devrez les transporter mouillées en fin de journée. Vous trouverez sans doute plus pratique d'en louer sur place, au coût de 1 $ pièce (après avoir déboursé 25 $ à l'entrée, ne devraient-elles pas être gratuites?). Si vous ne savez pas très bien nager, vous pouvez en outre obtenir, gratuitement cette fois, un gilet de sécurité (moyennent un dépôt remboursable).

Douches, vestiaires et casiers : Vous trouverez des casiers en location, des douches et des vestiaires près de l'entrée du parc.

Chaussures : Les trottoirs de béton ont tôt fait de vous échauffer les pieds. Portez donc des chaussures (de solides tongs feront très bien l'affaire).

Glacières : Garnissez votre glacière d'un bon pique-nique et de vos rafraîchissements préférés (les boissons alcoolisées ne sont toutefois pas permises, les contenants de verre non plus). Les fruits coupés (surtout la pastèque) s'avèrent très savoureux au sortir de l'eau. Bière et panachés sont en outre vendus dans le parc.

Chambres à air : On met à votre disposition un nombre limité de chambres à air dans certains toboggans. Après la descente, vous remettez simplement la chambre à air à la personne en tête de la queue (quoique certains petits malins tentent de la garder pour eux, ce qui ne manque pas de causer tout un émoi). Vous ne pouvez apporter vos propres chambres à air à l'intérieur du parc.

Animaux de compagnie : L'entrée leur est interdite.

Points d'intérêt

Cross Country Creek

Ce cours d'eau serpente longuement et lentement autour du périmètre de Blizzard Beach, et offre une belle vue d'ensemble du parc. Vous pouvez l'emprunter, confortablement installé dans une chambre à air, et vous laisser glisser dans un décor tropical animé par les cris des enfants s'ébattant non loin de là dans les toboggans. Des fontaines menacent par endroits de vous refroidir les esprits (leur eau est à seulement 3 °C!), et les enfants ont grand plaisir à tenter d'y pousser leurs parents. Vous pouvez accéder au Cross Country Creek en plusieurs points de son tracé, d'une longueur totale de près de 0,9 km.

Melt Away Bay

Ce vaste bassin d'un bleu cristallin s'étend au pied du mont Gushmore, et dispose d'une machine à vagues qui envoie de clémentes ondes à sa surface. Des «rochers» typiques de Disney bordent l'extrémité de la baie, surplombés d'une cascade qui vous assure d'un bon massage dorsal, à moins que vous ne préfériez vous bercer doucement sur les eaux à bord d'une chambre à air.

Chair Lift

Conçu à la manière des télésièges d'antan, avec des planchettes de bois en guise de sièges, ce «manège» peut facilement vous induire en erreur. Vous aurez en effet, à première vue, l'impression qu'il vous suffit d'attendre en ligne ici (en général de 20 à 30 min) pour atteindre le sommet du mont Gushmore et ainsi accéder aux toboggans du Summit Plummet, du Slush Gusher et des Teamboat Springs. Mais, en réalité, le télésiège vous conduit simplement aux files d'attente de ces attractions, de sorte qu'il vaut mieux l'oublier et monter à pied.

Summit Plummet

Avez-vous jamais descendu un toboggan en chute libre à près de 90 km/h? L'expérience est quelque peu effrayante, follement amusante, et ne dure que quatre secondes. Pour reprendre les propos d'un visiteur : *«On arrive en bas avant l'eau.»* La chute s'effectue sur le flanc du mont Gushmore, d'une hauteur de 37 m, et si vous y regardez à deux fois avant de sauter, vous risquez de changer d'avis. Il s'agit du toboggan le plus rapide de Disney World, voire du monde à ce qu'on raconte. Les adolescents ne jurent que par lui, et n'hésitent pas à subir les interminables files d'attente pour le faire et le refaire. Les tonnes de béton blanc (destiné à imiter la neige) qui réfléchissent ici le soleil peuvent considérablement faire grimper la température ambiante, et vous aurez peut-être, quant à vous, du mal à envisager une attente d'une heure et demie sous une chaleur écrasante pour une descente de 4 sec. Pour amenuiser quelque peu la torture, allez-y dès votre arrivée dans le parc, et retenez que les femmes enceintes et les enfants mesurant moins de 1,25 m ne sont pas admis.

Slush Gusher

Une course plus longue et moins mouvementée sur les pentes du mont Gushmore vous attend ici, assortie de files moins longues. Vous vous y installerez à plat ventre sur une carpette munie de poignées, et emprunterez un tracé curviligne vous projetant bien haut sur les remparts du toboggan avant d'aboutir dans une piscine on ne peut plus rafraîchissante. Le décor est censé représenter une ravine de montagne encombrée de neige.

Toboggan Racer

Vous rappelez-vous les toboggans rectilignes multipistes des foires? Eh bien, vous les retrouverez ici en version nautique (avec carpette). Vous vous allongez sur le ventre et dévalez gentiment le flanc du mont Gushmore le long de l'une ou l'autre des huit pistes. Rien de bien effrayant, mais tout de même beaucoup de plaisir.

Teamboat Springs

La famille prend place dans un canot pneumatique à six places et s'engouffre dans un tourbillon de 365 m pour une sorte de partie d'autos tamponneuses aquatique. Ce ne sont pas les rapides du Colorado, mais vous ne trouverez pas de meilleurs saute-moutons en Floride. Les files d'attente sont malheureusement longues, si bien qu'il vaut mieux en profiter en début ou en fin de journée.

Runoff Rapids

Vous négocierez en solitaire, et sur une chambre à air, ces rapides moins houleux que les Teamboat Springs. Choisissez l'un des trois parcours qui s'offrent à vous, toujours sur les pentes du mont Gushmore, et profitez calmement d'une descente rafraîchissante qui vous plongera dans le noir pendant quelques secondes.

Snow Stormers

Du slalom géant version nautique? À Blizzard Beach, il s'agit de trois tracés en lacet ponctués de drapeaux et de bornes que vous croisez installé sur une carpette.

Ski Patrol Training Camp

Des toboggans étamés, des téléskis et d'immenses «icebergs» sur lesquels vous pouvez marcher, voilà ce que vous trouverez dans cette colonie estivale follement humide. Conçu pour les préadolescents et les adolescents, elle est constamment envahie par une foule enjouée qui s'amuse à grimper, à glisser et à s'arroser dans des eaux d'un bleu limpide.

Tike's Peak

Une autre colonie, mais cette fois pour les tout-petits, avec des bassins peu profonds, des jouets aquatiques, des toboggans courts et faciles, et de menues chambres à air. Un véritable bonheur pour les parents. Nul n'est admis dans le bassin dès lors qu'il mesure plus de 1,25 m.

WIDE WORLD OF SPORTS COMPLEX

Disney World s'est une fois de plus surpassé en créant un gigantesque complexe sportif multidisciplinaire. Il ne s'agit pas là d'une mince affaire, loin de là, puisque ses installations peuvent accueillir quelque trois douzaines d'événements sportifs amateurs, professionnels, senior et collégiaux, du tir à l'arc au taekwondo.

Aménagé sur un terrain de 80 ha, ce complexe réunit un stade de baseball de 7 500 places, des terrains de balle molle et un stade d'athlétisme, sans parler des courts de basket-ball, de volley-ball de plage et de tennis. Nombre d'équipes professionnelles y éliront d'ailleurs domicile, parmi lesquelles les Braves d'Atlanta (baseball), qui s'y préparent à leur saison officielle, et les Harlem Globetrotters (basket-ball), qui s'entraînent également sur un des nombreux courts disponibles.

D'entre les événements qu'on y a présentés et qui figurent au programme actuel, retenons des parties de basket-ball disputées par les Globetrotters, des matchs d'exhibition de football professionnel, des compétitions d'athlétisme collégial d'envergure nationale et des tournois de volley-ball de plage professionnel. Les gens qui désirent eux-mêmes prendre part à l'action peuvent s'inscrire à un «camp de rêve» tels ceux organisés par les Harlem Globetrotters. Mais il s'agit d'abord et avant tout d'un paradis pour sportifs de salon, à même d'accueillir les milliers de supporters en délire des équipes qui s'y produisent.

Après un match enlevant, faites un saut à l'Official All Star Café, un restaurant sportif à vocation familiale qui appartient à Andre Agassi, Wayne Gretzky, Ken Griffey, Jr., Joe Montana, Shaquille O'Neal et Monica Seles.

Vous pouvez vous procurer des billets pour les différents événements auprès de Ticketmaster ou directement à l'entrée. Les prix sont de 8 $ pour les adultes et de 6,75 $ pour les enfants de 3 à 9 ans. Pour connaître les événements à venir, appelez le service d'information du Wide World of Sports de Disney au ☎407-363-6600.

Pour s'y retrouver sans mal

Prenez un car pour Blizzard Beach au départ d'un des complexes hôteliers, et effectuez une correspondance vers le Wide World of Sports Complex.

En voiture, empruntez la route I-4 jusqu'à la sortie 25B (192 West). Prenez ensuite la première sortie (World Drive) et de nouveau la première sortie (Oseola Parkway) pour enfin tourner à droite au premier feu de circulation.

Toujours plus vite

Jusqu'à maintenant, le stationnement du Magic Kingdom n'avait que des airs de piste de course. Or, vous y trouverez désormais un véritable circuit.

En effet, grâce à la **Richard Petty Driving Experience**, une attraction aménagée en plein centre du stationnement du Magic Kingdom, les amateurs peuvent prendre le volant d'un stock car biplace et se lancer sur la piste à des vitesses atteignant 235 km/h! Combinaisons et casques protecteurs étant fournis, vous n'avez plus besoin que d'un permis de conduire, d'une expérience pratique de la conduite manuelle et... de nerfs d'acier.

Les maniaques de vitesse ne manquent pas de qualificatifs pour décrire leur expérience. On ne vous demande pas d'être un athlète pour donner libre cours à vos fantasmes, mais sachez néanmoins que ces voitures n'ont pas de portières, si bien que vous devez être suffisamment agile pour vous introduire à l'intérieur par une ouverture d'à peine 40 cm et pour ressortir par le même chemin.

Les conducteurs doivent en outre être âgés de 18 ans et plus (les 16-17 ans peuvent toujours prendre la place du passager à condition d'être accompagnés par un adulte), et les prix varient en fonction du nombre de tours de piste que vous effectuez. Pour réservation, composez le ☎800-BE-PETTY.

Le reste du «Monde»

DOWNTOWN DISNEY

Plus d'un quart de siècle après son ouverture, Disney World s'impose non seulement comme une des grandes «mecques» du divertissement, mais aussi, à proprement parler, comme une ville en soi, avec ses propres restaurants et hôtels, et même son propre code postal. Et voilà que Disney World a maintenant son propre centre-ville : Downtown Disney, qui se compose du Marketplace (autrefois connu sous le nom de Disney Village Marketplace), de Pleasure Island et du chic West Side. Il s'agit de la plus récente extension de ce géant du centre de la Floride, qui occupe une superficie totale de près de 50 ha en bordure d'un lagon et formera un gigantesque complexe regroupant des boutiques, des restaurants, des établissements nocturnes, des aires de jeux et divers autres lieux de divertissement.

Pour s'y retrouver sans mal

Il faut tout d'abord préciser qu'il est très facile de se rendre à Downtown Disney en voiture. Le stationnement y est grand et gratuit, mais la distance (à pied) qui le sépare de l'entrée principale est toutefois assez considérable. De la route 4, empruntez la sortie d'Epcot et suivez la signalisation pour Downtown Disney. Si vous prenez un bus Disney, comptez au moins 30 min pour vous rendre de votre hôtel à Downtown Disney.

Du Magic Kingdom, de l'Epcot Center, du Contemporary Resort Hotel, du Polynesian Village ou du Grand Floridian Resort : Prenez le monorail jusqu'au Ticket and Transportation Center, montez ensuite à bord du bus qui se rend directement à Pleasure Island, à West Side ou au Marketplace.

De tous les autres complexes hôteliers de Disney : Prenez un bus se rendant directement à Pleasure Island, à West Side ou au Marketplace.

De tout autre endroit à Disney World : Prenez un bus Disney jusqu'au Ticket and Transportation Center, puis montez à bord du bus qui va à Pleasure Island, à West Side ou au Marketplace.

En voiture

De la **route 4**, empruntez la sortie de l'Epcot Center et suivez les panneaux indicateurs jusqu'à Pleasure Island. L'île se trouve à environ 1 km de la route 4.

Le Disney's Animal Kingdom

Le Disney's Animal Kingdom, ouvert depuis mai 1998, saura satisfaire ceux qui recherchent une symbiose parfaite entre le monde animal et celui de l'imaginaire. Vous pourrez également assouvir vos fantasmes archéologiques en recherchant des fossiles de dinosaures, vous embarquer dans une folle épopée (safari) et rencontrer les personnages du *Lion King* ou encore frôler la mort à bord d'un manège machiavélique.

En vous promenant dans le parc, vous pénétrerez dans le **Safari Village**, où se dresse le **Tree of Life**. Le Kilimanjaro Safari regorge de sensations fortes, proposant une excursion dans la savane africaine où des animaux sauvages vous entourent; ponts balançants et canyons inondés attendent ensuite votre véhicule de safari. Après un moment de route trépidant, où aventure et poursuite allient leur force, vous vous retrouverez, béat, devant une bande de gorilles à la **Gorilla Falls Exploration Trail**. Pendant que vous reprenez votre souffle, laissez les enfants s'amuser au **DinoLand USA**, où, dans le **Bo-**

neyard Playground, ils déterreront un squelette... de mammouth! Parlant de dinosaure, embarquez dans le manège **Countdown to Extinction** afin de sauver le dernier des dinosaures.

Le complexe **Asia**, pour sa part, est ouvert depuis le début de l'année 1999. Au **Tiger Rapids Run**, vous pourrez vous adonner à une excitante descente en raft ou observer plusieurs animaux asiatiques, dont le dragon de Komodo.

Quelques précieux conseils

Le billet d'entrée à Pleasure Island vous donne accès à toutes les boîtes de nuit, de sorte que vous pouvez aller et venir à votre guise. Il ne vous en coûtera rien le jour, mais, après 19h, vous devrez débourser 18,86$ pour accéder au site. Les boîtes de nuit, les restaurants et les boutiques sont tous situés sur la même rue (Lake Buena Vista Boulevard), mais il n'en va pas de même pour les salles de cinéma, situées à l'extérieur de l'île et accessibles par un court pont. Même s'il est facile de s'orienter sur les lieux, vous devriez vous procurer un plan du site au guichet d'entrée ou dans n'importe quel restaurant ou boîte de nuit.

Points d'intérêt

Pleasure Island

Pleasure Island est l'endroit tout indiqué pour se défouler, le soir tout au moins. Durant le jour, lorsque les boîtes de nuit sont fermées, ce centre de divertissement de 2,4 ha est un lieu serein où l'on peut, à sa guise, magasiner, manger et se promener avec les enfants. Mais dès que sonne 19h, une musique assourdissante, des lumières aveuglantes et une mer de monde envahissent les rues. À Pleasure Island, vous trouverez un mélange de métal peint, de rues pavées de brique, d'enseignes au néon et de gens soigneusement vêtus; c'est un peu le coin dans le vent (ou à la page) de Disney, ou encore sa face excentrique. L'endroit s'enorgueillit de 7 boîtes de nuit, de 5 restaurants et de 10 salles de cinéma.

Ce qui rend la vie nocturne de Pleasure Island un peu particulière, c'est qu'il se passe autant de choses à l'intérieur qu'à l'extérieur. Les barmans font glisser les boissons sur les bars de trottoir, et les vendeurs de rue offrent à grands cris des «cadeaux» extravagants, alors que des orchestres de rock-and-roll et d'agiles danseuses (presque nues) présentent leur spectacle sur des scènes en plein air. Les gens du coin et les touristes y fraternisent vraiment (jeunes étudiants, grands-parents et yuppies confondus), et l'on organise chaque soir des fêtes du Nouvel An dans les rues. Des feux d'artifice illuminent le ciel de l'île, les confettis volent et les lasers découpent le ciel, le colorant sur des kilomètres (voir p 482).

Bien qu'aucun règlement n'existe à cet effet, sachez que Pleasure Island n'est pas un endroit où vous devriez emmener les enfants le soir. Les jeunes de 18 ans et plus ont accès à toutes les boîtes de nuit (sauf le Mannequins Dance Palace), mais ils ne peuvent consommer de l'alcool que s'ils ont 21 ans. Les boîtes de nuit laissent bien entrer les enfants de moins de 18 ans à condition qu'ils soient accompagnés d'un adulte, mais ils n'ont droit à aucune réduction sur le prix d'entrée.

Le reste du «Monde»

West Side

Ce «quartier» constitue sans doute le développement le plus branché de Disney depuis l'avènement de Planet Hollywood. Il fait partie du vaste complexe immobilier de Downtown Disney et propose de la musique en direct, des divertissements variés, des restaurants, des boutiques et le plus important complexe cinématographique de la Floride (5 390 places au total).

Parmi les établissements les plus branchés, il faut retenir le Bongos Cuban Café (qui appartient à la star de la chanson Gloria Estefan), le House of Blues (qui appartient à Dan Aykroyd, Jim Belushi, John Goodman et certains membres du groupe Aerosmith) et le Wolfgang Puck Café, les deux premiers présentant des spectacles sur scène. Vous trouverez également sur les lieux une succursale géante du disquaire Virgin, d'ailleurs le plus grand magasin du genre en Floride; il possède même une scène extérieure, des cabines de disque-jockey, 300 postes d'écoute de disques compacts et 20 postes de visionnement de vidéos. Parmi les nouvelles additions, retenons Disney Quest, qui renferme une myriade de manèges virtuels, ainsi que les installations consacrées au Cirque du Soleil.

Marketplace

Nous présumons que vous n'allez pas à Disney World dans le seul but de magasiner. Mais pour ceux qui ne peuvent résister à une brève escapade dans les magasins, il y a toujours le Downtown Disney Marketplace (autrefois connu sous le nom de Disney Village Marketplace). Aménagé tout à côté de Pleasure Island, cet endroit fantaisiste renferme des bâtiments bardés de bois disposés autour d'un lac. De petits bateaux à moteur sillonnent le plan d'eau, tandis qu'une musique lyrique se fait entendre dans les moindres recoins.

À l'assaut des vagues!

On ne devrait pas repartir de la Floride sans être monté dans un bateau. Ce ne sont, en tout cas, pas les occasions qui manquent à Disney World. La plupart arpentent les 81 ha du Seven Seas Lagoon (celui qu'on aperçoit toujours depuis le monorail) et le joli lac Bay, à proximité de Fort Wilderness. Selon votre fantaisie, vous pouvez aussi bien louer une vedette rapide qu'un pédalo, un canot ou un voilier. Le «bateau-ponton» motorisé est idéal pour la famille; il a 6 ou 12 places, est facile à manœuvrer et dispose de bancs ainsi que d'un toit, dispensant aux passagers ombre et confort.

Des bateaux sont offerts en location en plusieurs endroits pour des périodes d'une demi-heure ou d'une heure. Vous trouverez vedettes, pontons et pédalos à la **Fort Wilderness Marina** ainsi qu'à la **Downtown Disney Marketplace Marina**. Fort Wilderness loue également des voiliers et des bateaux pour le ski nautique, pilote et équipement compris. De plus, nombre de lieux d'hébergement de Disney offrent les mêmes services. Composez le ☎407-828-2204 afin de connaître les emplacements des bureaux de location et les prix en vigueur.

Les visiteurs à répétition de ce marché noteront immédiatement les changements dont il a fait l'objet à la suite de la création de Downtown Disney. Les 26 boutiques (certaines nouvelles, d'autres anciennes) proposent toujours une incroyable variété d'articles, des jouets coûteux aux décorations de Noël et aux vêtements de surf, mais la plupart se sont refait une beauté. Entre autres, The World of Disney renferme une incroyable collection d'objets liés à Disney; vous pouvez même vous y faire immortaliser sur pellicule auprès de Mickey ou d'un autre personnage de votre choix par un photographe professionnel.

Et même si vous n'êtes pas des coureurs de magasins, le marché demeure un bon endroit pour vous détendre. Au milieu de la journée, lorsque les parcs thématiques sont à leur comble, vous y trouverez en effet la tranquillité (à l'exception, peut-être, du Rainforest Café, qui semble toujours affairé). Faites un peu de lèche-vitrine, prenez un cocktail au bord du lac ou relaxez-vous simplement sur un banc face à l'eau.

Pour mieux explorer les lieux, procurez-vous un plan et un répertoire dans n'importe quelle boutique.

LES STUDIOS
UNIVERSAL

A vec Mickey, Cendrillon et Shamu l'épaulard comme têtes d'affiche, il était tout à fait prévisible qu'Orlando prenne tôt ou tard des airs de Hollywood. Les studios Disney-MGM furent les premiers à faire du cinéma dans la région lors de leur ouverture en 1989, mais les studios Universal (Floride) leur volèrent la vedette un an plus tard en devenant la scène cinématographique la plus sophistiquée qui soit à l'extérieur de Hollywood.

Suivant le style hollywoodien, ce géant du cinéma sut tirer profit des pâturages et des espaces sablonneux d'Orlando en les animant de personnages mythiques, de décors à faire rêver et de scènes électrisantes des grandes productions américaines. D'une superficie totale de 45 ha, cette Mecque du cinéma, érigée au coût de 650 millions de dollars, nous fait vivre des tremblements de terre, des fantaisies dignes des dessins animés les plus farfelus et même des voyages dans le temps, le tout dans une mer d'effets spéciaux.

Si Hollywood est une grande foire d'illusions, alors les studios Universal en sont une des grandes scènes. Car ici tout se passe sur le plateau. Vous y retrouverez la ville balnéaire de *Les dents de la mer*, le sombre Manhattan des années trente terrorisé par King Kong, et les forêts humides parcourues par E.T., mais aussi la maison de *Psychose*, la chic Rodeo Drive de Los Angeles et les rues de San Francisco.

Quatre fois plus étendus que ceux de Disney-MGM, les studios Universal constituent le plus important centre de production en dehors de Hollywood, aussi bien pour la télévision que pour le cinéma. Ils s'enorgueillissent de 38 décors de rues hautement élaborés, de 9 studios d'enregistrement, de 31 manèges, spectacles et attractions, de 17 restaurants et de 31 boutiques.

Techniquement parlant, le parc se divise en six zones thématiques distinctes, même si, dans les faits, il semble former un tout homogène, telle une toile irisée par la main experte d'un artiste. Les façades de verre, le stuc chamois et le marbre rehaussé d'or qui ont fait la renommée de Hollywood s'y mêlent au métal peint, aux chapiteaux de cirque et aux grands palmiers de la Woody Woodpecker's Kid Zone voisine. Les édifices de la **Woody Woodpecker's Kid Zone** reposent en bordure d'un lagon azuré qu'ils partagent avec les cabanes flottantes en tôle ondulée et les quais défraîchis de **San Francisco**, côtoyant elle-même la petite ville d'**Amity**, inspirée des stations balnéaires de la Nouvelle-Angleterre et ponctuée de cottages aux volets fermés ainsi que de marchands de foire.

Ces paysages marins cèdent bientôt le pas aux immeubles de grès brun, aux panneaux-réclame et aux boutiques exclusives de **New York**. Non loin de là, la zone des entrepôts de **Production Central** présente un décor minimaliste de rues dépouillées, d'édifices gris ardoise et de grandes affiches de cinéma. Et tout à côté, **The Front Lot** arbore des façades pastel délavées, des arches et des courbes Art déco ainsi que des devantures de restaurants qui accueillent les visiteurs aux studios Universal de Floride.

Plus élégants et un peu plus spacieux que leurs homologues hollywoodiens, les studios Universal de Floride doivent, du moins en partie, leur éclat au cinéaste de génie Steven Spielberg. En sa qualité de conseiller créatif des studios Universal – l'évasion, Spielberg a ici contribué à la conception de manèges bourrés d'action, de spectacles révélant les ficelles de l'art cinématographique et de paysages teintés de surréalisme. Les studios Universal doivent en outre au réseau télévisuel de Nickelodeon, qui y déplaça son siège social en 1990, et ce pour une grande part, l'attrait qu'exercent ses installations sur les enfants. Tous les jours de l'année, cette chaîne de production diffuse en effet de brillantes et amusantes émissions pour enfants tout en leur faisant découvrir certains aspects de ses installations à la fine pointe de la technologie.

Depuis le premier jour de leur mise en service, les manèges des studios Universal – l'évasion sont notoires pour leurs longues files d'attente. Mais quiconque a goûté l'envoûtement de *E.T.*, la folie de Yogi l'Ours ou les frissons de *Retour vers le Futur* sait que l'attente en vaut la peine. Par ailleurs, même si les manèges et les spectacles sont les grandes vedettes de ce parc, les décors de rue n'en constituent pas moins de véritables envolées imaginatives, vous entraînant d'un film à l'autre dans un voyage empreint de nostalgie, et on ne peut plus fidèle aux traditions de Hollywood.

Ces décors magiques placent le spectateur aussi bien devant que derrière la caméra, et l'on peut presque chaque jour y assister à un tournage quelconque, qu'il s'agisse d'un film ou d'une émission télévisée. Il est même possible (bien que moins probable) d'y décrocher un rôle de figurant. Pour la plupart des gens toutefois, le simple fait de découvrir cet univers hollywoodien est déjà bien assez enivrant. On y éprouve en effet une sorte d'exaltation presque puérile en découvrant que le rêve et la réalité peuvent se côtoyer d'aussi près.

À quel manège allons-nous maintenant?

La matinée tire à sa fin, vous avez vu Back to the Future, Les dents de la mer, E.T. et Hanna-Barbera, et vous vous demandez maintenant quelle direction prendre. Pour connaître l'état des files d'attente (les plus courtes comme les plus longues), rendez-vous aux postes d'information disséminés à travers le parc. Les tableaux d'affichage qu'on y trouve indiquent la durée approximative de l'attente pour chacune des attractions, et vous conseillent sur le meilleur moment où les visiter. Sachez toutefois que le temps d'attente affiché est souvent sous-estimé de 5 ou 10 min, ce qui est tout à fait compréhensible compte tenu du fait que les files peuvent fluctuer considérablement d'un instant à l'autre.

POUR S'Y RETROUVER SANS MAL

Des hôtels de la région : La plupart offrent un service de navette jusqu'aux studios Universal, parfois toutes les heures, parfois toutes les deux ou trois heures. Cette règle ne s'applique évidemment pas aux lieux d'hébergement de Disney World, quoique **Mears Transportation** *(☎407-423-5566)* comble avantageusement cette lacune. Les studios Universal se trouvent à environ 16 km au nord-est de Disney World.

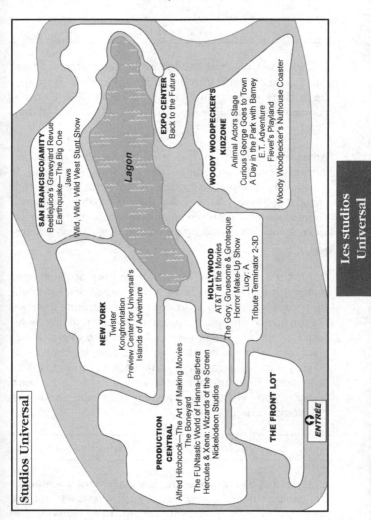

Studios Universal

SAN FRANCISCO/AMITY
Beetlejuice's Graveyard Revue
Earthquake—The Big One
Jaws
Wild, Wild, Wild West Stunt Show

EXPO CENTER
Back to the Future

Lagon

WOODY WOODPECKER'S KIDZONE
Animal Actors Stage
Curious George Goes to Town
A Day in the Park with Barney
E.T. Adventure
Fievel's Playland
Woody Woodpecker's Nuthouse Coaster

NEW YORK
Twister
Kongfrontation
Preview Center for Universal's
Islands of Adventure

HOLLYWOOD
AT&T at the Movies
The Gory, Gruesome & Grotesque
Horror Make-Up Show
Lucy: A Tribute
Terminator 2-3D

PRODUCTION CENTER
Alfred Hitchcock—The Art of Making Movies
The Boneyard
The FUNtastic World of Hanna-Barbera
Hercules & Xena: Wizards of the Screen
Nickelodeon Studios

THE FRONT LOT

⇧ *ENTRÉE*

Les studios Universal

En voiture

Les studios Universal s'étendent immédiatement à l'est de l'intersection de la route 4 et du Florida's Turnpike. De la **route 4**, empruntez la sortie **29** ou **30B**. L'entrée principale des studios est située en retrait de **Kirkman Road**.

Après avoir acquitté votre droit de passage, vous vous verrez assigner une place de stationnement dans le garage des studios. Un trottoir roulant vous transportera ensuite à travers CityWalk. Gardez la droite jusqu'à l'impressionnante entrée principale du parc, reconnaissable à son arche et au globe géant des studios Universal.

Du fait de leur taille monstrueuse, les studios sont rarement bondés au point de fermer leurs portes. Malgré tout, vous vous épargnerez des heures d'attente dans les files en arrivant le plus tôt possible, idéalement une demi-heure avant l'ouverture officielle du parc. Vous aurez alors tout le temps de garer votre voiture, d'acheter vos billets (si ce n'est déjà fait) et de vous procurer plans et brochures. Cela vous mettra en outre en excellente position pour visiter les attractions les plus populaires dès l'ouverture du parc.

Quelques précieux conseils

L'idéal serait de pouvoir entrer tranquillement aux studios Universal pour ensuite arpenter à votre aise le pittoresque Front Lot et le Hollywood Boulevard. Mais l'impitoyable réalité de la ruée vers les manèges, inhérente à tout parc thématique, vous impose une tout autre conduite. Car si vous voulez éviter les files d'attente à n'en plus finir, vous devez arriver tôt et filer en vitesse à travers les décors pour monter à bord de quelques manèges avant que les choses ne se gâtent. Compte tenu de la popularité et de l'emplacement des différentes attractions, il vous est conseillé d'entamer votre visite dans l'ordre suivant :

Back to the Future
E.T. Adventure
Jaws
The FUNtastic World of Hanna-Barbera

Si vous voyez ces quatre attractions avant 10h30, vous pouvez vous féliciter, car vous venez de sauver deux ou trois heures d'attente. Il ne vous reste plus qu'à vous détendre en visitant le reste des studios Universal – l'évasion, y compris Terminator 2-3D, dont la file d'attente est la plus courte en fin d'après-midi.

Notez également qu'il est préférable de visiter chaque zone thématique au complet (Hollywood, New York, etc.) avant de passer à une autre. Le parc est si grand que vous n'aurez aucunement l'envie de revenir sur vos pas, surtout si vous avez de jeunes enfants et une poussette.

Afin d'épargner un temps précieux, choisissez l'endroit où vous comptez déjeuner et soyez-y pour 11h30. De même, prévoyez dîner autour de 16h30. Non seulement éviterez-vous ainsi les embouteillages de 17h30, mais vous aurez en outre tout le temps de vous préparer au spectacle de cascades nautiques qu'est le **Dynamite Nights Stunt Spectacular**, présenté au lagon à 19h précises. Si vous projetez de dîner au Lombard's Landing, le restaurant le plus populaire du parc, prenez soin de réserver tôt dans la journée ou, mieux encore, appelez plusieurs jours à l'avance au ☎407-363-8000. Notez par ailleurs que le Monsters Café ne prend aucune réservation.

Services

Poussettes et fauteuils roulants : Offerts en location à l'entrée principale du parc, du côté gauche.

Centre de services aux nourrissons (*Baby Services*) : Situé dans le même bâtiment que les Guest Services, à l'entrée principale du parc, et au First Aid, derrière Louie's Italian Restaurant, entre New York et San Francisco. On trouve des tables à langer dans toutes les toilettes.

Casiers : Il y a deux séries de casiers, l'une près de la sortie du parc et l'autre avant l'entrée réservée aux groupes. Il en coûte 0,50 $ à chaque fois que vous utilisez un casier.

Animaux de compagnie : Ils ne sont pas admis aux studios Universal. Vous pouvez toutefois les confier pour la journée au chenil (comptez 5 $) situé près de l'entrée principale, à côté de la guérite du stationnement.

Enfants perdus : Signalez tout enfant égaré aux Guest Services, à l'entrée principale du parc.

Bureau des objets perdus et trouvés : Situé dans le bâtiment des Guest Services.

Échange d'enfants

Lorsque vous verrez un panneau portant l'inscription «Child Swapping», ne paniquez pas : il s'agit simplement d'un système ingénieux conçu par les studios Universal pour permettre aux parents d'essayer à tour de rôle les manèges qui risquent d'effrayer leurs tout-petits. Une aire spéciale est ainsi aménagée à l'extérieur de chaque attraction, où un parent peut attendre avec les enfants en bas âge pendant que l'autre monte à bord du manège. Une fois son tour terminé, ce dernier prend la relève pour permettre au premier d'essayer lui aussi le manège. Et puisque le premier parent a déjà fait la queue, le second passe automatiquement en tête de file!

Cet «échange d'enfants» est particulièrement apprécié aux attractions telles que Back to the Future, où les enfants doivent mesurer 1,17 m pour être admis, et The Gory Gruesome and Grotesque Horror Make-Up Show, qui effraye parfois les jeunes enfants. Pour plus de détails, adressez-vous sur place au personnel responsable.

Les studios Universal

Services bancaires : La First Union Bank, située à l'entrée principale du parc, offre des services de change, de chèques de voyage et d'avance de fonds sur carte de crédit. Vous y trouverez également un guichet automatique. Les heures d'ouverture fluctuent selon les saisons et concordent avec celles du parc.

Liste et horaire des spectacles : Consultez la brochure qu'on vous remet au moment d'entrer dans le parc.

Comment s'orienter sur le site

De loin le plus grand parc thématique à vocation exclusive de la Floride, les studios Universal sont très étendus. Même durant la saison morte, alors que les files d'attente sont réduites au minimum, il faut compter au moins deux jours afin de voir tout ce que ses 45 ha ont à offrir. Contrairement aux studios Disney-MGM, où les deux tiers du parc ne sont accessibles aux visiteurs que par le biais de visites guidées, vous pouvez parcourir à votre aise la presque totalité des studios Universal.

Sur plan, les studios Universal ressemblent à un grand *C* trapu s'apprêtant à avaler une gorgée d'eau; ce plan d'eau, c'est **The Lagoon**, alors que le *C* lui-même se compose de six zones thématiques distinctes et rassemblées autour de lui. À la base de ce *C* se trouve **The Front Lot**, avec son entrée principale bordée de palmiers et marquée par l'arche grandiose des studios Universal. **Hollywood** forme la courbe inférieure du *C*, dont la pointe se termine avec la **Woody Woodpecker's Kid Zone**. Quant au dos de ce *C*, il suit le tracé de **Production Central**, où d'énormes bâtiments abritent des studios de production pour la télévision et le cinéma ainsi que des manèges. Enfin, **New York** et **San Francisco/Amity** complètent la partie supérieure du *C*.

Il importe de vous fixer un point de ralliement au cas où vous vous sépareriez de ceux qui vous accompagnent. Le meilleur endroit se trouve en face du Mel's Drive-In, un restaurant Art déco tape-à-l'œil situé sur Hollywood Boulevard (à Hollywood naturellement).

THE FRONT LOT

Quelle meilleure entrée dans l'univers onirique du cinéma qu'un décor couleur de rose? Cette zone restreinte, quoique expressive, révèle une abondance de verre et de chrome, ponctués d'auvents cramoisis, d'édifices gris clair et de saillies donnant du relief aux façades. Au coin d'une rue, le café à ciel ouvert **The Boulangerie** tente les passants avec ses odeurs d'express et de croissants frais. Au **Fudge Shoppe** voisin, des femmes en tablier s'affairent au-dessus de grandes cuves remplies de chocolat onctueux, et offrent à grands cris des plateaux assortis de cette friandise.

Les studios
Universal

Photographies truquées

Si vous avez jamais eu l'envie de prendre des photos truquées comme on en voit au cinéma, voici votre chance. Grâce à des décors en carton de taille réduite et à un verre déformant, vous pourrez donner l'impression que vos sujets se trouvent dans les collines de Hollywood ou au cœur du bruyant Manhattan, à moins que vous ne préfériez un équipage de navette spatiale de la NASA. Pour ce faire, vous devez vous rendre à l'un des trois emplacements pour photos avec effets spéciaux qui se trouvent à Hollywood, à New York et à San Francisco/Amity. Placez vos sujets sous le décor en carton, mettez votre appareil sur le support métallique adjacent, ajustez vos lentilles sur le verre déformant, puis prenez la photo! (Si vous avez du mal à vous y retrouver, suivez les instructions qui figurent sur les panneaux prévus à cet effet.) Les meilleurs résultats sont obtenus entre 13h et 18h.

Néanmoins, ces douceurs mises à part, The Front Lot demeure essentiellement une zone d'affaires. On n'y trouve pas d'attraction comme telle, mais plutôt une foule de services aux visiteurs : location de poussettes, de fauteuils roulants et de casiers, bureau d'objets perdus et trouvés, services bancaires et services d'interprète pour non-anglophones. Avant de commencer votre visite, arrêtez-vous aux Guest Services afin de vous procurer plans et dépliants, de même que les horaires des projections et des spectacles de la journée.

HOLLYWOOD

Du Front Lot, le Hollywood Boulevard s'ouvre sur un pays de rêve. C'est ici, dans cette usine de l'imaginaire qu'on nomme Hollywood, qu'on retrouve les trottoirs incrustés d'étoiles, les boutiques en forme de chapeaux, les affiches de vedettes de cinéma et les façades recherchées qui semblent avoir été conçues par un magicien. Des palmiers élancés projettent leur ombre sur le revêtement rosé des rues, et les poussettes suivent la cadence de la chanson-titre du film *Mr. Ed*.

Nombre de symboles du sud de la Californie ont ici été merveilleusement reproduits. Ainsi, vous reconnaîtrez les accents Beaux-Arts du Beverly Wilshire Hotel et le vieux pèse-personne à sous de la buvette de Schwab. De la légendaire Sunset Strip, vous verrez le Ciro (boîte de nuit) et le Garden of Allah, un groupe d'édifices en stuc ornés de tuiles rouges et entourés d'herbes soyeuses et de fleurs plantées dans des pots d'argile. De chic boutiques arborent des noms tels que The Dark Room ou Studio Styles, alors que le Mel's Drive-In fait étalage d'un grand nombre de voitures de promenade des années cinquante dans un décor de vaisseau spatial. À toute heure du jour, les familles ne cessent de se faire photographier devant ces lieux drôlement chouettes.

On danse dans les rues

Vous pouvez chaque jour voir aux studios Universal divers artistes de rue, notamment les Blues Brothers, qui se produisent dans la rue Delancey (New York). Pour connaître les heures des différentes représentations, consultez l'horaire disponible aux Guest Services ou à n'importe quel magasin des studios Universal.

Les studios
Universal

Parmi tous les décors de rue qu'on trouve aux studios Universal, c'est Hollywood qui semble susciter le plus de passion et de curiosité. Il n'est d'ailleurs pas inhabituel d'entendre des commentaires du genre : *«Est-ce vraiment comme cela?»* ou *«Ouvrez grand les yeux, car vous ne reverrez jamais Hollywood d'aussi près!»* Peut-être cet engouement s'explique-t-il par le fait que l'esprit humain prend un malin plaisir à se délecter dans le monde de l'imaginaire. Ou peut-être chacun de nous désire-t-il, fût-ce secrètement, et quel que soit son âge ou son vécu, jouer un peu les vedettes.

Malheureusement, les attractions de Hollywood sont les moins attrayantes du parc. Il vaut donc mieux se contenter d'y explorer les décors de rue, passer outre aux pétards mouillés et prendre la direction de la Woody Woodpecker's Kid Zone sans trop s'attarder.

Terminator 2-3D ★★★★

Vous avez sans doute du mal à imaginer un Terminator plus convaincant que celui des deux films originaux. Eh bien, voilà l'expérience ultime à ce chapitre! Si les films ont fait battre votre cœur à tout rompre, cette attraction

on ne peut plus élaborée, qui fait appel à un environnement virtuel plus vrai que nature, vous fera exploser.

Une grande partie de l'action provient d'un film projeté
sur trois écrans convergents de 7 m sur 15 m placés à
l'avant de la salle. Ce film de 12 min, tourné à seule fin
d'actualiser l'attraction, met en vedette Arnold Schwart-
zenegger et d'autres comédiens de la distribution originale. Grâce à des effets spéciaux qui semblent projeter
l'image hors de l'écran, il vous fera bel et bien vibrer sur
votre siège tout en vous faisant passer de l'actuelle
Orlando à celle de l'an 2029, où Arnold et compagnie
livrent bataille au sinistre système de défense de Cyberdyne.

L'aspect le plus renversant de la présentation tient au fait
que les acteurs semblent se matérialiser tantôt sur
l'écran tantôt dans la salle. À un moment particulièrement intense, un comédien en chair et en os traverse la
salle sur une motocyclette, monte sur la scène et se fond
dans l'écran où sa course se poursuit sans coupure
apparente sur pellicule.

Comme d'autres attractions des studios Universal –
l'évasion, Terminator 2-3D préserve son réalisme du
début à la fin. L'entrée en matière (vous arrivez au siège
social de Cyberdyne pour assister à une présentation
secrète de son système de défense qui finit par mal
tourner) fait déjà en elle-même l'objet d'une réalisation
haute en panache, selon l'habitude des studios. Vous
savez qu'il ne s'agit que d'un spectacle, mais avez
pourtant du mal à retenir votre émoi au fur et à mesure
que se déroule la scène.

Bien que tout ne soit pas absolument parfait du commen-
cement jusqu'à la fin, vous vous devez de voir Terminator 2-3D, la finale à elle seule valant le déplacement.

Mais ce spectacle ne s'adresse nullement aux jeunes enfants.

À NOTER : Terminator 2-3D compte parmi les premières attractions que vous croiserez en entrant dans le parc, et les files y sont particulièrement longues en début de journée, alors qu'on attend souvent une heure ou plus avant d'entrer. Tentez plutôt votre chance après 15h.

Lucy : A Tribute ★★

Il ne s'agit pas de la huitième merveille du monde, mais si votre cœur bat pour l'héroïne de *I love Lucy*, vous apprécierez sans doute l'hommage qu'on lui offre ici. Étant aux comédies télévisées ce qu'Elvis est au rock, Lucille Ball a mérité l'honneur d'être représentée aux studios Universal, qui ont créé une sorte de musée rempli d'une foule de costumes, d'accessoires et de souvenirs de la célèbre série américaine, y compris des lettres de fans aussi célèbres que les ex-présidents Hoover, Eisenhower et Nixon. On y voit en outre des séquences filmées et des diapositives de la famille Arnaz, une reproduction à l'échelle du plateau de tournage utilisé pour la série et un quiz interactif pour les connaisseurs.

À NOTER : Si vous n'êtes pas un fervent admirateur de Lucy, vous serez probablement aussi fasciné par cette attraction que par les objets oubliés qui encombrent le fond de vos placards.

The Gory, Gruesome and Grotesque Horror Make-Up Show ★★

Les entrailles et le sang ayant toujours capturé l'attention des amateurs de cinéma américain, on s'attendrait à ce que cette attraction soit une grande réussite. Mais à moins d'avoir entre 8 et 18 ans, et d'être friand de scènes répugnantes, vous trouverez ce spectacle moins divertissant qu'un film d'horreur de série B. Présenté dans une salle confortable dirigée par un employé zélé de Universal, ce spectacle a pour but de dévoiler de façon originale les effets spéciaux utilisés dans certaines des séquences de films les plus macabres de Hollywood. Mais on y assiste plutôt à une succession ennuyeuse et décousue d'effets de surprise manqués : poignets coupés, blessures par balles, têtes sans torse et torses sans tête. Vous apprendrez entre autres comment la bouche d'un acteur se transforme en un motel délabré dans *Creep Show*, comment les têtes peuvent pivoter sur elles-mêmes dans *L'exorciste* et comment l'homme devient loup dans *Le loup-garou de Londres*. Les meilleurs moments de ce spectacle sont ceux où l'on montre les prises de vue classiques de ces films et d'autres, tels *Gorilles dans la brume* et *La mouche*. Au risque de paraître bête et méchant, il faut cependant avouer que, dans l'ensemble, les démonstrations laissent beaucoup à désirer.

Chaque année, le **Horror Make-Up Show** utilise 365 rasoirs à main, 863 l de sang artificiel ainsi que 2 070 l d'«entrailles» ensanglantées (composées de sauce aux crevettes, de bouillie d'avoine et de teinture rouge mélangées selon une recette secrète).

À NOTER : Certains enfants d'âge préscolaire sont effrayés par les détails sanglants, tandis que les plus vieux adorent souvent ces horreurs. Quant aux nourrissons, ils profitent de cet endroit frais et sombre pour faire un petit dodo.

AT&T at the Movies ★

Cette véritable escroquerie devrait plutôt s'appeler «Comment passer un quart d'heure ennuyant et irritant dans un parc thématique». Dans un cas flagrant de réclame commerciale déguisée en attraction de parc thématique, AT&T présente l'histoire d'un simple coursier se hissant au poste de cadre chez Universal. Le jeune homme, dont le rôle est tenu par un sosie de Tom Cruise, réussit ce tour de force en convainquant le grand patron des studios d'utiliser divers services d'AT&T! Après avoir suivi les péripéties de ce héros de fable usée, rappelant celle de la grenouille et du bœuf, à travers une série de courts métrages, les visiteurs peuvent parcourir des kiosques audiovisuels vantant les mérites d'AT&T.

À NOTER : Si vous êtes un peu maso sur les bords, vous pouvez toujours visiter cette «attraction» au milieu de la journée, lorsque les autres manèges sont bondés (celle-ci ne l'est jamais). **À éviter**.

Les studios
Universal

Woody Woodpecker's Kid Zone

Les enfants en visite aux studios Universal de la Floride n'avaient jadis qu'une aire de jeu où s'ébattre, alors qu'on leur consacre désormais une zone entière, sans doute pour souligner le fait qu'ils sont, eux aussi, de grands fervents des parcs thématiques.

Une grande partie de ce qui se trouve dans la Woody Woodpecker Kidzone appartient aux anciennes installations : le dinosaure pourpre chante toujours son amour pour les tout-petits («A Day in the Park with Barney»), E.T. tente encore de téléphoner à la maison («E.T.

Adventure») et Fievel parcourt sans relâche les égouts de New York à la recherche de sa famille («Fievel Playland»).

Mais il n'y a pas que du vieux, et, parmi les additions les plus intéressantes, il convient de retenir de petites montagnes russes à la Woody Woodpecker («Woody Woodpecker's Nuthouse Coaster») et une aire de jeu interactive («Curious George goes to Town») agrémentée d'accessoires de toutes sortes dans un cadre aquatique; il y a d'ailleurs fort à parier que, si vous en faites votre premier arrêt, vous risquez de ne jamais vous rendre à Amity.

Cet endroit imaginatif et mouvementé présente un assortiment de grandes constructions métalliques striées de bandes colorées, de chapiteaux rappelant ceux des cirques, d'épais massifs de palmiers et de grosses colonnes peintes à l'image des enseignes de barbiers. Malgré son nom, cette zone thématique n'a rien d'une exposition internationale, si ce n'est une rangée de drapeaux de différents pays et un bazar d'alimentation offrant des *gyros* à la grecque, des rouleaux impériaux asiatiques et des *bratwürsts* (saucisses) allemandes. L'ensemble est assez futuriste, même si quelques décors soulignent des contrastes frappants. Ainsi, la maison en ruine du film *Psychose* domine sombrement une colline à proximité du resplendissant Hard Rock Café, conçu en forme de guitare. Le soir, de la musique *heavy metal* emplit la noirceur de la maison hantée de souvenirs meurtriers comme seule Hollywood sait en créer.

Pourtant, ce sont les manèges, et non les décors, qui attirent constamment les foules à la Woody Woodpecker's Kid Zone. Nombre de visiteurs meurent d'envie de voir **Back to the Future**, un voyage dans le temps qui se déroule à l'intérieur d'une sorte d'entrepôt de couleur vive. D'autres ne jurent que par **E.T.**, avec sa balade palpitante à travers une forêt ne laissant filtrer que peu de lumière. Les enfants en raffolent, tout comme de l'**Animal Actor's Stage** voisin, où d'adorables créatures se livrent à d'habiles tours de passe-passe. Quant au **Fievels's Playland**, il s'agit d'un terrain de jeu agrémenté d'amusants accessoires géants qui fait surtout le bonheur des moins de 10 ans. Mais le nouveau temps fort pour les tout-petits, c'est **A Day in the Park with Barney**, qui leur donne l'occasion d'interagir avec l'adorable dinosaure pourpre entouré de ses amis.

De fait, la Woody Woodpecker's Kid Zone gagne surtout la faveur des familles. On y trouve, entre autres, le restaurant Animal Crackers pour les jeunes gourmets, la boutique E.T.'s Toy Closet et le magasin Animal House, rempli d'animaux en peluche tels Bugs Bunny et la Panthère Rose. Qui plus est, il y a plusieurs aires de repos surmontées de parasols où les parents peuvent décompresser après avoir fait la queue aux différents manèges.

Les studios Universal

Back to the Future ★★★★★

Ce simulateur de vol sophistiqué offre un étourdissant mélange de vitesse, de fantaisie, de frayeur et d'effets spéciaux à vous couper le souffle. À la suite de cette aventure, vous aurez tellement crié que vous en aurez mal à la gorge. Il s'agit d'un de ces manèges où les enfants de 12 ans topent bien haut avant d'annoncer à leurs parents qu'ils y retournent derechef.

Avant de monter à bord de la *DeLorean* à **Back to the Future**, remarquez l'inscription de sa plaque d'immatriculation : «Outatime» (intemporelle).

Basé sur la fracassante trilogie de *Retour vers le Futur*, ce voyage de 4 min vous fait parcourir les siècles à une vitesse supersonique. L'action débute dans une salle de réunion où un Doc aux yeux exorbités raconte à ses invités que Biff (le rustre du film) est revenu du passé. En tant que «volontaire pour voyager dans le temps», vous devez le retrouver et le renvoyer en 1955. Biff tente cependant de vous en dissuader lorsque, affichant sa tête de malotru sur un écran vidéo, il vous lance : *«Que regardes-tu, connard?»* Huit aventuriers montent alors à bord d'une magnifique *DeLorean* à remonter le temps, d'où s'échappe une fumée d'azote liquide ressemblant à de la glace en sublimation. Votre véhicule s'envole dramatiquement du garage, et vous êtes soudain enveloppé par un écran vidéo, de la taille d'une salle, qui vous transporte dans un monde fascinant d'illusions d'optique : vous tombez dans des chutes, vous vous précipitez du haut des falaises, vous butez contre les parois des cavernes et des canyons, et vous vous faites avaler puis recracher par un *Tyrannosaurus rex* en furie. Pendant tout ce temps, vous êtes constamment secoué, à tel point que vous avez du mal à distinguer clairement la personne qui est assise à côté de vous.

Pour cette attraction, les studios Universal se sont servis des simulateurs dernier cri utilisés aux Star Tours et Body Wars de Disney World, mais en y ajoutant du piquant : les bruits, les sensations et les images sont tous amplifiés, donnant presque l'impression d'une quatrième dimension. Ce réalisme «4-D» est obtenu en grande partie grâce à un film 70 mm projeté sur des écrans «hémisphériques» de la taille d'un édifice de sept étages qui entourent chaque *DeLorean*. L'électrifiante bande sonore du film a été produite à l'aide d'un système multipistes à effet de salle, et les secousses parfaitement synchronisées de la *DeLorean* sont provoquées par des circuits hydrauliques. L'édifice abritant le manège, bigarré de métal orangé, bleu vert et jaune moutarde, mérite à lui seul le déplacement.

À NOTER : Une affiche descriptive placée à l'entrée de Back to the Future indique qu'il s'agit d'un «manège dynamique simulant des acrobaties aériennes», une habile façon de dire qu'on s'y fait **beaucoup** secouer. Les enfants mesurant moins de 1,17 m ne sont pas admis, et on ne le recommande ni aux femmes enceintes, ni aux claustrophobes, ni aux personnes souffrant de maux de dos ou susceptibles d'avoir la nausée. Et ne prenez pas cet avis à la légère : si votre estomac est le moindrement fragile, pensez-y deux fois avant de monter à bord.

À peu près tous ceux qui visitent les studios Universal – l'évasion veulent essayer Back to the Future (même les masochistes à l'estomac fragile ou souffrant de maux de dos). Cela dit, sachez qu'à moins de vous y présenter **dès l'ouverture du parc**, vous devrez attendre de 45 min à deux heures! **À ne pas manquer.**

E.T. Adventure ★★★★

Le film à grand succès de Steven Spielberg a inspiré cette balade aérienne en bicyclette dans de brumeuses forêts de séquoias et vers de lointaines planètes. Le scénario est le même que dans le film : E.T. se trouve coincé sur Terre à trois millions d'années-lumière de sa bien-aimée Planète Verte. Le héros (ou plutôt son image digitalisée) monte sur votre bicyclette afin de rentrer à la maison, car il doit sauver sa planète d'une catastrophe certaine. Les lumières des villes scintillent tout en bas, alors que vous vous éloignez de la Terre en pédalant sous une pluie d'étoiles. Arrivé sur la Planète Verte, vous vous émerveillerez devant des eaux enchantées, des décors aux couleurs de l'arc-en-ciel, de petits E.T. dansant et des plantes qui semblent tout droit sorties d'un livre de contes. Le moment le plus touchant survient incontestablement à la fin de votre périple, lorsque E.T. vous fait ses adieux en vous appelant par votre prénom!

À NOTER : Ce manège dispose sans contredit de la plus attrayante salle d'attente qui soit : une forêt fraîche et ombragée où les troncs d'arbres sont plus gros que des voitures et où l'air a une odeur de nature vivante. Alors que vous vous approchez de votre objectif, un E.T., qui semble vivant, brille du haut d'un monticule et vous adresse la parole. Dans un tel cadre, l'attente habituelle de 45 min n'est, somme toute, pas si pénible.

La distribution spéciale d'E.T.

Véritable foire d'effets spéciaux sans pareils, E.T. met en scène 80 personnages animés, 558 arbres et buissons artificiels, et 306 plantes dansantes. L'immense ville d'Earth arbore 3 340 édifices miniatures, 1 000 lampadaires et 250 voitures, tandis que son ciel brille des feux de 4 400 étoiles.

Animal Actors Show ★★★

Les cages d'escalier vertes et aubergine qu'on peut apercevoir à l'extérieur de cet édifice ne laissent en rien présager ce qu'on découvrira à l'intérieur, soit une scène reproduisant des ruines anciennes et une forêt tropicale humide. Ce décor de jungle convient parfaitement à Jerry Lee, Chelsea, Mr. Ed et les autres créatures prenant la vedette de cette comédie animale farfelue. Dans un stade couvert de 1 500 places, le spectacle est animé par des entraîneurs qui démontrent à quel point les animaux peuvent prendre des traits humains. Vous y verrez un perroquet vous chiper l'argent des mains, un chien qui vous salue de la patte, boite et se couvre les yeux, ainsi qu'un chimpanzé aux lèvres épaisses qui fait une imitation de Mick Jagger. Plusieurs de ces animaux peu communs sont d'anciennes vedettes de la télévision ou du cinéma. Ce spectacle de 20 min renferme bien quelques longueurs, et certains animaux ne se montrent pas toujours à la hauteur des exploits qu'on attend d'eux, mais ces manques contribuent à rendre plus drôle encore ce spectacle qui, contrairement aux attractions programmées pour des automates, fait appel à la spontanéité.

À NOTER : Il y a rarement de longues files d'attente, de sorte qu'il vaut mieux y aller entre 10h et 16h, lorsque les autres attractions sont bondées. De six à huit spectacles sont offerts chaque jour; consultez l'horaire précis aux Guest Services ou à n'importe quelle boutique Universal, et soyez-y 10 min avant la représentation. Vous devriez être en mesure d'entrer sans attendre et de trouver un siège.

Les studios Universal

Fievel's Playland ★★★

Vous vous direz sans doute que c'est trop beau pour être vrai, mais ce terrain de jeu constitue l'un de ces rares endroits où vous pouvez déposer vos jeunes enfants et les oublier pendant quelque temps. C'est qu'à l'intérieur de cet univers miniaturisé, ils ont la possibilité de s'amuser à leur gré avec des accessoires géants inspirés des deux parties du film *American Tail*. Votre seul problème, si vous venez ici dans l'intention de vous reposer, tient au fait que vous ne saurez pas résister à Tiger, un chat robotisé, ennemi juré de Fievel (la petite souris), qui adresse la parole à tous les passants en empruntant la voix de Dom DeLuise. Vous vous laisserez en outre tenter par la «balade en boîte de sardines au milieu des égouts», qui vous entraîne aux confins de l'univers de Fievel. Pour la relaxation, il faudra donc repasser, mais qu'à cela ne tienne car vous saviez déjà qu'on trouve difficilement le temps de se reposer vraiment en ces lieux.

À NOTER : N'est pas populaire auprès des enfants de plus de 10 ans.

A Day in the Park with Barney ★★★

En 1995, les studios Universal dévoilaient leur attraction familiale en l'honneur de Barney, le célèbre dinosaure pourpre favori de tous les enfants d'âge préscolaire. Il s'agit d'une visite ludo-éducative en compagnie du reptile chantant dans un environnement spécialement conçu à l'intention des enfants et de leurs parents.

À l'intérieur du Barney Theater, une salle circulaire n'accueillant que 350 personnes à la fois, des trucages donnent l'impression à l'auditoire d'assister à un changement climatique comme par enchantement tandis que le jour cède rapidement le pas à la nuit. Entouré de sa meilleure amie, Baby Bop, et de son grand frère BJ, Barney, entraîne la foule dans d'adorables chansons telles que *If You're Happy and You Know It* et *I Love You*.

Mais ce sont Fred et Arthur!

Quoi de plus passionnant pour un enfant que de rencontrer Fred Caillou et Arthur Laroche? Ces joyeux comparses se tiennent habituellement à l'entrée des studios Universal, où ils se font photographier et signent des autographes. Vous pouvez également y voir d'autres personnages de dessin animé, tels George Jetson, Scooby Doo, Woody le Pic et Yogi l'Ours, talonné par son adorable compagnon Boubou.

Les enfants devraient savoir que les personnages ne parlent pas, mais communiquent plutôt par gestes. Ils sont aussi plus grands «dans la réalité» qu'à la télévision, ce qui peut parfois effrayer les tout-petits.

Après le spectacle, tout le monde se presse vers le jardin de Barney, rempli de merveilles comme cette murale sur mur de Velcro que les enfants peuvent modifier à leur gré, ou ces pierres qui émettent des sons musicaux et de ridicules bruits d'animaux lorsqu'on les piétine. Les enfants adorent aussi explorer la maison dans l'arbre de Barney, agrémentée de tunnels et de toboggans.

À NOTER : Pour éviter les longues files d'attente, projetez de vous y rendre dès l'ouverture des studios Universal.

Curious George Goes to Town ★★★★★

À en juger par son nom, on s'attend à ce qu'il s'agisse là d'une attraction réservée aux enfants – aux petits enfants –, et tel est bien le cas, si ce n'est que les très grands n'hésitent pas une seconde à en profiter avec leurs bambins.

La ville miniature aux couleurs vives représentée ici semble sortie tout droit des pages d'un livre de H.A. Rey. Vous pouvez en faire l'ascension de part et d'autre sous l'œil espiègle de George lui-même, perché au sommet d'une fontaine, l'eau étant d'ailleurs le thème récurrent des lieux, puisque tout, ou presque, est ici conçu pour vous... détremper. Il y a des pièges partout (entre autres ce téléphone à l'ancienne, d'apparence on ne peut plus *inoffensive*!) et, lorsque retentit la cloche d'incendie, prenez garde à la «chute» qui promet de s'abattre sur vous. Enfin, complètement à l'arrière, vous attend la version maison de la «piscine à balles», soit une pièce remplie de quelque 13 000 balles de mousse qui fusent de toutes parts, propulsées par des canons mis à votre entière disposition.

Les studios
Universal

À NOTER : nous n'avons ici que deux conseils à vous donner : visitez cette tumultueuse attraction par une journée chaude, et portez un maillot de bain.

Woody Woodpecker Nuthouse Coaster ★★★

Après avoir vu les grands affronter certains des manèges les plus audacieux du parc, les tout-petits peuvent maintenant se targuer d'avoir leurs propres montagnes russes. Prenez place à bord de ce mini-monstre, et parcourez l'usine de trucs et gadgets de Woody. Le court tracé sur rails, d'à peine 244 m à une vitesse maximale de 22 km/h, vous réserve toutefois quelques virages assez raides, sans doute incomparables à ceux des grands manèges mais tout de même surprenants; néanmoins, comme la randonnée ne dure en tout qu'une minute et demie, la plupart des enfants n'auront même pas le temps d'avoir peur.

À NOTER : au moment de mettre sous presse, ce tout nouveau manège n'était pas encore très couru; attendez-vous toutefois à ce qu'il attire sous peu une foule nombreuse, comme c'est généralement le cas dans les parcs visant surtout une clientèle adulte.

SAN FRANCISCO/AMITY

Aux studios Universal – l'évasion, vous ne trouverez aucun endroit plus invitant que San Francisco/Amity. Ces deux villes convergent sur un lagon bordé de rochers où flottent des sloops et des remorqueurs pleins de suie. C'est un lieu de fête portuaire, ponctué d'entrepôts en tôle, de jongleurs de rue, d'édifices en brique rouge, de marchands de carnaval, de chalets en bardeaux, de phares, de joueurs de banjo et de trompettistes, le tout dans un vibrant et joyeux pot-pourri aux accents culturels.

On peut difficilement tracer une ligne de démarcation entre San Francisco et Amity, et ce, en dépit du fait que chacune conserve son cachet particulier. San Francisco se distingue par ses rues pavées, ses constructions en planches, ses vieilles pompes à essence et la D. Ghirardelli Co., une usine de chocolat située près du Fisherman's Wharf. Les docks sont encombrés de casiers à homards et de filets de pêche, tandis que les rails du *cable car* coupent la rue en deux (le *cable car* lui-même n'est cependant pas en vue). On a accordé tellement d'importance aux détails que même les vieux écriteaux portant l'inscription «Pêche interdite» sont écrits en chinois.

Les studios Universal

«San Francisco Vice»

Un coucher de soleil s'amorce derrière les installations portuaires de San Francisco quand, soudain, un bateau de trafiquants de cigarettes arrive à toute allure et frappe un mur de flammes. Deux autres embarcations fendent bientôt les flots et, grâce à une manœuvre éclair, évitent de justesse un quai voisin, sous les cris de soulagement de la foule.

Au bout du compte, les bons capturent les méchants, et chacun rentre chez soi, heureux mais un peu étourdi par ce spectacle de cascadeurs. Il s'agit du **Dynamite Nights Stunt Spectacular**, une production mouvementée des studios Universal présentée presque chaque soir sur The Lagoon. Pour être aux premières loges, rendez-vous au bord de l'eau 20 min avant l'heure de la représentation.

Plus loin, le long de la rive, Amity prend des airs de fête foraine. Cette station balnéaire de la Nouvelle-Angleterre, qui se veut une reconstitution du village tristement célèbre de *Jaws*, est un ramassis de marchands de maïs soufflé et de glaces, d'artistes de rue, de maisons de style *Cape Cod* et de stands de jeux, pleins d'animaux en peluche. Un homme à la peau cuivrée dessine des scènes marines tandis qu'une femme solidement charpentée, cramponnée à un microphone, se targue de pouvoir deviner votre âge ou votre poids. Et le gros méchant en personne, un imposant requin blanc de 7 m, la gueule garnie de dents acérées, est suspendu au beau milieu de la ville.

Jaws ★★★★★

Les dents de la mer s'inscrit dans la même veine que *King Kong*, *Earthquake* et d'autres grands classiques à vous donner des frissons dans le dos. Il ne s'agit pas ici du requin peu convaincant que vous avez peut-être déjà vu aux studios Universal de Los Angeles, mais bien du monstre lui-même, ou presque, campé dans un décor époustouflant de 3 ha avec un lagon contenant près de 20 millions de litres d'eau. Cette attraction est d'ailleurs en voie de devenir une des plus populaires du site. Les amateurs de sensations fortes prennent place à bord d'un des huit bateaux mis à leur disposition pour une croisière dans les eaux paisibles d'Amity quand, soudain, un grand requin blanc de 2,75 t, mesurant près de 10 m et filant à une vitesse de 6 m/s, fonce tout droit sur leur embarcation vacillante. Les assauts répétés du grand meurtrier font vivre aux passagers 5 min d'enfer qui se terminent dans un mélange d'explosions, de flammes envahissantes et d'odeurs rassurantes de chair de squale calcinée.

À NOTER : Cette attraction est toujours bondée, même le soir; il vaut donc mieux s'y rendre le plus tôt possible. Les gens qui ont peur de l'eau ou qui ont déjà échappé de justesse à un requin affamé devraient réfléchir deux fois plutôt qu'une avant de se lancer dans cette aventure.

Les studios Universal

Wild, Wild, Wild West Stunt Show ★★★★

Un cow-boy du nom de Clod Hopper et son frère Cole font ici valoir leurs talents de bandits armés et de bagarreurs. Pour ce faire, les Hopper se livrent à des cascades impressionnantes, se précipitant du haut des édifices et dynamitant même une petite ville. Ce spectacle de 15 min à vous faire dresser les cheveux sur la tête révèle certains secrets de cascadeurs ainsi que des séquences de westerns connus, et se déroule sans interruption tout au long de la journée.

À NOTER : Certains jeunes enfants risquent d'être effrayés par les rafales de tirs et les explosions, mais, en règle générale, les adolescents adorent ce spectacle.

Earthquake, The Big One ★★★★

Le métro est bondé de gens lorsque survient la première secousse. Peu à peu, ce léger frémissement de la croûte terrestre se transforme en tremblements si violents que vous n'arrivez plus à vous agripper nulle part. Les ampoules éclatent et tout est subitement plongé dans le noir. La ville en flammes commence à s'écrouler, et des pots de fleurs de même que des morceaux de voies élevées s'abattent près de votre wagon. Un camion citerne plein de gaz propane glisse dans une crevasse et explose en dégageant une bouffée de chaleur qui atteint votre visage. Mais l'incendie est tout de suite maîtrisé par un raz-de-marée qui menace de vous engloutir par la même occasion. Vous êtes déjà en train de réciter un «Je vous salue Marie» lorsqu'un homme lance à brûle-pourpoint : *«Coupez!»* Alors, comme si l'on rembobinait simplement une cassette vidéo, tout revient étrangement à la normale, et le métro poursuit son chemin comme si de rien n'était.

> Pour le déluge subit d'**Earthquake**, on recycle plus de 200 000 l d'eau toutes les 6 min.

Cette balade à vous couper le souffle simule un tremblement de terre de force 8,3 sur l'échelle de Richter. Inspirée du film *Tremblement de terre* et narrée par Charlton Heston, cette aventure vous donne l'occasion de découvrir de façon on ne peut plus saisissante les secrets de tournage des grandes catastrophes. Un film présenté avant la balade démontre à quel point on peut, à l'aide de décors miniatures, d'images composites, d'un écran bleu et de cascadeurs, donner à l'illusion des allures de réalité. Afin d'amplifier le caractère dramatique de la balade, les studios Universal ont retenu les services de John Dykstra, grand spécialiste des effets spéciaux, et lui ont demandé d'assurer la conception de l'incroyable séquence filmée qui l'accompagne. Plusieurs des accessoires sont tout ce qu'il y a de plus vrai, y compris la rame de métro de 18 tonnes (achetée à la Ville de San Francisco), qui peut transporter jusqu'à 200 passagers, et un tronçon de route pesant plus de 20 000 kg. Près de la sortie d'Earthquake, Amazing Pictures publiera votre photo en page couverture d'un magazine connu.

Bien que l'attraction jouisse d'une grande popularité, on ne peut s'empêcher d'être troublé par le fait que les studios Universal présentent San Francisco de façon si éclatante pour ensuite reproduire la pire catastrophe qui pourrait la frapper. Même si, en principe, le manège s'inspire d'un film qui traite d'un tremblement de terre, il y a fort à parier que ceux qui ont déjà vraiment senti la terre bouger sous leurs pieds se contenteraient volontiers d'une promenade parmi les magnifiques décors de rues de cette zone thématique.

À NOTER : Les moins de trois ans ne sont pas admis, et les enfants plus âgés sont parfois effrayés par les effets spéciaux. Ce manège n'est pas recommandé aux personnes qui paniquent facilement.

Beetlejuide's Graveyard Revue ★★★★

Cette revue musicale animée par Bételgeuse en personne, héros du film et des dessins animés du même nom, met en vedette diverses célébrités parmi les morts vivants, dont Dracula, l'homme-loup, Frankenstein et son adorable fiancée. Tous ces sinistres personnages dansent, chantent et jouent la comédie sur des airs de reggae, de rock, de soul et de *rhythm 'n blues*, tandis que des effets d'éclairage illuminent la scène.

À NOTER : Ce spectacle n'a rien pour effrayer les plus jeunes, à moins qu'ils se mettent à trembler aussitôt qu'ils aperçoivent un comédien déguisé en monstre. La salle est couverte (mais non intérieure), et, pour plus d'atmosphère, vous devriez y aller le soir.

NEW YORK

Aux studios Universal – l'évasion, 15 m à peine séparent San Francisco de New York. Sur cette courte distance, les paysages marins cèdent bientôt le pas aux murs de grès bruns, aux rues de brique argentée, aux théâtres sophistiqués et aux étalages débordant d'oranges et de pommes alléchantes de la grande métropole. Une enseigne de barbier rouillée se dresse dans une étroite ruelle bordée de panneaux métalliques froissées et de devantures embuées et remplies d'articles bon marché.

Il émane de cet endroit un certain charisme, une apparence coquine qui tente de refléter avec autant d'exactitude que possible la culture de la Côte Est américaine. Les panneaux-réclame annoncent les grandes productions de Broadway, et les façades ornementées dressent un portrait éblouissant de l'Upper East Side (quartier riche de New York). En face du Macy's, un sosie de Marilyn Monroe est penché sur un taxi, son image se reflétant sur le brillant capot jaune de la voiture. Vêtue d'une robe dorée très serrée, un boa de plumes saphir autour du cou, elle fait mine d'embrasser les passants à distance et roucoule avec une modestie affectée; un homme portant un costume zazou et des demi-guêtres fait une pause devant elle, regarde sa montre de poche en or et poursuit son chemin.

Quelques sites connus de la «Big Apple» ont été reproduits avec nostalgie, comme le Greenwich Village, le Grammercy Park et le pont Queensboro. Il y a aussi une galerie marchande de Coney Island, une petite boutique d'objets d'occasion (Second Hand Rose) ainsi qu'un vrai restaurant italien (Louie's). Et une boutique de vêtements de safari vous propose, comme seule Hollywood sait le faire, un attirail complet pour vos expéditions dans la jungle, sans doute au cas où vous rencontreriez King

Kong. Car étant donné qu'il s'agit d'une version holly-woodienne de New York, qui sait si vous ne tomberez pas face à face, au tournant d'une rue, avec le gigantesque gorille…

Kongfrontation ★★★★★

Cette attraction, une des plus détaillées et des plus irrésistibles des studios Universal – l'évasion, oppose une rame de métro pleine de pauvres visiteurs innocents (dont vous) au sauvage mastodonte qu'est King Kong. L'effroi s'installe quelques secondes à peine après être monté à bord d'un wagon de métro aérien reliant tout bonnement Manhattan à Roosevelt Island. Du haut des airs, vous apercevez les signes révélateurs du passage de la bête : édifices piétinés, conduites d'eau rompues et wagons (pareils au vôtre!) écrasés comme des jouets. Puisqu'il n'y a pas de fumée sans feu, vous ne tardez pas à rencontrer un gorille pour le moins indisposé. Il arrache des poteaux de téléphone et frappe votre train comme s'il s'agissait d'une vulgaire banane. Dans la bataille qui s'ensuit avec la bête, les hélicoptères tirent sur King Kong et ce dernier projette votre train au sol dans un plongeon à couper le souffle (mesuré à 1,75 G, ou 1,75 fois la force gravitationnelle).

Ouvrez bien l'œil, sans quoi vous risquez de manquer plusieurs détails du décor, comme les graffitis crasseux du métro, les sacs à ordures déchirés et les béquilles dépassant d'une benne. Il y a aussi cette itinérante qui a tellement l'air vrai que certains visiteurs s'enquièrent parfois d'elle auprès du conducteur de la rame. Ces accessoires en trompe-l'œil ornent les quelque 50 façades de Manhattan qui composent le décor de Kong-frontation, à l'intérieur d'un studio de tournage de 6 600 m^2 de la taille d'un édifice de six étages, parmi les plus spacieux du monde. Et puis il y a le grand gorille lui-même, ce spécimen de plus de 5 t, aussi grand qu'un immeuble de quatre étages; il s'agit en fait du plus imposant robot assisté par ordinateur au monde. L'envergure de ses bras est de plus de 16 m, et sa fourrure seule pèse plus de 3 000 kg!

À NOTER : Les femmes enceintes et les enfants de moins de trois ans ne sont pas admis; les enfants âgés de moins de neuf ans ou mesurant moins de 1,22 m doivent être accompagnés d'un adulte. Ce manège est, somme toute, plus excitant qu'effrayant. Cette attraction géniale a de très longues files d'attente en milieu de journée (de 45 à 60 min). Tentez votre chance après 18h, alors que l'attente ne doit normalement pas excéder un quart d'heure. **À ne pas manquer**.

Twister ★★★★★

Bien que son nom laisse imaginer des montagnes russes nouveau genre, il s'agit en réalité d'un spectacle de trucages, quoiqu'on puisse aussi parler de «manège».

Après un court métrage sur les tornades (mettant en vedette les étoiles de la superproduction du même nom, Helen Hunt et Bill Paxton), on vous conduira aux ruines de la maison de «tante Meg», puis au fameux ciné-parc qui se voit complètement ravagé dans le film. Mais ce n'est pas tout, car c'est alors que commence vraiment la ronde des effets spéciaux : vents insoutenables, jets d'eau, incendies spontanés et, au moment où vous êtes persuadé qu'il est impossible d'en faire davantage... une vache volante.

À NOTER : Twister est à tout le moins bruyant et intense. Nombre d'adultes vont même jusqu'à se recroqueviller au plus fort de la «tempête». Et, si vous vous demandez d'où proviennent les cris que vous entendez alors que vous faites encore la queue, sachez qu'ils appartiennent aux «victimes» de l'avant-spectacle! En aucun cas un endroit pour les petites natures, enfants ou adultes.

Islands of Adventure Preview ★★

Les attractions du centre de la Floride semblent se multiplier à un rythme sans précédent, et les studios Universal n'échappent pas à la vague. D'ici 1999, ce parc thématique de 45 ha aura vu quadrupler sa superficie, et s'adjoindra un complexe de divertissement baptisé Universal Studios – CityWalk, cinq hôtels et un second parc thématique du nom d'Universal Studios – Islands of Adventure.

Les amateurs de sensations fortes devront naturellement attendre l'aube du prochain millénaire avant de pousser leurs premiers cris, mais les curieux peuvent d'ores et déjà avoir un aperçu de l'avenir grâce à Islands of Adventure – L'avant-première. Vous y trouverez cinq salles thématiques offrant un tour du propriétaire des différentes zones caractérisant le nouveau parc : Seuss Landing, Toon Lagoon (le lagon des personnages de dessin animé), Marvel Super Hero Island (l'île des super-héros de Marvel), The Lost Continent (le continent perdu) et Jurassic Park. Portez une attention particulière à la salle consacrée au parc jurassique, où une porte d'entrepôt en apparence sans danger s'ébranle soudain... visiblement sous le poids des créatures rugissantes qui tentent de l'enfoncer.

À NOTER : Cette avant-première n'est pas tant une attraction en soi qu'une initiative publicitaire destinée à mousser l'expansion de Universal. Elle n'est par contre que rarement bondée, ne prend que quelques minutes à visiter et vous permet de passer un moment à l'air

Les studios Universal

climatisé. Allez-y vers midi, lorsque les files d'attente des autres attractions sont les plus longues.

PRODUCTION CENTRAL

Tel un quartier d'entrepôts qu'on aurait soigneusement astiqués, Production Central est un labyrinthe de gigantesques édifices sans ornement, tous alignés en rangées bien droites. Ce sont là les «muscles» des studios Universal – l'évasion, l'arrière-boutique des salles de tournage, des équipements techniques, des costumes et des accessoires.

Les studios Nickelodeon, produisant des émissions télévisées pour enfants, constituent la seule exception à la rigueur de ce décor. Cet édifice, on ne s'en étonnera guère, semble en effet avoir été peint avec les doigts dans une impressionnante gamme de couleurs. Les lieux sont remplis de châteaux en carton, devant lesquels vous ferez d'excellentes photos, et d'invitants bancs de parc en forme de main.

Contrairement à San Francisco, à New York et aux autres zones thématiques, Production Central n'a pas de décors de rue. Vous retrouverez plutôt les décors dans ses cinq attractions consacrées aux nouveautés comme aux classiques légendaires de Hollywood.

Appel aux enfants qui aiment jouer!

Les petits gradins sont remplis de parents excités quand un premier enfant monte sur les planches. À quatre pattes, la petite fille pousse une orange avec son nez. Quelques minutes plus tard, un autre enfant fait le pingouin en traversant la scène, un poulet en caoutchouc entre les genoux.

Ce ne sont là que deux exemples du cirque farfelu qui attend les visiteurs du **Nickelodeon Studio's Game Lab**. À travers ces répétitions quotidiennes, la chaîne de télévision essaie parfois de nouveaux jeux pour ses futures émissions. (Pour connaître les heures de ces séances, rendez-vous aux Guest Services du Front Lot ou renseignez-vous auprès d'un préposé de Nickelodeon). À part les jeux, les participants peuvent visiter la cuisine de Nickelodeon et goûter aux bons petits plats qu'on prépare lors des émissions pour enfants; le mets le plus populaire au menu? La glu verte!

Les studios Universal

Les studios Nickelodeon ★★★★

Il est facile de trouver les studios Nickelodeon : suivez les zigzags orange brillant jusqu'à l'édifice où se trouvent des douzaines d'enfants en extase qui poussent des cris aigus et gambadent à qui mieux mieux. C'est sûrement l'endroit le plus joyeux des studios Universal – l'évasion, car les enfants peuvent s'y abandonner corps et âme à certaines de leurs émissions favorites. Tout semble faire partie d'un gigantesque jeu, jusqu'à l'édifice de style postmoderne aux cages d'escalier jaunes, aux triangles rouges, aux gribouillis noirs et aux amibes bleues. Près de l'entrée, un geyser crache une matière gluante de couleur verte de ses têtes en forme de pommes de douche. À l'intérieur de l'édifice, vous ferez la visite de la seule et unique chaîne télévisée américaine entièrement conçue spécialement pour les enfants. La plus grande partie des émissions de Nickelodeon sont filmées ici dans deux salles de tournage; les visiteurs assistent donc presque toujours à un enregistrement. Vous verrez aussi les salles de maquillage et d'habillage qu'utilisent les vedettes préférées des enfants, ainsi que l'entrepôt de costumes et d'accessoires (un monde de rêve pour les enfants, où s'empilent les objets les plus farfelus). La visite atteint son point culminant dans une salle bourrée d'enfants joyeux et de parents non moins heureux.

Pour connaître les émissions en cours d'enregistrement au moment de votre visite, appelez la Nickelodeon's Production Announcement Line *(☎407-363-8586)*. Des billets valables la journée même sont offerts à l'extérieur des studios Nickelodeon, à même le prix d'entrée (premier arrivé, premier servi).

Hercules & Xena : Wizards of the screen ★★★

Universal enrichit l'habituelle visite des studios de trucage avec cette attraction gravitant autour de deux séries populaires : *Hercules: The Legendary Journeys* et *Xena: Warrior Princess*.

Le spectacle se déroule dans trois studios distincts (image, numérisation et son), où l'on demande à des volontaires de prendre la place de comédiens en vacances. Les producteurs des trois studios projettent des séquences mettant en vedette Hercule (Kevin Sorbo) et Xena (Lucy Lawless), et se servent de l'auditoire ainsi que d'ordinateurs pour y intégrer effets sonores et visuels. Une fois le tout complété, le point culminant portant sur l'affrontement du bon et du méchant, les volontaires sélectionnés au départ peuvent enfin voir le résultat de leur prestation intégrée à l'action.

Cette attraction bien conçue est l'occasion d'un cours interactif particulièrement efficace sur la magie du grand écran, et les volontaires apprécieront sans nul doute de se voir jouer aux côtés de ces héros immortels.

À NOTER : Puisqu'on fait passer les spectateurs à travers trois studios successifs, la file d'attente bouge le plus souvent assez rapidement. Retenez toutefois qu'elle a tendance à allonger au moment de son ouverture, à midi.

Hitchcock's 3-D Theatre ★★★

Dans un hommage touchant au roi du film à suspense, cette attraction vous fait revivre les scènes les plus palpitantes de Hollywood et vous fait connaître le génie qu'elles cachent. Ce spectacle en trois parties reprend plusieurs scènes classiques, y compris celle du clocher dans *Vertigo* et celle du meurtre sous la douche dans *Psychose*. Les admirateurs de ce corpulent réalisateur pince-sans-rire en apprécieront sûrement les moindres détails, comme le fait qu'on ait eu recours à 78 angles de caméra pour filmer l'infâme séquence du meurtre sous la douche. Vous apprendrez aussi que *Composez M pour Meurtre* était originellement censé devenir un film à effet tridimensionnel. Pour la finale du spectacle, les visiteurs mettent des lunettes 3-D pour voir un assemblage hétéroclite de séquences de ce film et de plusieurs autres. Toutes les scènes sont très réalistes, mais les effets tridimensionnels du film *Les oiseaux* sont si prenants que l'auditoire en a le souffle coupé, ce qui plairait sûrement à Hitchcock.

À NOTER : Nombre de scènes s'avèrent effrayantes et conviennent mal aux jeunes enfants. Pour cette raison,

Les studios Universal

il est possible de sauter les deux premières parties du spectacle et de ne voir que le film en trois dimensions, une option que vous devriez également retenir si le temps vous presse car ce film constitue la meilleure partie du programme.

The FUNtastic World of Hanna-Barbera
★★★★★

Vous y voici, attaché dans votre vaisseau spatial et traversant Saint-Granite avec Fred et Délima lorsqu'un vieil homme près de vous s'écrie : *«Yabba-Dabba-Doo!»* Au moment où cela se produit, vous avez vraiment l'impression de vous retrouver dans un dessin animé du samedi matin. Bill Hanna et Joe Barbera, créateurs des Pierrafeu et autres légendes animées, ont allié leur génie afin de créer ce voyage aux frais de la princesse au pays des dessins animés. Dans une salle qui a l'air d'avoir été créée par un Andy Warhol déchaîné, la balade en vol simulé réunit un film tourné en 70 mm, des personnages tridimensionnels, des décors et un système sonore multipistes qui rendent l'expérience plus que réaliste. L'histoire débute quand le fils des Jetson, Eliot, est pris en otage par le chien diabolique Dastardly. Vous partez à son secours avec Yogi l'Ours, et c'est alors que vous rencontrez les Pierrafeu, Scooby Doo, Shaggy et des douzaines de fantômes et de *goblins* (farfadets). Les surprises abondent, comme ces rangées de sièges qui se soulèvent, se séparent et deviennent de petits vaisseaux spatiaux. La plus belle surprise vous attend toutefois après la balade, lorsqu'on vous conduit dans une salle pleine de jouets et de pièces d'exposition inspirés des dessins animés. Les enfants raffolent du cri de ptérodac-tyle qui retentit à chaque fois qu'ils appuient sur les touches du piano des Pierrafeu. Ils adorent aussi jouer bruyamment dans la maison de poupée d'Agathe tout en créant leur propre épisode des Jetson.

À NOTER : Cette incroyable aventure attire des files d'attente non moins incroyables (une heure en moyenne). Allez-y le matin, à la première heure, ou après 18h. **À ne pas manquer**.

On tourne!

Vous rêvez de voir de plus près tous ces décors et accessoires que nous montrent les grandes productions cinématographiques? Alors, sachez que le studio 54 se transforme constamment pour faire revivre le film de l'heure, et qu'on y a récemment présenté *Momie* et *Babe à la ville*.

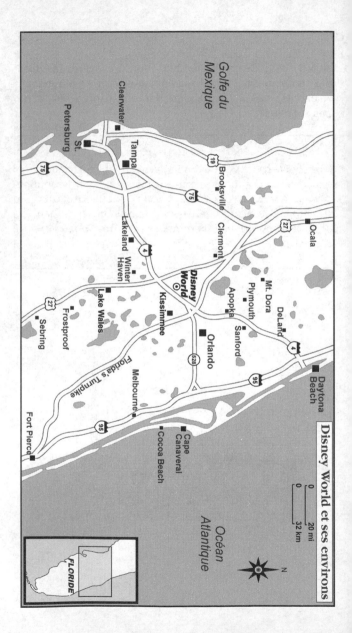

Disney World et ses environs

Golfe du Mexique

Océan Atlantique

FLORIDE

N

0 ━━━ 20 mi
0 ━━━ 32 km

Clearwater
St. Petersburg
Tampa
Brooksville
Clermont
Ocala
Lakeland
Winter Haven
Disney World
Mt. Dora
Plymouth
Apopka
DeLand
Lake Wales
Kissimmee
Sanford
Frostproof
Sebring
Orlando
Daytona Beach
Florida's Turnpike
Melbourne
Cape Canaveral
Cocoa Beach
Fort Pierce

75
19
75
27
4
27
4
95
528
95

ISLANDS OF ADVENTURE

Avant que les studios Universal n'inaugurent leur deuxième parc thématique, le King Kong des attraits du centre de la Floride ne représentait qu'une excursion d'une journée lors d'un séjour moyen d'une semaine dans la région.

Avec l'ouverture d'Islands of Adventure, Universal est devenu un lieu de vacances à part entière. L'avènement de ce parc thématique à tout casser a de fait transformé cette mecque floridienne du septième art de simple halte touristique en destination autonome. L'ensemble des installations porte désormais le nom générique de «The Escape», et offre, à l'intérieur d'un même complexe, des parcs thématiques (deux), des centres d'hébergement (un hôtel de grand luxe – deux d'ici 2001) et une kyrielle de restaurants à thème (entre autres le NBA Cafe et le Margaritaville, pour ne nommer que ceux-là), sans parler d'une concurrence accrue pour vous savez qui.

Le fait que ce deuxième parc des studios Universal se propose de vous offrir des sensations tout ce qu'il y a de plus tangible (par opposition aux émois illusoires que suscite le grand écran) devient évident dès l'entrée sur le site. Des masses d'acier aux couleurs vives épousent des courbes étudiées à même de réjouir le cœur de tous les amateurs de montagnes russes, qui décrivent ici des boucles se jouant de la pesanteur, des spirales en tire-bouchon et des plongeons quasi verticaux. Quant à la bande sonore du parc, elle peut être décrite comme un duo de musique préenregistrée et de cris perçants dénotant aussi bien l'effroi que le plus pur bonheur. Si la devise originale des studios Universal était «*Ride the movies*» (par allusion aux manèges et aux attractions inspirés de différents films), le credo de ce nouveau parc semble se résumer à «*Ride*», en ce que les manèges n'y existent que pour eux-mêmes, sans autre prétexte.

L'élaboration du paysage a requis tout le savoir-faire de quelques supergénies (Steven Spielberg a participé aux travaux à titre de consultant), lesquels ont dû, à propre-ment parler, concevoir la technologie nécessaire au bon fonctionnement de ses diverses composantes. Pour tout dire, il a sûrement fallu beaucoup d'imagination et de longues nuits de remue-méninges pour donner le jour à toutes les grandes premières de ce parc, y compris des montagnes russes qui vous catapultent littéralement vers le firmament, un glissoir qui vous fait plonger sous l'eau et un manège à double voie dont les rames se croisent de si près (à moins de 30 cm) que vous regretterez sans doute de ne pas avoir rédigé votre testament si ce n'est déjà fait.

Universal – The Escape peut se targuer de vous imposer une des plus longues randonnées qui soit entre l'aire de stationnement et l'entrée même du parc. Si l'idée d'une telle épopée avant même d'entamer la visite vous rebute, surveillez les panneaux du service voiturier (*valet parking*). Il vous coûtera 7$ de plus (outre le pourboire du préposé), mais vous épargnerez ainsi beaucoup du temps.

Bien que, dans cet âge où toute technologie devient rapidement obsolescente, la notion descriptive de «fine pointe» ne s'applique que de façon momentanée (et appartient sans doute déjà au passé au moment où vous lisez ces lignes), toutes les innovations d'Islands of Adventure en font un véritable «canon», d'autant plus que vous y passerez le plus clair de votre temps à vous envoler comme une fusée ou à dévaler quelque impossible tour ou falaise de la mort. Bref, nul besoin d'être une vedette du grand écran pour vous faire des admirateurs dans ce décor flamboyant où figures mythologiques, héros de bandes dessinées et personnages de dessins animés se chargent d'amuser les simples spectateurs, tandis que les cœurs fragiles peuvent au moins faire un tour de carrousel ou assister à un spectacle de cascadeurs. Quant aux rires, ils sont aussi de la partie, ne serait-ce qu'à la vue de vos compagnons à la sortie d'un manège haut en émotion, leur visage figé dans le vague sourire grimaçant de ceux et celles qui viennent de survivre à l'absence de gravité.

On dénombre ici cinq îles (six en comptant le Port of Entry) : Seuss Landing, The Lost Continent, Toon Lagoon, Jurassic Park et Marvel Super Hero Island, pour un total d'environ 18 spectacles et manèges. À la différence du décor des studios Universal, qui affiche une continuité sentie, chacune des sections du nouveau parc présente un caractère suffisamment distinct pour constituer une «île» en soi. Les concepteurs se sont néanmoins inspirés de la contrepartie animée ou cinématographique de chaque zone pour la doter d'une toile de fond à saveur narrative qui mobilise la participation des visiteurs par sa seule présence. Ainsi, parmi les ruines du «Continent perdu», vous aurez vraiment l'impression de vous trouver dans une ville oubliée. Et la musique elle-même a fait l'objet d'un savant assemblage, puisque des pièces originales (dont les compositions de John Williams pour les films du parc jurassique) ont été créées autour de chacun des thèmes. En plus de camper l'atmosphère, ces décors et ces trames sonores distinctifs permettent de mieux s'orienter, dans la mesure où l'on ne saurait douter un instant que l'on vient de passer, par exemple, de l'hilarant Toon Lagoon à l'inquiétant Jurassic Park.

Le fait que les plus jeunes membres de la famille puissent ici prendre part à l'action constitue un atout indéniable. Universal a pris conscience de ce que, de nos jours, les familles envahissent en bloc les parcs thématiques, et elle a eu la sagesse de concevoir Islands of Adventure en conséquence. Il en résulte que presque toutes les îles ont quelque chose à offrir aux tout-petits. Mieux encore, la plupart des attractions créées à leur intention sont de celles que papa et maman peuvent réellement apprécier, plutôt que d'avoir à les «tolérer»; adieu les petits trains pépères et sans intérêt, ici remplacés, notamment, par un laboratoire de recherche sur les dinosaures où vous pourrez assister à l'éclosion d'un bébé raptor, et par une sculpture à escalader à nulle autre comparable. La nostalgie qui émane de Seuss Landing aura aussi le don de divertir longuement les adultes de votre groupe, et même ceux qui n'enfourcheraient normalement un cheval de carrousel pour rien au monde ne pourront résister au charme des créatures du Caro-Seuss-el.

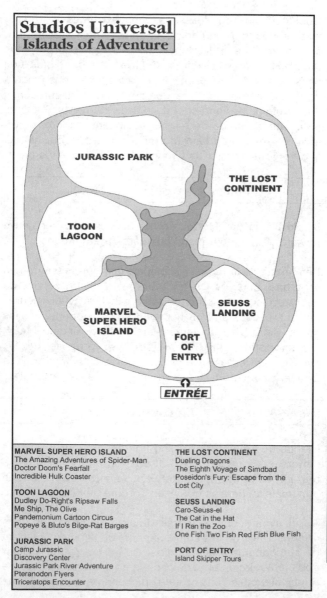

Studios Universal
Islands of Adventure

JURASSIC PARK

THE LOST CONTINENT

TOON LAGOON

SEUSS LANDING

MARVEL SUPER HERO ISLAND

FORT OF ENTRY

ENTRÉE

MARVEL SUPER HERO ISLAND
The Amazing Adventures of Spider-Man
Doctor Doom's Fearfall
Incredible Hulk Coaster

TOON LAGOON
Dudley Do-Right's Ripsaw Falls
Me Ship, The Olive
Pandemonium Cartoon Circus
Popeye & Bluto's Bilge-Rat Barges

JURASSIC PARK
Camp Jurassic
Discovery Center
Jurassic Park River Adventure
Pteranodon Flyers
Triceratops Encounter

THE LOST CONTINENT
Dueling Dragons
The Eighth Voyage of Simdbad
Poseidon's Fury: Escape from the Lost City

SEUSS LANDING
Caro-Seuss-el
The Cat in the Hat
If I Ran the Zoo
One Fish Two Fish Red Fish Blue Fish

PORT OF ENTRY
Island Skipper Tours

Islands of Adventure

Quoi qu'il en soit, les sensations extrêmes restent la marque des lieux, un domaine où Universal déploie tout son savoir-faire, et la plupart des manèges sauront vous faire découvrir vos limites. Cela est d'autant plus vrai dans le cas des manèges aquatiques, qui vont jusqu'à vous submerger (ou presque); il vaut d'ailleurs sans doute mieux les approcher dans des vêtements que vous ne craignez pas de détremper ou, mieux encore, carrément en maillot de bain (du moins en été), pour ne pas avoir à vous soucier de l'inévitable. Amusez-vous bien!

Pour s'y retrouver sans mal

Du Portofino Bay Hotel : Prenez un bus ou une navette fluviale directement jusqu'aux parcs thématiques.

Des hôtels de la région : la plupart des hôtels (sauf, il va sans dire, ceux de Disney World) offrent un service de navette jusqu'aux studios Universal, tantôt aux heures tantôt aux deux ou trois heures. Ceux qui logent dans les hôtels de Disney doivent néanmoins savoir que Mears Transportation *(☎407-423-5566)* se propose de les cueillir pour les emmener aux studios Universal, qui se trouvent à environ 16 km au nord-est de Disney World.

En voiture

Islands of Adventure s'étend immédiatement à l'est de l'intersection de la route 4 et du Florida Turnpike. De la route 4, empruntez la sortie 29 ou la sortie 30B. L'entrée principale du parc se trouve en bordure de Kirkman Road.

Après avoir acquitté les frais de stationnement, on vous orientera vers un des emplacements de l'immense terrain de stationnement des studios. De là, un trottoir roulant vous fera faire un bout de chemin en direction de l'entrée principale; mais vous ne serez pas encore au bout de vos peines puisque, avant de l'atteindre, vous devrez encore franchir le CityWalk.

Quelques précieux conseils

Bien qu'à peu près de la même taille que les studios Universal en tant que tel, Islands of Adventure n'est pas tout à fait aussi intimidant. Les «îles» forment d'ailleurs un anneau symétrique, d'où émane un certain sens de l'ordre et de l'organisation. Quoi qu'il en soit, il y a beaucoup de terrain à couvrir, et de nombreuses (et longues) files d'attente.

Rêvez de faire le tour des lieux en une journée, fût-ce en l'absence inconcevable de toute file d'attente, relève de la plus pure fantaisie, une fantaisie d'ailleurs trop éreintante pour en profiter pleinement. Il vous faudra donc compter au moins deux jours, sans quoi vous devrez vous résoudre à reporter certaines attractions à une visite ultérieure.

Les lève-tôt voudront tout naturellement s'attaquer dès le départ à l'un ou l'autre des manèges vedettes du parc. «The Amazing Adventures of Spider-Man» n'est pas le premier que vous croiserez à votre arrivée (ce sera plutôt le Hulk Coaster), mais comme il s'agit sans doute de celui où se forme la plus longue file d'attente, et que celle-ci ne cesse de s'allonger au fur et à mesure que la journée avance, vous gagnerez beaucoup de temps en commençant par ici. Outre les deux que nous venons de mentionner, les autres manèges vedettes comprennent «Dueling Dragons», «Dudley Do-Right Ripsaw Falls», «Popeye & Bluto Bilge-Rat Barges» et «Jurassic Park River Adventure».

Il est certes possible de courir les grands manèges en sautant d'une île à l'autre, mais vous risquez ainsi de manquer beaucoup de choses et d'user vos semelles de chaussure. Par ailleurs, réfléchissez bien avant d'inscrire les manèges aquatiques au sommet de votre liste; il ne fait aucun doute que vous réduirez ainsi votre temps d'attente, mais vous pouvez alors être à peu près certain de passer le reste de la journée à patauger dans des vêtements complètement détrempés (et il n'y a là aucune figure de style!).

Quelque approche que vous reteniez, accordez-vous suffisamment de temps pour prendre un repas plus consistant qu'un simple hamburger sur le pouce. Islands of Adventure a en effet la particularité d'être un des rares parcs thématiques (sinon le seul) dont les restaurants sont de ceux où vous voudrez vraiment prendre la peine de vous asseoir pour manger.

Services

Poussettes et fauteuils roulants : Vous en trouverez à louer tout juste passé l'entrée principale, sur la droite.

Centre de services aux nourrissons (*Baby Services*) : Il se trouve à l'intérieur du bureau des Guest Services, passé l'entrée principale sur la droite.

Casiers : Des casiers utilisables à la journée (5$, plus 2$ de dépôt) se trouvent près de l'entrée du parc. Pour un usage de plus courte durée (le temps d'un manège, par exemple), rendez-vous au pied des montagnes russes de Hulk et de Dueling Dragon; les 90 premières minutes sont gratuites, après quoi il vous en coûtera 2$ par tranche de 30 min.

Animaux de compagnie : Ils ne sont pas admis sur le site d'Islands of Adventure. Vous pourrez cependant les faire garder pour la journée au chenil situé à l'extérieur des studios Universal, tout près du péage du stationnement. Comptez 5 $.

Enfants perdus : Signalez les enfants perdus aux Guest Services, tout juste passé l'entrée principale.

Service de collecte des paquets (*Package Pickup*) : Pour ne pas avoir à traîner vos achats toute la journée, faites-les envoyer chez Silk Road Clothiers, où vous pourrez les récupérer à la sortie.

Services bancaires : La First Union National Bank, située tout juste à l'extérieur de l'entrée principale des studios Universal, consent des avances de fonds sur carte de crédit, encaisse les chèques de voyage et change les devises. Vous trouverez en outre un guichet automatique à l'extérieur de l'entrée d'Islands of Adventure. Les heures d'affaires de la banque varient selon les saisons, et s'harmonisent à celles du parc.

Horaire des spectacles : Consultez le plan-brochure *Preview* qu'on vous remet à l'entrée du parc pour connaître le programme exact des événements présentés.

Verrouillage et entreposage

Le bureau des objets perdus de presque tous les parcs thématiques renferme tous les objets possibles et imaginables «subtilisés» à d'infortunés amateurs de manèges à sensations fortes – chapeaux et casquettes, clefs et briquets, voire même des caméscopes! S'il est vrai que les casiers de certains parcs sont trop loin de tout pour être vraiment utiles, il n'en va pas de même ici, puisque Universal a eu la brillante idée de placer des casiers «courte durée» à l'entrée de certains manèges particulièrement mouvementés, comme l'Incredible Hulk Coaster et les Dueling Dragons, sans compter qu'ils sont gratuits pour les 90 premières minutes (vous n'êtes censé les utiliser que pendant votre tour de manège). Rangez-y donc vos biens (chapeaux, lunettes de soleil et autres objets précieux susceptibles de s'envoler ou de quitter vos poches comme par magie), et amusez-vous ferme, rassuré par le fait que vous aurez toujours vos clefs de voiture à la fin de la journée.

Comment s'orienter sur le site

Outre son avance technologique, Islands of Adventure s'impose comme un des parcs thématiques les plus faciles à parcourir. Le site lacustre du Port of Entry vous donne d'ailleurs une vue claire de l'ensemble des lieux, ce qui vous facilitera grandement la tâche, non seulement pour vous y retrouver, mais aussi pour dresser votre plan de visite.

Les différentes îles décrivent un cercle autour du lac : depuis le Port of Entry, prenez à droite pour atteindre Seuss Landing, puis The Lost Continent; en prenant plutôt à gauche, vous verrez successivement la Marvel Super Hero Island et le Toon Lagoon. Quant au Jurassic Park, il s'agit de la zone la plus éloignée de l'entrée (à l'opposé du Port of Entry, de l'autre côté du lac), ce qui signifie que vous couvrirez la même distance de part et d'autre du lac pour l'atteindre. Et, si vous en avez assez de marcher, pourquoi ne pas prendre un bateau d'Island Skipper Tours, qui fait la navette entre l'entrée du par cet le Jurassic Park.

L'aménagement labyrinthique de chaque île présente par contre un certain défi. Retenez toutefois que, si vous vous perdez, vous devriez toujours pouvoir retrouver l'artère principale en vous éloignant du lac. Cela dit, en un lieu aussi vaste, il n'est pas rare que les membres d'un même groupe soient séparés les uns des autres; prenez donc la peine de vous fixer au préalable un point de rendez-vous pour le cas où vous viendriez à vous perdre de vue (la devanture des Guest Services, à l'intérieur de l'entrée principale, constitue généralement un lieu de rassemblement fiable).

PORT OF ENTRY

Toute aventure digne de ce nom doit avoir un point de départ. À Islands of Adventure, il s'agit du Port of Entry, où vous pouvez vous procurer de ce dont vous pourriez avoir besoin dès votre entrée dans le parc (pellicules photo, crème solaire, eau en bouteille…), mais aussi faire provision de souvenirs de dernière minute à la sortie.

Les concepteurs du parc ont envoyé un acheteur aventureux aux quatre coins du monde pour qu'il en ramène toutes sortes d'objets plus exotiques les uns que les autres. Hormis ses souvenirs de voyage, les lieux revêtent l'allure d'un marché des antipodes aux murs de simili-adobe et aux étals coiffés de baldaquins. Le look international de l'endroit est même accentué par les poubelles, qui prennent ici la forme de malles de voyage aussi cabossées que si elles avaient été trimballées dans tous les ports de la terre. Les commerces eux-mêmes dépassent de loin ceux qu'on trouve normalement dans les parcs thématiques, puisqu'on y vend notamment des cafés, des condiments de divers pays et des épices exotiques. Laissez tout ce dont vous n'aurez pas besoin au cours de la journée dans les casiers marqués *Storage*, et prévalez-vous des différents moyens de transport mis à votre disposition; en effet, outre des fauteuils roulants et des poussettes, Reliable Rentals vous propose (pour rire) traîneaux à chiens, submersibles et vélocipèdes!

Islands of Adventure

SEUSS LANDING

Certains pourraient sûrement passer leur journée entière dans les manèges à couper le souffle d'Islands of Adventure. Mais, pour ceux qui en sont incapables, ou qui ne désirent tout simplement pas se limiter de la sorte, il y a Seuss Landing.

Cette reconstitution inventive de l'héritage de Seuss, rendue possible grâce à la bénédiction de la veuve de Theodor Geisel, rappelle en tous points les pages des livres du fameux docteur. L'horizon est ici découpé de constructions sinueuses en équilibre apparemment précaire (il ne semble pas y avoir un seul angle droit en vue!), des lampadaires tordus éclairent les rues, et des étoiles vertes parsèment les trottoirs colorés, le tout étant couronné d'un énorme chapeau à la *Cat in the hat* (le chat dans le chapeau). Beau temps, mauvais temps, vous pouvez d'ailleurs être assuré que le félin malfaisant du célèbre conte fera quelques apparitions par ici, tout comme le Grinch, Horton, Sam I Am ainsi que divers autres personnages. Vous pourrez même goûter au plat favori de Sam au Green Eggs and Ham Cafe.

The Cat In The Hat ★★

Si vous avez de jeunes enfants, vous vous mettrez probablement à ânonner le texte du conte *The Cat in the Hat* en parcourant la version mise en scène de ce classique. Sous un grand chapiteau en forme de chapeau affaissé rouge et blanc, vous vous retrouverez à six sur un canapé roulant défilant à travers les pages de ce classique du Dr. Seuss tandis que le chat facétieux et ses amis sèment la pagaille tout autour. Les personnages du livre prennent littéralement vie, et une centaine d'effets spéciaux couronnent le tout.

À NOTER : il ne s'agit vraiment pas d'un mauvais manège, mais force est de reconnaître qu'il s'adresse d'abord et avant tout aux chérubins. Conclusion : les enfants adorent et les adultes se morfondent, ou presque. Notez par ailleurs que les personnes allergiques au tournis feraient mieux de s'abstenir.

One Fish Two Fish Red Fish Blue Fish ★★★★

Faites confiance aux créateurs d'Universal pour instiller un tant soit peu de diabolisme dans un manège qui risquerait sinon de s'avérer passablement ordinaire. Les passagers prennent place à bord d'avions en forme de poissons volants rouges, jaunes ou bleus qui ressemblent à s'y méprendre à ceux des livres du Dr. Seuss. Ces curieux véhicules se mettent ensuite à tourner dans les airs, chacun d'eux étant équipé de leviers permettant de les faire monter ou descendre. Il y a toutefois un piège : si vous ne manœuvrez pas votre poisson au rythme de la comptine diffusée pendant le tour, vous risquez de vous faire arroser par les poires en caoutchouc montées sur les poteaux de 5 m disposés autour du manège. Pour reprendre les mots du panneau qui vous prévient du danger, «Certains sont rouges, certains sont bleus, d'autres mouillés et vous aussi!»

À NOTER : même si ce manège semble réservé aux tout-petits, vous verrez beaucoup de grands enfants (et leurs propres enfants) en profiter on ne peut plus allègrement. Les poires en caoutchouc font ici toute la différence entre un manège passable et une pure partie de plaisir. Prenez d'ailleurs la peine de prévenir les plus jeunes de la forte possibilité d'être arrosé, surtout si la coordination œil-main n'est pas votre fort.

Islands of Adventure

Caro-Seuss-el ★★★

Vous ne vous attendez sûrement pas à trouver ici un carrousel ordinaire, et vous avez parfaitement raison. La présente adaptation de cet incontournable des parcs thématiques est d'ailleurs tout à fait adorable, puisque sept personnages de Seuss en quête de chevaux de carrousel y tournent en rond sous un dais rose incliné. Les montures les plus facilement reconnaissables comprennent les oiseaux-éléphants de *Horton Hatches an Egg* et les chameaux jumeaux de *One Fish Two Fish Red Fish Blue Fish*, auxquelles s'en ajoutent plusieurs autres, toutes plus mignonnes les unes que les autres. Outre le plaisir de la randonnée elle-même, vous pourrez également manipuler toutes sortes de manettes et boutons contrôlant les mouvements des yeux, de la tête et d'autres parties de votre monture.

À NOTER : tous les personnages disposent d'attributs différents, de sorte que vous pouvez toujours observer les montures au préalable pour voir si elles clignent des yeux, bougent la tête ou je ne sais quoi encore.

If I Ran the Zoo ★★★

Tiré des pages du livre du même nom, If I Ran the Zoo (si j'étais maître du zoo) raconte l'histoire de la ferme d'animaux idéale dont rêve Gerald McGrew. Ce terrain de jeu interactif met à votre disposition un assortiment de trucs et de machins que vous pouvez tirer, pousser et piétiner, ce qui a toujours pour effet de faire ricaner les plus petits. Le simulateur d'escalier émet un son tout à fait rigolo, et pour peu que vous le sollicitez avec assez d'ardeur, il vous réserve une surprise. Il y a aussi des grottes à travers lesquelles ramper, une sonnette farfelue et une chenille à escalader. Mais n'oubliez pas que vous êtes à Islands of Adventure, et que vous pouvez vous faire arroser à tout moment, entre autres par deux ou trois fontaines ainsi que par un Scraggle Foot Mulligatawny frappé d'un rhume et susceptible d'éternuer sans prévenir.

À NOTER : cette attraction libre est rarement bondée, mais vous feriez sans doute mieux de la garder pour la fin de la journée, car les enfants qui passent un certain temps ici ont tendance à en ressortir très mouillés.

The Lost Continent

Toits de chaume et lanternes flamboyantes signalent votre entrée dans une autre époque. Sur les terres du Continent Perdu, les bâtiments semblent appartenir à quelque légende arthurienne; le pavage accuse les assauts du temps, des bannières royales flottent sur des hampes d'or, et la musique celtique ondule au fil des volutes d'encens parfumé.

Universal s'est donnée beaucoup de mal pour auréoler cette île de mythologie ancienne. Le marché d'une autre époque arbore des tentes à auvent sous lesquelles vous attendent des chiromanciennes et des mages. Des statues en morceaux gisent éparses de-ci et de-là (l'énorme bras de Poséidon vous rappellera sans doute celui de la Statue de la Liberté dans la dernière scène de *La planète des singes*) et les structures soigneusement maquillées donnent l'impression qu'elles s'effritent et se rembrunissent depuis au moins quelques millénaires. Vous pourrez par ailleurs vous amuser à découvrir l'image de Merlin savamment camouflée dans le majestueux Chêne enchanté et tout particulièrement impressionnante le soir.

Islands of Adventure

Poseidon's Fury : Escape From The Lost City ★★★

Le dieu grec Poséidon n'est pas des plus heureux. Des lustres après avoir osé livrer bataille au tout-puissant Zeus, ce grand nom de la mythologie a été banni et relégué aux confins humides d'une prison sous-marine. Or, au moment même où vous pénétrez dans ce palais pour y entendre l'histoire de l'Atlantide, Poséidon effectue un retour et décide de tout saccager.

La bataille de titans qui s'ensuit donne lieu à un fabuleux spectacle où se mêlent séquences filmées, flammes et effets spéciaux. Vient un moment où les aventuriers doivent franchir un tunnel de 13 m entouré d'une masse d'eau bouillonnante de quelque 65 000 litres qui menace dangereusement de les engloutir. Le tout culmine dans un ballet de boules de feu, d'explosions aquatiques et de nappes d'obscurité. Enfin, lorsque revient la lumière, attendez-vous à être stupéfait, sinon complètement abasourdi par la grande finale.

La prise de participation à cette incroyable présentation débute dès que vous commencez à faire la queue. La longue file d'attente serpente à l'intérieur d'un palais bien conçu aux murs de pierre humides à souhait dont les faibles bougeoirs simulent fort bien de petites flammes vacillantes. Au bout du compte, votre degré d'implication dépendra sans doute de la place que vous occuperez pendant le spectacle lui-même, ceux et celles qui se trouvent dans les premières rangées (c'est-à-dire plus près de l'eau!) étant vraisemblablement appelés à vivre l'expérience de façon beaucoup plus engageante.

À NOTER : bien qu'elle procure énormément de plaisir, cette attraction tend à être un peu longue, dans la mesure où, du début de la file d'attente à la fin du spectacle, vous passerez au moins 30 min debout. Veillez à en profiter alors que vous êtes bien éveillé et bien restauré, du moins suffisamment pour ne pas avoir à vous appuyer constamment contre les murs.

Notez par ailleurs que la fureur de Poséidon s'avère passablement bouleversante, et que le bruit et l'obscurité risquent d'effrayer certains jeunes enfants.

Les fontaines ne dispensent généralement que de l'eau, mais, dans ce parc thématique, il en est au moins une qui prodigue aussi des conseils. Vous pouvez ainsi poser n'importe quelle question au sage qui habite la fontaine située en face du «Huitième Voyage de Sinbad», et il vous répondra – quoique pas toujours de façon très polie, d'autant qu'il n'y a pas toujours que des paroles qui sortent de sa bouche (il s'agit, après tout, d'une fontaine!).

The Eighth Voyage of Sinbad ★★★

Après avoir sillonné les sept mers, Sinbad nous revient pour une huitième aventure, cette fois pour arracher son amie de cœur, Amoura, aux griffes de la méchante reine Miseria. Au cours de ce spectacle riche en cascades de 17 min, le légendaire voyageur tente de sauver sa mie en se jouant du feu et des forces de la nature, sans parler d'une multitude d'adversaires redoutables.

À NOTER : comme tous les spectacles du genre, celui-ci est fort bruyant. Quelle que soit la place que vous occuperez dans cette immense enceinte de 1 700 sièges, vous verrez tout ce qui passe sans obstruction aucune, si ce n'est que les jeunes plus impressionnables appré-cieront sans doute davantage un poste d'observation plus reculé, aussi loin que possible des flammes et des effets tonitruants.

Islands of Adventure

Dueling Dragons ★★★★★

Un sentiment des plus sinistres s'empare de vous dès lors que vous vous approchez de ce manège. En apercevant les contorsions décrites par le métal entrelacé de ces montagnes russes, vous aurez tôt fait de comprendre qu'elles n'ont rien d'ordinaire, et elles sont de fait terrifiantes, quoique aussi fort amusantes. À ne manquer pour rien au monde.

Vous vous retrouvez bientôt solidement retenu en place, du moins la partie supérieure de votre corps, car vos pieds privés d'appui pendent lamentablement dans le vide, et le tout se met en branle... La fastidieuse ascension de 40 m qui s'ensuit devient de plus en plus intolérable, car vous n'avez plus qu'une pensée en tête, celle du plongeon qui vous attend à quelque 100 km/h!

La moitié du plaisir que procure ce manège provient de la désorientation que provoquent ses boucles et ses virages sans fin, si bien que vous ne savez plus vraiment si vous avez la tête en haut ou en bas. Mais Dueling Dragons vous réserve une autre surprise, à savoir un second convoi de «victimes» fonçant droit sur vous et annonçant une inévitable collision frontale. Ce n'est qu'au tout dernier instant que les rames dévient pour suivre une course différente, arrachant un soupir (ou un cri) de soulagement aux passagers qui se demandent encore comment ils ont pu survivre à la catastrophe, sinon par quelque intervention divine. Et, pour ceux et celles qui se demandent jusqu'à quel point cette rencontre en plein vol a vraiment de quoi faire frissonner, les ingénieurs d'Universal affirment que la distance séparant les deux rames peut se trouver réduite à moins de 30 cm!

Universal a tout mis en œuvre pour entourer cette expérience d'une histoire crédible, soit celle d'un impitoyable duel entre deux dragons – l'un qui crache du feu et l'autre, de la glace. À un point donné, vous devrez choisir entre deux sentiers, selon que vous préférez périr par le feu ou par le froid. La file d'attente se prolonge ensuite dans une forêt enchantée où divers objets et cadavres tout à fait convaincants vous révèlent le sort réservé à vos prédécesseurs. Cependant, quelque impressionnante que cette mise en scène puisse être, elle s'estompe rapidement devant le spectacle offert par le manège lui-même.

À NOTER : les places intérieures amenuisent l'illusion de l'imminente catastrophe, de sorte que les plus braves voudront sans doute s'assurer d'une place extérieure, peut-être même tout à l'avant du convoi, pour maximiser l'«impact» de ce manège époustouflant.

Notez par ailleurs que, malgré la nature tourbillonnante, pour ne pas dire tête-en-bas, de ce manège, vous serez sans doute trop enivrés par l'expérience pour éprouver quelque nausée que ce soit. Cela dit, il est nettement préférable de s'y attaquer *avant* de manger.

Aux premières loges

Universal a eu la grande sagesse de retirer des mains du hasard l'attribution des places avant à bord des montagnes russes, en créant des files d'attente distinctes pour ceux et celles qui les convoitent. Sans doute devrez-vous attendre un peu plus longtemps, mais pour peu que vous soyez un véritable amateur de manèges à sensations fortes, le jeu en vaut largement la chandelle. Et cela est d'autant plus vrai dans le cas des Dueling Dragons, où un champ de vision dépourvu de tout obstacle vous permettra d'apprécier pleinement le croisement fatidique de l'autre rame. La question reste de savoir si vous en avez le courage?

Islands of Adventure

JURASSIC PARK

La remarquable trame sonore créée par John Williams pour le film *Parc jurassique* vous accueille au moment de franchir l'immense portail de cette île préhistorique. S'il est un univers de rêve peuplé de princesses et de fées, il en est un autre de cauchemar, fondé sur le mégasuccès du grand écran, où la place d'honneur revient aux dinosaures.

Ceux qui ont déjà visité le parc thématique d'Universal en Californie – où la «Jurassic Park River Adventure» a d'abord vu le jour – pourraient être tentés de passer outre en se disant qu'ils ont déjà vu ce qu'il y avait à voir. Or, le Jurassic Park de Californie n'est qu'un manège parmi d'autres, tandis qu'on lui consacre ici une île entière. Les sentiers de pierre «antiques» portent la trace d'innombrables siècles, des ptéranodons fendent l'air, et la verdure envahissante vous réduit à une taille lilliputienne en ce monde préhistorique où vous entendrez partout les cris de dinosaures menaçants (grâce à une bande sonore très efficace). Mais n'ayez crainte, car des clôtures «électrifiées» vous protègent des monstres carnivores et assurent votre entière sécurité.

Jurassic Park River Adventure ★★★★

C'est une journée comme les autres dans une réserve de dinosaures, et on vous invite à y faire un tour. Votre embarcation glisse doucement au fil de l'eau tandis que vous repérez quelques espèces végétariennes parmi vos favorites. Mais un incident inattendu vous entraîne soudain à la dérive au royaume des redoutables carnivores.

Cette impressionnante mise en scène n'est en fait qu'un prétexte pour vous faire dévaler une chute de 25 m (pour ceux que la chose intéresse, ce sont là quelque 10 m de plus qu'à la Splash Mountain de Disney!). Les dinosaures n'ont de cesse de baver et de chercher à vous agripper, et une bête féroce aux dents plus que menaçantes bondit sur vous juste avant que vous ne piquiez du nez, vous projetant ainsi de Charybde en Scylla, d'autant plus que vous savez ce qui vous attend et que votre cœur bat de plus en plus vite.

À NOTER : la rumeur veut qu'Universal ait réduit le facteur «trempette» après que des passagers du manège californien en soient ressortis complètement trempés. Quoi qu'il en soit, vous allez bel et bien vous faire mouiller. Si vous tenez à minimiser les dommages, essayez d'obtenir un siège à l'arrière du côté droit.

Triceratops Encounter ★★

Jurassic Park renferme un authentique tricératops, et vous êtes sur le point de le rencontrer.

Après une balade dans les laboratoires des paléontologues à demeure, on vous conduit vers l'un ou l'autre des trois enclos du complexe où sont gardés des spécimens de ce doux géant.

Universal marque ici des points pour le réalisme de l'expérience. Les mastodontes animatroniques semblent on ne peut plus vrais, et ce, même s'ils ont quelque peu l'air de rhinocéros déguisés en dinosaures. Leur nez coule, leur tête bouge et leurs yeux clignent comme s'ils vous regardaient vraiment. Les faux vétérinaires de l'établissement vont même jusqu'à les dorloter comme s'ils étaient vivants.

Islands of Adventure

Malheureusement, l'ébahissement n'est que de courte durée, et ne parvient pas à compenser la platitude de l'ensemble. Hormis la démonstration de diverses fonctions organiques qui ne manque jamais d'amuser les enfants en bas âge (nous vous laissons deviner de quel genre de fonctions il s'agit), le tricératops ne fait vraiment pas grand-chose. Les gardiens vous encouragent (ou plutôt vous supplient) de poser des questions sur les habitudes alimentaires et le cycle circadien de la bête, mais lorsqu'on sait qu'il suffit d'appuyer sur un interrupteur pour la plonger dans le «sommeil», la chose perd quelque peu de son intérêt. Bref, bien essayé, mais il reste encore du travail à faire.

À NOTER : cette attraction n'accueille que 40 personnes à la fois, et la file d'attente devient parfois très longue. Si vous ne pouvez l'éviter, essayez d'y aller en début de journée ou environ une heure avant la fermeture.

Pteranodon Flyers ★

Pourvu d'ailes d'oiseau et d'une tête de dinosaure, ce spécimen volant attire immanquablement l'attention des jeunes enfants. À deux par oiseau, les passagers de ce manège survolent lentement, et de haut, le périmètre du Camp Jurassic.

Les ptéranodons créent un effet intéressant en cette île préhistorique, dans la mesure où vous aurez l'impression que de véritables oiseaux d'une taille démesurée volent en rond au-dessus de vous. Cela dit, les spectateurs sont ici plus impressionnés que les passagers. Non pas qu'il s'agisse d'un mauvais manège; son intérêt est indéniable, mais il ne dure en tout et pour tout que 80 secondes, décollage et atterrissage compris!

À NOTER : les vétérans de Disney World verront dans ce dinosaure la version locale de «Dumbo». Cette très courte balade dans les airs attire certaines des plus longues files d'attente du parc, si bien que, même lorsqu'il n'y a presque personne ailleurs, vous pourriez très bien vous retrouver à faire la queue ici pendant quelque 45 min. Comme il s'agit toutefois d'un incontournable aux yeux de tous les jeunes enfants, nous ne pouvons que vous recommander d'y courir le plus tôt possible.

Camp Jurassic ★★★

Ce «camp de recherche» doublé d'un labyrinthe à escalader est sans contredit la meilleure sculpture-jouet jamais réalisée. S'il vous faut des preuves, sachez que de nombreux parents y prennent tout autant de plaisir que leurs enfants.

Des structures rustiques en bois et en corde émaillent ce camp ponctué de ponts, de filets, de maisons dans les arbres et de cavernes. Il n'y a pas d'aire délimitée à proprement parler, et les lieux à explorer semblent se succéder sans fin. Au moment même où vous croyez avoir tout vu et tout fait, s'ouvre à vous une toute nouvelle gamme de possibilités. Les gamins aventureux qui atteignent le sommet auront le plaisir de découvrir une cachette qu'ils ne seraient que trop heureux d'avoir à la maison. Parmi les accessoires dignes de mention, qu'il suffise de retenir ces empreintes de dinosaures qui émettent le cri de la bête lorsque vous y posez le pied, ou encore ces télescopes qui permettent d'observer l'activité qui se déroule plus bas. Les cavernes à donner la chair de poule recèlent de l'«ambre», et que serait une attraction d'Islands of Adventure sans deux ou trois canons à eau pour asperger vos semblables? Prenez seulement garde aux clôtures «électrifiées»!

Islands of Adventure

À NOTER : la bonne nouvelle, c'est que vos enfants vont follement s'amuser ici; la mauvaise (ou est-ce vraiment le cas?), c'est que vous devrez les suivre. Le site est vaste, et on peut y entrer ou en sortir de plus d'une façon. Ainsi, afin de ne pas perdre de vue vos protégés, vous n'aurez d'autres choix que de les accompagner dans le labyrinthe ou de poster un adulte à chaque entrée ou sortie.

Discovery Center ★★★

La dernière fois que nous avons visité cette attraction vraiment inspirée, nous avons vu un parent agripper le bras d'un enfant complètement sous le charme en lui disant d'un ton suppliant «Est-ce qu'on peut y aller, maintenant?»

Si vous décidez de plonger vos enfants dans ce fantastique univers «éducatif», attendez-vous à y passer un bon moment. En effet, où d'autre peut-on voir une nurserie de rapaces préhistoriques? Les incubateurs de ce laboratoire sont remplis de futurs dinosaures prêts à sortir de leur coquille, et on y assiste d'ailleurs régulièrement à des éclosions. Les naissances sont de plus tout à fait réalistes, et vous jurerez que vous avez bel et bien devant vous un bébé raptor susceptible de vous cracher de l'acide à la figure à tout moment (charmantes créatures, n'est-ce pas?).

Les mordus de l'épopée originale de Steven Spielberg reconnaîtront ici une réplique exacte du centre d'accueil représenté dans le film. Il n'y a toutefois aucun péril en la demeure, que des activités géniales à profusion, comme ces binoculaires spéciaux qui permettent de faire l'expérience de la vision infrarouge des dinosaures. Si vous tenez vraiment à vous aventurer en terrain inconnu, vous pouvez même croiser votre ADN avec celui d'un dinosaure (pas vraiment, il va sans dire, mais l'illusion est tout de même remarquable), pour voir quel genre de créature préhistorique il en résulterait.

À NOTER : les éclosions d'œufs de dinosaures ne répondent pas à un horaire précis, mais elles méritent d'être vues si vous en avez la chance. Afin d'optimiser vos chances de vivre cette expérience, vous pouvez toujours profiter de votre séjour au parc jurassique pour vous informer de temps à autres si le précieux événement est sur le point de se produire ou non.

TOON LAGOON

Comment ne pas adorer un endroit qui s'offre à vous nourrir de Wimpy Burgers et de sandwichs à la Dagwood?

Tous les éléments de cette île proviennent d'une bande dessinée ou d'un dessin animé, des couleurs propres aux «petits bonhommes» du samedi matin aux bâtiments délabrés et brinquebalants qui semblent spécialement conçus pour s'écrouler. Des panneaux rédigés en grosses lettres pointent vers les «cachettes» des méchants, les marquises des restaurants arborent des mises en garde du genre «Pas de #*@#!», et les «montagnes enneigées» ressemblent à ces monceaux de guimauve qu'on voit sur les coupes glacées.

Il n'y a donc rien d'étonnant à ce que les visiteurs doivent ici faire les frais de plus folles facéties, qu'il s'agisse d'éclaboussures, de jets d'eau ou de quelque «explosion» (fort heureusement, on a renoncé à l'idée des tartes à la figure!). Les héros de bandes dessinées comiques tels que Blondie, Beetle Bailey, Betty Boop et une foule d'autres font ici des apparitions tout au long de la journée, et, toutes les deux heures environ, un tramway fait irruption, transportant à son bord tantôt Popeye et Olive Oyle, tantôt quelque autre célèbre personnage disposé à vous servir quelques pas de danse et une chanson. Cela dit, personnages animés mis à part, ce sont les manèges aquatiques dont vous vous souviendrez le plus, surtout si vous passez la journée à tordre vos vêtements comme cela risque fort de se produire!

Souriez!

Une image vaut mille mots – sinon au moins deux ou trois. Un emplacement judicieusement conçu du Toon Lagoon vous permet de vous faire photographier sous une bulle exprimant votre pensée (il y en a plusieurs). Un autre endroit fort apprécié lorsqu'il s'agit de s'immortaliser sur pellicule est celui où se tient une énorme représentation du chien Marmaduke; accrochez-vous à sa queue, et, en regardant ensuite la photo de côté, on aura l'impression que vous flottez dans les airs, comme s'il vous emportait dans sa course (pour un effet optimal, veillez à adopter une posture appropriée et à afficher une expression faciale de circonstance).

Popeye & Bluto Bilge-Rat Barges ★★★★★

Vous ne voulez absolument pas manquer ce manège drôle et extravagant à souhait en compagnie du marin mangeur d'épinards, à moins, bien sûr, que l'étiquette d'entretien de vos vêtements ne stipule clairement «nettoyage à sec seulement».

Les radeaux aux nombreux membres d'équipage de ce manège virevoltant filent sur la rivière en sautant des obstacles tout en arrosant leurs occupants. Et si vous croyez pouvoir échapper à la douche (certains vont même jusqu'à effectuer des sondages à la sortie pour connaître les places présentant le moins de risques), sachez que les concepteurs diaboliques de ces radeaux pneumatiques sont allés jusqu'à prévoir des ouvertures dans les sièges de manière à ce que vous vous fassiez arroser par dessous!

Inutile de dire que ce manège ne laisse aucune chemise intacte. Le sort en est vraiment jeté, puisque même si, d'aventure, vous parvenez à éviter les éclaboussures, vous ne pourrez en aucun cas échapper au portique de lavage des bateaux. Vous croiserez par ailleurs une pieuvre gonflée à bloc (d'eau, il va sans dire), et on prend même le soin d'armer certains passagers (le plus souvent des enfants) de canons à eau haute puissance; et n'allez surtout pas croire qu'ils vont vous épargner du simple fait qu'ils ne vous connaissent pas. Il ne vous reste plus qu'à mémoriser les visages de vos assaillants (à condition d'y voir encore quelque chose) pour vous venger plus tard.

À NOTER : au cas où vous ne l'auriez pas encore compris, ce manège vous mouillera de la tête aux pieds. Si l'idée de barboter toute la journée dans des chaussures inondées ne vous chante pas particulièrement, prenez le soin, avant le départ, de les ranger dans les compartiments étanches qui se trouvent au centre de chaque radeau.

Me Ship, The Olive ★★★

Si vous êtes accompagné de jeunes enfants, gardez ce mignon tour de remorqueur pour la fin de la journée, sans quoi vous risquez de passer le plus clair de votre après-midi ici même. Baptisé du nom de la petite amie de Popeye (Olive), cette attraction regorge de bidules à pousser, à tirer ou à manipuler qui tous produisent des effets différents. Les clochettes tintent, les sifflets sifflent et l'eau gicle – il y a même un piano produisant des notes. Et les plus diaboliques adorent les supercanons à eau de la Cargo Crane; ces canons haute puissance sont conçus pour être précis, ce qui permet aux francs-tireurs de cibler les malheureux passagers des Popeye & Bluto Bilge-Rat Barges (faites-vous une raison, vous n'y échapperez pas).

À NOTER : les enfants n'en ont que pour cette attraction, quoique certains parents risquent d'avoir beaucoup de mal à suivre le rythme de leurs tout-petits. Si vous pouvez vous offrir le luxe d'un coéquipier ou d'une coéquipière, le fait de vous partager la tâche vous sera sans doute salutaire : l'un de vous tentera de suivre le bambin tandis que l'autre montera la garde entre les portes.

Dudley Do-Right Ripsaw Falls ★★★★★

Après avoir conçu les attractions du Jurassic Park et les Popeye & Bluto Bilge Barges, les créateurs d'Universal n'étaient apparemment pas satisfaits de n'être parvenus à détremper que les passagers des différents manèges; ils devaient aussi s'en prendre aux inoffensifs spectateurs.

Si les passants ont toujours la possibilité de faire un pas à droite ou à gauche pour échapper à la noyade, il n'en va pas de même de ceux et celles qui prennent place à bord des rondins à quatre places de ce manège. Qu'à cela ne tienne, vous aurez beaucoup trop de plaisir pour vous en soucier.

Le parcours menant au grand plongeon final vous entraîne à travers la ville fictive de Ripsaw Falls, où Nell (la petite amie de Dudley, de la Police montée canadienne) est tombée aux mains du sinistre Snidely Whiplash. Les décors se révèlent fort divertissants, sans parler des nombreuses ratées soigneusement calculées qui vous donnent, à coups répétés, l'impression (naturellement fausse) d'être enfin au bout de vos peines. Et lorsque, finalement, vous serez vraiment emporté par la chute, ce sera avec la certitude que vous allez vous écraser tout droit sur la cabane remplie de dynamite de Snydely.

Les ingénieux concepteurs de ce manège sont parvenus à aménager un tunnel sous le réservoir d'eau de 1,5 millions de litres, si bien qu'au moment même où vous pensez avoir touché le fond, vous vous voyez plonger encore 5 m plus bas. La brume chargée d'eau qui enveloppe alors votre embarcation fait en sorte que personne n'en sort indemne.

À NOTER : un décision difficile s'impose ici à vous : ou alors vous y allez tôt et risquez d'être trempé toute la journée, ou alors vous y allez plus tard et risquez de faire la queue très, très longtemps. Tout dépendra probablement de la chaleur qu'il fait et de votre capacité (ou non) à attendre.

Pandemonium Cartoon Circus ★

Les bons personnages animés que sont Bullwinkle, Rocky, Dudley Do-Right, Popeye, Betty Boop, Blondie et Dagwood se proposent ici de vous offrir un spectacle, mais les méchants Bluto, Boris, Snidely Whiplash et Natasha n'ont qu'une idée en tête, et c'est de les en empêcher. Au fil de numéros musicaux quelque peu bébêtes, les vilains s'affairent ainsi à tout ruiner par toutes sortes de subterfuges explosifs.

Universal doit avoir eu l'envie irrésistible de nous servir un spectacle à la guimauve, et le voici. Bien qu'il nous soit rarement donné de voir tous ces personnages animés en chair et en os, le fait qu'ils appartiennent résolument à une autre époque a tendance à confondre la plupart des enfants, et l'accent nostalgique n'est pas suffisamment marqué pour vraiment intéresser les adultes. Qui plus est, l'acoustique laisse à désirer, de sorte qu'on a du mal à suivre le peu d'histoire que renferme ce spectacle.

À NOTER : vous aurez amplement à faire pour couvrir toutes les attractions vraiment importantes du parc. Faites-vous une faveur, et oubliez celle-ci.

Marvel Super Hero Island

Cette ville futuriste est tout que vous attendez d'une cité de bande dessinée. Même si vous n'apercevez pas immédiatement l'immense représentation de Spiderman sur les parois de l'édifice du *Daily Bugle* (le siège du grand quotidien où travaille Peter Parker, alias Spiderman), son empreinte sur le paysage urbain ne laisse aucun doute à la vue des étranges constructions pointues peintes de pourpre, d'argent, de rouge et de vert.

Les moindres éléments de cet environnement stimulant sont conçus pour garder les sens en éveil, des images de superhéros plus grands que nature aux puissants airs de guitare électrique qui vous accompagnent tout au long de votre périple. Vous vous attendez presque à voir surgir des bulles descriptives du genre *Crrrack*! et *Booom*! Il n'y a dès lors rien d'étonnant à ce qu'on ne trouve pas une seule aventure insipide dans cette île.

The Amazing Adventures of
Spider-Man ★★★★★

Quoi que vous pensiez de l'homme-araignée, sachez que cette attraction est vraiment époustouflante. La fusion du

3D, des simulateurs de vol et des effets spéciaux y est à ce point réussie, que la distinction entre la réalité, la fiction et la pure fantaisie devient presque impossible.

Le scénario : la Statue de la Liberté a été volée par les ennemis jurés de Spiderman, et vous devez l'aider à la récupérer. Pour ce faire, vous prenez place à bord de véhicules qui vous propulsent dans l'aventure. Les animations et les trucages se conjuguent de façon ahurissante, si bien que, lorsque Spiderman atterrit sur votre voiture, vous pourriez jurer qu'il est en chair et en os. Les véhicules donnent par ailleurs l'impression de déraper comme s'ils étaient complètement hors de contrôle, et le sentiment de perdition devient d'autant plus palpable que vous vous voyez soudain projeté au sommet d'un gratte-ciel. Vient enfin le docteur Octopus (Doc Ock pour les intimes) et son fusil à rayon antigravité, dont vous tentez d'esquiver le tir en effectuant un plongeon spectaculaire de plus de 120 m dont vous vous souviendrez longtemps. Il prend de fait la moitié du temps passé dans ce manège, et répondra indubitablement à toutes vos attentes, quoi qu'on ait pu vous en dire.

À NOTER : à ne manquer pour rien au monde; sans conteste un des grands favoris du parc. La sensation de chute libre est on ne peut plus réelle, un facteur que vous devrez sans doute considérer si vous êtes sujet au vertige, quoique vous puissiez toujours fermer les yeux en vous disant qu'il ne s'agit, après tout, que d'une expérience virtuelle.

Doctor Doom Fearfall ★★

Le méchant docteur Doom, impitoyable adversaire des Fantastic Four, a élaboré un plan diabolique visant à extraire les plus redoutables craintes de l'esprit de ses

Islands of Adventure

victimes (en l'occurrence, vous), et il entend y parvenir à l'aide d'une horrible machine conçue pour sucer la substance même de toutes les peurs qui sommeillent en vous (nous vous laissons le soin de deviner à quelles fins il compte l'utiliser!).

Tout cela n'est en fait qu'un formidable prétexte pour vous attacher à un siège éjectable et vous propulser au sommet de l'une ou l'autre des deux tours de 60 m de l'infâme docteur. Le déclenchement du mécanisme vous soumet à une poussée d'adrénaline sans pareille, mais tout de même négligeable à côté de celle qui vous attend au moment de redescendre... en chute libre. Le tout produit naturellement un effet plutôt comique dans le paysage surréaliste de cette île, et les spectateurs, les yeux tournés vers le ciel, ne peuvent généralement s'empêcher de penser «Un autre malheureux envolé en fumée!».

Nombreux sont ceux que la seule pensée d'une telle chute aux enfers terrifie au plus haut point. Néanmoins, aussi étrange que cela puisse paraître, l'anticipation de la pire des calamités s'avère ici plus effrayante que le manège en soi. Peut-être est-ce lié au fait que tout se déroule beaucoup trop rapidement, ou que la chute tant redoutée a apparemment été écourtée et amortie depuis la création du manège (allez savoir pourquoi?). Il en résulte que les mordus de ce genre d'attraction risquent d'être déçus.

À NOTER : comme on ne lance que deux passagers à la fois, la file d'attente peut devenir très longue. En vous y rendant de bonne heure, non seulement réduirez-vous le facteur d'attente, mais vous bénéficierez en outre d'un magnifique panorama des îles à la lumière du jour au moment d'atteindre le sommet de la tour (à condition, toutefois, de garder les yeux ouverts!).

The Incredible Hulk Coaster ★★★★★

Ces montagnes russes aussi vertes et monstrueuses que l'incroyable Hulk lui-même vous laisseront pantois, surtout si vous vous êtes déjà demandé ce que l'on peut bien ressentir dans la peau d'un boulet de canon.

Les «missiles» en devenir parcourent d'abord le laboratoire de Bruce Banner (le nom civil de votre hôte), où ils prennent connaissance des essais qu'il effectue sur un accélérateur à rayons gamma. Le manège démarre plutôt normalement, au son des interminables «clic-clac» de la première pente; mais, au moment précis où vous anticipez l'inévitable descente qui doit s'ensuivre, vous vous voyez catapulté encore plus haut dans un tube de 45 m, et passez de zéro à 65 km/h en deux secondes – à l'envers –, avec la même force que si vous étiez à bord d'un chasseur F-16! La suite n'est qu'une succession ininterrompue de boucles, de sauts et de virages plus insensés les uns que les autres, à des vitesses atteignant les 100 km/h! Il y a fort à parier qu'il vous faudra un moment pour reprendre votre souffle, et vous devrez immanquablement prendre rendez-vous chez le coiffeur pour ne pas avoir l'air d'un punk trop longtemps, surtout si vous avez opté pour la file spéciale donnant accès aux places avant.

À NOTER : il n'y a absolument aucun endroit où cacher vos effets personnels une fois à bord du manège. Épargnez-vous donc des désagréments en utilisant les casiers temporaires mis à votre disposition à l'entrée.

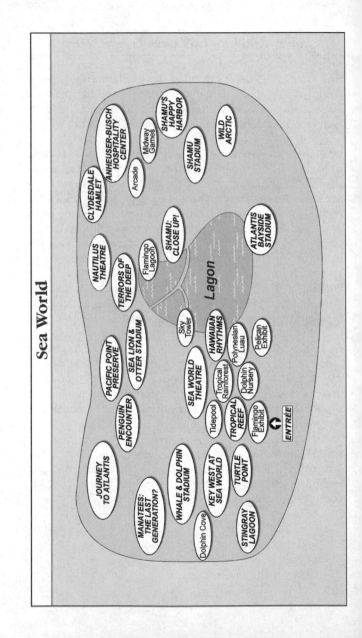

Sea World

SEA WORLD

Rien de plus naturel pour un État presque entièrement entouré d'eau que d'accueillir un paradis aquatique artificiel. D'une superficie de plus de 80 ha, SeaWorld n'est évidemment qu'une goutte d'eau dans l'océan, mais on y retrouve néanmoins une quantité impressionnante de spectacles, d'attractions et d'expositions révélant les mystères du grand bleu.

Les quelque 9 000 créatures qui y ont élu domicile viennent d'aussi près que la baie de Tampa et d'aussi loin que l'Antarctique. Vous découvrirez dans ce parc marin, le plus connu du monde, des baleines de la taille d'une maison, des poissons-clowns de la taille d'un orteil, des phoques de jais luisants et des invertébrés auréolés de rose. Il y a également des dauphins enjoués, des pingouins attachants, des otaries moustachues et des loutres espiègles, mais aussi des espèces moins connues, tels les macareux, les petits garrots, les poissons-licornes et les anguilles furtives.

Plusieurs de ces animaux évoluent dans les grandes piscines bleues qui parsèment le paysage luxuriant de SeaWorld. Chaque jour, des milliers de personnes s'entassent dans des gradins autour de ces réservoirs pour voir ces fascinantes bêtes à l'œuvre, que ce soit au jeu ou au travail : des baleines qui sifflent et font des sauts, des phoques qui se tapotent mutuellement le dos et des dauphins qui nagent sur le dos.

Les hôtes de la mer (auxquels s'ajoutent quelques humains) volent décidément la vedette des spectacles qui ont contribué à la renommée mondiale de SeaWorld. Mais l'endroit offre beaucoup plus que des spectacles. Ce parc thématique doublé d'un centre de recherche, réalisé au coût de plusieurs dizaines de millions de dollars, scrute ainsi les mystères du monde sous-marin avec plus de 30 spectacles et attractions de premier plan. Et il brosse un tableau réellement saisissant de l'océan, que ce soit par son gigantesque aquarium de coraux, sa banquise intérieure, naturellement occupée par les pingouins, ou son antre de requins redoutables.

En dehors de ces expositions, le parc a l'air d'une toile marine en mouvement. Les goélands percent l'azur de leurs cris, et une brise saline balaie de tendres pelouses. Des étangs rocailleux épousent les contours de jardins surplombés de palmiers, et des flamants rose bonbon laissent leurs empreintes un peu partout sur le sable. Enfin, des vedettes rapides traversent en vrombissant un lagon dominé par la Sky Tower, haute de 122 m; point de repère de SeaWorld, cette tour ressemble à une aiguille bleue plantée sur le rivage.

Dans ce décor océanique, vous verrez évoluer d'habiles danseurs polynésiens de même qu'un sculpteur de châteaux de sable. Vous pouvez aussi vous prélasser au soleil sur la plage du lagon, une boisson glacée au rhum dans la main, et admirer les prouesses des skieurs nautiques.

Si cela vous semble correspondre à l'image qu'on se fait de la Floride dans ce qu'elle a de plus touristique, c'est que tel est bien le cas. Depuis son ouverture en 1973, SeaWorld constitue en effet un attrait éducatif sur la vie marine, tout en vous donnant la possibilité de vous détendre à souhait.

Quoi qu'il en soit, force est de reconnaître qu'il ne s'agit plus du parc thématique le plus «gentil» et le plus «sage» qui soit. En cette ère du toujours plus grand, toujours plus fort et toujours plus explosif (sous peine de devoir déposer son bilan), les lieux appartiennent désormais à Anheuser-Busch et se dotent de tous les atouts nécessaires pour affronter la concurrence. La flamme du capitalisme se distingue jusque dans le nouveau nom du parc, aujourd'hui devenu «SeaWorld Adventure Park», sans parler de l'aménagement d'une nouvelle entrée qui en met plein la vue et de l'addition de quelques manèges du tonnerre. «Journey to Atlantis» a ouvert la marche de ce renouveau en 1999, et vous pouvez vous attendre à voir bientôt surgir des montagnes russes baptisées «Kraken» de même qu'un complexe touristique à saveur tropicale (Discovery Cove) auquel il ne sera possible d'accéder que sur réservation.

Cela dit, d'ici à ce qu'il soit entièrement rénové et revitalisé, SeaWorld demeure un endroit où vous pouvez vous la couler douce tout en vous arrêtant à ce qui se passe sous les mers. Il s'agit d'ailleurs, pour beaucoup de gens, de leur seul lien véritable avec le mystérieux univers océanique.

Petit lexique anglais-français

Puisque toutes les affiches de SeaWorld sont en anglais, voici un petit lexique qui vous permettra de faire le lien entre les noms d'espèces utilisés dans ce guide et ceux que vous lirez une fois sur place :

Bass	bar
Buffle head	petit garrot
Butterflyfish	poisson-papillon
Butterball	petit garrot
Clownfish	clown orangé/ poisson-clown
Conch	conque
Crappie	marigane blanche
Grouper	mérou
Lionfish	rascasse volante
Murre	marmette de Brünnich
Puffin	macareux
Scorpionfish	rascasse, scorpène
Smew	harle-piette
Snapper	vivaneau
Surgeon-fish	acanthuridés
Unicorn fish	poisson-licorne

POUR S'Y RETROUVER SANS MAL

SeaWorld est facile à trouver, et le coût du stationnement y est peu élevé. Il se trouve près du croisement de
la **route 4** et du **Bee Line Expressway**, à environ 16 km
au sud du centre-ville d'Orlando. De la **route 4**, empruntez la sortie de SeaWorld et suivez la signalisation
jusqu'à l'entrée principale. Après vous être garé, prenez
le tramway qui vous conduira à la porte principale.
Souvenez-vous de **noter l'emplacement de votre espace
de stationnement** (chaque section porte le nom d'un
personnage de SeaWorld, comme «Oppie Otter» par
exemple) afin de retrouver votre voiture à la fin de la
journée.

Quelques précieux conseils

S'il s'agit de votre première visite, vous vous attendez
sûrement à affronter une foule aussi nombreuse qu'aux
studios Universal ou à Disney World. Mais n'ayez crainte.
SeaWorld est rarement engorgé, et tout y est si relaxant
et si bien organisé que les files d'attente y sont presque
inexistantes. Il est toutefois très important de se rappeler
que les principales attractions de SeaWorld prennent la
forme de spectacles, de sorte que vous avez tout avantage à planifier votre journée en fonction de ceux-ci. Il
est impossible de les voir tous, mais vous pouvez tout de
même en voir la plus grande partie.

À la soupe!

Vous désirez voir les animaux de SeaWorld de près? Nourrissez-les. Achetez une boîte de harengs ou d'éperlans, et rendez-vous au **Sting Ray Lagoon**, au **Dolphin Cove at Key West** ou à la **Pacific Point Preserve**. Les raies pastenagues et les dauphins viendront manger dans vos mains, et vous pourrez même les caresser. Les otaries et les phoques vous offriront un vrai spectacle, quémandant de la nourriture tout en aboyant et en roulant sur le dos. Allez-y en fin de journée, et vous verrez ces moustachus repus et comblés faisant la sieste pêle-mêle les uns sur les autres.

SeaWorld vous aide d'ailleurs à faire les meilleurs choix en fonction de vos besoins grâce à son *Map and Show Schedule*, un horaire personnalisé spécialement préparé à l'intention de chaque nouveau visiteur et disponible à l'Information Center, près de l'entrée principale. L'ordinateur tient compte du nombre de visiteurs ayant fait appel à ses services, de même que des attractions vers lesquelles il les a dirigés, si bien qu'il peut vous recommander les attractions qui sont les moins bondées. Mais quoi que dise l'ordinateur, ne manquez surtout pas les spectacles du **Sea Lion and Otter Stadium** et du **Shamu Stadium**. Notez enfin que l'horaire des spectacles change tous les jours.

Donnez-vous au moins 45 min de jeu entre les spectacles; vous aurez ainsi le temps d'aller aux toilettes et d'apprécier les expositions secondaires telles que la **Tropical Rain Forest** et **Penguin Encounter**. De cette façon, vous pourrez également arriver 15 min avant le prochain spectacle et vous assurer d'un siège. Certains spectacles se remplissent vite, surtout au milieu de la journée. Si vous avez de jeunes enfants, assoyez-vous près d'une allée afin d'avoir facilement accès aux toilettes durant le spectacle.

Les parents voudront aussi prévoir une halte au terrain de jeu du **Shamu's Happy Harbor** vers le milieu de la journée. Les enfants adorent en effet toutes les activités formidables auxquelles ils peuvent s'y livrer, tandis que les parents se délectent de ses coins ombragés. Surtout, pas de précipitation; une grande partie du charme de SeaWorld, c'est que vous pouvez en faire le tour à votre rythme et sans vous bousculer.

Services

Poussettes et fauteuils roulants : Offerts en location au Stroller Gift Shop, à l'entrée principale.

Centre de services aux nourrissons (*Baby Services*) : Situé à côté du Friends of the Wild Gift Shop. Des tables à langer sont également disponibles dans la plupart des toilettes ou à proximité de celles-ci.

Casiers : Vous les trouverez près de la sortie. Il vous en coûtera 1,50$ chaque fois que vous les ouvrirez.

Animaux de compagnie : Ils ne sont pas admis. Vous pouvez cependant utiliser les chenils climatisés aménagés à droite de l'entrée principale. La pension y est de 4 $ par jour.

Enfants perdus : Signalez tout enfant égaré à l'Information Center, à l'entrée principale.

Service de collecte des paquets (*Package Pickup*) : Ce service gratuit vous évite d'avoir à traîner vos achats toute la journée. Demandez simplement aux commis des boutiques de SeaWorld d'envoyer vos sacs au Shamu's Emporium, où vous pourrez les réclamer au moment de quitter le parc.

Bureau des objets perdus et trouvés : Il se trouve à l'intérieur des Guest Services.

Services bancaires : Vous trouverez des guichets automatiques (distributeurs de billets) à l'entrée principale et un peu partout dans le parc. Pour changer des devises étrangères, rendez-vous au guichet des Guest Relations à l'entrée principale entre 9h et 15h.

Comment s'orienter sur le site

Rien de plus facile : imaginez un beignet quelque peu allongé et percé d'un trou en son centre. Le trou en question est un vaste lagon traversé par une passerelle en *Y*. Autour de ce dernier se trouvent des boutiques, des restaurants, de petits bassins grouillants de vie marine et le **SeaWorld Theatre**. Et à la périphérie de notre beignet sont présentés 20 spectacles et attractions principales; il s'agit, en procédant dans le sens des aiguilles d'une montre, du **Whale & Dolphin Stadium**, de **Key West at SeaWorld**, de **Manatees : The Last Generation?**, de **Journey to Atlantis**, de **Penguin Encounter**, de la **Pacific Point Preserve**, du **Sea Lion & Otter Stadium**, de **Terrors of the Deep**, du **Nautilus Showplace**, du **Anheuser-Busch Hospitality Center**, du **Shamu's Happy Harbor**, du **Shamu Stadium**, de **Mission : Bermuda Triangle** et de l'**Atlantis Bayside Stadium**.

Si vous devez vous déplacer en fauteuil roulant, vous n'aurez aucun problème à SeaWorld. Les promenades sont larges et les rampes sont nombreuses (toujours en pente douce). Les amphithéâtres et les salles de spectacle offrent amplement d'espace pour les fauteuils roulants (souvent en première rangée) et sont facilement accessibles.

SPECTACLES ET ATTRACTIONS

Whale & Dolphin Stadium ★★★★

Si vous avez déjà vu une publicité de SeaWorld à la télévision où un dauphin fait une triple pirouette dans les airs, dites-vous bien que ce n'était là qu'un avant-goût de ce qui vous attend à ce spectacle de baleines et de dauphins (Key West Dolphin Fest), destiné à vous faire découvrir l'agilité et les dispositions athlétiques de ces mammifères marins. Pendant 25 min, ces joyeux lurons déploient toute leur grâce sur demande, nageant sur le dos, faisant des pirouettes et dansant même le twist et le limbo. La foule ébahie ponctue toujours la représentation de cris et d'applaudissements aux moments opportuns, comme lorsqu'un enfant choisi dans l'assistance échange une poignée de main (lisez «nageoire») avec un dauphin.

À NOTER : Si vous désirez prendre une part active au spectacle, présentez-vous devant l'amphithéâtre 30 min avant la représentation, et demandez à parler à un employé responsable de la logistique. Cela ne vous garantit rien, mais vous aurez tout de même une longueur d'avance.

Sea World

Il est, bien sûr, toujours agréable d'observer les dauphins. Mais pourquoi s'en tenir à l'observation passive, dès lors que, par l'entremise de «Discovery Cove», une attraction sur le point de voir le jour, vous aurez bientôt la possibilité de vous joindre aux ébats de ces mammifères marins? À compter de l'été 2000, vous aurez ainsi accès à un tout nouvel environnement *(droit d'entrée distinct)*, ponctué d'une oasis tropicale unique en son genre, de récifs, d'épaves et de cascades ne demandant qu'à être explorés. On estime qu'il en coûtera entre 150 et 200$ pour vivre cette aventure – un coût passablement élevé si on le compare à celui d'autres parcs thématiques, quoique ses concepteurs promettent de vous en donner pour votre argent. De plus, un système de réservation visant à contrôler soigneusement le flot des visiteurs doit vous éviter toute attente, une découverte en soi digne des plus grands éloges!

Dolphin DIP ★★★

Les amants des dauphins n'ont cessé de grossir les files d'attente depuis que SeaWorld a lancé son Dolphin Interaction Program (DIP), qui invite toute personne âgée de 13 ans et plus à entrer dans l'eau pour une rencontre nez à nez avec ces populaires mammifères marins.

Ce programme de deux heures débute à 7h, soit deux heures avant l'ouverture du parc, et de nouveau à 10h30, au Dolphin Cove de la section Key West. Les spectateurs ont alors droit à un spectacle réjouissant, puisque les dauphins enjoués, se sentant un peu seuls après une nuit d'absence de leurs compagnons humains, bondissent vers le bord du bassin dans l'espoir de se faire caresser. Après cette entrée en matière, on vous donnera un cours d'introduction sur l'anatomie et le

Sea World

dressage de ces bêtes, puis une combinaison étanche. Enfin, tout le monde se lance dans le bassin. Lorsque vous aurez eu le temps de vous acclimater à l'eau salée maintenue à une température de 20 °C (même sous la combinaison, vous la trouverez froide), les entraîneurs vous initieront à une série de signaux auxquels les dauphins répondent par des battements de nageoires, des sauts, des virevoltes et des arrêts on ne peut plus précis.

Les créateurs de ce programme insistent sur le fait qu'il s'agit d'«interagir» avec les dauphins, et non de se baigner librement avec eux. Ainsi, bien que le programme s'étire sur deux heures, vous ne passerez que 20 ou 25 min dans l'eau, et vous pataugerez davantage que vous nagerez. Il n'en reste pas moins qu'une telle rencontre avec les dauphins est plutôt rare, et nombre de visiteurs se disent et se montrent fermement emballés par l'expérience. Le coût de 159$ par personne (incluant l'accès au parc pour la journée – les simples observateurs sont admis au coût de 39,95 $) est toutefois passablement élevé pour ce qu'on offre.

À NOTER : La demande n'a pas dérougi depuis l'inauguration de ce programme en 1997, de sorte que vous pouvez sans sourciller réserver vos places un an et plus à l'avance pour vous assurer d'une participation.

Key West at SeaWorld ★★★

Architecture colorée, boutiques pittoresques, spectacles de rue divertissants et musique calypso donnent le ton à la plus récente attraction de SeaWorld, qui recrée l'atmosphère de Key West. Vous y trouverez d'exceptionnelles occasions de côtoyer certaines des créatures les plus fascinantes de SeaWorld, à savoir les tortues de mer, les dauphins et les raies.

Le point le plus populaire en est le bassin des dauphins (Dolphin Cove), qui couvre 0,8 ha, et à la surface duquel vous pourrez nourrir les mammifères enjoués tout en interagissant avec eux. En descendant sous la surface, autour du bassin, vous découvrirez une immense fenêtre panoramique donnant sur leur habitat. Les entraîneurs des dauphins se tiennent régulièrement à votre disposition pour répondre à vos questions, et des spectacles sont quotidiennement organisés au Key West Dolphin Fest voisin.

Outre l'intérêt suscité par les animaux marins qui y vivent, Key West offre un répit prisé de la frénésie caractéristique des parcs thématiques. Plutôt que de vous hâter d'un point à un autre, profitez en toute quiétude des spectacles de rue (jongleurs, mimes et faux guides touristiques) ou d'un concert de jazz.

À NOTER : Les dauphins se montrent plus réceptifs aux humains en début de journée. Pour mieux les apprécier, projetez donc d'arriver au parc le plus tôt possible, alors qu'ils sont avides de vous rencontrer et de vous accueillir.

À la rescousse

Petits lamantins orphelins. Tortues de mer blessées. Otaries échouées sur le rivage. Ce ne sont là que quelques-uns des animaux marins que SeaWorld a depuis peu pris sous son aile pour leur offrir un refuge à l'abri d'un environnement hostile et contribuer à leur rétablissement avant de les relâcher dans la nature. Et l'entreprise est de taille, puisque plus de 3 000 bêtes ont ainsi été accueillies depuis à peine cinq ans.

Les visiteurs peuvent examiner de plus près ces efforts de sauvetage grâce au nouveau **To The Rescue Tour**. Cette promenade guidée d'une heure *(droit d'entrée distinct)* comprend l'exploration des véhicules de sauvetage et des bassins de rétablissement, mais explique aussi les difficultés encourues lorsqu'il s'agit d'arracher un lamantin de 900 kg à son environnement naturel. Vous y prendrez en outre connaissance, par le détail, des efforts déployés pour sauver de l'extinction certaines espèces comme le lamantin et la tortue de mer.

Sea World

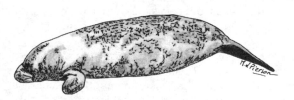

Manatees : The Last Generation? ★★★★

Comment résister à l'air bon enfant des lamantins! Doux et patauds, ces habitants des eaux chaudes et peu profondes sont aujourd'hui menacés d'extinction par les promoteurs et les navigateurs de plaisance imprudents. Cette attraction de 1,5 ha recrée un habitat naturel de plus d'un million de litres d'eau, et dispose d'une salle de projection circulaire sur les murs et le plafond de laquelle les visiteurs ont l'occasion de contempler le monde tel que le voient les lamantins. Il s'agit d'une présentation à la fois attendrissante et alarmante destinée à vous familiariser avec cet animal mystérieux et en péril.

À NOTER : Donnez-vous au moins une demi-heure pour admirer et apprécier à leur juste valeur ces animaux remarquables. Et ne manquez pas la vitrine d'observation de près de 40 m qui vous permet de les voir évoluer sous l'eau.

Journey To Atlantis ★★★★★

SeaWorld est peut être reconnu comme un lieu de divertissement facile, mais ces électrisantes montagnes russes à saveur nautique (de la variété des glissoirs) ne manquent pas d'y mettre du piquant. Une musique lyrique vous accompagne dans votre périple intérieur, dans un décor de palais somptueux sous une voûte étoilée, et ce, jusqu'à l'inévitable descente finale.

Un des portions les plus effrayantes de ce manège tient à son ascension. Tandis que d'autres glissoirs vous font grimper de façon à peine perceptible, celui-ci vous entraîne sur une pente redoutable, interminable, quasi impensable... et encore un peu plus haut. Une fois parvenu au sommet, la seule pensée de la descente qui doit immanquablement s'ensuivre aura sans doute pour effet de vous paralyser. Et c'est sans compter la surprise finale qui vous attend, rendant ce manège tout à fait unique.

À NOTER : le panneau affiché à l'entrée dit clairement «Attendez-vous à vous faire mouiller.», et ce n'est pas une blague! Mieux vaut laisser tout article périssable dans les casiers voisins (1$ -1,50$).

Sea World

Mimes espiègles

Le pauvre monsieur bedonnant de Boise, en Idaho, n'a jamais eu la moindre chance. Il n'était pas aussitôt arrivé dans l'amphithéâtre que déjà un mime le talonnait, s'improvisant à son tour un gros ventre. Chaque pas que faisait l'homme était suivi d'un mouvement de ventre identique du mime. La foule éclatait de rire et l'homme jetait autour de lui des regards furtifs, confus par la situation.

Les mimes de SeaWorld se moquent des visiteurs qui, ne se doutant de rien, viennent assister au spectacle du Sea Lion & Otter Stadium. Ils sont si drôles qu'ils sont devenus le clou du parc thématique tout entier. La force des mimes est de mettre en évidence ce qu'il y a de plus «quétaine» (ringard) chez les touristes : jambes brûlées par le soleil et courtement vêtues de chaussettes roses, casquettes de Goofy aux longues oreilles, talons hauts et shorts très osés. Vous avez tout compris!

Afin de voir les mimes, soyez dans les gradins 15 min avant le spectacle. Et surtout, surveillez vos arrières!

The Penguin Encounter ★★★★

Les créatures les plus charmantes de SeaWorld vivent ici dans une niche de 13 millions de dollars, garnie de rochers couronnés de neige, parcourue d'eaux glaciales et balayée par une brise incessante. Les visiteurs circu-lent sur un tapis roulant de 37 m tandis que les pingouins se dandinent au sol, plongent dans leur piscine océanique et se déplacent à toute vitesse sous l'eau. Ils vous regardent même parfois à travers la vitre comme pour vous dire : *«Qu'y a-t-il de si extraordinaire?»* Or, pour beaucoup de gens, The Penguin Encounter est effectivement **très** extraordinaire, d'autant plus que cet univers polaire artificiel est le plus vaste habitat du genre au nord de l'Antarctique. Des centaines de ces oiseaux coureurs vivent ici dans une lumière qui change au fil des mois de manière à reproduire l'éclairage saisonnier de l'Antarctique, et à une température confortable (pour un pingouin) de 0 °C. À côté, dans une salle semblable, se trouvent des douzaines d'alcidés, ces oiseaux de l'Arctique qui semblent être le produit d'un croisement entre le perroquet et le canard. N'ayant aucun lien de parenté avec le pingouin, les alcidés portent des noms étranges tels que petits garrots, macareux, harles-piettes et marmettes de Brünnich. Si vous avez de jeunes enfants, emmenez-les voir les alcidés : ils adoreront ces animaux étranges et voudront apprendre à prononcer leurs noms.

À NOTER : Après avoir quitté le tapis roulant, les visiteurs peuvent observer les oiseaux de plus près depuis une aire située quelque peu à l'écart. Il y a aussi le **Learning Hall**, où une exposition et des films décrivent les recherches et les explorations effectuées en relation avec les pingouins.

Pacific Point Preserve ★★★★

Cet habitat consacré aux pinnipèdes, d'une superficie de 1 ha et renfermant un bassin de 1,7 million de litres, recrée de façon impressionnante la côte du Nord californien. Les otaries et les phoques s'y ébattent dans un environnement d'eau salée plutôt froide, agitée par une machine à vagues. Doté de postes d'observation sous-marins et aériens, ce site permet d'admirer à loisir les gracieuses prouesses de ces mammifères marins.

À NOTER : Évitez cet endroit après un spectacle de loutres et d'otaries, alors qu'il est envahi par les foules.

Clyde and Seamore take Pirate Island ★★★

Un bateau de corsaire, une île de pirates et un trésor... que demander de plus? Eh bien, il y a plus, puisque ce spectacle présenté au Sea Lion and Otter Stadium met en vedette les otaries Clyde et Seamore. Leur performance un peu bébête, mais tout de même adorable, retrace les aventures en haute mer d'un navire bondé de «compagnons de fortune». Les talentueux mammifères marins marchent sur les «mains», glissent sur le pont, et se livrent à une foule de cascades rocambolesques qui ne manqueront pas de transporter les enfants au septième ciel, et les adultes eux-mêmes auront beaucoup de mal à résister au charme de ces acteurs attachants.

À NOTER : arrivez tôt pour obtenir les meilleures places, un conseil d'autant plus précieux que vous voudrez sans doute éviter la zone d'éclaboussement total (les quelques premières rangées). Car, si les enfants adorent généralement se faire arroser, il n'en va pas toujours de même des adultes armés de caméscopes.

Terrors of the Deep ★★★★

Il n'y a rien de bien terrifiant dans cette exposition, si ce ne sont les dents pointues des barracudas, les poissons-globes armés de piquants et les requins de 2 m qui vous regardent sournoisement. Et n'oublions surtout pas les acanthuridés, dont les barbillons aussi tranchants que des rasoirs peuvent transpercer sans mal un vêtement isothermique! Ces phénomènes de la nature et d'autres peuplent les aquariums de cette grande exposition, d'autant plus exaltante que vous la voyez à travers un tunnel, ce qui veut dire que les monstres évoluent **au-dessus de vous** dans quelque 450 t d'eau salée. Alors que vous vous déplacez sur un tapis roulant, vous vous sentez vraiment comme un intrus dans cet «Oz» des profondeurs, peuplé de créatures meurtrières. Certaines vous intimideront sur-le-champ, alors que d'autres sont plus sournoises. Ainsi, la splendide rascasse volante injecte à ses victimes un venin assez puissant pour tuer un homme en six heures. Et la scorpène, experte en camouflage, est surnommée «trois pas», car après avoir posé le pied dessus, on n'a pas aussitôt fait trois pas qu'on s'effondre en proie à une effroyable douleur. Prêt pour une trempette?

À NOTER : Les enfants de tous âges apprécient cette attraction au plus haut point, car selon les paroles d'un enfant de huit ans : *«C'est comme si on se trouvait à l'intérieur d'un immense aquarium»* Ils aiment aussi le fait qu'ils peuvent facilement y retourner encore, encore et encore...

Cirque de la Mer ★★★★

Rien de ce spectacle présenté dans l'enceinte du Nautilus Theatre ne correspond à ce que vous pouvez imaginer, d'autant moins que ses vedettes sont tous des humains et que, de thème aquatique, nenni! Il s'avère toutefois divertissant, offrant un mélange d'exotisme – d'impressionnants jongleurs de feu et un numéro de funambules à couper le souffle – et de plus classiques cabrioles de cirque. La visibilité est bonne de toutes les places, mais sachez que si vous choisissez de vous installer au premier rang, vous risquez d'être transporté sur scène pour y prendre part à un extravagant match de boxe des plus tordants.

À NOTER : le spectacle est certes amusant en soi, mais son prélude l'est encore plus. Prévoyez arriver au moins 15 min d'avance pour apprécier à sa juste mesure le mime hystérique qui fait par la suite partie du spectacle

Sea World

comme tel. Soyez toutefois sur vos gardes si vous ne voulez pas faire les frais de ses moqueries sans pitié.

Anheuser-Busch Hospitality Center ★★

L'association de SeaWorld et de sa nouvelle compagnie mère, la Busch Entertainment Corporation, a donné un nouveau souffle à ce parc marin sur le déclin, et a fait apparaître quelques nouveautés pour le moins inusitées, comme une grande cuve de brassage du début du siècle utilisée pour la fabrication de la bière, une ancienne machine à copeaux de hêtre et une écurie de chevaux de trait *Clydesdale*. Tout cela se passe au Anheuser-Busch Hospitality Center, dans un complexe de deux bâtiments entourés de pelouses, de cascades et de jardins. Découvrez-y l'histoire d'Anheuser-Busch et l'utilisation qu'elle fait du hêtre pour donner de l'âge à sa bière, ou détendez-vous simplement sur la terrasse en profitant du paysage. Tout à côté, le Clydesdale Hamlet vous permettra de vous familiariser avec les célèbres chevaux de trait de ce grand brasseur.

À NOTER : Cet endroit, qui n'est visiblement pas une attraction de premier plan, constitue toutefois une découverte sans pareil à l'heure du déjeuner. Les amateurs de photos pourront même s'immortaliser sur la pellicule aux côtés d'un cheval de 2 t au Clydesdale Hamlet.

Shamu's Happy Harbor ★★★★

«Tu n'aurais pas dû les emmener ici, je ne réussirai jamais à les faire sortir», se plaignait une mère à son mari en parlant de leurs enfants. Il est en effet fréquent que les parents aient du mal à convaincre leur progéniture de quitter les lieux pour poursuivre la visite du parc, et pour cause : l'endroit regorge littéralement de tout ce que les enfants adorent. Ils peuvent explorer des tunnels, tirer

avec des mousquets à eau, faire sonner des cloches et tourner des roues. Il y a des piscines peu profondes, des gréements où grimper et des salles remplies de gros ballons en plastique entre lesquels les enfants doivent se frayer un chemin. Toute la journée, des enfants exubérants parcourent en tous sens ce terrain de jeu de 1,2 ha, essayant tout sur leur passage. Le grand favori de cette foule joyeuse est une goélette de 17 m offrant des milliers de recoins où courir, grimper et se cacher. Pour les parents, il y a un espace couvert et muni de nombreux sièges d'où ils peuvent facilement surveiller leurs enfants.

À NOTER : Ouvert de 10h30 à 17h30. Il y a même une section réservée aux tout-petits.

Shamu Stadium ★★★★★

En dehors du royaume de Disney, aucun personnage de parc thématique n'a autant défrayé la manchette que Shamu l'épaulard. Tout ce que vous avez pu apprendre à son sujet est vrai, et ce mammifère de 5 000 kg fait pleinement honneur à sa réputation dans ce magnifique spectacle intitulé «The Shamu Adventure». Ce costaud luisant, habillé de blanc et de noir, se livre à un ballet sous-marin des plus gracieux et salue la foule de sa queue avant de faire déferler un mini-raz-de-marée sur les 15 premières rangées de l'assistance. Les images de Shamu et celles des réactions qu'il provoque dans la foule, captées par des caméras hautement perfectionnées, sont retransmises sur un écran de 4,5 m sur 6 m suspendu au-dessus de son réservoir.

Sculptures de sable

Pelle en main, elle anime le sol de SeaWorld. À certaines heures de la journée, elle trime dur en tamisant et en transvasant du sable pour créer des formes splendides telles que la silhouette d'une baleine ou le visage d'un enfant.

Cette femme femme, c'est Laneve Tompkins, sculpteure de sable à demeure de SeaWorld. Chaque semaine, madame Tompkins fait émerger une nouvelle silhouette détaillée de son grand carré de sable en bordure du lagon. Et chaque jour, les visiteurs s'y arrêtent pour étudier la complexité de ses créations, y compris de véritables villes-châteaux de 4 m d'envergure. Laneve adore parler des châteaux de sable, et invite les intéressés à construire leur propre chef-d'œuvre dans un bac à sable situé à côté du sien. Vous trouverez madame Tompkins près du Shamu's Happy Harbor et au Dolphin Cove, dans le secteur de Key West.

Lors d'une scène particulièrement électrisante, un dresseur chevauche Shamu tandis que ce dernier fonce à toute vitesse vers une caméra sous-marine en roulant sur lui-même; juste avant l'impact, les deux acteurs jaillissent hors de l'eau, se séparent et replongent dans le bassin. Il est encore plus palpitant de voir l'action à travers l'œil de la caméra du dresseur.

À NOTER : Cette attraction est la seule à se remplir bien avant l'heure du spectacle. Adressez-vous à l'Information Center, à l'entrée du parc, pour connaître l'horaire des représentations, et prévoyez d'y être 30 min à l'avance (si vous devez voir le spectacle de 12h ou celui de 14h, arrivez au moins 45 min à l'avance). Un intéressant documentaire sur les baleines, narré par James Earl Jones, est présenté avant le spectacle.

(P.-S. Si vous désirez être choisi comme participant parmi les membres de l'assistance, consultez la rubrique «À NOTER» du Whale & Dolphin Stadium, p 379). **À ne pas manquer**.

Shamu : Close Up! ★★★

Cette nouvelle attraction, un univers sous-marin réalisé au coût de 1,7 million de dollars tout à côté du Shamu Stadium, donne aux visiteurs la chance d'admirer les épaulards entre les spectacles, soit à leurs heures de repas, d'entraînement et de jeu. Derrière trois fenêtres sûres de 2,5 m chacune, vous pourrez ainsi observer de près ces majestueuses créatures sans risquer de vous faire éclabousser. Les enfants aiment particulièrement regarder les bébés s'ébattre dans leur nouvel habitat.

À NOTER : Pour éviter la foule, voyez cette attraction au moins une heure avant ou après le spectacle du Shamu Stadium.

Sea World

Vous avez maintenant la possibilité de passer une journée entière aux côtés des entraîneurs professionnels de SeaWorld grâce au programme «SeaWorld Trainer for a Day». Des tâches les plus ingrates (comme le récurage des seaux) aux plus glorieuses (dont une participation active, de l'arrière-scène, aux spectacles des dauphins et de Shamu), vous en verrez de toutes les couleurs, et songerez peut-être même à changer de carrière en bout de piste. Le coût de cette activité spéciale, offerte tous les jours (de 7h à 16h), est de 349$ et comprend le déjeuner, l'usage d'un appareil photo jetable, un t-shirt et une séance interactive avec les dauphins. Il faut être âgé d'au moins 13, et réserver sa place à l'avance *(☎407-370-1382)*.

Wild Arctic ★★★★

Le simulateur de vol en hélicoptère de SeaWorld vous transporte aux antipodes de glace de la planète, vers ces contrées ténébreuses aux jours blafards peuplées d'ours polaires et de bélugas, découpées de glaciers en dents de scie et ponctuées d'avalanches retentissantes. Vous prendrez place à bord d'un simulateur de vol tumultueux (rappelez-vous les Disney Star Tours et Body Wars) censé ressembler à un hélicoptère en route vers le centre de recherche de Base Station Wild Arctic, et devrez entre autres éviter des montagnes enneigées, filer entre les parois de canyons de glace et survoler des vallées en rase-mottes. Les paysages seraient toutefois plus specta-culaires si l'écran du simulateur était moins brouillé. Ceux et celles qui choisissent de ne pas prendre place à bord du simulateur peuvent tout de même visiter à pied l'exposition arctique.

Lorsque vous atterrissez enfin à la base, vous quittez le simulateur pour faire une promenade dans de fraîches cavernes. Derrière de grands murs de verre, vous pourrez alors observer des ours polaires évoluant dans un environnement rappelant l'Arctique, ainsi que des bélugas, des morses et des phoques nageant dans d'énormes réservoirs dont l'eau est maintenue à 10 °C.

À NOTER : Les enfants mesurant moins de 1 m ne sont pas admis. Vous verrez ici les plus longues files d'attente de SeaWorld, quoiqu'elles dépassent rarement 30 min.

Atlantis Bayside Stadium ★★★★

Venez rencontrer les gars et les filles aux muscles bien sculptés de l'«Intensity Water Ski Show», et laissez-les vous impressionner par leurs pirouettes, leurs sauts, leurs envolées et leurs vrilles… sur skis nautiques. Dans un cadre comparable à celui des compétitions de sports extrêmes, on vous promet ici une succession d'acrobaties plus téméraires les unes que les autres. Les équipes concurrentes rivalisent d'adresse sur skis, sur planches et pieds nus, entraînés à toute allure par un yacht à moteur piloté par nul autre qu'un cow-boy coiffé d'un Stetson. Même ceux et celles qui n'apprécient pas particulièrement les spectacles de ski nautique y trouveront sans doute leur compte; de fait, l'action se veut si intense, que vous devrez parfois plisser les yeux pour distinguer les skieurs à travers les nuages d'eau qui envahissent la scène. Le mode d'attribution des points aux divers concurrents semble complètement arbitraire, mais les spectateurs sont visiblement trop absorbés dans leurs prouesses pour s'en soucier.

À NOTER : il s'agit là d'un stade extérieur où l'on vous permet de boire et manger pendant le spectacle. Songez donc à vous présenter tôt sur les lieux pour obtenir une bonne place, et profitez-en pour vous détendre et vous désaltérer.

The Sky Tower ★★★

Souvent appelée «l'aiguille céleste», cette tour d'un bleu d'encre s'élève à 122 m au-dessus du lagon de Sea-World, et un ascenseur vitré de forme arrondie transporte les gens jusqu'à son sommet, décrivant une lente spirale telle une soucoupe glissant le long d'une corde. C'est la seule attraction pour laquelle on vous demande un supplément. L'ascension de 15 min est calme, détendue et panoramique, et la vue qu'on y a depuis le sommet est à couper le souffle. À vous de déterminer si cet envol vaut quelques dollars de plus ou non. En toute franchise, le panorama que vous offre le sommet du Contemporary Resort Hotel à Disney World est tout aussi impressionnant, et parfaitement gratuit.

À NOTER : Certains enfants d'âge préscolaire sont effrayés lorsqu'ils voient le sol s'éloigner sous leurs pieds. Les plus vieux, cependant, trouvent que c'est ce qu'il y a de plus génial après Shamu.

SeaWorld rehausse son quotient de sensations fortes de façon exponentielle en se dotant de nouvelles montagnes russes à couper le souffle : Kraken. Ainsi baptisées en l'honneur d'une féroce créature mythique du fond des mers, elles catapulteront les braves qui oseront les défier dans des voitures ouvertes filant à une vitesse maximale de 105 km/h! Au moment de leur ouverture, prévue au printemps 2000, elles s'imposeront comme les plus longues, les plus rapides et les plus hautes montagnes russes de la région d'Orlando.

Sea World

Pets on Stage ★★★

Vous ne pourrez vous empêcher d'esquisser un sourire à la vue de ce spectacle d'une époque révolue qui met en vedette certains des hôtes non aquatiques de SeaWorld. Les chats se roulent par terre, les chiens jouent les grands malades, un âne montre gentiment ses dents au dentiste, et un cochon brandit des placards proclamant les injustices faites à son espèce (du genre «À bas le bacon!»). Pas de grandes surprises ici, mais les enfants ne pourront tout simplement pas résister au charme de ces douces créatures, et les parents ne voudront sans doute pas manquer leurs réactions, sans compter que le tout se déroule à l'intérieur, dans une salle climatisée. Le fait que ces talentueux chatons et chiots aient tous été adoptés auprès de refuges d'animaux de la région lance par ailleurs un sympathique message. Bref, le vaudeville n'a jamais eu plus mignonne allure.

À NOTER : assurez-vous de rester un moment après que le spectacle, puisque les enfants peuvent alors voir de plus près et même caresser certains des interprètes étoiles du spectacle.

Tropical Reef ★★★★

Cette promenade à travers des aquariums grouillants d'animaux bizarres et merveilleux constitue vraiment une visite du côté sauvage de la mer. Contrairement aux décors extérieurs ensoleillés de la plupart des attractions, cette exposition vous entraîne dans des catacombes illuminées par des coraux de la taille d'une camionnette. Ceux-ci baignent dans un réservoir de 560 000 l, le plus grand aquarium de coraux du Pacifique Sud des États-Unis. Des milliers de créatures bizarres y prospèrent, dont des murènes, des poissons-papillons bigarrés, des acanthuridés et des homards géants. Les poissons-clowns orangés oscillent au gré des courants, et les anémones pourpres se livrent à un ballet silencieux sur le fond sablonneux de l'aquarium. Les enfants d'âge préscolaire s'entassent au pied du réservoir, et pressent leur minois contre la grande vitre qui monte jusqu'au plafond. De plus petits réservoirs sont éparpillés ici et là, abritant chacun une espèce marine particulière. Il y a aussi l'habituel repaire d'alligators floridiens et un réservoir assez spécial où nagent des bébés requins.

À NOTER : Cette attraction compte de grandes affiches lumineuses pointant en direction de diverses formes de vie marine, ce qui permet de mieux comprendre les mystères de la mer.

Tout juste à l'extérieur des limites de Walt Disney World, sur la route 192, **Splendid China** *(droit d'entrée; Route 192, 3000 Splendid China Boulevard, 1,5 km à l'ouest de l'entrée principale de Walt Disney World, soit à 4,8 km à l'ouest de la route 4, Kissimmee,* ☎*407-396-7111 ou 800-244-6226, www.floridasplendidchina.com)* est le dernier-né des parcs thématiques de la région. Aménagée sur 30 ha derrière une grande artère commerciale, et adossée à un projet domiciliaire huppé, cette attraction en plein air qui a coûté 100 millions de dollars reproduit assez fidèlement son homonyme de Hong Kong.

Le concept en semble toutefois quelque peu étrange. Créez tout d'abord des répliques miniatures des plus célèbres attraits de la Chine, dont la Grande Muraille, la Cité impériale et la Forêt de pierres. Accrochez-les ensuite à de fausses falaises dressées dans les plaines de la Floride centrale, et invitez les visiteurs à se balader dans ce décor pour les admirer et les photographier. Vous verrez là une reconstitution des grottes de Magao, datant de l'an 492 et découvertes en 1900, de même que le temple suspendu (également en version réduite) de la province de Shanxi, où plus de 40 bâtiments et palais semblent flotter à flanc de falaise, et un mini-palais de Potala, le plus haut du monde avec ses 13 étages.

Peu d'enfants apprécient cet endroit où ils ne trouvent ni manèges, ni aventures interactives, ni écrans vidéo pour retenir leur attention. En contrepartie, Splendid China offre un moment de détente loin du brouhaha des parcs de Disney, avec balades dans d'attrayants jardins peuplés de saules pleureurs, de lilas des Indes, de rosiers et d'étangs parsemés de nénuphars. Le prix n'en est toutefois pas à dédaigner puisque, à la mi-1999, il était de 28,88 $ par adulte et de 18,18 $ par enfant de 5 à 12 ans. Les enfants de moins de cinq ans sont admis sans frais, et le stationnement est gratuit. Visites guidées à pied : 5,35$.

Visitez Splendid China à n'importe quel moment car il n'y a jamais foule. En prenant votre temps et en mangeant sur place (déjeuner ou dîner), il vous faudra environ quatre heures pour en faire le tour. Vous pouvez cependant vous limiter à la visite à proprement parler et vous en tirer en moins de deux heures. On dénombre cinq restaurants sur les lieux, mais tous sauf un ne proposent qu'une restauration rapide à la chinoise ou à l'américaine; il y a aussi des boutiques renfermant des souvenirs chinois, des meubles coûteux, des porcelaines et des bijoux. Divers spectacles sont en outre présentés au fil de la journée, de l'acrobatie à la magie en passant par les défilés de mode populaires.

La route 192, communément appelée «la porte d'entrée de Walt Disney World», vous mène au centre-ville de Kissimmee, le long d'un chemin bordé de panneaux d'affichage clignotants et d'affiches modernes avec des lettres de 3 m de hauteur. Toutes ces réclames tentent de vous convaincre d'aller voir un alligator, d'assister à une joute médiévale, de vous mouiller, de faire une balade en bateau, d'acheter des oranges ou des t-shirts et de manger des fruits de mer. Il s'agit de la route «attrape-touristes» par excellence, aussi connue sous le nom d'Irlo Bronson Memorial Highway ou de Spacecoast Parkway. Mais en dépit de son manque de raffinement marqué, cette route réserve toutes sortes de surprises agréables aux familles.

Une des premières attractions d'envergure que vous rencontrerez sera l'**Old Town** *(5770 West Route 192, Kissimmee, ☎407-396-4888 ou 800-843-4202, ≈396-0348, www.old-town.com)*, un complexe nostalgique et extravagant de boutiques et de restaurants entourés de rues pavées, d'une maison hantée, d'une grande roue, d'un lance-pierre humain, d'une piste de karting et de montagnes russes. C'est l'endroit rêvé pour la famille. La galerie marchande piétonnière est rarement engorgée pendant la journée, et offre suffisamment d'espace pour permettre aux enfants de gambader à leur aise.

Jungleland *(droit d'entrée; 4580 West Route 192, ☎407-396-1012)*, c'est 3,25 ha de territoire où s'ébattent des animaux sauvages, incluant alligators et autres reptiles. Vous y trouverez en tout 500 animaux exotiques, y compris des singes et des léopards, côtoyant des espèces originaires de la Floride.

Avant que Disney ne construise le parc aquatique du Typhoon Lagoon, on pouvait se rendre à deux endroits pour se baigner et glisser : **Water Mania** *(droit d'entrée; 6073 West Route 192, Kissimmee, ☎407-396-2626 ou 800-527-3092, www.watermania-florida.com)* et **Wet'n Wild** *(droit d'entrée; 6200 International Drive, Orlando, ☎407-351-1800 ou 800-527-3092, www.wetnwild-.com)*. Aujourd'hui, le Typhoon Lagoon attire la plupart des vacanciers, mais les gens du coin continuent à préférer Wet'n Wild pour ses toboggans, les plus rapides, les plus inclinés et les plus effrayants. La principale attraction de Wet'n Wild est Fuji Flyer, un toboggan quatre places suivant un parcours de courbes enivrantes sur près de 140 m. Également populaires, le Bomb Bay, un toboggan à chute libre de 23 m, et le Black Hole, un toboggan sur le thème de l'espace qui a coûté deux millions de dollars et qui vous entraîne dans un tire-bouchon complètement obscur sur une coulée d'un débit de 3 800 litres à la minute. Mais les 10 ha de ce parc aquatique offrent beaucoup plus : des rapides, une piscine à vagues, une paisible rivière, du ski nautique à genoux et cinq toboggans verticaux baptisés «Mach 5». Il y a aussi un terrain de jeu aquatique pour les enfants, avec de plus petits toboggans, et un restaurant pour enfants.

Water Mania, par contre, est beaucoup plus petit et n'offre que quelques toboggans rapides. Il renferme cependant des toboggans pour enfants, une pataugeoire et un petit coin boisé, idéal pour les pique-niques en famille.

Des quatre parcs aquatiques, c'est naturellement le Typhoon Lagoon et Blizzard Beach qui possèdent le plus d'aménagements paysagers et d'effets spéciaux. De fait, Water Mania est presque entièrement fait de béton, et Wet'n Wild n'a que quelques coins d'herbes et quelques arbres. Autres points à considérer : les toboggans de Wet'n Wild et de Water Mania sont plus faciles à escalader et (la plupart du temps) ont des files d'attente plus courtes que celles du Typhoon Lagoon et de Blizzard Beach. Au printemps et en été, Wet'n Wild et Water Mania sont habituellement moins bondés en semaine que les parcs aquatiques de Disney. Water Mania est ouvert du jeudi au dimanche de la fin octobre à la fin janvier; les trois autres parcs restent ouverts toute l'année. Ces

quatre parcs aquatiques coûtent environ le même prix
d'entrée, à un dollar près.

Malgré sa réputation touristique bien établie, **Kissimmee**
réussit à conserver une saveur bucolique de petit village
d'éleveurs. Lorsque vous atteignez cette localité au bout
de la route, vous sentez tout de suite le contraste avec
le maelström que vous venez de laisser derrière vous.
Peu de choses ont changé au cœur de cette communauté
depuis sa fondation en 1878. Plusieurs des bâtiments
d'origine sont d'ailleurs toujours debout, dont le Palais de
justice et le **Makinson's Hardware Store** *(308 East
Broadway, ☎407-847-2100)*, qui se veut la première
quincaillerie de l'État. Fermé dimanche.

Situé en bordure du lac, au centre-ville de Kissimmee, le
Monument of States *(Monument Avenue, Lake Front
Park, ☎407-847-3174)* est construit de pierres provenant
de tous les coins des États-Unis et de 21 pays étrangers.
Érigé en 1943 par les villageois eux-mêmes, il s'élève à
21 m et rend hommage au tourisme. Bien que d'apparence peu soignée, il plaît aux mordus des belles
pierres grâce à son impressionnant amalgame d'albâtre,
de silex, de pierre à chaux, de météorites, de stalagmi-
tes, de marbre, de dents pétrifiées, de lave et d'autres
spécimens variés.

Le **Lake Front Park** s'étend au bout de Monument
Avenue. Ce parc municipal entoure le lac Tohopekaliga
(Toho pour les intimes), où l'on s'adonne couramment à
la pêche, au canot et, tout près, au vélo.

Un autre indice du style de vie décontracté de Kissimmee
se retrouve dans la zone de villégiature de **Kissimmee
Chain-of-Lakes**, qui s'étend sur 80 km. Ce chapelet de
lacs, dont le lac Toho est le plus grand, offre des activités à l'écart de l'agitation environnante pour toute la
famille : bateau à moteur, séjour en péniche, voile, pêche

Autres attraits

au bar et observation d'oiseaux. Suivez la route 525 en sortant de Kissimmee pour une promenade panoramique autour du grand lac, à l'ombre des chênes.

Pour plus de renseignements sur cette région, rendez-vous ou appelez au **Kissimmee-St. Cloud Convention and Visitors Bureau** *(fermé sam-dim; 1925 East Irlo Bronson Memorial Hwy, Kissimmee, FL 34742, ☎407-847-3174, www.kissimmeechamber.com).*

Au sud-ouest du centre-ville de Kissimmee, les enfants peuvent passer une journée à la ferme. La **Green Meadows Petting Farm** *(droit d'entrée; Ponciana Boulevard, à 8 km au sud de la route 192, Kissimmee, ☎407-846-0770, ⇌870-8644, www.gmf.com)* propose une visite sur une terre de 16 ha où les enfants peuvent traire les vaches, faire une promenade en poney, se balader dans une charrette à foin et nourrir les chèvres. Une excellente occasion de se reposer des foules et du bruit des parcs thématiques, cette paisible ferme abrite plus de 200 animaux. En la visitant en octobre, vous pourrez également participer à la récolte des citrouilles.

Plus au nord, en bordure de la route 441, se trouve une mâchoire d'alligator géante marquant l'entrée de **Gatorland** *(droit d'entrée; route 441, Orlando, ☎407-855-5496 ou 800-393-5297, www.gatorland.com).* Ici, vous pourrez voir plus de 4 000 espèces d'alligators et de crocodiles de la Floride ainsi que des serpents et des oiseaux exotiques. Moins «attrape-touristes» que son nom semble l'indiquer, ce refuge entretient un décor naturel de marais de cyprès, tapissé de fougères et coloré d'orchidées. Certaines séquences du film *Indiana Jones et le temple maudit* furent d'ailleurs filmées dans ce décor de jungle. Si vos enfants sont braves (et que cela vous est égal de dépenser quelques dollars de plus), vous pouvez même les prendre en photo avec, dans leurs bras, un bébé alligator ou un serpent.

HÉBERGEMENT

Depuis que Mickey Mouse est arrivé en ville, les hôtels ont poussé plus vite que les fleurs d'oranger. Disney World à lui seul possède plus de 17 000 chambres d'hôtel et emplacements de camping, et l'on prévoit la construction de 11 nouveaux grands complexes hôteliers d'ici la fin de l'an 2000. À la porte de Disney World, se trouvent certains des lieux d'hébergement les plus luxueux de la Floride, flanqués de rangées de motels qui s'étendent jusque dans les lointains pâturages. Ce «boom» hôtelier s'est produit si rapidement qu'il a fallu quelque temps avant que la demande s'ajuste à l'offre. Vous pouvez, par conséquent, trouver de bons prix, surtout pendant la morte-saison (du 1er mai au 15 décembre).

La question la plus souvent posée concernant l'hébergement est aussi celle à laquelle il est le plus difficile de répondre : *«Doit-on se loger à Disney World même?»* Les établissements hôteliers de Disney World sont certes parmi les plus onéreux, mais ils sont également, et de loin, les plus commodes; or, quand on parle

de vacances à Disney World, la commodité vient facilement au premier plan des considérations du visiteur,
surtout dans le cas des familles avec de jeunes enfants,
qui peuvent véritablement sauver chaque jour des heures
de déplacements (et d'embêtements) en se logeant à
proximité des parcs thématiques et des moyens de
transport offerts par Disney.

Si votre budget ne vous permet pas de séjourner dans les
complexes hôteliers de Disney (ou s'ils affichent complet), le terrain de camping de Fort Wilderness ou l'un
des nombreux autres terrains de camping avoisinants
peuvent constituer une option intéressante. Si vous
préférez un motel ou un appartement de type familial,
tenez-vous-en à ceux qui se trouvent à quelques kilomètres à peine de Disney. Vous économiseriez sans
doute de l'argent en prenant un motel plus éloigné, mais
vous passeriez alors des heures à faire la navette entre
votre chambre et Disney World dans une circulation
souvent dense. Retenez enfin que, quel que soit le lieu
d'hébergement que vous choisissiez, les enfants seront
presque toujours logés gratuitement.

Si vos enfants sont plus vieux et que vous n'êtes limité
ni par le temps ni par l'argent, vous pouvez séjourner au
Hyatt Regency Grand Cypress ou au Marriott Orlando
World Center; situés à environ 5 min à pied de Disney
World, ils vous réservent de très belles vacances en
Floride.

Sauf avis contraire, les catégories de prix suivantes
s'appliquent à 2 adultes et 2 enfants de moins de 18 ans
occupant une seule et même chambre. Les hôtels **petit
budget** *($)* coûtent habituellement moins de 80$US la
nuitée. Les hôtels de catégorie **moyenne** *($$)* coûtent de
80 à 120$US, ceux de catégorie **moyenne-élevée** *($$$)*,
de 120 à 200$US, et ceux de catégorie **supérieure**
($$$$), plus de 200$US la nuitée.

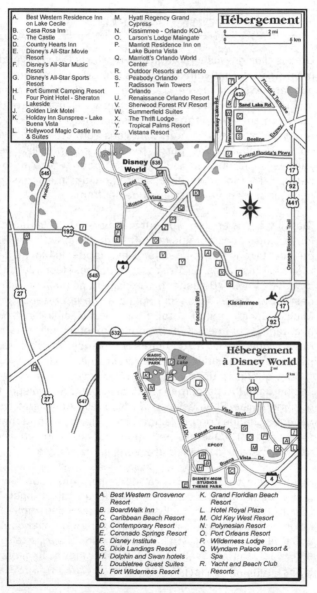

Hébergement

A. Best Western Residence Inn on Lake Cecile
B. Casa Rosa Inn
C. The Castle
D. Country Hearts Inn
E. Disney's All-Star Movie Resort
F. Disney's All-Star Music Resort
G. Disney's All-Star Sports Resort
H. Fort Summit Camping Resort
I. Four Point Hotel - Sheraton Lakeside
J. Golden Link Motel
K. Holiday Inn Sunspree - Lake Buena Vista
L. Hollywood Magic Castle Inn & Suites
M. Hyatt Regency Grand Cypress
N. Kissimmee - Orlando KOA
O. Larson's Lodge Maingate
P. Marriott Residence Inn on Lake Buena Vista
Q. Marriott's Orlando World Center
R. Outdoor Resorts at Orlando
S. Peabody Orlando
T. Radisson Twin Towers Orlando
U. Renaissance Orlando Resort
V. Sherwood Forest RV Resort
W. Summerfield Suites
X. The Thrift Lodge
Y. Tropical Palms Resort
Z. Vistana Resort

Hébergement à Disney World

A. Best Western Grosvenor Resort
B. BoardWalk Inn
C. Caribbean Beach Resort
D. Contemporary Resort
E. Coronado Springs Resort
F. Disney Institute
G. Dixie Landings Resort
H. Dolphin and Swan hotels
I. Doubletree Guest Suites
J. Fort Wilderness Resort
K. Grand Floridian Beach Resort
L. Hotel Royal Plaza
M. Old Key West Resort
N. Polynesian Resort
O. Port Orleans Resort
P. Wilderness Lodge
Q. Wyndam Palace Resort & Spa
R. Yacht and Beach Club Resorts

Hébergement

DISNEY WORLD

Un des plus grands avantages de résider à Disney World même est de pouvoir ranger les clés de votre voiture pendant toute la durée de votre séjour. En effet, les monorails, les traversiers et les bus vous transportent gratuitement vers tous les restaurants, attractions, boutiques et boîtes de nuit. Cela vous permettra en outre de vous reposer des parcs thématiques en milieu de journée en retournant à votre hôtel pour y faire trempette, ou simplement une sieste, ce qui n'est pas à négliger si vous voyagez avec des enfants.

Mais il y a plus encore, surtout si vous avez des enfants. Ici, la plupart des complexes hôteliers ont effectivement été conçus en fonction des familles. Habiter le Monde de Disney, c'est aussi profiter des «Mouseketeer Clubs», d'activités pour adolescents, de papiers peints à l'effigie des personnages de dessin animé et de la présence de Mickey dans le hall d'hôtel. Et il y a une foule d'autres avantages, comme le fait de pouvoir réserver aux restaurants Disney jusqu'à trois jours à l'avance. Par ailleurs, puisque l'imagination est au cœur même de Disney World, quoi de plus naturel que de la voir se manifester jusque dans l'hébergement (camping compris!); élégant ou dingue, de Polynésie ou de Nouvelle-Angleterre, le décor de chaque complexe hôtelier de Disney a un cachet tout à fait particulier, et peu importe lequel vous choisirez, vous savez d'avance que vous serez comblé.

Si tout cela vous convient à merveille, dites-vous bien que vous n'êtes pas seul. Tant de gens veulent loger à Disney World que vous devrez réserver des mois à l'avance, et souvent même **jusqu'à un an à l'avance** si votre visite doit avoir lieu en haute saison. Pour ce faire, adressez-vous au **Walt Disney World Central Reservations Office** *(Box 10100, Lake Buena Vista, FL 32830,*

☎407-934-7639,   ⇝407-354-2192,   www.disney-world.com/vacation).

À moindre prix, Disney vous propose son trio d'hôtels «petit budget», à savoir l'**All-Star Sports Resort** *($; 1701 West Buena Vista Dr,* ☎*407-939-5000)*, l'**All-Star Music Resort** *($; 1801 West Buena Vista Dr,* ☎*407-939-6000)* et le tout nouveau **All-Star Movies Resort** *($; 1901 West Buena Vista Dr,* ☎*407-939-7000)*. Au total, ces établissements voisins les uns des autres proposent 5 760 chambres réparties à travers un indescriptible dédale de bâtiments flanqués de terrains de stationnement à perte de vue (un conseil : notez bien l'endroit où vous avez garé votre voiture, et servez-vous ensuite des plans de votre hôtel pour la repérer; un employé nous a affirmé qu'il n'arrivait toujours pas à s'y retrouver après trois mois!). Ces complexes font plutôt songer à des résidences universitaires à la Disney, soit de grands bâtiments de trois étages peints de couleurs éclatantes, garnis de balustrades en métal et ornés de gigantesques ballons de basket-ball, paniers et raquettes de tennis (au Sports Resort), d'énormes amplificateurs, microphones et juke-box (au Music Resort) et de titanesques dalmatiens, Buzz Lightyear et Woody (au Movies Resort). Les piscines retentissent de cris d'enfants (rappelez-vous qu'il y a ici près de 6 000 chambres!), et les chambres ne peuvent accueillir plus de quatre personnes, de sorte que si papa et maman voyagent avec plus de deux enfants, ils devront impérativement louer deux chambres. Tout compte fait, pour un prix comparable, il vaut peut-être mieux loger «hors les murs» dans un établissement plus intime et plus reposant.

Ses toits de tuile et ses rehauts de mosaïque confèrent des airs du Sud-Ouest au **Coronado Springs** *($$; 1000 West Buena Vista Dr,* ☎*407-939-1100)*. Cette vaste hostellerie aux allures d'hacienda – elle compte près de 2 000 chambres – se subdivise en trois sections (Casitas, Ranchos et Cabañas, chacune pourvue de sa propre piscine) qui contribuent à la rendre moins intimidante. Ses prix reflètent les tarifs pratiqués par les autres établissements de catégorie moyenne de Disney, mais elle se distingue par son service aux chambres. Il y a également sur place un restaurant à service complet et une piscine centrale agrémentée d'une pyramide maya de 15 m flanquée d'un toboggan nautique pour le moins voyant.

Pour retrouver l'ambiance de la vieille Angleterre, allez au **Best Western Grosvenor Resort** *($$-$$$$; ≈, ℛ; 1850 Hotel Plaza Boulevard, Lake Buena Vista, ☎407-828-4444 ou 800-624-4109, ≈407-828-8192).* Les 626 chambres sont décorées dans un beau style moderne à saveur britannique, et équipées d'un magnétoscope. Vous aurez aussi accès à une salle de jeu, à des courts de tennis, à deux piscines de même qu'à un camp de soir pour les enfants.

De l'autre côté de la rue se trouve l'**Hotel Royal Plaza** *($$$-$$$$; ℛ, ≈, △; 1905 Hotel Plaza Boulevard, Lake Buena Vista, ☎407-828-2828 ou 800-248-7890, ≈407-828-8096).* Moderne et rehaussé d'un cachet bermudien, ce lieu d'hébergement contemporain de 394 chambres offre des courts de tennis et un sauna. L'hôtel affiche fièrement ses chambres de célébrités : l'une d'elles renferme des souvenirs de Burt Reynolds; l'autre, des objets personnels et des portraits de famille de Barbara Mandrell.

Ces dernières années, Disney semble avoir eu pitié des malheureux qui ne peuvent s'offrir une chambre d'hôtel à 200 $ la nuitée. Le résultat : le **Caribbean Beach Resort** *($$$-$$$$; ≈, ℛ; 900 Cayman Way, ☎407-934-3400)* et le **Port Orleans Resort** *($$$-$$$$; 2201 Orleans Drive, ☎407-934-5000).* Ces deux hôtels proposent des tarifs deux fois moins élevés que les autres lieux d'hébergement de Disney, sans pour autant vous priver des avantages de loger «sur place». Les villas du Caribbean Beach Resort sont identifiées du nom d'îles des Caraïbes et peintes d'après les couleurs spécifiques à chaque île, qu'il s'agisse du pêche clair de la Barbade ou du bleu océanique de la Martinique. Chaque «île» possède sa propre piscine, de même qu'un lac de 17 ha entouré de sable. On y retrouve également une rue marchande animée, bordée de restaurants antillais et de boutiques offrant toutes sortes d'objets colorés. Les 2 112 chambres du Caribbean Beach Resort en font l'un des plus grands hôtels des États-Unis. Malheureusement, ses restaurants sont tous de type *fast food*, et habituellement bondés. Et malgré sa vocation familiale, il n'offre pas de service de garderie. Il y a cependant un beau terrain de jeu et plusieurs installations nautiques. Le Port Orleans incarne, quant à lui, la vision disneyenne de La Nouvelle-Orléans. Des balcons ornés de fer forgé et des volets ajourés accentuent la décoration des maisons de trois étages de ce complexe hôtelier situé le long d'une rivière plus propre que le vrai Mississippi. Les abords recherchés de la piscine, avec leurs sculptures de personnages de Mardi gras et leur statue de serpent de mer géant rendent bien l'atmosphère excentrique de La Nouvelle-Orléans. Les enfants adorent glisser sur la langue du serpent jusque dans la piscine. Comme son homologue des Caraïbes, le Port Orleans, qui compte 1 008 chambres, est très prisé, et vous devriez faire vos réservations **au moins six mois à l'avance**.

Le **Dixie Landings Resort** *($$$-$$$$; 1215 Dixie Drive, Lake Buena Vista, ☎407-934-6000)* présente deux volets de la vie du sud des États-Unis, et vous y avez le choix entre des cabanes rustiques telles qu'on en trouve dans les bayous, ou de grands manoirs de plantation. Les imposantes structures à colonnes et à vérandas ombragées renferment des chambres somme toute ordinaires, quoique propres et modernes. Quant aux cabanes des

Hébergement

bayous, habillées de revêtements de bois et coiffées de tôle ondulée, elles semblent sorties tout droit des plaines de la Louisiane, tandis que l'intérieur poursuit dans le même ton avec ses bois de lit et ses tables de toilette en bois brut.

Le **Grand Floridian Beach Resort** *($$$$; ☺; Walt Disney World, 4401 Floridian Way, Lake Buena Vista, ☎407-824-3000, ⇴824-3186)* s'impose comme la grande dame des lieux d'hébergement de Disney. Quoique assez neuf, il rappelle tout à fait le confort et l'élégance bourgeoise des grands établissements du XIXᵉ siècle. Vérandas victoriennes, pignons rouges, cheminées en brique et boiseries finement tarabiscotées lui confèrent une apparence extérieure grandiose, alors qu'à l'intérieur on retrouve des dômes garnis de verre teinté, des lustres en cristal et des balustrades richement ornées. Les 900 chambres jouissent d'un décor de rêve, rehaussé de papiers peints victoriens, de tapis moelleux, d'armoires et de meubles-lavabos en marbre. Les parents qui veulent passer une soirée sans les enfants peuvent inscrire ceux-ci au Mousekeeter Club (moyennant un supplément, cela va sans dire). Le Grand Floridian s'est doté d'un relais santé et d'un centre de conditionnement physique des plus opulents.

Le **Contemporary Resort Hotel** *($$$$; ℛ; 4600 North World Drive, Lake Buena Vista, ☎407-824-1000)* est, quant à lui, le plus anonyme de tous les établissements de Disney. Conçue dans un esprit futuriste, un monorail traversant son troisième étage, un décor où prime le verre et un atrium de 11 étages renfermant boutiques et restaurants, cette ziggourat de béton revêt un caractère austère et stérile. Des 1 053 chambres spacieuses, celles donnant sur le Magic Kingdom offrent les meilleures vues. Moyennant un supplément, vous pouvez envoyer les enfants au Mouseketeer Club, dont les activités se déroulent de 16h30 à minuit. Quant aux adolescents, ils se tiennent au Fiesta Fun Center, une gigantesque salle de jeux vidéo adjacente au hall d'entrée.

Un des premiers complexes hôteliers de Disney World, le **Polynesian Village** *($$$$; ≈; 1600 Seas Drive, Lake Buena Vista, ☎407-824-2000, ≈824-3174)* recrée l'ambiance des mers du Sud. Ses longues habitations de deux étages s'étendent en bordure des plages sablonneuses et parsemées de palmiers du South Seas Lagoon. Dans la plus pure tradition disneyenne, les espaces communs présentent des accents de la Polynésie, avec des fontaines en roches volcaniques et des jardins touffus de bananiers, d'orchidées et de gardénias aux doux parfums. Des deux piscines au décor de jungle du Polynesian Village, celle qui se trouve près de la plage est de loin la préférée des enfants, qui peuvent s'y cacher sous des cascades et glisser sur des toboggans serpentant à travers des rochers. Pour les tout-petits, il y a des zones peu profondes dans les deux piscines, ainsi qu'un terrain de jeu assez grand et situé tout près. Il y a également le Neverland Club, qui propose des activités supervisées pour les enfants en soirée. Chacune des 855 chambres de très grand luxe de cet hôtel peut accueillir jusqu'à 5 personnes (et même une sixième, pourvu qu'elle soit âgée de moins de 3 ans).

On aime ou on n'aime pas les hôtels **Dolphin** *($$$$; ≈, ℜ, ℘; 1500 Epcot Resort Boulevard, ☎407-934-4000 ou 800-227-1500)* et **Swan** *($$$$; ℘, ≈, ℜ; 1200 Epcot Resort Boulevard, ☎407-934-3000)*. Tant à l'intérieur qu'à l'extérieur, ces complexes d'hébergement turquoise et corail semblent issus du rêve d'un créateur de dessins animés de Disney. Des hippocampes pendent aux lustres, les lampes ressemblent à des oiseaux et la moquette des couloirs comporte des motifs de palmiers et de serviettes de plage. Les dosserets sont en zigzag, et des ananas ainsi que des bananes figurent sur les tables de toilette. De l'avis de ceux qui aiment, il s'agit du summum de l'imagination; les autres parlent plutôt d'une indigestion de décoration surfaite. Conçus par l'architecte Michael Grave en tant que prototypes du style «amusant», ces curieux hôtels flamboyants sont situés l'un en face de l'autre, de chaque côté d'un lac, et reliés par un passage revêtu et orné de fleurs. Presque deux fois plus grand que le Swan Hotel, le Dolphin Hotel, de forme pyramidale, compte 1 509 chambres et présente une vaste rotonde garnie de canevas ballonnés en guise de hall d'entrée. Sur la façade, l'eau coule en cascade dans des coquilles en terrasses, produisant un effet très remarqué. Plus petit, mais non moins impressionnant, le Swan Hotel comprend 758 chambres et arbore la forme d'une petite arche peinte de vagues bleues. Les deux établissements offrent l'accès à de grandes piscines, à des centres de conditionnement physique, à des salles de jeu, à de nombreux restaurants et bars ainsi qu'à des camps de jour ou de soir pour les enfants de 4 à 12 ans.

Deux nouveaux venus, le **Yacht Club Resort** *($$$$; 1700 Epcot Resort Boulevard,* ☎*407-934-7000)* et le **Beach Club Resort** *($$$$; 1800 Epcot Resort Boulevard,* ☎*407-934-8000)* recréent l'atmosphère de la Nouvelle-Angleterre. Les édifices en bardeaux gris convergent vers un lac de 10 ha, autour duquel se profilent des magnolias, des poiriers et un phare. Le Yacht Club, le plus formel de ces deux hôtels, s'enorgueillit d'un hall en bois et en laiton, de canapés en cuir et de planchers en chêne étincelants. Les 630 chambres bleues et blanches sont décorées sur des thèmes marins et disposent de portes françaises qui donnent sur des vérandas. Le hall du Beach Club se pare de meubles de rotin blanc ainsi que de sols chaulés. Des pots remplis de coquillages ornent les 583 chambres pastel. Ces hôtels donnent tous deux sur Stormalong Bay, un fabuleux terrain de jeu aquatique de 1,2 ha qui recèle de nombreux trésors : une épave de bateau grandeur nature avec des toboggans (dont un qui descend le long d'un mât brisé), des bains de sable chaud et un petit bassin pour enfants aménagé dans un bateau contenant un trésor. Ces hôtels comptent également un Sandcastle Club, qui organise des jeux supervisés pour les enfants de 4 à 12 ans.

En face du Beach and Yacht Club, de l'autre côté du Crescent Lake de Disney, se dressent les plus récents complexes d'hébergement de luxe de Disney, à savoir le **BoardWalk Inn** et les **BoardWalk Villas** *($$$$; ≈, ⊗, C, ⊘; 2101 North Epcot Resorts Boulevard, Lake Buena Vista, Inn : ☎407-939-5100, Villas : ☎407-939-6200)*. Plantés au cœur du village «de bord de mer» de BoardWalk, parmi les boutiques et les restaurants, ces deux hôtels rappellent de façon pittoresque une époque révolue avec leurs chaises à dossier en éventail, leur terrain de croquet gazonné et leurs jardins soigneusement entretenus. Inspirés du modèle des stations balnéaires qu'on trouvait au milieu de la côte atlantique dans les années trente, ils bénéficient tous deux de teintes pastel, de toits en bardeaux, d'auvents rayés et de vastes balcons. À l'intérieur, les chambres reçoivent des meubles d'époque, des ventilateurs de plafond et des salles de bain en marbre. Celles du BoardWalk Inn (378) reflètent les normes habituelles des établissements de la catégorie, et sont équipées d'un grand lit ou de deux lits pour deux personnes; quant aux 532 villas de son homologue, il s'agit aussi bien de studios avec cuisinette que de villas conventionnelles de une, deux ou trois chambres avec salle de séjour, cuisine complète et coin salle à manger. Les deux complexes d'hébergement se partagent deux piscines, un centre de conditionnement physique, un club pour enfants, des jeux d'arcade, des courts de tennis et un terrain de croquet.

Les sons feutrés de Jimmy Buffet et des airs de calypso vous introduisent au confort du **Old Key West Resort** *($$$$; 1510 North Cove Road, Lake Buena Vista, ☎407-827-7700)*. Les chambres, plus spacieuses et plus

Hébergement

luxueuses que celles d'autres hôtels de Disney, sont parées de teintes pastel, et disposent d'agréables porches. Vous avez le choix entre les studios grand luxe, les appartements à une, deux ou trois chambres à coucher, et la Grand Villa, qui peut accueillir jusqu'à 12 personnes.

Les villas de l'ancien Disney Village Resort abritent depuis 1996 le **Disney Institute** *($$$$; ≈, ℂ; 1901 Buena Vista Drive, Lake Buena Vista, ☎407-827-1100)*, la colonie de vacances éducative de Disney World. Bien que Disney en ait à l'origine réservé l'usage à ses seuls membres en bonne et due forme, les villas accueillent aujourd'hui tous les hôtes du parc. Conçu sur le modèle d'un complexe d'habitation moderne regroupant de nombreux bâtiments en bois entrecoupés de pins et de saules pleureurs en bordure d'un lac aux formes sinueuses, l'ensemble propose des suites et des appartements dotés d'une cuisine, d'un coin salle à manger et d'une salle de séjour. Vous y trouverez des installations de cyclisme et de natation, des courts de tennis, un golf, des piscines et un relais santé.

Vacances éducatives

Le **Disney Institute**, la plus récente formule de vacances offerte par Disney World, propose à ses hôtes de se transformer en génies créateurs. Bien que l'idée éveille d'emblée des images d'école, l'atmosphère est davantage celle d'une colonie de vacances (d'ailleurs plutôt huppée) où l'on peut sonder ses talents cachés (pour le dessin d'animation ou la cuisine par exemple) tout en profitant des installations d'un complexe d'hébergement de luxe. Et ne vous souciez surtout pas de vos aptitudes à la réussite, car il ne s'agit pas de sortir d'ici armé en vue d'une nouvelle carrière, mais plutôt de vous aventurer en terrain inconnu pour le simple plaisir de la chose.

Les programmes offerts par l'institut portent entre autres sur la communication artistique et de divertissement, le sport et le conditionnement physique, l'animation et l'art culinaire, ces deux derniers jouissant de la plus grande popularité. Vous pourrez en outre parfaire votre élan de golf, travailler votre voix de manière à imiter Mickey ou encore apprendre à réaliser des plats dignes des plus grands chefs, et ce, dans des installations à la fine pointe de la technologie. Les familles bénéficient en outre de programmes spécialisés à l'intention des enfants de 10 ans et plus dans un centre indépendant leur offrant une supervision complète.

Hébergement

Après une chaude journée mouvementée dans les parcs thématiques, rien de tel que de se retirer dans les bois frais et ombragés du **Wilderness Lodge** *($$$$; ≈, ℛ; 901 West Timberline Drive, Lake Buena Vista, ☎407-824-3200)*. Cette réalisation, sans nul doute une des plus extraordinaires de Disney avec ses magnifiques structures de bois équarri sur plusieurs étages, rappelle les grands complexes d'hébergement des parcs nationaux du nord de la côte pacifique. Des balcons de bois surplombent de haut l'énorme hall de pierre et de bois poli où un «geyser» se manifeste toutes les heures, déversant son eau dans un ruisseau rocailleux qui serpente à travers un jardin ponctué de sources thermiques jusqu'à une piscine aux formes originales équipée d'un toboggan nautique. Les 728 chambres s'avèrent plutôt petites, quoique chaleureusement décorées dans les tons de vert forêt et de cerisier foncé. Leurs balcons étroits donnent sur une forêt de pins et de chênes, sur le jardin ou sur le lac voisin. On trouve enfin ici trois restaurants. Songez à réserver plusieurs mois à l'avance car l'endroit est presque toujours plein.

Plusieurs lieux d'hébergement de Disney World n'appartiennent pas à la firme Disney comme telle, et pratiquent des tarifs légèrement moins élevés. Situés au Walt Disney World Village, ces hôtels offrent le transport gratuit jusqu'aux parcs thématiques, ainsi que la possibilité de réserver aux restaurants d'Epcot. Vous pouvez retenir vos chambres auprès du Walt Disney World Central Reservations Office (voir p 408).

L'agglomération d'Orlando possède plus de chambres d'hôtel que toute autre région métropolitaine aux États-Unis, y compris celle de New York!

Le **Doubletree Guest Suites** *($$$; C, ℛ, ≈, ⊘; 2305 Hotel Plaza Boulevard, Lake Buena Vista, ☎407-934-1000 ou 800-222-8733, ≈934-1101)* se distingue par le fait qu'il s'agit du seul hôtel de Disney World à n'offrir que des suites, ce qui revient à dire que vous profitez à la fois d'une partie des avantages de votre foyer familial (chambre fermée pour les enfants et modeste cuisinette) et des atouts que confère le fait de loger à l'intérieur même du parc (service de bus gratuit, accès privilégié au golf, etc.). Les 229 suites se révèlent modernes et spacieuses, dotées d'un très grand lit ou de deux lits pour deux personnes, d'un sofa-lit et d'un coin salle à manger. Il ne faut pas non plus oublier le restaurant, les jeux vidéo mis à votre disposition dans les chambres, les piscines pour adultes et enfants, le relais santé, la salle d'exercices et la salle de jeu.

Le **Wyndham Palace Resort and Spa** *($$$$; ℜ, ≈; 1900 Buena Vista Drive, Lake Buena Vista, ☎407-827-2727 ou 800-327-2990, ⇒407-827-3472)* compte 841 chambres dans un décor encore plus chouette que celui de son voisin immédiat. Situé sur un terrain de 11 ha, ce méga-complexe hôtelier ressemble à une tour élancée et montée sur un énorme piédestal. Le hall, d'une hauteur vertigineuse, est couronné de vitraux et de jeux d'eau. Les chambres sont modernes : moquettes moelleuses, meubles en chêne clair et balcons particuliers. Pour les familles, l'édifice adjacent, abritant les Palace Suites, dispose de grands appartements de une ou deux chambres avec cuisine, séjour et salle à manger. Entre les deux édifices se trouvent trois piscines chauffées, de petits bassins pour enfants et des courts de tennis. Vous découvrirez aussi dans les environs six terrains de golf de 18 trous de même que neuf bars et restaurants, dont un de style familial offrant des repas minute de qualité.

Camping de Disney World

Peu d'expériences vous rapprochent davantage de la «vraie» Floride que le camping. Des douzaines de terrains aménagés à cet effet à la porte de Disney vous permettent de dormir au pied des pins et des palmiers nains, couverts de mousse, ou dans des champs ouverts, parsemés de lacs. Vous pouvez vous y rendre avec votre véhicule récréatif, y planter votre propre tente ou encore en louer une sur place dans bon nombre de campings. De plus, il y a un terrain de camping superbe à Disney World même.

Pour les familles, le camping peut constituer la solution de rechange idéale aux hôtels et aux motels. Les enfants y ont tout l'espace voulu pour courir (plus de courses dans les couloirs ni de voisins réveillés) et peuvent s'adonner à une myriade d'activités. Il y a des promenades en charrette de foin, des feux de camp, du canot, de la baignade, du vélo, des arbres à grimper, des sentiers à explorer et des lacs où pêcher. Il va sans dire que le camping coûte moins cher que l'hébergement à l'hôtel, et vous avez de plus l'occasion de cuisiner vos propres repas et, bien souvent, d'emmener votre animal de compagnie. Enfin, aucun service aux chambres de luxe ne peut remplacer l'esprit de camaraderie des campeurs, surtout entre familles. Tout bien considéré, il s'agit d'un bon moyen d'échapper à la folie des parcs thématiques.

C'est Walt Disney World (qui s'en étonnera?) qui possède le terrain de camping le plus raffiné. Le **Fort Wilderness Resort** *(☎407-824-2900)* offre tous les aménagements imaginables, du zoo interactif et des films de Disney en soirée jusqu'au parc aquatique. Les salles de douches sont si complètes, disait une mère, *«que nous pouvions nous y mettre en grande toilette tous les soirs pour le dîner».* Même le chant des oiseaux est au rendez-vous.

Parmi les nombreuses particularités du camping de Disney World, mentionnons :

- des bateaux qui font la navette entre le camping et le Magic Kingdom, et un service de bus vers toute autre destination à Disney World;

- des installations climatisées comprenant toilettes, douches à l'eau chaude, vestiaires spacieux, distributeurs de glace et laverie automatique;

- plusieurs épiceries fines et casse-croûte, un restaurant de catégorie moyenne et une taverne;

- le Pioneer Hall, où a lieu la revue musicale *Hoop-Dee-Doo* et où les enfants peuvent prendre le petit déjeuner avec Tic et Tac;

- des chevaux d'équitation, des sentiers dans la nature, des courts de tennis, des piscines, des salles de jeux vidéo, des terrains de jeu, un lac pittoresque avec une plage pour la baignade, des canaux pour le canot et une marina avec location de bateaux à voile et de skis nautiques, sans oublier les excursions de pêche au bar;

- le River Country *(droit d'entrée)*, un vaste lieu de baignade rappelant Tom Sawyer Island (tout à côté) et Discovery Island *(droit d'entrée)*, un jardin zoologique avoisinant.

Malgré tout, bien des gens refusent de séjourner à Fort Wilderness de peur d'avoir la vie trop dure. Ils se trompent! Ce refuge boisé de 300 ha dispose de caravanes qui donneraient de sérieux complexes à plus d'une chambre de motel. Blotties dans une pinède, les 408 roulottes climatisées offrent une cuisine et une salle de bain complètes, une chambre à coucher, un téléviseur, un téléphone et un service quotidien de bonne. Les prix en sont très élevés (entre 180 $ et 195 $ la nuitée), mais elles peuvent héberger jusqu'à quatre ou six personnes selon les modèles. Dehors, on retrouve devant chacune d'elles un petit jardin avec table à pique-nique et gril.

Pour ceux qui voyagent avec leur propre caravane, tente-caravane ou tente, Fort Wilderness compte 784 emplacements à travers les arbres. Ceux-ci sont tous munis de prises électriques, de tables à pique-nique et de grils au charbon, et plusieurs d'entre eux disposent de

Hébergement

raccordements sanitaires (eau courante et égout). Les tarifs varient de modiques à moyens selon la distance qui vous sépare du lac de Fort Wilderness.

Pour l'été, Fort Wilderness affiche souvent complet à compter de Pâques. Si vous y allez en haute saison, réservez donc **plusieurs mois à l'avance** (pour plus de détails, consultez le chapitre intitulé Le reste du «Monde», p 183).

ENVIRONS DE DISNEY WORLD

À deux pas des barrières de Disney se trouvent plus de lieux d'hébergement que vous ne pouvez l'imaginer. La quasi-totalité des grands hôtels connus y sont représentés, et il y en a même parfois deux ou trois de la même chaîne à quelques kilomètres seulement l'un de l'autre. Entre ces hôtels, vous en découvrirez d'autres bon marché avec des noms pompeux tels qu'Adventure Motel, Viking Motel et Maple Leaf, mais aussi des adresses huppées se classant parmi les meilleures au pays.

Plusieurs services d'hébergement peuvent vous aider à trouver une chambre. Appelez **Kissimmee-St. Cloud Central Reservations** *(☎800-333-5477)* ou le **Central Reservations Service** *(☎800-548-3311)*.

Vous pourriez avoir du mal à extirper vos enfants de leur chambre au tout nouveau **Holiday Inn Family Suites Resort** *(\$\$ pdj; 18000 International Dr South, Orlando, ☎407-387-5437 ou 877-387-5437; ⇄407-387-1488)*. Plus de la moitié des 800 unités d'hébergement de cet hôtel entièrement composé de suites sont en effet conçues à l'intention expresse des tout-petits : décor pimpant, lits superposés, tables de jeu et Nintendo. Et les parents en apprécieront sans contredit le prix, les dimensions (chaque unité dispose de deux chambres à coucher et d'une salle de séjour, et peut accueillir jusqu'à sept personnes!) et la cuisinette, sans compter qu'ils bénéficieront d'une chambre fermée le soir venu. Petit déjeuner complet de type buffet.

Le **Country Hearts Inn** *($$$ pdj; ⊗; 9861 International Drive, ☎407-352-0008 ou 800-447-1890, ⊷407-352-5449)* est un hôtel de luxe, mais à prix tout de même très abordable. Les 150 chambres, nichées dans un décor d'avant la guerre de Sécession, sont ornées de rideaux de dentelle, d'édredons et de ventilateurs, alors que, dans le hall, vous pourrez admirer les papiers peints à motifs floraux, les fenêtres élancées et les chandeliers à l'ancienne. Petit déjeuner à la française. Les moins de 17 ans y sont logés gratuitement.

À l'ouverture du **Radisson Twin Towers Orlando** *($$$; ≈, ⊘; 5780 Major Boulevard, Orlando, ☎407-351-1000 ou 800-333-3333, ⊷407-363-0106)*, au milieu des années soixante-dix, il s'agissait du plus grand hôtel de congrès entre Miami et Atlanta. Aujourd'hui, après d'importants travaux de rénovation, on ne le distingue plus des autres hôtels venus convoiter les fortunes circulant autour des parcs thématiques. Situées à l'entrée principale des studios Universal, les deux flèches de l'établissement abritent 760 chambres de grandes dimensions, chacune ornée de meubles en osier, d'accessoires pastel et de deux grands lits. Une piscine chauffée, un centre de conditionnement physique, une salle de jeux électroniques et un terrain de jeu pour enfants complètent les installations.

De l'extérieur, le **Renaissance Orlando Resort** *($$$-$$$$; ≈; 6677 Sea Harbor Drive, Orlando, ☎407-351-5555 ou 800-228-9290, ⊷407-351-9991, www.marriott.com)* ressemble à un austère bloc de béton peint bleu et sarcelle. Cependant, à l'intérieur, on découvre le plus grand atrium d'hôtel au monde, un vaste espace vert et

Hébergement

opulent enrichi de jardins luxuriants, d'étangs remplis de poissons, d'une volière victorienne et de balcons recouverts de lierres. Cette mégalomanie se poursuit dans les 780 gigantesques chambres où le décor s'harmonise dans les teintes de mauve pastel, et où les éléments de salles de bain sont en marbre. À deux pas de Sea World, le Renaissance renferme une piscine olympique, un terrain de volley-ball, des courts de tennis et un terrain de jeu. Il y a également des activités de jour pour les enfants et une salle de jeu pour adolescents, et l'on vous offrira gratuitement le café et les journaux chaque matin.

Éclaboussé de rose, de pourpre et de corail, et surmonté de hautes flèches dignes des contes de fée, **The Castle** *($$$-$$$$; ≈, ℜ, ℝ; 8629 International Drive, Orlando,* ☎*407-345-1511 ou 800-952-2785,* ≠*407-248-8181,* *www.grandthemehotels.com)*, de la chaîne Doubletree, ressemble à un rêve d'enfant. Des chants d'oiseaux et de la musique médiévale s'échappent des haut-parleurs éparpillés à travers cette création fantaisiste, dont les sept étages abritent des chambres royalement rehaussées de couvre-lits et tentures en satin pourpre, de fauteuils en brocard de satin et d'autres éléments décoratifs à saveur moyenâgeuse. Les familles y trouveront par ailleurs leur compte, puisque chaque chambre renferme une cafetière et un petit réfrigérateur, sans oublier la laverie et la grande piscine circulaire chauffée, enrichie d'une fontaine. Un restaurant adjacent, le Café Tu Tu Tango, assure le service aux chambres.

Portofino Bay Hotel *($$$$)*. Les visiteurs des studios Universal peuvent désormais faire une escapade du côté de la Méditerranée en logeant dans cet hôtel italianisant. Ses jolies maisons en rangée abritent 750 chambres de luxe qui ont toutes vue sur un bassin sillonné de gondoles. Décor charmant, s'il en est, sauf qu'il n'y a pas suffisamment de balcons pour que tout le monde puisse en profiter pleinement (il n'y en a en fait que très peu, aussi curieux que cela puisse paraître). Qu'à cela ne tienne, vous pourrez toujours vous rabattre sur les services d'un maître d'hôtel (quoique dans certaines chambres seulement).

Si vous n'aviez pas à vous préoccuper de l'argent et si vous pouviez séjourner dans n'importe quel hôtel de la Floride, vous logeriez sûrement au **Hyatt Regency Grand Cypress** *($$$$; ℜ, ≈, ☾; 1 Grand Cypress Boulevard, Orlando, ☎407-239-1234 ou 800-233-1234, ≠407-239-3800, www.hyatt.com)*. Dressée sur un terrain de 600 ha, cette tour miroitante au toit en gradins, avec son spectaculaire atrium de verre d'une hauteur de 15 étages, offre tout un spectacle. Cet univers de 110 millions de dollars à l'extérieur de Disney World représente vraiment le summum en matière d'hébergement : une piscine de rêve sur trois niveaux où coulent des cascades, de belles plages au bord d'un lac, des ponts, des collines verdoyantes et des sentiers sinueux, bordés de sculptures en bronze et de jardins d'herbes aromatiques. Des ruisseaux au doux murmure, une flore tropicale florissante et des œuvres d'art d'une valeur totale d'un million de dollars mettent en valeur le hall. Et il y a plus encore : une réserve naturelle de 18 ha parrainée par la société Audubon, des courts de tennis, des chevaux d'équitation, des sentiers de jogging, un terrain de golf de 45 trous dessiné par Jack Nicklaus, un lac de 8 ha pourvu d'un centre de voile, un centre de conditionnement physique et 5 restaurants somptueux. On a apporté quelques attentions spéciales aux chambres telles que canapés en osier, causeuses et décors pastel. S'y trouvent aussi une piscine et un terrain de jeu pour enfants, et les 3 à 12 ans peuvent se joindre au Camp Hyatt pour participer à des activités supervisées. L'hôtel offre également un service de garde aux chambres et une garderie de jour. Ceux qui voyagent avec des enfants peuvent en outre bénéficier d'un forfait offrant une deuxième chambre à prix réduit.

Hébergement

Outre le fait qu'il soit l'un des plus grands hôtels de la Floride, le **Marriott's Orlando World Center** *($$$$; ⊘, ≈, ℛ; 8701 World Center Drive, Orlando, ☎407-239-4200 ou 800-621-0638, ⇌407-238-8777, www.marriott.com)* est aussi l'un des plus spectaculaires. Ce centre de villégiature de 13 000 m² repose sur un terrain de 61 ha parsemé de piscines, de fontaines, de grottes, de terrains de golf et d'étangs peuplés de cygnes. L'édifice principal comporte toute une série de colonnes en gradins formant un atrium éblouissant au niveau du hall, rehaussé de sols marbrés, de chutes d'eau et de quatre ascenseurs vitrés. Le soir, des faisceaux lumineux détachent la silhouette étagée de l'hôtel à des kilomètres à la ronde. Les 1 503 chambres, décorées dans des teintes pastel, s'avèrent relaxantes et aérées. Parmi la myriade d'installations qui complètent l'ensemble, retenons le centre de conditionnement physique, les 5 piscines (dont une intérieure), les 4 courts de tennis, le golf de 18 trous, les 9 restaurants et salons, et la garderie du Lollipop Lounge.

Parents, s'abstenir!

Peu d'hôtels servent les intérêts de la famille comme le **Holiday Inn Sunspree - Lake Buena Vista** *($$-$$$; ℜ, ℝ, ≈, bp; 13351 route 535, Lake Buena Vista, FL 32830, ☎407-239-4500 ou 800-366-6299, ≠407-239-7713, max@kidsuites.com)*. On offre un four micro-ondes, un réfrigérateur, un magnétoscope et une très grande salle de bain dans chacune des 507 chambres. Dehors, on profite d'une piscine, alors qu'à l'intérieur, près du hall, se trouve le Max's Magic Castle, une énorme garderie où les enfants peuvent regarder des films et assister à des spectacles de marionnettes et de magiciens. Mais le plus beau, c'est que les moins de 12 ans y mangent gratuitement (dans leur propre restaurant) et que les prix, pour les autres, y sont moyens. Il y a même une salle de jeux électroniques et une aire de restauration ouverte tard le soir.

Hébergement

Parents et enfants bénéficient de leurs quartiers respectifs au **Summerfield Suites** *($$$$ pdj; ≈, ℂ, tv, ☎; 8480 International Drive, Orlando, ☎407-352-2400 ou 800-830-4964, ≠407-352-4631, www.summerfield-orlando.com)*, dont la plupart des suites comportent deux chambres à coucher, une salle de séjour, une cuisine complètement équipée ainsi que trois téléviseurs et téléphones. Les autres ont une chambre à coucher de même qu'un sofa-lit dans le séjour. Toutes occupent un bâtiment aux allures de complexe d'habitation; son architecture et son aménagement paysager n'ont rien de bien particulier, quoiqu'un jardin agrémenté d'une piscine chauffée, une laverie et une épicerie proposant de la charcuterie fine et des films en location (chaque chambre dispose d'un magnétoscope) complètent les installations. Petit déjeuner élaboré comprenant beaucoup d'aliments appréciés des enfants. L'endroit jouit d'une grande popularité auprès des familles européennes et canadiennes, qui s'y installent volontiers pour deux ou trois semaines. Si vous préférez vous rapprocher de Disney World, songez à l'établissement du même nom qui a ouvert ses portes à Lake Buena Vista *($$$$; 8751 Suiteside Drive, angle Apopka-Vineland Road, Lake Buena Vista, ☎407-238-0777 ou 800-830-4964, ⇰407-238-2640)*.

Sa tour au profil de canard distingue **The Peabody Orlando** *($$$$;* ☺, *≈; 9801 International Drive, ☎407-352-4000 ou 800-732-2639, ⇰407-351-0073, www.peabodyorlando.com)*. À l'intérieur, cinq canards malards (des vrais, ceux-là) se dandinent sur un tapis rouge spécialement déroulé pour leur procession quotidienne vers l'étang. Les hôtes de l'établissement s'assemblent deux fois par jour pour assister à cet événement, qui se déroule dans le hall élégant et très élevé, gorgé de soleil, de marbre et de vigoureux plants d'orchidées, de fougères et de broméliacées. Il y a même un restaurant du nom de Dux (d'ailleurs remarquable, même si vous ne trouverez pas de canard au menu) et une salle de bar du nom de Mallard Lounge. Les 891 chambres sont pour leur part tout aussi chic que le hall. Au troisième étage, vous découvrirez un centre récréatif réunissant quatre courts de tennis éclairés, une piscine olympique chauffée double grandeur, un centre de conditionnement physique et un salon de beauté, sans oublier le «palais des canards», où ils se retirent le soir venu.

Depuis quelques années, il s'est développé une nouvelle formule d'hébergement familial aux environs de Disney World. Il s'agit de complexes d'appartements et de maisons de ville avec de grandes pièces, dont une cuisine complète, des chambres à coucher et une buanderie. Un service d'épicerie est aussi disponible moyennant un léger supplément, mais les restaurants sont toujours là pour les jeunes difficiles. En voici trois parmi les meilleurs :

La première chose que les gens remarquent au **Best Western Residence Inn on Lake Cecile** *($$$ pdj; ≈, C; 4786 West Route 192, Kissimmee, ☎407-396-2056 ou 800-468-3027, ⇰407-396-2909, www.bestwestern-.com)*, ce sont ses foyers (plutôt rares dans les établissements du centre de la Floride). Mais ce qui doit davantage retenir l'attention des familles, ce sont les suites spacieuses (dont plusieurs avec cuisine), la piscine, le terrain de jeu pour enfants et les aires de pique-nique avec grils à gaz. Les logis nichent tous dans la forêt près du joli lac Cecile, où vous pouvez faire de la voile, du ski nautique, du canot ou même pêcher à partir d'un quai. Les prix comprennent un copieux petit déjeuner continental, de style buffet, pour toute la famille.

Le **Marriott Residence Inn on Lake Buena Vista** *($$$-$$$$; tv, C, ≈; 8800 Meadow Creek Drive, Lake Buena Vista, ☎407-239-7700 ou 800-244-4070, ⇰407-239-7605, www.marriott.com)* est constitué d'un complexe d'appartements conventionnels datant de 1983, mais ses immeubles modernes à deux étages accueillent aujourd'hui exclusivement les familles de vacanciers. Occupant un terrain calme et boisé de 20 ha, les 688 villas offrent un ameublement contemporain, des cuisines complètes ainsi qu'une ou deux chambres à coucher. Quelques-unes d'entre elles disposent même d'une buanderie, et toutes sont équipées de deux téléviseurs et d'un magnétoscope (une bibliothèque, placée dans le hall, est bourrée de cassettes). Demandez une chambre à proximité d'une des trois piscines afin de vous éviter trop de déplacements.

Les amateurs de tennis qui ne sont pas restreints par leur budget devraient opter pour le **Vistana Resort**

Hébergement

($$$-$$$$; ≈, ⊘, ℂ; 8800 Vistana Center Drive, Lake Buena Vista, ☎407-239-3100 ou 800-877-8787, ⇆407-852-4631, www.vistana.com). Les quelque 1 000 logis de ce complexe peuvent accueillir des groupes importants, que ce soit dans des villas ou des maisons de ville, toutes dotées d'une cuisine complète. Les 13 courts de tennis s'entourent de 55 ha d'aménagements paysagers luxuriants, et sept piscines de même que trois centres de conditionnement physique complètent les installations.

Les «Maingate Hotels» forment, quant à eux, un groupe d'établissements à prix modique, et sont ainsi surnommés parce qu'ils se trouvent à l'entrée nord de Disney World. Ce sont en majorité des hôtels membres des grandes chaînes pratiquant des tarifs inférieurs à ceux de Disney.

Retenez-en quelques-uns :

Les meilleurs tarifs à proximité de Disney World sont offerts par les hôtels des grandes chaînes qui se succèdent le long de la route 192.

Le **Golden Link Motel** *($; ≈; 4914 West Route 192, Kissimmee, ☎407-396-0555 ou 800-654-3957, ⇆407-396-6531)* repose en bordure du lac Cecile. Il s'élève sur deux étages et arbore une façade en brique. Une piscine chauffée, un service de location de skis nautiques et de motomarines ainsi qu'une jetée pour la pêche complètent bien les services et installations de cet hôtel de 84 chambres, propres et convenables.

Ses arches et ses ornements de brique rouge confèrent au **Thrift Lodge** *($; ℜ, ≈; 4624 West Route 192, Kissimmee, ☎407-396-2151 ou 800-648-4148, ⇆407-396-7418)* un cachet quelque peu méditerranéen. Les chambres s'avèrent grandes et modernes.

Les 114 chambres du **Hollywood Magic Castle Inn and Suites** *($; C, ≈; 4559 route 192, Kissimmee, ☎407-396-1212 ou 800-544-5712, ⇒407-396-7926)* ont un cachet tropical et sont équipées pour accueillir les familles. Un terrain de jeu complète les installations, et on sert un petit déjeuner continental sur place.

Sur cette route se trouve un autre hôtel digne de mention, le **Casa Rosa Inn** *($-$$$; ≈; 4600 West Route 192, Kissimmee, ☎407-396-2020 ou 800-432-0665, ⇒407-396-6535)*. Les 55 chambres sont propres, tranquilles et sans fioritures. Le motel a des airs hispaniques avec sa façade rouge.

Le **Larson's Lodge Maingate** *($$-$$$; ®, ≈, R; 6075 West Route 192, Kissimmee, ☎407-396-6100 ou 800-327-9074, ⇒407-396-6965)* affiche de bons prix et se situe à proximité de Disney World. De plus, il est retiré de la route 192 et de sa bruyante circulation. Cet établissement de quatre étages offre des chambres de motel propres équipées de fours à mico-ondes et de réfrigérateurs, une piscine, un bassin à remous, un terrain de jeu ainsi qu'une laverie automatique. Les enfants se ruent à côté pour s'amuser dans le labyrinthe des toboggans nautiques de Water Mania.

Le **Sheraton Lakeside Four Points Hotel** *($$-$$$; ≈; 7769 West Route 192, Kissimmee, ☎407-396-2222 ou 800-848-0801, ⇒407-239-2650, www.orlandosheraton.com)* possède son propre lac et est situé dans une pinède de 11 ha rehaussée d'un aménagement paysager à saveur tropicale. Les installations offrent divers avantages : trois piscines, deux bassins pour enfants, deux terrains de jeu, une salle de jeux vidéo, un centre de conditionnement physique, un minigolf, des courts de tennis et un comptoir d'épicerie fine ouvert tard en soirée. Le Herbie's Kids Club offre jeux et repas de jour pour les enfants âgés de 5 à 12 ans.

Hébergement

Camping des environs de Disney World

Des vastes emplacements pour caravanes et des camps de pêche reculés jusqu'aux lieux de villégiature pour nudistes, vous trouverez mille et une formules de camping aux environs de Disney World. Au moment de réserver un emplacement, demandez toujours à quelle distance précise de Disney World vous vous trouverez; il vaut mieux s'en tenir à quelques kilomètres seulement, sinon vous passerez un temps fou à vous rendre aux parcs thématiques et à en revenir. La plupart des terrains de camping offrent un service de navette (payant) jusqu'aux parcs, mais il est plus commode de voyager en voiture. Pour obtenir une liste complète des terrains disponibles, écrivez ou appelez au **Kissimmee-St. Cloud Convention and Visitors Bureau** *(P.O. Box 422007, Kissimmee, FL 34742-2007, ☎407-847-5000 ou 800-327-9159, www.floridakiss.com)* ou à la **Florida Association of RV Parks and Campgrounds** *(1340 Vickers Drive, Tallahassee, FL 32303-3041, ☎850-562-7151, ≠562-7179, www.gocampingamerica.-com/florida/index.htm)*.

Voici quelques terrains de camping familiaux de choix :

Le **Tropical Palms Resort** *($-$$; ≈, tvc; 2650 Holiday Trail, en bordure de l'East Route 192, Kissimmee, ☎407-396-4595 ou 800-647-2567, ≠407-396-8938, www.superpark.com)* est un des plus gros campings avec ses 600 emplacements pour caravanes, tentes-caravanes et tentes. Certains d'entre eux sont complètement à découvert, alors que d'autres sont cachés parmi les grands chênes et les palmiers du parc. On loue aussi 144 chalets. À seulement 5 km de Disney World, le village se trouve juste à côté du complexe commercial et récréatif d'Old Town. Deux piscines, une épicerie et quelques installations inhabituelles telles qu'un service de location de voitures complètent le tout, sans oublier une billetterie Disney.

À part ses 363 emplacements pour caravanes et tentes, le **Kissimmee-Oralndo KOA** *($; ≡, ≈; 4771 West Route 192, ☎407-396-2400 ou 800-331-1453, ⇥407-396-7577, www.orlando-koa.com)* compte 33 chalets rudimentaires en bois de une ou deux chambres avec lits doubles et superposés. Les enfants peuvent dormir dans les lits superposés ou planter leur tente tout près du chalet. Chaque campement de ce parc de 16 ha est gazonné et ombragé, et donne accès à plusieurs installations : trois piscines (dont deux pour enfants), un terrain de jeu, des courts de tennis, une laverie automatique et une épicerie. Un joli minigolf se trouve tout près.

Le **Sherwood Forest RV Resort** *($; ≈; 5300 West Route 192, Kissimmee, ☎407-396-7431 ou 800-548-9981, ⇥407-396-7239)* a beau être densément boisé, il n'en revêt pas moins une allure rangée et proprette. Plus de 500 emplacements pour caravanes et tentes sont disponibles, sans compter la piscine chauffée, le minigolf, les courts de tennis et le lac. Les familles fréquentent le parc durant l'été, alors que les personnes âgées forment le plus gros de sa clientèle hivernale.

La «Cadillac» des campings pour caravanes, c'est l'**Outdoor Resorts at Orlando** *($; ≈; route 192, à l'est de la route 27, ☎941-424-1259 ou 800-531-3033, www.oro-orlando.com)*, occupant 61 ha très bien aménagés. Des voies revêtues sillonnent en tous sens ce parc offrant 980 emplacements pour caravanes, un 9 trous à normale 3 de haut niveau, des courts de tennis et un immense pavillon. On s'y adonne à la pêche et à la voile sur un lac de 67 ha, de même qu'à la natation dans un bassin olympique (les enfants ont le leur aussi). Il n'y a pas de campements pour tentes, mais vous pouvez louer sur place une caravane à la semaine.

Hébergement

Si vous êtes un adepte du naturisme, songez au **Cypress Cove Nudist Resort** *($, bungalows $$$;* ≈, ⊛, ℜ; *4425 South Pleasant Hill Road, Kissimmee,* ☎*407-933-5870 ou 800-683-3130,* ⇌*407-933-3559, www.suncore.com).* Blottie dans une forêt de 105 ha, cette retraite pour puristes accueille aussi bien les couples que les familles possédant une caravane ou une tente. Vous pouvez camper dans la pinède ou en bordure du lac de 20 ha (apportez votre petit bateau). Il y a aussi des bungalows, de style motel, pour ceux qui recherchent un plus grand confort. Les enfants de moins de 12 ans sont logés gratuitement.

Parmi les avantages offerts par le **Fort Summit Camping Resort** *($; tvc,* ≈, ≡; *2525 Frontage Road, Davenport,* ☎*941-424-1880 ou 800-424-1880, www.florida.com),* mentionnons les chalets climatisés en bois rond et les bains publics. Les chalets peuvent accueillir jusqu'à quatre personnes grâce à leurs lits doubles et superposés. Il y a en outre 300 emplacements pour caravanes et tentes disposés le long d'un pâturage plat, ainsi qu'une piscine chauffée, une autre pour les enfants, un terrain de jeu clôturé et une salle de jeux vidéo. Le fait que Fort Summit se trouve à 16 km de Disney World représente un inconvénient, mais on offre en revanche un service de navette gratuit.

Le **Lake Toho Resort** *($;* ℜ; *4715 Kissimmee Park Road, St. Cloud,* ☎*407-892-8795,* ⇌*892-3525)* est assez éloigné de Disney World (environ 40 km), mais offre un camping idyllique en bordure du magnifique lac Tohopekaliga. Les 68 emplacements pour caravanes sont équipés de raccordements (eau, égout, électricité), et une section pour tentes, près de l'eau, est aménagée. Un casse-croûte (où l'on vend aussi des appâts) et un centre de location de bateaux et de moteurs complètent les installations.

RESTAURANTS

es centaines de restaurants de Disney World peuvent se diviser en trois grandes catégories : (1) restauration rapide infecte au coût excessif, (2) restauration rapide convenable au coût excessif, et (3) cuisine recherchée de haute qualité.

Bon nombre d'entre eux se classent malheureusement dans le premier groupe, surtout au Magic Kingdom, où les familles passent beaucoup de temps et où, pour la simple commodité de manger au royaume de Mickey, il faut souvent attendre longtemps en ligne devant des comptoirs bondés. Même aux restaurants quatre étoiles d'Epcot, les tables sont accolées les unes aux autres, et l'on presse parfois les clients de terminer rapidement leur repas.

Mais le fait de manger à Disney World n'a pas que du mauvais. Ainsi, dans quel autre lieu pouvez-vous trouver un restaurant chic qui vous accueille en bermudas et en souliers de course, avec vos enfants et votre poussette? Mieux encore, la plupart des établissements offrent de bons menus pour enfants (bien que les prix ne soient pas toujours à leur taille) ainsi que diverses attentions spéciales telles que livres à colorier et visites-surprises de personnages de Disney. Quant aux restaurants situés à l'extérieur de Disney World, ils ne présentent peut-être pas tous de tels avantages, mais vous n'y trouverez pas moins des adresses intéressantes loin du brouhaha des parcs thématiques.

Un minimum de planification vous évitera de longues attentes, et ce, à n'importe quel restaurant. Si vous voyagez en haute saison, évitez les heures d'affluence (11h30 à 13h30 et 17h à 20h). Vous pouvez même carrément sauter le repas du midi en prenant un petit déjeuner copieux avant de vous rendre aux parcs thématiques, et acheter un casse-croûte en milieu d'après-midi dans un des kiosques qui foisonnent à Disney World, offrant de tout, des bretzels aux hot-dogs en passant par les pommes de terre au four et les glaces.

Dans ce chapitre, les restaurants sont regroupés par parc thématique, et chacun d'eux est coté en fonction du prix moyen des plats principaux au dîner : *$* (petit budget – moins de 10$US), *$$* (catégorie moyenne – de 10 à 20$US), *$$$* (catégorie moyenne-élevée – de 20 à 30$US) ou *$$$$* (catégorie supérieure – plus de 30$US).

Si vous logez dans un complexe hôtelier de Disney, vous pouvez demander une réservation prioritaire pour le déjeuner et le dîner dans des restaurants offrant un service complet, en appelant de un à six jours à l'avance au ☎407-939-3463. Sinon, réservez le plus tôt possible la journée même où vous projetez de prendre un repas dans l'un ou l'autre des restaurants.

MAGIC KINGDOM

La restauration rapide du Magic Kingdom se passe de présentation, car sa réputation d'insipidité la précède de loin. Mais comme tout visiteur finit tôt ou tard par y recourir, ne serait-ce que par nécessité, voici un petit guide des meilleurs établissements parmi les pires :

Sur Main Street, un comptoir ambulant du nom de **Caffe Italiano** propose tout ce dont vous avez besoin le matin : cappuccino et express fumants, muffins et bagels truffés de fruits, jus en bouteille pour les enfants. Un bon cappuccino glacé vous rafraîchira en outre l'après-midi.

Sur Tom Sawyer Island *(Frontierland)*, **Aunt Polly's Landing** sert des sandwichs au beurre d'arachide et à la confiture accompagnés d'une pomme et d'un biscuit.

La **Columbia Harbour House** *(Liberty Square)* sert un sandwich Monte Cristo convenable (dinde, jambon et fromage sur pain frit) de même qu'une bonne «chaudrée» de palourdes.

Le **Sleepy Hollow** *(Liberty Square)* fait le bonheur des enfants avec ses hot-dogs, ses fondants au chocolat, ses biscuits aux pépites de chocolat et son punch aux fruits sucrés. Pour les parents, il y a de la salade au poulet et des *handwiches* (sandwichs au pain pita façon Disney).

Le **Cosmic Ray's Starlight Café** de New Tomorrowland concocte un hamburger végétarien convenable et propose également du poulet rôti. Les salades du chef et César sont préparées sur commande, mais sans être toujours très fraîches pour autant.

Avant de faire la queue devant un «restaurant-minute» de Disney, jetez toujours un coup d'œil sur la file se trouvant le plus loin de la porte, car elle est souvent la plus courte.

Par ailleurs, à moins d'être un fervent adepte des abus alimentaires inconsidérés, évitez les endroits suivants : **Adventureland Veranda**, **Launching Pad at Rockettower Plaza** de New Tomorrowland (les hamburgers y sont infectes), le **Plaza Pavilion** de New Tomorrowland (les sous-marins font peur à voir) et tous les comptoirs de restauration rapide de Fantasyland, où non seulement la nourriture est mauvaise, mais où les restaurants se révèlent en outre les plus bondés du Magic Kingdom.

Cinq restaurants du Magic Kingdom servent des repas complets. Deux d'entre eux, le Tony's Town Square Restaurant et le Crystal Palace, servent de bons petits déjeuners et, ô bonheur, ouvrent leurs portes une demi-heure avant le reste du parc.

Jambon, fromage et Mickey

Les enfants adorent prendre une bouchée en compagnie de Mickey la souris, de Donald le canard et du reste de la bande. Ces galas quotidiens qu'on désigne communément du nom de Character Breakfasts (déjeuners en compagnie des personnages de Disney), mais qui sont aussi offerts par certains restaurants à l'occasion des autres repas de la journée, se déroulent sous le signe des ballons, des mélodies les plus appréciées de Disney et des autographes que distribuent les personnages de dessins animés. Pour vous convaincre de leur succès, nous reprendrons simplement les paroles d'une mère dont la fillette de trois ans ne cessait de la supplier de l'emmener au manège de Dumbo, l'éléphant volant : *«Après avoir découvert les repas en compagnie de ses idoles, elle relégua Dumbo aux oubliettes!»*

Plusieurs restaurants de Disney World accueillent les célèbres personnages costumés, y compris le **Chef Mickey's** du Contemporary Resort (matin et soir), le **1900 Park Fare Cafe** du Grand Floridian Beach Resort (mettant en vedette Mary Poppins et ses amis le matin, Mickey, Minnie et compagnie le soir), le **Crystal Palace** du Magic Kingdom (matin, midi et soir) et le **Watercrest Café** du Buena Vista Palace. Minnie enchante les convives de l'**Ohana Restaurant** du Polynesian Resort (le matin), et Mickey prend la barre (le matin également) au **Captain Mickey's** du bateau à aubes amarré en permanence au Marketplace. Le **Coral Reef Restaurant** d'Epcot (à l'intérieur de The Living Seas) accueille Mickey, Goofy et Pluto tous les matins, tandis que le **Disney-MGM's Soundstage Restaurant** vous sert le petit déjeuner en compagnie d'Aladin, de Quasimodo et d'autres célébrités.

Restaurants

Le **Plaza Restaurant** *($)*, également sur Main Street, ne sert que le déjeuner et le dîner. Situé en face du Sealtest Ice Cream Parlor, cet endroit aéré tout en miroirs et en fenêtres propose des repas minute bien présentés. Les enfants apprécient particulièrement les hamburgers et les laits fouettés, tandis que leurs parents préfèrent en général la salade du chef, la quiche ou le pâté de poulet en croûte.

Le **Tony's Town Square Restaurant** *($$)* est un café italien d'allure victorienne aux murs de brique ornés de scènes de *La Belle et le Clochard*, et rehaussé de garnitures en laiton poli et de chaises blanches en métal. Comme dans plusieurs restaurants de Disney World, on a accordé plus d'attention au décor qu'à la nourriture (mets italiens communs servis en portions copieuses). Au petit déjeuner, il y a des œufs et du bacon, des crêpes et des petits pains au lait et à la cannelle. Les enfants reçoivent un menu à colorier rempli d'images du célèbre dessin animé (les crayons de couleur sont fournis).

Le plus joli restaurant du Magic Kingdom, le **Crystal Palace** *($$)*, est entouré de portes-fenêtres et couronné d'un étincelant dôme de verre. Situé sur Main Street, il se pare de délicats filigranes blancs et domine des palmiers ainsi que des plates-bandes sculptées. Le petit déjeuner, le déjeuner et le dîner y sont ponctués d'apparitions de Winnie l'ourson, Tigrou et Bourriquet. Choix de petits déjeuners copieux (bacon, œufs, omelettes, etc.) pour débuter la journée du bon pied; les enfants trouveront au buffet des gaufres Mickey le matin et, le midi et le soir, du macaroni au fromage, de la pizza et des hot-dogs. Le buffet du matin est le meilleur du Royaume Magique.

Avec son foyer en pierre, son plancher de bois et son papier peint à motifs coloniaux, la **Liberty Tree Tavern** *($$)* est chaleureuse et douillette. Situé au Liberty Square du Magic Kingdom, cet endroit charmant se présente comme une véritable oasis de l'Amérique d'autrefois. On y trouve un ancien rouet, des chaises à haut dossier et des stores vénitiens en bois. De pair avec ce décor, le menu propose au déjeuner un «Yankee Peddler» (sandwich au bœuf), un «Boston Seafood Melt» (combinaison de fruits de mer dans une sauce au vin) et un «Minuteman Club» (sandwich à trois étages). Au dîner, on sert du poulet, du steak et des fruits de mer, y compris du homard du Maine en saison. Le service est adéquat, et la nourriture, au-dessus de la moyenne. À moins que vous ne projetiez de dîner tôt, une réservation s'impose (au restaurant même, à compter de 11h).

Les petites filles adorent la **Cinderella's Royal Table** *($$$-$$$$)* parce qu'elles peuvent y voir Cendrillon. La princesse aux cheveux d'un blond renversant, vêtue d'une robe en mousseline et couronnée d'un diadème orné de joyaux, y fait en effet plusieurs apparitions par jour. Une autre bonne raison pour s'y rendre est qu'il s'agit du seul moyen de pénétrer à l'intérieur du château de Cendrillon, à Fantasyland. Au déjeuner, on sert des sandwichs au bœuf et une gamme complète de salades. Au dîner, on offre des côtelettes, des fruits de mer et des plats de poulet. La nourriture n'est malheureusement que passable, mais le décor fabuleux et l'engouement des enfants vous feront vite oublier votre assiette.

EPCOT CENTER

Les gens se rendent au Magic Kingdom pour rêver, et à Epcot pour manger (entre autres). Epcot comble en effet le vide qu'accuse le Magic Kingdom en matière de nourriture, offrant des mets beaucoup plus frais et originaux dans les décors absolument adorables. Chose étrange, même les kiosques de rue semblent y offrir de la meilleure nourriture que ceux du Magic Kingdom! Une

Restaurants

autre grande différence : vous ne pouvez vous procurer des boissons alcoolisées au Magic Kingdom, alors que cela est possible dans presque tous les établissements d'Epcot.

Les restaurants les plus populaires d'Epcot (Les Chefs de France, L'Originale Alfredo di Roma Ristorante et le Coral Reef Restaurant) affichent très souvent complet; des réservations pour le jour même peuvent cependant être obtenues à l'un ou l'autre des World Key Information Centers d'Epcot, et si vous logez dans un des hôtels de Disney, vous pouvez obtenir une réservation prioritaire jusqu'à six jours à l'avance en composant le ☎407-939-3463.

Future World

Le Future World d'Epcot recèle deux «restaurants-minute» tout à fait ordinaires et un troisième qui mérite de retenir votre attention : le **Fountain View Espresso and Bakery** *($)* d'Innoventions West. Prenez place autour du joli bar express pour un petit remontant matinal, qu'il s'agisse d'un cappuccino, d'un café au lait ou d'un café moka accompagné de croissants ou de viennoiseries.

Pour un petit déjeuner plus raffiné, rendez-vous au **Garden Grill** *($$$)* du pavillon The Land, le seul restaurant d'Epcot à offrir le service aux tables le matin. Vous pouvez par ailleurs y prendre le dîner en compagnie de Mickey, Minnie, Chip et Dale, auprès de qui vous aurez la possibilité de vous faire photographier. Le menu du midi et du soir change constamment, mais comporte toujours une abondance de légumes, de poissons et de fines herbes provenant du site même de The Land. Vous pourriez ainsi déguster une truite ou un tilapia sauté, du maïs en épi, des pommes de terre en purée, de petites «côtes levées» barbecue ou du poulet rôti. Les dîners sont servis dans des cabines intimes, toutes de velours habillées, qui (puisque c'est un restaurant tournant) vous offrent des vues imprenables sur la forêt tropicale, les prairies et les autres paysages aperçus au cours de la promenade en bateau autour de The Land.

Sous le Garden Grill, la **Sunshine Season Food Fair** se présente comme une aire de restauration animée, aménagée à l'intérieur d'une immense rotonde où pendent de mini-montgolfières. Cet espace coloré propose une kyrielle de mets frais, nourrissants et appétissants. Il y a, entre autres, des soupes fumantes et des bouchées de toute sorte, des salades de pâtes, des pains pita farcis, des sandwichs de viandes fines et du poulet barbecue. Les enfants tournent autour du comptoir à glaces, tandis que les parents privilégient les cocktails glacés et les barbotines aux fruits.

Pour un repas rapide et sain, faites escale au **Pure & Simple** *($)* du pavillon Wonders of Life. Fidèle au thème de cette attraction, «Traitez bien votre corps», ce restaurant offre des mets à emporter tels que dinde, hot-dogs végétariens (la plupart des enfants ne goûtent même pas la différence), gaufres chapeautées de fruits, chili au gibier maigre et autres mets savoureux à faible teneur en matières grasses.

Le principal attrait du **Coral Reef Restaurant** *($$$-$$$$)* de The Living Seas est la vue qu'il offre sur un gigantesque aquarium de coraux. Sous un éclairage tamisé, et assis à des tables disposées en gradins, les dîneurs peuvent observer les requins, les dauphins et les crevettes (ces dernières étant d'ailleurs au menu). On fait mijoter les crevettes avec des tomates, des poireaux et des oignons, et griller le *mahi-mahi* badigeonné de beurre aux câpres citronnées. Les menus du déjeuner et du dîner se composent principalement de fruits de mer et de poissons, tels le thon en *sashimi* et l'espadon sauté à la poêle.

World Showcase

Plusieurs des restos du World Showcase sont d'étonnantes reconstitutions de restaurants connus des différents pays qu'ils représentent, et offrent une cuisine ethnique et continentale des environs. Serveurs et serveuses sont toujours natifs du pays à l'honneur, et ils adorent parler de leur patrie; ne soyez donc pas avare de questions.

Quel dommage que le restaurant représentant les États-Unis en soit un de type *fast food* (tous les autres pays du World Showcase ont au moins un établissement de bonne chère, et certains en ont même deux). Quoi qu'il en soit, le **Liberty Inn** *($)* est une vraie bénédiction pour les familles, et les enfants adorent ses hamburgers, ses hot-dogs et ses biscuits aux pépites de chocolat, sans compter que les places extérieures vous donnent ample-ment d'espace.

Son nom a peut-être changé, mais **Le Cellier Steak House** *($$)* du Canada (anciennement Le Cellier tout court) offre toujours une nourriture aussi bonne et copieuse. La formule a également changé puisqu'il ne s'agit plus d'une salle de buffet mais d'une salle à manger conventionnelle au menu complet, offrant des steaks, des hamburgers grillés, des salades, des fruits de mer et des pâtes. Décor médiéval de pierre, de bois sombre et chaleureux, de lampes en fer forgé et de banquettes en cuir.

Vous croyez sans doute que le restaurant le plus roman-tique d'Epcot se trouve au pavillon de la France ou de l'Italie. Mais détrompez-vous, car c'est au Mexique que cela se passe. Le **San Angel Inn & Restaurant** *($$-$$$)*

repose en bordure d'une sombre rivière coulant sous un ciel factice émaillé d'étoiles. L'air est frais, et les tables, recouvertes de nappes roses et de lampes à l'huile aux flammes dansantes, sont bien espacées. Au déjeuner et au dîner, on sert un mélange de mets mexicains et texans tels qu'*enchiladas* au poulet, *chile rellenos* ainsi que d'autres mets latino-américains intéressants. Le *cochinita pibil*, entre autres, se compose de porc cuit au four dans une marinade épicée. Le San Angel Inn est en outre un bon endroit où emmener les enfants, qui peuvent explorer le marché mexicain adjacent pendant que vous attendez le repas ou l'addition.

La Scandinavie n'a jamais été célèbre pour son art culinaire, et c'est sans doute la raison pour laquelle beaucoup de visiteurs boudent l'**Akershus** *($$-$$$)* de la Norvège. Pour ceux qui n'hésitent pas à s'aventurer en terre inconnue, ce restaurant propose un buffet chaud et froid, ou *koldtbord*, regorgeant de saumon fumé, de hareng apprêté de diverses façons, de poulet rôti froid, de rutabagas, d'agneau, de chou et d'autres mets nationaux. Pour les enfants, il y a des boulettes de viande et du macaroni au fromage. La nourriture n'est pas exceptionnelle, mais les plafonds de bois sculpté, les salles coiffées de tourelles et les arches gothiques sont absolument magnifiques.

Au **Biergarten** *($$-$$$)* de l'Allemagne, chaque repas est comme un banquet. Les accordéonistes, les iodleurs et l'orchestre à flonflon égayent les clients qui se régalent de spécialités allemandes. Cette ambiance animée convient parfaitement aux familles, d'autant plus que les enfants aiment bien le décor sympa de ce «château». *Bratwürst*, longe de porc fumée, bœuf mariné, boulettes de pâte et autres mets consistants figurent au menu du déjeuner et du dîner.

Restaurants

L'Originale Alfredo di Roma Ristorante *($$-$$$)* vient au deuxième rang des restaurants les plus populaires d'Epcot. On y sert de fins mets italiens tels que *fettucine* Alfredo (d'où le nom du restaurant), veau *piccata* et pâtes variées. Les enfants optent volontiers pour les spaghetti aux boulettes de viande, et apprécient le jeu des musiciens ambulants. Un seul inconvénient : les tables sont beaucoup trop rapprochées les unes des autres, alors que l'endroit est toujours plein à craquer. Allez-y entre les heures de repas ou durant la morte-saison.

Au **Rose and Crown Dining Room** *($$-$$$)* du Royaume-Uni, des jeunes filles se pressent autour des clients avec des plateaux remplis de simples mets anglais tels que poisson et frites, œufs au scotch et tourte au steak et aux rognons. Vous pouvez manger à l'intérieur, dans un décor de laiton et de verre gravé à l'eau-forte, ou à la terrasse, au bord du lagon.

Le couscous et la *pastilla* sont deux exemples de mets exotiques servis au **Restaurant Marrakesh** *($$-$$$)* du pavillon marocain. Le premier se compose de minuscules grains de céréale arrosés d'un ragoût de légumes, alors que le second est un mélange d'amandes épicées, de safran et de cannelle entrelacé de poulet ou de fruits de mer. On y retrouve une ambiance typique de l'Afrique du Nord, avec de ravissantes danseuses du ventre accompagnées d'un trio de musiciens. Si les enfants (ou papa) désirent faire partie du spectacle, faites-en part à votre serveuse; les danseuses aiment bien faire participer les enfants.

Compte tenu des splendeurs du pavillon de la Chine, le restaurant **Nine Dragons** *($$$)* est assez décevant. La nourriture, inspirée des mets chinois à l'américaine dont nous avons l'habitude, est carrément médiocre. Sans doute vous fait-on payer pour l'opulent décor, un mé-

Les comptoirs de rue cinq étoiles d'Epcot

Les mets offerts par les kiosques d'Epcot surpassent en qualité ceux qu'on propose généralement le long des trottoirs. Voici les plus populaires :

- gaufres chaudes et *kaki-gori* frais (jus de fruits glacés), en face du pavillon japonais;

- hot-dogs de 30 cm et maïs soufflé (essayez d'y résister après en avoir senti le parfum!), en face du pavillon des États-Unis;

- grosses pommes de terre au four (avec du fromage, s'il-vous-plaît), en face du pavillon du Royaume-Uni;

- pouding au pain onctueux et fruits frais, devant le pavillon du Canada.

lange de tapis rouge grenat, de paravents en bois de rose et de table en bois laqué. Si vous vous sentez l'âme chinoise, rendez-vous plutôt au **Lotus Blossom Café** *($)* de ce même pavillon, où l'on sert du bœuf sauté, des rouleaux impériaux, du poulet aigre-doux et des glaces aux fèves rouges.

Le **Teppan-yaki Dining Rooms** *($$$)* du pavillon japonais est à éviter, au même titre que le restaurant du pavillon de la Chine, puisqu'il bannit les vrais plats régionaux et n'offre qu'une version américanisée des mets du Levant. Les chefs nippons vous donnent cependant un bon spectacle en tranchant et en faisant sauter viandes, volailles et fruits de mer à votre table. Somme toute, il s'agit d'un bon endroit pour les familles, car on partage

Restaurants

les tables avec les autres convives, et les chefs se montrent sociables.

Deux des plus populaires restaurants de la France ont récemment été réaménagés. C'est ainsi que le **Chefs de France** et le **Petit Café** voisin se sont unis pour ne plus faire qu'un, le premier offrant un menu complet dans une salle à manger plus formelle et le second se trouvant à ciel ouvert en bordure de la rue.

Le **Bistro de Paris** *($$$)*, campé dans une salle aux plafonds sculptés et aux ornements de laiton, tandis que les tables sont rehaussées de bouquets fleuris et de bougies, lui est nettement préférable. Au menu, du poisson rôti, des côtelettes d'agneau grillées et de la surlonge de veau, le tout arrosé de sauces légères et onctueuses. Mais tout comme au Chefs de France, il est difficile de réserver.

L'architecture du Rose & Crown Pub révèle trois bistros en un : un bistro campagnard revêtu de bardeaux de bois, un de ville surmonté de tourelles et découpé de verre gravé à l'eau-forte, et un dernier d'allure maritime.

DISNEY-MGM

Comme vous pouvez vous en douter, les restaurants des studios Disney-MGM reflètent la passion du cinéma et de tout l'univers de Hollywood. Malheureusement, la pensée et l'imagination de Disney se limitent aux décors, et n'honorent en rien les menus. La plupart des mets proposés sont tout de même passables, et l'attention accordée aux vedettes comble les attentes du plus grand nombre.

Pour un petit déjeuner léger, la **Starring Rolls Bakery**
(Hollywood Boulevard) offre des *bagels*, des muffins et
des pâtisseries géantes. Il ouvre ses portes une demi-
heure avant le reste des studios Disney-MGM, de sorte
que vous pouvez y prendre une bouchée avant d'entamer
votre visite. Plus tard dans la journée, venez y savourer
l'un de ses desserts succulents.

Les studios Disney-MGM recèlent également plusieurs
«restaurants-minute». Ainsi, le **Studio Catering Co.**
($-$$; Disney-MGM Studios Backlot Tour) sert des
sandwichs et du café (il est tellement bien caché qu'il est
rarement bondé). Le **Backlot Express** *($-$$; près de Star
Tours)* offre des hamburgers et des hot-dogs conve-
nables, et le **Soundstage Restaurant** *($-$$; près de
l'Animation Tour)* est une aire de restauration sur les
thèmes d'Aladin et de Pocahontas.

Le **Min & Bills Dockside Diner** *($; sur l'Echo Lake)*, qui
vous sert à ciel ouvert sur un ancien bateau à vapeur
amarré à un quai, propose pour sa part des sandwichs,
des salades, des fruits et du yaourt. Quant au **Hollywood
& Vine** *($-$$; près de l'Echo Lake)*, il présente un buffet
dans un décor des années cinquante, et se spécialise
dans les steaks, le poisson et le poulet grillés et rôtis.
Demandez une table donnant sur l'immense murale
reproduisant différents points de repère de Hollywood. Et
pour le dessert, faites un saut au **Dinosaur Gertie's Ice
Cream of Extinction**, où l'on vous servira un délice glacé
du ventre d'un brachiosaure.

Outre le 50s Prime Time Café, d'autres restaurants vous
font remonter dans le passé de Hollywood. Le **Commis-
sary** *($; près du Chinese Theatre)*, de style cafétéria Art
déco des années trente, offre de la salade aux haricots et
aux fruits de mer, du poulet frit et, comme dessert, un
petit pain roulé aux bananes. Tout à côté, le **Sci-Fi Dine-
In Theater Restaurant** *($$-$$$)* sert des sandwichs à

Restaurants

trois étages, des hamburgers gastronomiques au jambon et des spécialités de fruits de mer. Avec ses haut-parleurs de cinéma en plein air, ses banquettes d'automobiles anciennes et ses courts métrages de science fiction, il constitue une expérience tout à fait unique.

Perdu sur une rue secondaire derrière Star Tours, le **Mama Melrose's Ristorante Italiano** *($$)* compte parmi les favoris de Disney-MGM. Son intérieur vous rappellera les bonnes vieilles et chaleureuses pizzerias avec ses banquettes intimes, ses nappes à carreaux rouges et blancs, ses lampes à huile vacillantes et la chaleur qui s'échappe du four en brique. Les pizzas au fromage bouillonnant font l'unanimité, mais la lasagne aux légumes et les poitrines de poulet arrosées d'une sauce au basilic et à l'ail, puis couronnées de mozzarella et de parmesan, sont également excellentes. Autre avantage : un important menu pour enfants. Mama sert le déjeuner et le dîner, quoique sa fermeture précède généralement celle du parc. Prenez donc la peine de vous informer au préalable.

Le **50s Prime Time Café** *($$-$$$; près de l'Echo Lake)* est par contre idéal pour les familles. Ses tables en stratifié entourées de chaises en vinyle créent une ambiance tout ce qu'il y a de plus cordial, d'autant plus que la matrone des lieux vous enjoint de ne rien laisser sur votre plateau. La nourriture, composée de pain de viande, de pommes de terre en purée, de rôti, de salade au poulet et de soupe à l'alphabet, vous est servie dans de grandes assiettes à compartiments, et «maman» apporte des livres à colorier et des crayons aux enfants tout en vérifiant s'ils se sont bien lavé les mains avant de manger.

Le réputé restaurant Brown Derby de Hollywood n'est plus, mais son sosie prospère aux studios Disney-MGM.

Le **Hollywood Brown Derby** *($$$; Hollywood Boulevard)* arbore des tecks, des lustres et des caricatures de stars qui lui confèrent une élégance feutrée. Au déjeuner et au dîner, le menu propose des pâtes, du veau, des fruits de mer et une salade *cobb* très colorée. Celle-ci, rendue célèbre par le restaurant d'origine, se compose de légumes verts frais garnis de bacon haché, d'avocat, de tomates, de fromage bleu et de dinde. Les portions sont de taille, mais le service est lent et les prix sont élevés. Pour les familles pressées ou soucieuses de leur bourse, le Brown Derby ne constitue pas un bon choix.

À la différence des autres parcs thématiques, l'Animal Kingdom ne fait pas de la restauration une attraction en soi, et les établissements en cause n'ont visiblement pas tout le caractère et l'éclat de ceux du Magic Kingdom ou d'Epcot, par exemple. La nourriture n'est cependant pas mauvaise pour autant – en fait, certains petits cafés offrant des produits de boulangerie s'avèrent exceptionnellement bons.

Le seul et unique restaurant à service complet du parc, le **Rainforest Cafe**, se trouve à proprement parler hors du parc. Vous n'avez d'ailleurs pas à acquitter le droit d'entrée au parc pour y manger (en fait, vous devrez vous faire estampiller la main pour pouvoir retourner dans le parc si vous le quittez pour y prendre votre repas), quoique vous devrez là aussi faire la queue. Ce restaurant de chaîne aménagé sur le thème de la jungle jouit en effet d'une extrême popularité, et impose souvent une attente d'une heure ou plus. Quant à la nourriture (hamburgers, côtes levées, pépites de poulet), elle n'est pas mauvaise du tout, et les enfants apprécieront à n'en point douter les animaux animatroniques (entre autres l'éléphant qui lancent de l'eau avec sa trompe à l'extérieur) et les simulations d'orages périodiques.

Restaurants

À l'intérieur même du parc, vos options se limitent plus ou moins aux comptoirs de restauration rapide. Au Safari Village, il y a fort à parier que vous humerez les effluves émanant du **Flame Tree Barbecue** avant même de l'apercevoir; son menu odorant de poulet barbecue, de côtes levées, de porc et de bœuf grillé constitue d'ailleurs une alternative on ne peut plus savoureuse aux sempiternels hamburgers, d'autant plus que vous pourrez déguster le tout sur une confortable place extérieure au bord de l'eau. Une fournée n'attend pas l'autre au **Pizzafari**, où vous pourrez tout aussi bien commander une salade ou un sandwich sur le pouce. À DinoLand U.S.A., le **Restaurantosaurus**, à saveur résolument paléontologique, sert des repas toute la journée; le petit déjeuner revêt la forme d'un buffet à volonté (Donald's Breakfastosaurus) en compagnie des personnages de Disney, tandis qu'après 11h on y mange du McDonald. En guise d'alternative, pourquoi ne pas attraper une bonne grosse cuisse de dinde au **Dino Diner**? Si, d'aventure, vous vous trouvez en «Afrique», vous n'aurez pas à marcher bien loin pour apaiser votre faim, puisque le **Tusker House Restaurant** vous propose toute une gamme de plats rôtis, du poulet frit, des sandwichs au bœuf et des salades. Si, par contre, vous n'en avez que pour les sucreries, sachez que vous en trouverez partout dans le parc; parmi les grands favoris, retenez le **Kusafiri Coffee Shop & Bakery** de l'«Afrique» pour ses pâtisseries fraîches à souhait et son bon café, de même que la **Chip 'n' Dale Cookie Cabin** (Camp Minnie-Mickey) pour ses glaces et ses biscuits.

AILLEURS À DISNEY WORLD

Loin des grands parcs thématiques, Disney offre encore davantage de restaurants aux visiteurs. Certains d'entre eux attirent une foule moins nombreuse, surtout le midi, à l'heure où les parcs sont bondés, tandis que d'autres ont leurs habitués, ce qui vous oblige à réserver ou à vous présenter à des heures improbables.

Le **Gourmet Pantry** *($; ☎407-828-3886)* est un comptoir d'épicerie fine doublé d'une boulangerie à l'arrière. Les croissants et les cafés aromatisés y sont délicieux.

Pour un repas terre à terre de type familial, rendez-vous au **Trails End Buffet** *($; ☎407-824-2900)* du Fort Wilderness Campground. Cette construction en rondins arbore des chandeliers en forme de roues de charrette, et l'on y sert à volonté des mets du sud des États-Unis tels que poulet et poisson-chat frit, ainsi que des côtes levées sur le gril. Les omelettes et les gaufres offertes au petit déjeuner sont particulièrement bourratives. Dans le même bâtiment, la **Crockett's Tavern** *($)* propose de la viande de bison hachée, un menu pour enfants et un cocktail explosif, le «Gullywhumper».

Au Downtown Disney Marketplace, le **Wolfgang Puck Express** *($-$$)* propose une restauration rapide haute en panache. Ce restaurant coloré, émaillé de tables de bistro, brille par ses pizzas cuites au four à bois de même que par diverses spécialités telles que le gaspacho (soupe aux tomates froide), la salade chinoise, les pommes de terre à l'ail en purée et les sandwichs César au poulet rôti.

Le plus innovateur des nouveaux venus du Marketplace est en quelque sorte une attraction en soi. Campé au pied du volcan actif qui se dresse derrière le marché, **The Rainforest Café** *($$; ☎407-827-8500, www.rainforestcafe.com)* vous offre aussi bien une aventure qu'un repas puisque, ici, on ne fait pas que manger, on part en safari. Les salles à manger renferment en effet de véritables jungles peuplées d'animaux sauvages, et un orage tropical sévit toutes les 20 min. Créé à des fins de divertissement certes, mais aussi de sensibilisation aux

Restaurants

problèmes environnementaux, ce restaurant se veut résolument authentique avec ses brumes tropicales (qui ont cependant un effet désastreux sur les coiffures de ces dames), ses cascades d'eau, ses perroquets à demeure ainsi que sa faune et sa flore tropicales. Y flotte même une exotique odeur de forêt tropicale humide! Au menu, Rasta Pastas (pâtes nappées d'une sauce crémeuse à l'ail et garnies de poulet grillé et d'épinards frais) et African Wind (poulet et verdure, légumes, fromage et onions), pour ne mentionner que ces deux plats. Les enfants adoreront les gorilles et les éléphants animatroniques, et que dire de Tracy, l'arbre parlant? Tous les gadgets qu'on retrouve ici en font un restaurant couru, si bien qu'il n'est pas rare d'y attendre deux heures ou plus avant de manger. On n'accepte pas les réservations, de sorte que votre seule chance d'éviter une attente excessive consiste à arriver tôt, soit avant midi pour le déjeuner, et avant 17h pour le dîner.

S'il est un endroit où tout le monde veut manger, boire, être vu ou simplement s'imprégner de l'air que respirent les vedettes de cinéma, c'est bien **le Planet Hollywood** *($$)*, le plus nouveau restaurant-bar de Pleasure Island, qui fait en outre partie de la chaîne internationale lancée par Demi Moore, Bruce Willis, Sylvester Stallone et Arnold Schwarzenegger. D'une immense popularité, files d'attente à l'appui, cette énorme boule bleue flanquée d'un vaisseau spatial se prolonge chaque midi d'une queue d'au moins une heure et chaque soir de près de deux heures (pour la plus grande partie à l'extérieur). Vous pouvez toutefois éviter une aussi longue attente en vous y rendant entre 14h30 et 16h30. La nourriture et l'atmosphère maintenant : elles sont bonnes, et même très bonnes, du décor planétaire éclaté et des clips projetés sur écrans géants aux savoureuses portions de poulet, de poisson et de pizzas sur feu de bois. La «planète», qui présente deux étages, est ouverte et remplie de curiosités, tels ces gemmes rutilantes sous le verre des bars, ces tapis à motifs de léopard et ces nappes aux rayures de zèbre, ou encore la Coccinelle et le canot suspendus au plafond, les douzaines d'accessoires de cinéma sous verre accrochés aux murs et les serveuses qui utilisent le micro accroché à leur casque pour appeler l'heureuse tablée suivante.

Musique en direct sept jours sur sept à la **House of Blues** *($$)*, qui appartient à Dan Aykroyd, Jim Belushi, John Goodman et certains membres du groupe Aerosmith. Cuisine «inspirée du delta» (du Mississipi) avec, entre autres, *jambalaya,* étouffée d'écrevisse et pudding au pain maison. Si vous préférez les rythmes latins, prenez plutôt la direction du **Bongos Cuban Café** *($$)* de la chanteuse Gloria Estefan, où vous trouverez une cuisine cubaine accompagnée d'une riche musique du Sud.

Pour bien débuter la journée, songez au **House of Blues Gospel Brunch** *(☎407-934-2583)*, une célébration populaire quotidienne, à l'heure du petit déjeuner, au cours de laquelle vous entendrez de la musique gospel en direct.

Aménagé sur plusieurs niveaux à l'instar de son homonyme de Nashville, le **Wildhorse Saloon** *($$-$$$)* incarne toute l'hospitalité des États du Sud à Downtown Disney. Il s'agit par ailleurs du seul et unique établissement «country-western» de Disney, et vous y trouverez aussi bien à manger qu'à vous amuser. Régalez-vous d'abord de mets barbecue (steaks, côtes levées, poulet), de poisson-chat, de beignets et d'autres plats du terroir. Puis, battez du pied sur des mélodies chantés par des vedettes montantes de la musique country, ou apprenez carrément une toute nouvelle danse.

Le **Finn's Grill** de l'hôtel Hilton *($$-$$$; 1751 Hotel Plaza Boulevard, Lake Buena Vista, ☎407-827-4000)* sert des biftecks, des fruits de mer et des boissons tropicales dans un décor à la Key West. Entamez votre repas avec des amuse-gueule chauds ou froids (choix d'huîtres, de crabe et de fruits de mer de la table de crudités), et offrez-vous un dîner de pinces de crabe épineux de la Floride en saison, une des spécialités de la maison.

L'**Outback** *($$-$$$$; 1900 Buena Vista Drive, Lake Buena Vista,* ☎*407-827-3430)*, dans l'enceinte du Buena Vista Palace Hotel de Disney, vous emmène aux antipodes. Des mets australiens y sont préparés sur des grils au beau milieu de la salle à manger, et l'agneau, les queues de homard et les 99 variétés de bière sont servis par des garçons en tenue de safari. Pour accéder au restaurant, vous devez prendre un ascenseur en verre qui traverse une chute. La finesse atteint cependant son comble au **Arthur's 27** *($$$$)*, le restaurant de luxe de l'hôtel, qui se démarque par sa cuisine exceptionnelle et ses vues imprenables sur le Magic Kingdom illuminé. Les raviolis au homard farcis de fromage *fontina* mènent le bal des spécialités de la maison, qui comprennent également les pétoncles noircis et le thon grésillé. Les prix sont fixes, et le repas compte de quatre à six services.

Si vous voulez manger assis sans avoir à attendre, logez une réservation à la **Fulton's Crab House** *($$$-$$$$;* ☎*407-934-2628)*, aménagée à l'intérieur du bateau à aubes amarré en permanence au Marketplace. Petit déjeuner (sous le nom de **Captain Mickey's**), déjeuner et dîner tous les jours, quoique les réservations ne soient acceptées que pour le matin et le soir. Les fruits de mer sont à l'honneur, mais les carnivores trouveront tout de même du bifteck et du poulet au menu. Quant aux enfants, ils auront le choix entre la pizza, les hamburgers et les hot-dogs.

Les casse-croûte situés en bordure des piscines des hôtels de Disney World offrent les repas les plus rapides (et souvent les moins chers).

À côté, le **Portobello Yacht Club** de Pleasure Island *($$$-$$$$;* ☎*407-934-8888)* est un des grands favoris de Disney World. Ce charmant petit établissement italien se trouve au bord de l'eau et jouit d'un décor nautique, manifeste dans les ventilateurs en forme de gouvernails, les modèles réduits de bateaux, les murs lambrissés et le laiton étincelant. Le service est impeccable, l'atmosphère, joviale, et la nourriture, fraîche, savoureuse et à prix raisonnable. On y sert des pizzas à croûte mince et croustillante cuites sur feu de bois, des crevettes à l'ail et toutes sortes de pâtes, toutes cuites dans une cuisine à aire ouverte.

Il va sans dire que Planet Hollywood et tous les autres restaurants de Pleasure Island font face à une vive concurrence depuis que des rivaux huppés envahissent le West Side voisin. Le **Wolfgang Puck Café** *($$$-$$$$;* ☎*407-938-9653)*, qui porte le nom du chef de renommée mondiale du Spago, honore la cuisine californienne toute personnalisée de son instigateur, entre autres ses fameuses pizzas cuites au four à bois. Ce café de deux étages offrant un service complet arbore un style contemporain rehaussé de mosaïques hautes en couleur.

Étant donné la forte concurrence que se livrent entre eux les hôtels, plusieurs des meilleurs restaurants de la région se trouvent dans les grands complexes d'hébergement. Pour un dîner à son meilleur avec ou sans les enfants, le **Victoria & Albert's** *($$$$; Grand Floridian Resort, Lake Buena Vista,* ☎*407-824-3000)* propose un repas de six services à prix fixe, servi par des employés vêtus en reines et en rois. Le menu change quotidiennement, mais

Restaurants

il contient habituellement du poisson, de la volaille, du
veau, du bœuf et de l'agneau, souvent suivis des célèbres desserts soufflés de cet établissement. Pour couronner le tout, on offre aux convives des roses à longue tige
et des truffes au chocolat maison. Tenue vestimentaire
de mise et réservation exigées.

Les hôtels de Disney World renferment également
plusieurs restaurants où vous pourrez prendre un repas
rapide à prix relativement bas. Le **Beaches & Cream** *($;
☎407-934-7000)* du Yacht Club tient une buvette
fantaisiste et colorée où l'on sert de riches coupes glacées et des hamburgers à la mode du Fenway Park. Le
Tubbi Checkers Buffeteria *($; ☎407-934-4000)* du
Dolphin Resort propose, nuit et jour, des hamburgers, du
poulet frit, des spaghetti et d'autres plats chauds dans
un décor de cafétéria. Vous trouverez en outre des
hamburgers, des plateaux de fruits frais et des hot-dogs
à la noix de coco au **Captain Cook's Snack and Ice
Cream Company** *($)* du Polynesian Village.

Si vous aimez les petits déjeuners copieux, rendez-vous
au   **Kona   Café**   *($-$$;   Polynesian   Village,
☎407-824-2000)*, et commandez du pain Tonga, préparé
avec du pain au levain fourré de bananes en crème et
revenu dans la friture jusqu'à ce qu'il gonfle, le tout
saupoudré de sucre à la cannelle. Ce café
sans prétention sert aussi des œufs et des céréales au
petit déjeuner, de même que des sandwichs et de
grosses salades au déjeuner et au dîner, et propose en
outre un menu pour enfants. Un seul inconvénient : les
foules ont découvert cet endroit (et son fabuleux pain
Tonga), si bien qu'il est généralement bondé.

Le **Big River Grill & Brewing Works** *($$; 2101 North
Epcot Resorts Drive, Lake Buena Vista, ☎407-939-5100)*
propose de bons vieux plats de pub tels que mini-côtes
levées, bretzels chauds à la bière et salade de poulet

grillé. Et n'oubliez pas d'essayer certaines ales maison, dont vous pouvez observer la fabrication à travers de grandes baies vitrées. Le menu pour enfants, imprimé sur une feuille à colorier (crayons de cire fournis), fera sûrement aussi l'affaire : hamburger régulier, hamburger au fromage, hot-dog, sandwich au fromage grillé...

Les sportifs de salon découvriront avec plaisir l'**ESPN Club** *($$; 2101 North Epcot Resorts Drive, Lake Buena Vista, ☎407-939-5100)*, dont les 71 écrans de télévision diffusent constamment divers événements sportifs. Les lundis soirs de la saison régulière de football américain mettent souvent en vedette des athlètes réputés et offrent des commentaires sur chaque jeu. Vous pouvez prendre place au bar ou dans la salle, conçue sur le modèle d'un terrain de basket-ball. Quant à la nourriture, délicieuse et abondante, elle n'étonnera pas les habitués des stades : hot-dogs, sandwichs au bifteck, hamburgers, etc.

Les familles apprécient particulièrement le **Grand Floridian Café** *($$-$$$; Grand Floridian Resort, Lake Buena Vista, ☎407-824-3000)* pour son atmosphère décontractée, ses prix raisonnables et ses mets originaux. Dans ces lieux imprégnés de tons de pêche, de vert menthe et de crème, parsemé de tables en marbre et rempli de bruits d'assiettes et de cris d'enfants, on sert du poulet, du porc, du bœuf et des fruits de mer à saveur souvent tropicale. Nous vous recommandons les *quesadillas* au poulet sauce barbecue ainsi que les pâtes Key Largo (apprêtées au vin blanc et à l'ail). Pour les enfants, il y a des hamburgers et des frites.

Au BoardWalk, l'atmosphère marine épouse une nourriture éclectique, si bien que vous aurez l'embarras du choix. Chaleureux et détendu, le **Spoodles** *($$-$$$; 2101 North Epcot Resorts Drive, Lake Buena Vista, ☎407-939-5100)* adopte la formule espagnole des *tapas*

Restaurants

(partage de nourriture entre les convives) et sert des plats méditerranéens qu'on se passe à tour de rôle autour de la table. Les champignons Portobello grillés sont un vrai régal. Parmi les autres choix, retenons le saumon de l'Atlantique glacé à tamarin, les côtelettes d'agneau tunisiennes noircies et épicées, et les filets grillés sur bois de chêne. La nourriture est excellente, mais les portions sont parfois minces, de sorte que vous devrez commander plusieurs plats pour satisfaire les appétits de tous. Pour les enfants, on propose les traditionnels pizza, macaroni au fromage, spaghetti et poulet.

Les fruits de mer sont la spécialité du **Flying Fish Café** *($$$; dîner seulement; 2101 North Epcot Resorts Drive, Lake Buena Vista, ☎407-939-5100)*, dont l'ambiance est celle d'un restaurant de jetée du milieu de la côte atlantique. Ainsi nommé en mémoire de la première voiture d'un manège de montagnes russes d'Atlantic City dans les années trente, ce restaurant se pare de bleus sombres et d'appliques murales Art déco, sans parler de la grande roue en verre et des montagnes russes d'apparat. Son menu, comparable à celui de son homologue, le California Grill du Contemporary Hotel, comprend un filet de saumon glacé et épicé barbecue de même qu'un bar rayé enrobé de pommes de terre. Les végétariens et les carnivores n'y seront pas en reste non plus. Menu pour enfants de «poisson-frites», de bâtonnets de poulet et de hot-dogs. Réservations recommandées.

Au restaurant **Ohana** du Polynesian Resort *($$$-$$$$; 1600 Seas Drive, Lake Buena Vista, ☎407-824-2000)*, vous pourrez dîner dans une ambiance festive des îles. Fruits de mer, volailles et viandes grillés y sont servis en brochettes par un personnel en tenues hawaïennes. Le spectacle tient également beaucoup au gril ouvert de 5 m sur lequel on prépare la nourriture, mais il ne faut pas pour autant négliger les danses, les chants, les airs de *ukelele* et les divers concours auxquels on vous convie.

Repas familiaux à prix fixe avec boissons et desserts à la carte.

Le **California Grill** *($$$$; 4600 North World Drive, Lake Buena Vista, ☎407-824-1000)* porte Disney World un peu plus loin au-delà de son image de capitale du hot-dog et du hamburger. Situé au 15ᵉ étage du Contemporary Hotel, il propose une fraîche cuisine californienne et des vues parmi les plus belles du Magic Kingdom. Le raffinement de cet établissement lui confère une image recherchée. Le menu change régulièrement, mais vous pourriez y déguster des mets aussi branchés que les raviolis au chèvre de Sonoma accompagnés de champignons *shitake* ou du tofu grillé sur lit de riz *basmati* aux légumes printaniers. Le menu pour enfants (qui va des sandwichs au beurre d'arachide et à la confiture au poulet rôti) est à un prix raisonnable, mais l'atmosphère des lieux se prête résolument davantage à une sortie en tête-à-tête. Allez-y le soir pour admirer le feu d'artifice du Magic Kingdom. Tenue de mise exigée.

Bons vins à bon prix

Le **California Grill** sert tous ses vins au verre ou à la bouteille. Le vendredi soir est toutefois l'occasion d'une dégustation à prix fixe, au cours de laquelle les garçons vident toutes les bouteilles précédemment ouvertes. Qu'il s'agisse, donc d'un cabernet à 125 $ ou d'un sauvignon à 24 $, vous ne paierez, le vendredi soir, que 1,50 $ l'once.

Comme tous les lieux de promenade estivaux, le Board-Walk s'avère riche en comptoirs de friandises. Fondant au chocolat maison, bretzels enrobés de chocolat et autres confections garnissent ainsi l'étalage de **Seashore Sweets** *(☎407-939-5100)*, tout à côté du Spoodles. Le **Boardwalk Bakers** *(☎407-939-5100)*, flanqué de pittores-

Restaurants

ques tables de bistro au bord de l'eau, est pour sa part un bon endroit où faire une pause devant un cappuccino et une danoise ou un muffin démesuré.

ENVIRONS DE DISNEY WORLD

Pour un repas exotique à bon prix, allez au pavillon gastronomique international du **Mercado Mediterranean Village** *($; 8445 South International Drive, Orlando, ☎407-345-9337)*. Vous y aurez l'embarras du choix parmi les comptoirs de restauration rapide de la Grèce, de la Chine, des États-Unis, de l'Amérique latine et de l'Italie. Pourquoi n'opteriez-vous pas pour **The Greek Place** *($; ☎407-352-6930)*, dont la salade grecque et la soupe au citron sont nettement supérieures à celles qu'on trouve habituellement dans les centres commerciaux. Le menu du comptoir propose en outre de la *moussaka*, des *gyros*, des *dolmades* et d'autres spécialités authentiques.

Avec ses airs de loft d'artiste à l'espagnole, ses murs jaunes défraîchis, ses œuvres originales et ses planchers de bois usés, tout comme d'ailleurs ses tables et ses banquettes, le **Café Tu Tu Tango** *($-$$$; 8625 International Drive, à côté de l'hôtel The Castle, Orlando, ☎407-248-2222)* propose une nourriture «pour artistes affamés». Filiale des bars à *tapas* de Miami et d'Atlanta, ce restaurant renferme un bar bruyant mais convient aussi aux familles. Les enfants peuvent y commander un sandwich au fromage, un spaghetti ou des bâtonnets de poulet, tandis que leurs parents préféreront sans doute les pizzas cuites au four de brique, les rouleaux impériaux au poulet cajun, les crevettes «ouragan», les bouchées d'alligator à la crème et au chutney fruité, de même que les plats méditerranéens et la nouvelle cuisine servie au compte-gouttes. Le prix varie en fonction du nombre d'amuse-gueule que vous vous offrez.

Si vous êtes accompagné de vos enfants, le **Tradewinds** *($$; Renaissance Orlando Resort, 6677 Harbor Drive, Orlando, ☎407-351-5555)* est un peu moins formel, et l'on y offre des menus à colorier. Les parents y trouveront des sandwichs originaux, de bonnes salades et quelques innovations comme le bar garni de pain à l'ail et d'une vinaigrette tomatée.

Beaucoup de gens d'ici vous parleront du **Ran-Getsu** *($$-$$$$; dîner seulement; 8400 International Drive, Orlando, ☎407-345-0044)* comme du meilleur restaurant japonais de la région. Le bar à sushis ondule comme la queue d'un dragon, et les tables basses surplombent une forêt de bonsaïs et un étang. À part les sushis, le restaurant offre du *sukiyaki*, du *kushiyaki*, des boulettes de viande d'alligator et d'autres spécialités nippo-floridiennes.

Si vous voulez passer une soirée loin des enfants, l'**Atlantis** *($$-$$$$; dîner seulement; 6677 Harbor Drive, Orlando, ☎407-351-5555)* du Renaissance Orlando Resort vous propose une cuisine franco-méditerranéenne dans un décor rehaussé de beaux meubles et d'objets d'art. Le menu, qui met l'accent sur les fruits de mer, offre des délices tels que le homard poché du Maine au risotto, l'albacore vinaigrette au soya et aux truffes, et le carré d'agneau sauce à l'ail et au romarin. Réservations fortement recommandées. Le **Hai Feng** *($$-$$$$; dîner seulement)* sert pour sa part un éventail de plats asiatiques, y compris des sushis japonais, du bœuf coréen et des nouilles à la mode se Singapour, quoique l'accent y porte sans contredit sur les mets chinois. Réservations fortement recommandées.

Le brunch du dimanche est un événement unique au **Renaissance** *($$$)*. Il a lieu dans le spacieux atrium de l'hôtel, où le buffet regorge de tout, des pâtes et fruits de mer aux gaufres et omelettes. Il y a même une section

Restaurants

réservée aux enfants où l'on sert des *tacos*, des hamburgers et des friandises sucrées.

Presque toutes les villes de la Floride ont un restaurant nommé en l'honneur d'Ernest Hemingway, et Orlando ne fait pas exception à la règle. Comme la plupart de ses homologues, le **Hemingway's** *($$$-$$$$; fermé le midi dim-lun; Grand Cypress Resort, ☎407-239-1234)* recrée l'atmosphère de Key West, et sert des fruits de mer dans une ambiance décontractée. Celui d'Orlando est situé sur un terrain élevé et boisé en bordure d'une piscine. Au menu : du mérou, du pompano, du calmar, de la conque, des crevettes et d'autres produits de la mer ainsi que quelques biftecks. Des demi-portions sont également disponibles pour les moins de 12 ans.

Buffet à volonté

Le buffet constitue, pour les familles, une bonne façon d'économiser sur les repas. Bon nombre de restaurants à proximité de Disney World s'en sont d'ailleurs fait une spécialité, et vous proposent des festins à volonté à des prix modiques ou moyens. La majorité de ces endroits se trouvent le long de la route 192 et de l'International Drive.

Le **Golden Corral** *(Marker #5, West Route 192, Kissimmee, ☎407-390-9615)* est un petit restaurant sans prétention servant les trois repas de la journée; soirée fruits de mer le vendredi. Vous pouvez également essayer les chaînes de restaurants suivantes : **Ponderosa Steak House, Olive Garden Italian Restaurant, International House of Pancakes** et **Sonny's Barbecue.**

STUDIOS UNIVERSAL

Les studios Universal surpassent Disney en ce qui a trait à la nourriture. De la restauration rapide à la fine cuisine, les restaurants des studios Universal dépassent en effet d'un cran leurs homologues des parcs thématiques en général. Un des meilleurs endroits où se procurer un repas rapide et satisfaisant est le **Louie's Italian Restaurant** *($; New York)*, qui imite un bistro de la Petite Italie. La pizza, la lasagne et les autres plats de pâtes y sont offerts en libre-service. Pour ceux qui préfèrent manger plus léger, il y a aussi de la soupe minestrone et des salades de pâtes.

Peu de familles peuvent passer outre au **Mel's Drive-In** *($; Hollywood)*. Les enfants adorent ses hamburgers, ses laits fouettés et ses banquettes rouges assorties de juke-box individuels, alors que les parents jouissent de la nostalgie dont sont imprégnés les lieux. Ce restaurant, qu'on dirait tiré du film *American Graffiti*, est placardé de mélodies des années cinquante et décoré de néons roses et de métal argenté.

Si vous recherchez l'élégance, allez faire un tour du côté du **Lombard's Landing** *($$; San Francisco/Amity)*. Établissement situé dans un entrepôt en bordure d'un lagon, il comporte des plafonds de planches, et ses tables en teck miroitant s'entourent d'arches, d'un aquarium en forme de bulle et de fontaines en cuivre. Des fruits de mer et des poissons, comme le saumon grillé et les beignets de crabe, composent le menu, où figurent également la côte de bœuf, le poulet et les plats destinés aux enfants. Vous devez obligatoirement réserver.

Il y a beaucoup d'endroits où vous pouvez vous procurer un repas rapide et économique. La **Beverly Hills Boulangerie** *(Front Lot)* sert des croissants, des pâtisseries et

Restaurants

des sandwichs. À l'Expo Center, faites escale à l'**Animal Crackers** pour des hamburgers, des hot-dogs ou des filets de poulet. À New York, un **kiosque extérieur** vend des oranges, des pommes et d'autres fruits frais.

Outre d'indéniables additions aux possibilités de vie nocturne dans la région d'Orlando, CityWalk a aussi rehaussé le niveau gastronomique local. Entre autres, le chef Emeril Lagasse de la Nouvelle-Orléans a ici ouvert son propre restaurant, l'**Emeril Restaurant Orlando**, et, que vous ayez ou non eu l'occasion de voir ses émissions à la télé, vous ne pourrez qu'être conquis par sa cuisine inspirée du sud des États-Unis. Pour un goût plus italien, vous pouvez du reste vous rendre au **Pastamoré**, un restaurant à service complet qui vous sert sur une place de marché à ciel ouvert. Cela dit, n'excluez pas pour autant tous ces antres nocturnes à saveur thématique (voir Sorties, p 481) qui proposent à qui mieux mieux des menus de café plus ou moins élaborés dans une atmosphère peu commune.

Islands of Adventure propose une restauration pour le moins inspirée. Le **Confisco Grill**, un établissement à service complet, affiche un menu de pâtes, de grillades et de salades, servies dans une salle remplie de chachkis, tandis que les serveurs exploitent à fond le thème des lieux – le nom du restaurant fait référence aux objets «confisqués» aux aventuriers peu méfiants, d'où tout ce que vous voyez sur les murs –, de sorte que vous pouvez vous attendre à être temporairement délesté de certaines de vos possessions! À la porte voisine, c'est la **Croissant Moon Bakery**, dont le comptoir de pâtisseries ne manquera pas de vous envoûter; les douceurs de la maison prennent en effet des proportions gargantuesques, et s'avèrent tout aussi délectables qu'irrésistibles. À Seuss Landing, le **Green Eggs and Ham Cafe**, un café en plein air, sert bel et bien des «œufs verts au jambon» à tous ceux et celles qui sont assez braves pour tenter le coup;

toutefois, si vous préférez vous abstenir, vous aurez toujours la possibilité d'opter pour un hamburger ou quelques doigts de poulet. Mangez sous le «grand chapiteau» du trépidant **Circus McGurkus Cafe Stoopendous**, dont le poulet frit, les spaghettis et la pizza feront sans nul doute le bonheur des enfants, tout comme l'atmosphère de cirque rehaussée de «numéros de trapèze» ininterrompus. Les plats fumés proposés par l'**Enchanted Oak Tavern** (The Lost Continent), sous l'arbre de Merlin, sont l'occasion d'un véritable festin, sans compter que vous pourrez les arroser de quelque 45 bières. Tout près vous attend le fleuron culinaire du parc, le **Mythos Restaurant**, où dieux et déesses remplacent l'habituel personnel de service; son décor prestigieux et son atmosphère unique laissent d'emblée présager la qualité des mets qu'on y sert, sans pour autant vous interdire le port du short et du t-shirt; outre le service aux ables et des fruits de mer et viandes grillées exceptionnels, vous profiterez de surcroît d'une vue grandiose du parc tout entier. Si vous vous sentez plus carnivore, **Burger Digs** (Jurassic Park) concocte d'énormes hamburgers et sandwichs à même de satisfaire un appétit de dinosaure. Au Toon Lagoon, vous trouverez aussi des sandwichs géants au **Blondies : Home of the Dagwood**, à moins que vous ne préfériez un Wimpy Burger chez… **Wimpy's**.

SEA WORLD

Les restaurants de Sea World sont un mélange de comptoirs rapides et de salles à manger conventionnelles offrant une nourriture assez savoureuse.

Pour un sandwich sur le pouce, rendez-vous au **Waterfront Sandwich Grill** *($)*. Par ailleurs, de bons hot-dogs de 30 cm et des pommes de terre au four farcies vous attendent au **Hot dogs'n Spuds** *($)*.

Restaurants

Goûtez le décor coloré du **Bimini Bay** *($-$$;
☎407-351-3600)*, où en dépit des noms exotiques
figurant au menu, les mets sont typiquement américains.
Ainsi, le sandwich Bahama en est un à la dinde et au
fromage, alors que le hamburger Cancún est simplement
servi avec des piments forts et des *nachos.* Vous pouvez
vous attabler à l'intérieur ou sur la terrasse dominant le
lagon. Il y a aussi un menu pour enfants.

SORTIES

La région de Disney World, si riche en attraits touristiques, a créé son propre assortiment de divertissements nocturnes. À ce chapitre, l'endroit par excellence est sans contredit Pleasure Island de Downtown Disney, véritable foire de bars, de restaurants et de boutiques qui vous en mettront plein la vue. Tout près, d'autres restaurants de la région, non contents d'offrir de simples dîners-théâtre, se transforment littéralement en arènes de spectacle. Les divertissements y sont généralement plus flamboyants que la nourriture, et la plupart exigent des réservations, surtout les fins de semaine. On retrouve dans ce chapitre les principales attractions du genre, mais aussi d'autres bars et lieux de rencontre plus modestes.

DISNEY WORLD

Downtown Disney Pleasure Island *(☎407-934-7781)*, surnommé le Magic Kingdom de la vie nocturne, satisfait habituellement tous les goûts. Ce royaume du plaisir, d'une superficie de 2,4 ha, s'enorgueillit de sept boîtes de nuit conçues autour de thèmes différents, ainsi que de plusieurs scènes extérieures où se produisent des chanteurs et des danseurs énergiques. Une célébration rappelant les fêtes du Nouvel An, avec feux d'artifice et projections laser, y a également lieu tous les soirs vers minuit. Un seul prix d'entrée vous donne accès à toutes les boîtes de nuit, mais les moins de 18 ans doivent être accompagnés d'un adulte, et il faut être âgé d'au moins 21 ans pour consommer des boissons alcoolisées, de même que pour être admis au Mannequins Dance Palace.

Chaque boîte de nuit de Pleasure Island présente un spectacle de style différent, du country-western aux étourdissantes fantaisies psychédéliques, et vous pouvez aller et venir à votre guise entre les boîtes, exception faite du **Comedy Warehouse**, qui propose chaque soir plusieurs spectacles affichant invariablement complet. Projetez d'assister à la première représentation de cette comédie (en général à 19h10), ou encore à la dernière (vers minuit), en sachant que les autres nécessitent généralement une attente de 30 à 45 min.

Si vous ne voulez pas faire partie du spectacle au Comedy Warehouse, évitez de vous asseoir près du téléphone (sinon, attendez-vous à recevoir un appel!).

Si les gens se ruent en si grand nombre sur le **Comedy Warehouse**, c'est en raison des improvisations hilarantes auxquelles on s'y livre sur le dos de nul autre que Disney!

Le décor du Comedy Warehouse est fort à propos et fantaisiste : tambours à l'effigie de Mickey, crayons de cire géants, palmiers artificiels et autres objets hétéroclites éparpillés ici et là.

L'**Adventurers Club** de Pleasure Island prend des allures de safari démesuré. Partout où se porte votre regard, ce ne sont que bizarreries africaines : des têtes réduites, des hélices, un tabouret de bar à pattes d'éléphant, des gargouilles et une tête d'hippopotame. Une salle entière y est remplie de masques qui s'animent environ toutes les heures. Outre ce spectacle de masques parlants, des «voyageurs» excentriques racontent des histoires invraisemblables aux touristes.

Au **Mannequins Dance Palace**, il y a tellement de vibrations et de bruit que vos côtes en tremblent. Qualifié de boîte de nuit high-tech, ce palais d'acier balayé de pulsations stroboscopiques baigne dans une atmosphère de brouillard. Les serveuses transportent des plateaux garnis de *shooters* servis dans des éprouvettes, et les danseuses se pavanent à la Madonna sur une piste tournante.

The Pleasure Island Jazz Company témoigne des efforts de ce parc de divertissements pour plaire à tout un chacun. On s'y assoit dans un décor feutré tandis que les musiciens jouent avec brio les plus récents succès de jazz, mais aussi des classiques immortels. Hors-d'œuvre, dîner et boissons spéciales sont offerts. Il faut être âgé d'au moins 21 ans pour y être admis.

Les mélodies envoûtantes des Bee Gees, de Village People et de Donna Summer connaissent un second souffle au bar des années soixante-dix qu'est le **8TRAX** de Pleasure Island. Saccos (*beanbag*) et globe miroitant sont de la partie, comme pour mieux vous inspirer à

Défilés sur l'eau

Chaque soir, le calme et sombre Seven Seas Lagoon s'électrifie. Comme sous l'effet d'une force mystérieuse, les eaux prennent soudain vie durant *l'Electrical Water Pageant*. Cette caravane longue de 300 m fait apparaître des milliers d'ampoules minuscules assemblées de manière à former diverses créatures marines qui, en se déplaçant sur le lagon, s'y reflètent et semblent y nager.

Vous pouvez voir ce splendide spectacle à partir du Polynesian Resort, du Grand Floridian Resort, du Contemporary Resort, du Fort Wilderness Resort et du Magic Kingdom (lorsqu'il reste ouvert jusqu'à 23h). Le défilé débute habituellement à 21h, et pour savoir à quel moment il passera devant le point où vous vous trouverez, composez le ☎407-824-4321. Si vous ne logez dans aucun des lieux d'hébergement ci-haut mentionnés, rendez-vous à n'importe lequel d'entre eux par monorail ou par bus Disney. Le belvédère qui se trouve en bordure du lac du Grand Floridian offre une vue particulièrement impressionnante sur ce spectacle.

sortir votre pantalon à pattes d'éléphant et à vous abandonner au rythme de la danse.

Les possibilités de divertissements nocturnes semblent s'être multipliées à l'infini depuis l'ouverture de la chic zone de **West Side**. Sous les spots et les néons, cette partie du complexe (qui représente un tiers de Downtown Disney, les deux autres étant couverts par Pleasure Island et le Marketplace) fait en effet naître nombre de restaurants et bars à la mode dont plusieurs présentent des spectacles sur scène.

C'est ainsi que vous entendrez des rythmes latins au **Bongos Cuban Café** de la chanteuse Gloria Estefan, et du blues (sept jours sur sept) à la **House of Blues** de Dan Aykroyd, Jim Belushi, John Goodman et certains membres du groupe Aerosmith. Pour quelque chose de complètement différent, procurez-vous un billet pour assister au spectacle du **Cirque du Soleil** (☎407-939-7600), cette réputée troupe de comédiens et d'acrobates ayant érigé un chapiteau permanent dans le West Side. La prestation vaut sans nul doute le détour, quoiqu'à 62$ du billet, vous y songerez probablement deux fois avant d'amener toute la famille.Quant aux amateurs de cinéma, ils apprécieront le gigantesque **AMC Theater**, ses 24 salles et ses quelque 5 000 places (dont beaucoup en gradins), ce qui en fait le plus vaste complexe du genre en Floride.

Vous connaissez les moindres courbes et pentes des montagnes russes de Disney? Eh bien, pourquoi ne pas concevoir les vôtres propres, pour ensuite les essayer? **Disney Quest** vous offre en effet un lieu de divertissement virtuel de quelque 10 000 m^2 où vous pourrez dévaler des rapides, flotter sur un tapis volant et créer de toute pièce les montagnes russes de vos rêves, sans avoir à quitter la pièce. Et il ne s'agit pas que d'un terrain de jeu pour adultes; les jeunes génies de l'informatique adoreront eux-mêmes y faire valoir leurs prouesses, et peut-être même en remontrer à maman et à papa. Les quatre zones (Explorer, Score, Create et Replay) de Disney Quest ne sont limitées que par votre imagination... et votre portefeuille, puisque les prix se révèlent à la mesure des véritables parcs thématiques (jeux illimités pour environ 28$).

À Pleasure Island, le **BET SoundStage Club**, exploité par Black Entertainment Television, vous gavera de jazz, de rhythm-and-blues, de soul et de hip-hop *live*.

Le **Rock and Roll Beach Club** arbore des tapis psychédéliques, des rampes coussinées de noir, des filets de pêche
et des parcomètres. On y danse aussi bien sur des airs
de Led Zeppelin que des Beach Boys, sans oublier les
formations qui se produisent sur scène, et l'on peut
même y jouer au billard à l'étage.

Vous pourriez vous contenter de prendre un verre au
Planet Hollywood, mais ce n'est pas le cas de la majorité
des gens. Vous trouverez certes à l'intérieur de cette
énorme boule bleue, incarnant tout le kitsch de Hollywood, plusieurs bars bondés, mais aussi des centaines de
tables où l'on déjeune et dîne, sans parler des repas de
fin de soirée. Il y a presque tous les soirs une file
d'attente d'au moins une heure pour prendre un simple
verre; si vous comptez vous attabler, ajoutez une bonne
demi-heure! Consolez-vous en vous disant que le prix
d'entrée à Pleasure Island vous permet de visiter gratuitement Planet Hollywood.

La vie nocturne de Disney World déborde naturellement
du cadre de Pleasure Island, mais elle prend alors surtout
la forme de dîners-théâtre. Le *Polynesian Luau (Polynesian Village Resort, Disney World, 1600 Seas Drive, Lake
Buena Vista, ☎407-824-8000)* est un spectacle qui attire
aussi bien les adultes que les enfants dans un décor
extérieur des mers du Sud. Durant cette revue, des
danseuses du ventre et des jongleurs de torches enflam-
mées divertissent une foule se régalant de grillades.

À la *Hoop-Dee-Doo Musical Revue (Fort Wilderness
Resort, ☎407-934-7639)*, les Pioneer Hall Players vous
proposent une comédie western à l'ancienne tandis que
vous dégustez des plats de circonstance. Il s'agit, et de
loin, de la revue la plus courue de Disney (il faut parfois
des mois pour obtenir une place), mais aussi, il faut bien
l'avouer, d'une des moins divertissantes. Les danses et
les chants sont quelconques, et les blagues, souvent

Autour du feu de camp

De toutes les activités offertes à Disney World, bien peu suscitent autant d'intérêt auprès des familles que le **Fort Wilderness Campfire** (☎407-824-2788). Ce rassemblement à l'ancienne, accessible aux seuls hôtes des complexes d'hébergement de Disney, a lieu chaque soir devant un poste de traite en rondins caché dans une pinède. Il s'agit d'un événement populaire, avec guimauves grillées et chansons à répondre bien connues des campeurs. Quant aux enfants, ils sautent de joie lorsqu'ils voient apparaître Tic et Tac à l'affût de biscuits aux pépites de chocolat (apportez-en une poignée). Pour terminer cette soirée en beauté, un film de Disney est présenté en version intégrale sur un écran extérieur.

Sorties

sans saveur. Pis encore, les billets se vendent au prix fort. Un conseil : passez outre et rendez-vous plutôt au Diamond Horseshoe Jamboree du Magic Kingdom (voir p 99).

Quelques-unes des plus récentes nouveautés de Pleasure Island se trouvent au bord de l'eau, le long du **Board-Walk**.

Un duo de pianistes se produit chaque soir au **Jerry Rolls**, où vous pouvez siroter un cocktail tout en appréciant les prestations de deux musiciens de talent d'une verve intarissable. La foule est d'ailleurs toujours enchantée, au point même d'entonner spontanément et en chœur les succès joués par nos deux virtuoses.

Si vous n'aimez pas spécialement chanter, vous pouvez toujours danser sur les airs des **Big Bands at Atlantic Dance**. L'atmosphère en est indéniablement une de cabaret, rehaussée de chaleureuses tables de bistro, de

serveurs en lamé et d'un globe à miroirs jetant partout des étincelles sur la piste de danse. Leçons de swing tous les soirs.

Les amateurs de sport trouveront quant à eux leur bonheur devant une bonne bière, un bretzel chaud et les 71 écrans de télévision de l'**ESPN Club**. Lors des événements sportifs importants, les hôtes de la boîte organisent des concours et commentent les rencontres. Menu complet au bar et dans la salle à manger, aménagée en court de basket-ball.

Le **Rose & Crown Pub** du pavillon du Royaume-Uni, à Epcot, est un endroit de choix pour prendre une bière. L'atmosphère de cet établissement situé au bord de l'eau s'avère chaleureuse et animée; le magnifique décor de bois de chêne poli, de vitraux et de laiton rend l'endroit charmant. Que ce soit en après-midi ou en soirée, on y trouve toujours une foule joyeuse.

Au pavillon de l'Allemagne d'Epcot, le **Biergarten** vous offre de passer un bon moment dans une atmosphère de café bavarois. Un orchestre accompagné de iodleurs assure l'animation. Quant au relaxant **Matsu No Ma Lounge** du Japon, on y découvre des bonsaïs, des tables en teck et des vues imprenables sur Epcot. Les sushis et les boissons exotiques au rhum et aux fruits y sont excellents.

L'illumination ultime

Vous devez absolument voir l'*IllumiNations Laser Show* d'Epcot, car cette grande finale nocturne pourrait très bien être le clou de votre séjour à Disney. Présenté tous les soirs vers 21h ou 22h au-dessus du lagon du World Showcase, ce spectacle s'impose comme une éblouissante symphonie de fontaines multicolores, de musique émouvante et de projections laser décrivant des arabesques dans un ciel d'encre (Epcot éteint alors tous ses feux). IllumiNations va en effet beaucoup plus loin qu'un simple spectacle laser, créant des images d'une netteté renversante aussi bien à travers les jets d'eau des fontaines que sur le globe du Spaceship Earth ou les pavillons internationaux du World Showcase.

Considéré comme le plus grandiose et le plus perfectionné des spectacles laser au monde, IllumiNations utilise deux sortes de lasers : celui à l'argon pour le vert et le bleu, et celui au krypton pour le rouge. Certains des projecteurs sont juchés sur le toit des pavillons du World Showcase, tandis que d'autres sont montés sur une barge de 45 t se trouvant dans le lagon. La finale pyrotechnique de ce spectacle fait éclater quelque 650 fusées en l'espace de 6 min, soit près de deux à la seconde!

Le **Copa Cabana** de l'hôtel Dolphin sert, dans un décor de plage, de bonnes boissons glacées sur des tables en forme de tranches de fruits. Tard en soirée, son bar rock-and-roll est envahi par une foule de jeunes dans la vingtaine.

Le **Tune In Lounge** des studios Disney-MGM vous donne l'impression d'être plongé dans une comédie télévisée des années cinquante. Aménagé comme un salon douillet, cet endroit est garni de canapés coussinés et de petites tables de télévision. Vous pouvez aussi prendre un verre au **Catwalk Bar**, un spacieux perchoir à l'étage donnant sur le Soundstage Restaurant.

À proximité, le **Laughing Kookaburra Good Time Bar** *(Buena Vista Palace, Walt Disney World Village, Lake Buena Vista,* ☎*407-827-2727)* sert 99 sortes de bières, tandis que ses musiciens font danser la foule dans un décor d'inspiration australienne.

ENVIRONS DE DISNEY WORLD

Le dîner-spectacle de l'**Arabian Nights** *(6225 West Route 192, Kissimmee,* ☎*407-239-9223)* présente des courses de chars, une chorégraphie de chevaux arabes et des démonstrations de lippizans blancs.

Du poulet frit et des histoires de cow-boys vous attendent au dîner-spectacle du nom de *Wild Bill's (5260 East Route 192, Kissimmee,* ☎*407-351-5151 ou 800-883-8181).*

L'aspect délabré du **Big Bamboo** *(4849 West Route 192, West Kissimmee,* ☎*407-396-2777)* n'inspire guère confiance aux gens de l'extérieur, et c'est précisément la raison pour laquelle les employés de Disney en ont fait leur lieu de prédilection. Ce petit bâtiment en parpaings est encombré de souvenirs de Mickey (dont certains sont merveilleusement cyniques), et l'on y entend tous les potins de Disney. La bière est servie dans des bocaux à conserves déposés sur des «soucoupes» en papier hygiénique, et la musique de *big band* comble chaque soir les danseurs.

Le **Medieval Times** *(4510 route 192, Kissimmee, ☎407-396-1518 ou 800-229-8300, www.medievaltimes.com)* innove à sa façon en vous transportant au Moyen Âge. Vous pouvez y manger du gibier avec vos doigts tout en assistant à une joute à partir de votre table.

Un autre dîner médiéval est offert au **King Henry's Feast** *(8984 International Drive, ☎407-351-5151 ou 800-883-8181, www.orlandoentertains.com)*, où des magiciens, des acrobates et le roi Henri en personne montent sur les planches. L'extérieur se veut celui d'un château, entouré de douves et surmonté de tourelles crénelées, tandis qu'à l'intérieur on trouve des épées, des boucliers et des chopes à bière et à vin en étain qui font pendant aux grands chandeliers suspendus d'autrefois.

Les divertissements présentés au **Mark Two Dinner Theater** *(droit d'entrée, prix réduit pour les enfants; fermé lun-mar, matinée le dim; 3376 Edgewater Drive, ☎407-843-6275 ou 800-726-6275, www.themarktwo.com)*, où des troupes locales présentent des classiques de Broadway, s'inscrivent davantage dans la tradition des dîners-théâtre.

STUDIOS UNIVERSAL

Trémoussez-vous à **The Groove**, dansez la salsa au **Latin Quarter**, ou allez prendre un bonne bière froide chez **Pat O'Brien's**. Quelle que soit votre idée de la vie nocturne, vous trouverez indubitablement ce que vous cherchez au CityWalk des studios Universal. Les occasions de faire ribote dans la région se sont de fait multipliées par dix depuis l'avènement de ce parc thématique pour adultes de 12 ha. Des interprètes de renom ont commencé à faire des apparitions régulières au **Hard Rock Live Orlando**, un véritable colisée romain de 2 200 places jouxté du

Sorties

plus grand **Hard Rock Cafe** du monde. **CityJazz** vous propose cinq divertissements plus suaves, à moins que vous ne préfériez vous la couler encore plus douce sur les chaises longues du **Jimmy Buffet Margaritaville**, où des volcans entrent en éruption dans les pichets de margarita. Parmi une foule d'autres «cafés» à thème plus réputés les uns que les autres, qu'il suffise de retenir les **Motown**, **NASCAR** et **NBA City**. Et si vous croyez être au bout de vos peines, sachez que 20 écrans de cinéma vous attendent au **Universal Cineplex**.

SEA WORLD

Sea World s'est joint au circuit des dîners-spectacles avec son *Aloha Polynesian Luau (☎407-351-3600)*. Présenté chaque soir à 18h30 dans un restaurant en bordure d'un lac, il met en vedette des beautés aux déhanchements caractéristiques des îles et des avaleurs de feu. Le menu, tout aussi exotique, réunit poulet aigre-doux, fruits de mer et tarte *hula*. La nourriture et le spectacle sont plus que satisfaisants, et l'agencement des tables convient parfaitement aux familles sociables.

Rockin' Nights Sensations, le dernier né des divertissements de Sea World, porte bien son nom puisqu'il ne manque jamais d'emballer l'auditoire. Présenté chaque soir en deux points du parc, le spectacle débute au Shamu Stadium, où le célèbre épaulard danse sur *YMCA* et d'autres airs populaires bien connus. Vous aurez sans doute déjà vu des tours semblables pendant la journée, mais qui s'en lasserait, surtout dans une mise en scène aussi enlevante, d'autant qu'on y a ajouté une séquence filmée montrant les entraîneurs à des moments plutôt cocasses de leur travail. Attention aux éclaboussures : la grande finale du spectacle met en vedette la plus grosse baleine en captivité, et un seul battement de sa queue géante asperge abondamment jusqu'au deuxième niveau de gradins du stade. Puis, après l'ultime salut de Shamu, la foule se déplace en masse vers l'Atlantis Bayside Stadium, où un ensemble de ragtime donne le ton à un joyeux «chantons tous en chœur» avant de céder sa place aux plus imposants feux d'artifice de la Floride. Cette célébration quotidienne digne de la fête nationale regroupe donc musique, cinéma et pyrotechnie.

Ces deux événements réunis peuvent vous amener passablement tard. Si vous ne devez en voir qu'un, optez résolument pour la première partie, où Shamu fait danser l'Amérique. Sa prestation à elle seule vaut en effet le prix d'entrée du parc.

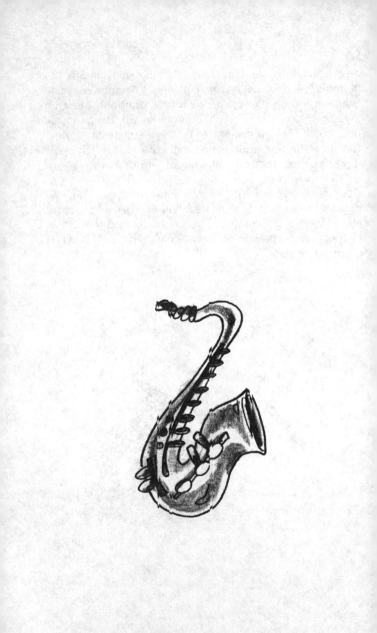

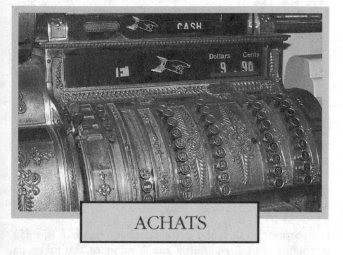

ACHATS

ussi bien à Walt Disney World qu'à l'extérieur de ses murs, mille et une occasions s'offrent à vous de dépenser vos dollars en achats de toutes sortes. Au Magic Kingdom, à Epcot et aux studios Disney-MGM, ce sont des boutiques fantaisistes qui ajoutent à l'atmosphère de rêve de ces lieux. Le château de Cendrillon, par exemple, possède une alcôve regorgeant de joyaux scintillants ainsi que d'épées et de haches de style médiéval. Certains commerces proposent également tout ce qui peut avoir trait à Disney, que ce soient des sous-vêtements ou des écrans protecteurs contre le soleil à l'effigie de Mickey, ou encore des articles de cuisine à l'image de Donald. On peut facilement passer des heures (et dépenser des centaines de dollars) dans les boutiques de Disney, mais ne vous laissez pas prendre au piège, sans quoi vous perdrez un temps considérable que vous feriez mieux d'utiliser pour visiter. Sauf si vous ne pouvez vous empêcher d'acheter tout ce que vous voyez, gardez donc votre argent pour les centres commerciaux. Retenez cependant que certaines boutiques, parmi les meilleures, sont si originales qu'elles méritent d'être visitées au même titre que des attractions à part entière.

MAGIC KINGDOM

Les commerces de Main Street USA contribuent à créer une atmosphère de charmante petite ville américaine. L'odorante **Main Street Market House** propose, entre autres, des herbes séchées, des thés et des emporte-pièces en forme de Mickey. Quant à la **Main Street Confectionery**, il s'agit d'une confiserie à l'ancienne aux rayons éclairés et chargés de chocolats et de pâte brisée aux arachides.

Adventureland possède deux marchés couverts, gorgés de trésors exotiques. L'un d'eux, **Traders of Timbuktu**, se spécialise dans les bijoux et les gravures africaines, alors que la **Zanzibar Shell Company** offre des joyaux fabriqués à partir de coquillages ainsi que des chapeaux et des sabres de pirates.

Tout à côté, à Frontierland, **Prairie Outpost and Supply** dispose de vêtements et de pièces artisanales d'origine campagnarde, tandis que le **Frontierland Trading Post** se surpasse lorsqu'il s'agit d'idées-cadeaux et d'articles en cuir d'inspiration western ou mexicaine.

Une des plus intéressantes boutiques du Magic Kingdom est le **Yankee Trader** de Liberty Square. Tel un authentique magasin général de la Nouvelle-Angleterre, il déborde de confitures et de gelées, de beaux meubles campagnards et de gadgets de cuisine plus géniaux les uns que les autres.

Les commerces de Fantasyland s'adressent tout naturellement aux enfants. Ainsi, **Tinker Bell's Treasures** propose des robes de princesse pour les petites filles et des voitures à assembler pour les garçons, tandis que **Nemo's Niche** se spécialise dans les jouets en bois et les animaux en peluche, et **Madd Hatter**, dans les chapeaux à l'effigie des personnages de Disney. Par ailleurs, rares sont ceux qui peuvent résister à **The King's Gallery**, au pied du château de Cendrillon, dont les objets en verre soufflé, les châteaux miniatures et les costumes médiévaux confèrent aux lieux une aura de magie. Quant au **Mickey's Christmas Carol**, il sent bon la cannelle et vous plonge d'emblée dans l'atmosphère des fêtes de Noël; vous y trouverez toutes sortes de décorations à l'image de Mickey.

Mickey's Toontown Fair et New Tomorrowland ne possèdent pas beaucoup de boutiques intéressantes. Si vous tenez à y dénicher quelque chose, rendez-vous chez **Merchant of Venus** de New Tomorrowland pour ses idées-cadeaux «futuristes».

Achats

EPCOT CENTER

Le Future World d'Epcot recèle quelques magasins originaux. Par exemple, **Green Thumb** *(The Land)* propose des livres de jardinage, des graines à planter et d'étranges bijoux en forme d'olive ou d'œufs frits.

Les boutiques du World Showcase font par contre partie intégrante de l'expérience culturelle d'Epcot. Chaque pavillon abrite des denrées et des objets représentatifs du pays hôte, et expose en outre bien souvent des œuvres d'artistes et artisans de passage. L'architecture des boutiques rappelle en général les lignes propres à chaque culture, et méritent que vous les observiez de plus près.

Conçu tel un square de petite ville le soir, la **Plaza de Los Amigos** *(Mexique)* prend des allures de marché animé où s'entassent paniers, poteries, *piñatas*, objets en papier mâché et autres articles du sud de la frontière.

Service de collecte des paquets

Si vous êtes amateur de t-shirts de Mickey, de casquettes de Goofy et d'autres souvenirs farfelus (et ne vous en cachez pas, car nous savons que vous l'êtes), voici une bonne nouvelle : vous n'aurez pas à traîner vos sacs toute la journée. À chaque fois que vous ferez un achat dans les parcs thématiques de Disney World ou à Sea World, vous pourrez en effet demander au commis d'acheminer vos sacs au centre de collecte des paquets. Il ne vous restera plus alors qu'à les ramasser au moment de quitter le parc. Pour connaître l'emplacement des centres de collecte à Disney World, informez-vous auprès du bureau des Guest Relations de chaque parc thématique. À Sea World, adressez-vous au comptoir du Visitor Information.

Au Moyen Âge, les paysans scandinaves peignaient leurs vieux meubles pour leur redonner vie. Le **Puffin's Roost** de la Norvège reprend cette tradition en faisant appel à une technique utilisant des motifs floraux et diverses inscriptions. De plus, cette boutique aux plafonds et aux sols également peints de façon ravissante étale des souvenirs norvégiens en cuir et en étain.

Le **Yong Feng Shangdian**, ou «Abondante Récolte», de la Chine s'impose comme une galerie somptueuse de tapisseries de soie, de coffrets sculptés, de bijoux et d'autres trésors asiatiques. Pour les enfants, on y trouve en outre des serpents et des épées en plastique.

Le pavillon de l'Allemagne possède pas moins de neuf boutiques, y compris l'invitante **Glas und Porzellan,** qui, à l'image de nombreuses boutiques d'artisanat allemand, renferme des douzaines de bahuts encastrés et de recoins truffés de figurines et de bibelots signés Hummel ou Goebel. **Der Teddybar** est quant à lui rempli à craquer de coffres bondés de jouets allemands traditionnels, tandis que **Volkskunst** propose des horloges à coucou et des chopes à bière.

Les amateurs de chocolat ne voudront sûrement pas manquer **Delizie Italiane** *(Italie)*, véritable oasis de chocolats fins italiens. Quant à **Il Bel Cristallo**, il se spécialise dans les figurines d'albâtre, et **Armani**, dans les boîtes à musique en bois marqueté et la joaillerie vénitienne.

Les enfants trouveront leur chapeau en raton laveur et leur fusil de Daniel Boone au **Heritage Manor Gifts** *(États-Unis)*. Devant la boutique, on vend également des tympanons et des drapeaux américains.

Dans la plus pure tradition capitaliste, le pavillon japonais possède son propre magasin à rayons, le **Mitsukoshi Department Store**, où vous découvrirez un riche assortiment d'œuvres artisanales, de poupées, de porcelaine fine, de bijoux, de kimonos et de bien d'autres choses encore.

Les marchands de l'exotique **pavillon marocain** vous offrent des objets authentiques tels que fez, bagues à clochettes, tapis tissés et soufflets. Le bruit des cornes et des tambours ne manquera pas d'égayer votre passage en ses murs.

La France est un véritable paradis du magasinage. **Plume et Palette** vend du cristal et de la porcelaine (entre autres de Limoges), alors que **La Mode Française** propose des vêtements décontractés. **La Maison du Vin** dispose d'un bon choix de vins français, et la **Galerie des Halles**, de jouets, de souvenirs typiques de même que de bouchées rapides.

Achats

Chacune des boutiques du pavillon du Royaume-Uni révèle une architecture propre à une époque particulière. Ainsi, le **Tea Caddy,** fournisseur de thés anglais, ressemble à un cottage de chaume du XVIᵉ siècle; **Magic of Wales,** de style Tudor, offre de l'artisanat et des objets gallois, alors que **Queen's Table,** de style Reine-Anne cette fois, expose du Royal Doulton, des figurines de porcelaine et des tasses Toby.

Finalement, l'artisanat inuit et amérindien est à l'honneur chez **Northwest Mercantile,** une cabane en rondins située dans l'enceinte du pavillon canadien.

DISNEY-MGM

Sid Cahuenga's One-of-a-Kind *(Hollywood Boulevard)* est l'endroit tout désigné pour vous procurer des souvenirs de Hollywood, qu'il s'agisse de trésors rares en rapport avec le cinéma ou la télévision, ou encore d'autographes de vedettes comme Al Pacino et Burt Reynolds. De l'autre côté de la rue, **Oscar's Classic Car Souvenirs** est envahi de modèles réduits de voitures anciennes et de distributeurs de chewing-gum en forme de pompes à essence. Et si vous êtes en mal de friandises, rendez-vous chez **Sweet Success,** toujours sur Hollywood Boulevard.

Les inconditionnels de *La guerre des étoiles* doivent se ruer sur **Endor Vendors** *(Star Tours)*, qui offre livres, masques et autres souvenirs du film. Une autre boutique inspirée du cinéma est le **Disney Princess Shop** (dans l'enceinte de «Voyage of the Little Mermaid»), qui propose costumes, accessoires, cadeaux et vêtements liés à *La petite sirène* et à d'autres films de «princesse». Vous trouverez en outre certains des plus beaux toutous, jouets et vêtements à l'empreinte de Disney au **L.A. Prop Cinema Storage.**

C'est sans doute le thème naturaliste des lieux qui a incité Disney à restreindre le nombre des commerces dans l'Animal Kingdom, tant et si bien qu'on en dénombre moins d'une douzaine. Cela dit, les articles en vente ici comptent souvent parmi les plus intéressants. Après «Countdown to Extinction», songez à passer un peu de temps chez **Chester and Hester Dinosaur Treasures** (à la sortie même de l'attraction), où vous dénicherez entre autres tout ce qu'il faut pour faire le bonheur des paléontologues en herbe, y compris des casques surmontés de lampes. Le **Mombasa Marketplace** de l'Afrique propose pour sa part des articles exotiques d'une toute autre espèce, dont une bonne partie provient directement du continent noir. Du côté de l'Asie, **Mandala Gifts** expose divers objets à saveur asiatique, notamment sur le thème du tigre. C'est toutefois au Safari Village que vous trouverez la plus grande concentration de magasins, et vos tout-petits risquent d'ailleurs fort de vous entraîner malgré vous à l'intérieur de **Creature Comforts** pour voir de plus près son assortiment d'animaux en peluche et de jouets recherchés, à moins que ce ne soit au **Beastly Bazaar**, où vous attend toute la panoplie des objets à collectionner du film *Vie de bestiole*. Enfin, **Island Mercantile** vous vend des souvenirs de vos *Lands* favoris, et **Disney Outfitters** tient davantage de fétiches et de cadeaux du royaume de l'animation.

Une balade le long du BoardWalk de Disney peut vous fournir l'occasion d'une charmant après-midi ou d'une non moins pittoresque soirée de magasinage. **Character Carnival** vend toutes sortes d'articles de Disney. Le **Dundee's Sundry Shop** propose pour sa part des articles de voyage et des objets frappés des marques Vacation Club et BoardWalk. Les visiteurs dont la villa sur le BoardWalk dispose d'une cuisine trouveront en outre des aliments, de la bière et du vin, mais aussi des bonbons à l'unité et des nouveautés au **Screen Door General Store**. Quelques autres boutiques à retenir : l'**ESPN Club Shop** (articles de sport signés), **Thimbles and Threads** (vêtements pour hommes et femmes) et la **Wyland's Gallery** (gravures, lithographies et autres objets décoratifs). Bien qu'une grande partie de la marchandise soit courante, l'ambiance est agréable et vous bénéficierez ici d'un répit loin du brouhaha des parcs thématiques.

AILLEURS À DISNEY WORLD

Les commerces de Pleasure Island (☎407-934-7781) renferment des trouvailles peu communes, comme les vêtements de cuir et de dentelle, les t-shirts provocants, les bijoux au goût du jour ou les toiles avant-gardistes de **Changing Attitudes**. Le **SuperStar Studio** fait de vous une vedette de clip musical, alors que vous chantez en présonorisation sur vos chansons préférées, et **Avigator's** vous équipe de la tête aux pieds pour votre prochaine expédition dans la brousse.

Dans le West Side, il n'y a pas que la nourriture et les boissons qui délesteront votre porte-monnaie. On y dénombre en effet une quinzaine de boutiques, dont certaines d'ailleurs associées à des franchises de restauration et de divertissement (Wildhorse, Cirque du Soleil). Livres et disques se font innombrables au **Virgin Megastore**, aménagé sur plusieurs étages. Faites provision d'aimants pour votre réfrigérateur chez **Magnetron Magnetz**, dépensez quelques dollars en friandises au **Candy Cauldron**, ou encore une fortune au **Starabilia's**, où vous attendent des souvenirs des célébrités du sport et de la scène.

Le **Downtown Disney Marketplace** (☎407-828-3800) a été créé pour vous permettre d'acheter des souvenirs de Disney sans avoir à défrayer le prix d'entrée des parcs thématiques. Ce chapelet lacustre de boutiques et de restaurants plus jolis les uns que les autres constitue un bon endroit où passer un après-midi pluvieux ou une soirée de détente (les magasins sont ouverts jusqu'à 23 h en saison; hors saison, prenez la peine de vous informer au préalable).

Un commerce en particulier, **The World of Disney**, offre plus d'articles de Disney que tout autre; vous y trouverez près de 5 000 m^2 de Mickeys, Minnies et Goofys en peluche, en céramique et en strass, sans parler des jouets, des objets de collection et de la boutique de costumes, à même de combler les rêves de toute petite fille. Une des 12 salles thématiques de l'établissement arbore un mur haut de 8 m entièrement tapissé de jouets en peluche.

Le **LEGO Imagination Center**, où l'on peut aussi bien admirer qu'acheter, expose 75 modèles LEGO fantaisistes, une grue de construction haute comme trois étages de même que diverses créatures en LEGO, des serpents de mer aux dinosaures.

Les collectionneurs d'art à la Disney trouveront leur compte à **The Art of Disney**, tandis que les articles frappés d'un logo vous attendent plutôt à **Team Mickey**. D'autres haltes dignes de mention : **2R's Reading and Riting** (livres de Disney pour enfants), **Disney's Days of Christmas** (décorations de Noël de Disney), **Studio M** (où vous pouvez vous faire photographier aux côtés de Mickey) et **Image Capture** (photos avec d'autres personnages de Disney).

ENVIRONS DE DISNEY WORLD

L'**Old Town** *(5770 West Route 192, Kissimmee,* ☎*407-396-4888, www.old-town.com)* est un centre commercial périphérique offrant des articles branchés et recherchés dans une atmosphère vieillotte. Ses allées pavées de brique s'entourent de petites places, de manèges de chevaux de bois, de comptoirs à glaces et d'enseignes de Coke métallisées recréant une ambiance nostalgique.

À l'intérieur d'Old Town, **Swinging Things** *(☎ 407-396-7238)* propose tout un assortiment de hamacs importés et de carillons éoliens, alors qu'**A Shop Called Mango** *(☎407-396-1336)* se spécialise dans les t-shirts, les vêtements de coton, les chapeaux de paille et d'autres articles d'inspiration caraïbe. **The General Store** *(☎407-396-6445)*, toujours dans l'enceinte d'Old Town, possède tous les objets rigolos à l'ancienne dont vous pouvez rêver, qu'il s'agisse de téléphones anciens ou de radios comme il ne s'en fait plus. Enfin, **Magic Max** *(☎407-396-6884)* dispose d'une collection fascinante de livres et d'accessoires de magie, en plus de vous offrir une leçon gratuite pour chaque accessoire que vous vous procurez.

Un des plus importants regroupements de magasins d'usines qui soient, le **Belz Factory Outlet World** *(5401 West Oakridge Road, ☎407-352-9611, www.belz.com)* réunit plus de 180 fournisseurs vendant de tout, des livres à rabais aux appareils électroniques, en passant par les vêtements, les bijoux et la vaisselle. L'un d'eux, **Everything But Water** *(☎407-363-9752)*, se spécialise même dans les maillots et les accessoires de bain.

Au **Mercado Mediterranean Village** *(8445 International Drive, ☎407-345-9337, www.themercado.com)*, les rues pavées sont bordées d'une soixantaine de boutiques et restaurants spécialisés à saveur méditerranéenne. **Conch Republic Earth Matters** *(☎407-363-7879)* propose des vêtements de plein air et divers accessoires de nature écologique, de même que des crèmes à la mode de Key West, des enregistrements de Jimmy Buffet, des romans, des t-shirts ainsi que des vêtements et des bijoux tropicaux. **Historic Families** *(☎407-351-4710)* effectuera pour vous des recherches sur l'origine de votre patronyme.

Toujours au Mercado, **Kandlestix** *(☎407-351-0097)* fabrique sur place des bougies de toutes sortes, alors que **One For The Road** *(☎407-345-0120)* propose vêtements et idées-cadeaux pour mordus des voitures.

Si vous vous sentez soudain l'âme d'un cow-boy, allez flâner du côté de la **Branded Cowboy** *(5597 International Drive, ☎407-345-8103)*, où vous aurez le choix entre 5 000 paires de bottes!

STUDIOS UNIVERSAL

Achats

Les boutiques imaginatives des studios Universal sauront certes retenir votre attention. Arrêtez-vous chez **Cyberimage**, proposant des articles uniques qui feront certes le bonheur des admirateurs de *Terminator*. Si vous êtes à la recherche d'un maillot de bain à faire craquer n'importe qui, **Studio Styles** *(Hollywood)* vous offre le tout dernier cri en matière de strings et autres «minis» fluo. Et pour ces chapeaux noirs et blancs qu'affectionnent tant les vedettes, c'est au **Brown Derby Hat Shop** *(Hollywood)* que vous devrez vous rendre.

Les jeunes enfants peuvent passer un après-midi complet au **Universal Cartoon Store** *(Expo Center)*, entourés de panthères roses, de Woody Woodpeckers et d'autres personnages de dessin animé en peluche. Et pour vos expéditions dans la jungle, n'oubliez pas **Safari Outfitters Ltd.** *(New York)*. Quant aux fervents de Hitchcock, ils ne voudront pas manquer **The Bates Motel Gift Shop** *(Production Central)*, garni de couteaux en plastique, de peignoirs en ratine et de rideaux de douche (sans les taches de sang!).

En plus d'être une mecque de la restauration et de la vie nocturne, le CityWalk des studios Universal s'impose comme le royaume des objets à collectionner et des articles fantaisistes. Outre l'incontournable **Universal Studios Store**, on dénombre ici une douzaine de détaillants. Chez **All-Star Collectibles**, vous trouverez assez de souvenirs à saveur sportive (de niveau collégial aussi bien que professionnel) pour remplir un stade. **Captain Crackers** saura étancher votre soif d'originalité et de frivolité, que ce soit par ses t-shirts drolatiques ou ses jouets aussi bizarres que divertissants. Le **Tabasco Country Store** étale des centaines de produits culinaires à même de vous enflammer. **Fresh Produce Sportswear** vend des vêtements aux couleurs de vos fruits et légumes préférés, **Glow**! tient tout ce qui brille, et **Quiet Flight** affiche planches de surf sur mesure et fringues assorties. S'il vous faut absolument les plus récents modèles de lampes à pied de lave, foncez tout droit chez **Capy**. Et, pour tout accessoire de cigare, songez à **Cigarz at CityWalk**, qui tient par ailleurs des cordiaux et des cafés.

Les occasions ne manquent pas de vous procurer des souvenirs de votre aventure aux Islands of Adventure. Au Port of Entry, **Island Market and Export** présente un choix complet et varié d'aliments exotiques des quatre coins du monde. Vous trouverez tout ce qu'il vous faut pour compléter votre collection d'objets liés à la série *Rocky and Bullwinkle* au **WossaMotta U** du Toon Lagoon. Il vous manque des numéros de votre bande dessinée préférée? Inutile de chercher plus loin qu'au **Comics Shop** de la Marvel Super Hero Island. **Jests in Time** (Lost Continent) tient pour sa part un éventail intéressant de jouets et de jeux fabriqués à la main, et vous propose même une séance de voyance sur place. Tous les titres voulus de la collection du Dr. Seuss vous attendent chez **Dr. Seuss' All the Books You Can Read** (Seuss Landing). Et, pour les articles en peluche, rendez-vous sans hésiter au **Mulberry Street Store**.

SEA WORLD

Les quelques boutiques de Sea World renferment surtout des souvenirs variés, et ne présentent pas d'intérêt particulier. Mais si vous y tenez, vous y trouverez des Shamus, des dauphins et des otaries en peluche, de même qu'un assortiment de t-shirts sur le thème de la mer.

Achats

LEXIQUE

PRÉSENTATIONS

Salut!	*Hi!*
Comment ça va?	*How are you?*
Ça va bien	*I'm fine*
Bonjour (la journée)	*Hello*
Bonsoir	*Good evening/night*
Bonjour, au revoir,	*Goodbye,*
à la prochaine	*See you later*
Oui	*Yes*
Non	*No*
Peut-être	*Maybe*
S'il vous plaît	*Please*
Merci	*Thank you*
De rien, bienvenue	*You're welcome*
Excusez-moi	*Excuse me*
Je suis désolé(e), je ne parle pas anglais	*I am sorry, I don't speak English*
Parlez-vous français?	*Do you speak French?*
Plus lentement, s'il vous plaît	*Slower, please*
Quel est votre nom?	*What is your name?*
Je m'appelle...	*My name is...*

DIRECTION

Est-ce qu'il y a un bureau de tourisme près d'ici?	*Is there a tourist office near here?*
Il n'y a pas de..., nous n'avons pas de...	*There is no..., we have no...*
Où est le/la ...?	*Where is...?*
tout droit	*straight ahead*
à droite	*to the right*
à gauche	*to the left*
à côté de	*beside*

près de	*near*
ici	*here*
là, là-bas	*there, over there*
à l'intérieur	*into, inside*
à l'extérieur	*outside*
loin de	*far from*
entre	*between*
devant	*in front of*
derrière	*behind*

Lexique

POUR S'Y RETROUVER SANS MAL

aéroport	*airport*
à l'heure	*on time*
en retard	*late*
annulé	*cancelled*
l'avion	*plane*
la voiture	*car*
le train	*train*
le bateau	*boat*
la bicyclette, le vélo	*bicycle*
l'autobus	*bus*
la gare	*train station*
un arrêt d'autobus	*bus stop*
L'arrêt, s'il vous plaît	*The bus stop, please*
rue	*street*
avenue	*avenue*
route, chemin	*road*
autoroute	*highway*
rang	*rural route*
sentier	*path, trail*
coin	*corner*
quartier	*neighbourhood*
place	*square*
bureau de tourisme	*tourist office*
pont	*bridge*
immeuble	*building*
sécuritaire	*safe*

rapide	*fast*
bagages	*baggage*
horaire	*schedule*
aller simple	*one way ticket*
aller-retour	*return ticket*
arrivée	*arrival*
retour	*return*
départ	*departure*
nord	*north*
sud	*south*
est	*east*
ouest	*west*

LA VOITURE

à louer	*for rent*
un arrêt	*a stop*
autoroute	*highway*
attention	*danger, be careful*
défense de doubler	*no passing*
stationnement interdit	*no parking*
impasse	*no exit*
arrêtez!	*stop!*
stationnement	*parking*
piétons	*pedestrians*
essence	*gas*
ralentir	*slow down*
feu de circulation	*traffic light*
station-service	*service station*
limite de vitesse	*speed limit*

L'ARGENT

banque	*bank*
caisse populaire	*credit union*
change	*exchange*
argent	*money*
Je n'ai pas d'argent	*I don't have any money*

carte de crédit	*credit card*
chèques de voyage	*traveller's cheques*
L'addition, s'il vous plaît	*The bill please*
reçu	*receipt*

L'HÉBERGEMENT

auberge	*inn*
auberge de jeunesse	*youth hostel*
chambre d'hôte,	*bed and breakfast*
logement chez l'habitant	
eau chaude	*hot water*
climatisation	*air conditioning*
logement, hébergement	*accommodation*
ascenseur	*elevator*
toilettes, salle de bain	*bathroom*
lit	*bed*
déjeuner	*breakfast*
gérant, propriétaire	*manager, owner*
chambre	*bedroom*
piscine	*pool*
étage	*floor (first, second...)*
rez-de-chaussée	*main floor*
haute saison	*high season*
basse saison	*off season*
ventilateur	*fan*

LE MAGASIN

ouvert(e)	
fermé(e)	*open*
C'est combien?	*closed*
Je voudrais...	*How much is this?*
J'ai besoin de...	*I would like...*
un magasin	*I need...*
un magasin à rayons	*a store*
le marché	*a department store*
vendeur(se)	*the market*

le/la client(e)	salesperson
acheter	the customer
vendre	to buy
un t-shirt	to sell
une jupe	T-shirt
une chemise	skirt
un jeans	shirt
un pantalon	jeans
un blouson	pants
une blouse	jacket
des souliers	blouse
des sandales	shoes
un chapeau	sandals
des lunettes	hat
un sac	eyeglasses
cadeaux	handbag
artisanat local	gifts
crèmes solaires	local crafts
cosmétiques et parfums	sunscreen
appareil photo	cosmetics and perfumes
pellicule	camera
disques, cassettes	film
journaux	records, cassettes
revues, magazines	newspapers
piles	magazines
montres	batteries
bijouterie	watches
or	jewellery
argent	gold
pierres précieuses	silver
tissu	precious stones
laine	fabric
coton	wool
cuir	cotton
	leather

LA TEMPÉRATURE

pluie	*rain*
nuages	*clouds*
soleil	*sun*
Il fait chaud	*It is hot out*
Il fait froid	*It is cold out*

LE TEMPS

Quand?	*When?*
Quelle heure est-il?	*What time is it?*
minute	*minute*
heure	*hour*
jour	*day*
semaine	*week*
mois	*month*
année	*year*
hier	*yesterday*
aujourd'hui	*today*
demain	*tomorrow*
le matin	*morning*
l'après-midi	*afternoon*
le soir	*evening*
la nuit	*night*
maintenant	*now*
jamais	*never*
dimanche	*Sunday*
lundi	*Monday*
mardi	*Tuesday*
mercredi	*Wednesday*
jeudi	*Thursday*
vendredi	*Friday*
samedi	*Saturday*
janvier	*January*
février	*February*
mars	*March*
avril	*April*

Lexique

mai	*May*
juin	*June*
juillet	*July*
août	*August*
septembre	*September*
octobre	*October*
novembre	*November*
décembre	*December*

LES COMMUNICATIONS

bureau de poste	*post office*
par avion	*air mail*
timbres	*stamps*
enveloppe	*envelope*
bottin téléphonique	*telephone book*
appel outre-mer, interurbain	*long distance call*
appel à frais virés (PCV)	*collect call*
télécopieur, fax	*fax*
télégramme	*telegram*
tarif	*rate*
composer l'indicatif régional	*dial the area code*
attendre la tonalité	*wait for the tone*

GASTRONOMIE

bœuf	*Beef*
pain	*Bread*
beurre	*Butter*
chou	*Cabbage*
fromage	*Cheese*
poulet	*Chicken*
maïs	*Corn*
palourde	*Clam*
crabe	*Crab*
œuf	*Egg*

poisson	*Fish*
fruits	*Fruits*
jambon	*Ham*
agneau	*Lamb*
homard	*Lobster*
huître	*Oyster*
viande	*Meat*
lait	*Milk*
noix	*Nut*
pomme de terre	*Potato*
pétoncle	*Scallop*
langouste	*Scampi*
fruits de mer	*Seafood*
crevette	*Shrimp*
calmar	*Squid*
dinde	*Turkey*
légumes	*Vegetables*
eau	*Water*

INDEX

Notes de voyage

Notes de voyage

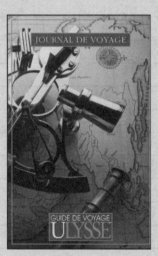

Notes de voyage

Notes de voyage

Bon de commande Ulysse

Guides de voyage

☐	Abitibi-Témiscamingue et Grand Nord	22,95 $	135 FF
☐	Acapulco	14,95 $	89 FF
☐	Arizona et Grand Canyon	24,95 $	145 FF
☐	Bahamas	24,95 $	145 FF
☐	Belize	16,95 $	99 FF
☐	Boston	17,95 $	99 FF
☐	Calgary	16,95 $	99 FF
☐	Californie	29,95 $	129 FF
☐	Canada	29,95 $	129 FF
☐	Cancún et la Riviera Maya	19,95 $	99 FF
☐	Cape Cod – Nantucket	16,95 $	99 FF
☐	Carthagène (Colombie)	12,95 $	70 FF
☐	Charlevoix Saguenay Lac-Saint-Jean	22,95 $	135 FF
☐	Chicago	19,95 $	117 FF
☐	Chili	27,95 $	129 FF
☐	Colombie	29,95 $	145 FF
☐	Costa Rica	27,95 $	145 FF
☐	Côte-Nord – Duplessis – Manicouagan	22,95 $	135 FF
☐	Cuba	24,95 $	129 FF
☐	Cuisine régionale au Québec	16,95 $	99 FF
☐	Disney World	19,95 $	135 FF
☐	El Salvador	22,95 $	145 FF
☐	Équateur – Îles Galápagos	24,95 $	145 FF
☐	Floride	29,95 $	129 FF
☐	Gaspésie – Bas-Saint-Laurent - Îles-de-la-Madeleine	22,95 $	135 FF
☐	Gîtes du Passant au Québec	13,95 $	89 FF
☐	Guadeloupe	24,95 $	98 FF
☐	Guatemala	24,95 $	129 FF
☐	Honduras	24,95 $	145 FF
☐	Hôtels et bonnes tables au Québec	17,95 $	89 FF
☐	Jamaïque	24,95 $	129 FF
☐	La Nouvelle-Orléans	17,95 $	99 FF
☐	Lisbonne	18,95 $	79 FF
☐	Louisiane	29,95 $	139 FF
☐	Los Cabos et La Paz	14,95 $	89 FF

Guides de voyage

☐	Martinique	24,95 $	98 FF
☐	Miami	18,95 $	99 FF
☐	Montréal	19,95 $	117 FF
☐	New York	19,95 $	99 FF
☐	Nicaragua	24,95 $	129 FF
☐	Nouvelle-Angleterre	29,95 $	145 FF
☐	Ontario	27,95 $	129 FF
☐	Ottawa	16,95 $	99 FF
☐	Ouest canadien	29,95 $	129 FF
☐	Panamá	24,95 $	139 FF
☐	Pérou	27,95 $	129 FF
☐	Plages du Maine	12,95 $	70 FF
☐	Portugal	24,95 $	120 FF
☐	Provence – Côte-d'Azur	29,95 $	119 FF
☐	Provinces Atlantiques du Canada	24,95 $	135 FF
☐	Puerto Plata–Sosua	14,95 $	69 FF
☐	Puerto Rico	24,95 $	139 FF
☐	Puerto Vallarta	14,95 $	99 FF
☐	Le Québec	29,95 $	129 FF
☐	République dominicaine	24,95 $	129 FF
☐	Saint-Martin – Saint-Barthélemy	16,95 $	89 FF
☐	San Francisco	17,95 $	99 FF
☐	Seattle	17,95 $	99 FF
☐	Toronto	18,95 $	99 FF
☐	Vancouver	17,95 $	85 FF
☐	Venezuela	29,95 $	145 FF
☐	Ville de Québec	17,95 $	99 FF
☐	Washington, D.C.	18,95 $	117 FF

Espaces verts

☐	Cyclotourisme en France	22,95 $	79 FF
☐	Motoneige au Québec	22,95 $	99 FF
☐	Le Québec cyclable	19,95 $	117 FF
☐	Randonnée pédestre Montréal et environs	19,95 $	117 FF
☐	Randonnée pédestre Nord-est des États-Unis	19,95 $	117 FF
☐	Ski de fond au Québec	22,95 $	110 FF
☐	Randonnée pédestre au Québec	22,95 $	117 FF

Guides de conversation

☐	L'Anglais pour mieux voyager en Amérique	9,95 $	43 FF
☐	L'Espagnol pour mieux voyager en Amérique latine	9,95 $	43 FF
☐	Le Québécois pour mieux voyager	9,95 $	43 FF
☐	French for better travel	9,95 $	43 FF

Journaux de voyage Ulysse

☐	Journal de voyage Ulysse (spirale) bleu – vert – rouge ou jaune	11,95 $	49 FF
☐	Journal de voyage Ulysse (format de poche) bleu – vert – rouge – jaune ou «sextant»	9,95 $	44 FF

Budget ● zone

☐	●zone Amérique centrale	14,95 $	69 FF
☐	●zone le Québec	14,95 $	69 FF
☐	Stagiaires Sans Frontières	14,95 $	89 FF

Titre	Qté	Prix	Total
Nom :		Total partiel	
		Port	4.00$/16FF
Adresse :		Total partiel	
		Au Canada TPS 7%	
		Total	

Tél :   Fax :

Courriel :

Paiement : ☐ Chèque ☐ Visa ☐ MasterCard

Nº de carte_____ Expiration_____

Signature_____

Guides de voyages Ulysse
4176, rue Saint-Denis, Montréal
(Québec) H2W 2M5
☎ (514) 843-9447,
fax (514) 843-9448
info@ulysse.ca

En Europe:
Les Guides de voyage Ulysse, SARL
BP 159
75523 Paris Cedex 11
info@ulysse.ca